VLADIMIR VOLKOFF

Le Grand Tsar Blanc

ROMAN

ÉDITIONS DE FALLOIS
L'ÂGE D'HOMME

LE GRAND TSAR BLANC

Vladimir Volkoff est né à Paris en 1932 de parents russes émigrés. Il est diplômé de la Sorbonne (licence ès lettres) et de l'université de Liège (doctorat en esthétique). Il a servi de 1957 à 1962 dans l'armée française et a fait l'expérience de l'enseignement aussi bien en France qu'aux États-Unis où il a vécu de 1966 à 1993.

Son premier roman, *L'Agent triple* (Julliard, 1962), ne lui valut qu'un succès d'estime. Le vrai succès vint avec un « thriller métaphysique », *Le Retournement* (L'Age d'Homme, 1979), qui, traduit en douze langues, lui valut une renommée internationale. Un succès semblable accompagna *Le Montage*, roman sur la désinformation dont V. Volkoff a été le premier en France à analyser et à dénoncer les techniques (L'Age d'Homme, 1982). Dans l'entre-temps était paru un roman relativiste en quatre volumes, *Les Humeurs de la mer* (L'Age d'Homme), placé sous le signe de Lawrence Durrell, et se déroulant en France, en Espagne, aux États-Unis, en Russie et en Algérie.

Viennent ensuite, de 1985 à 1995, *Le Professeur d'histoire* (L'Age d'Homme), *L'Interrogatoire, Le Bouclage, Le Berkeley à cinq heures*, et la trilogie des *Hommes du tsar*, tous co-publiés par L'Age d'Homme et les éditions de Fallois. Ces livres ont également été publiés dans Le Livre de Poche. En 1996 est sorti *La Crevasse* (L'Age d'Homme et De Fallois), roman consacré à la guerre de Bosnie.

Paru dans Le Livre de Poche :

L'INTERROGATOIRE.

LES HOMMES DU TSAR.

LE BOUCLAGE.

LES FAUX TSARS.

LE BERKELEY À CINQ HEURES.

« Presque toute la terre russe était déserte et nos vieillards ont appelé ce temps le Temps mauvais, parce qu'un malheur comme il n'y en avait pas eu depuis le début du monde s'est abattu alors sur la terre russe : le grand courroux de Dieu était sur les hommes, famines, séismes, épidémies, tarissement de tous les fruits de la terre ; les bêtes mangeaient des hommes vivants et les hommes mangeaient des hommes ; et il y avait parmi les hommes un grand asservissement ! Sigismond, le roi polonais, fit livrer tout l'État de Moscovie au fer et au feu et jeter à terre toute la sainte beauté de la terre russe. Mais le Seigneur entendit la prière de ses hommes et il leur envoya son ange, afin qu'il apaisât la terre et débarrassât ses hommes de leur fardeau. »

Manuscrit du XVIIe siècle, cité par N.I. Kostomarov, dans *Le Temps des troubles de l'État de Moscou au début du XVIIe siècle*, p. 589.

« Chez nous, le plus riche boyard ne peut rien contre le dernier des hommes parce que, à la première plainte, le tsar le protégera. D'un autre côté, si le tsar me traite injustement, il a le droit de tout faire, comme Dieu : à lui de châtier, à lui de gracier. Il est dur de rien souffrir d'un égal, mais quand c'est le tsar qui punit, c'est qu'il est le souverain et qu'il n'y en a pas de plus grand sur terre : il est le soleil de justice, le luminaire de la Russie. »

Samuela Moszkiewieza pamietniki, cité par N.I. Kostomarov, p. 491.

Avec Dieu pas une prière, avec le tsar pas un service ne se perdent.

Proverbe russe

PROLOGUE

1

Mil six cent huit.

La plaine russe déroule sur six mille verstes* ses forêts de bouleaux ou de sapins et, de place en place, de bouleaux et de sapins entremêlés. Le tout est fariné de la première neige.

Un tire-bouchon de fumée vrille entre les cimes d'un bouleau et d'un jeune sapin. À leurs pieds, un marcassin embroché rôtit sur un feu de bois. Des chevaux entravés lèchent la neige, découvrent des plaques d'herbe automnale et la broutent. Un seul, dressant haut la tête, arrache aux bouleaux de grandes lippées de feuilles orange. Quelquefois un paquet de neige s'abat sur sa tête et il secoue la crinière en s'ébrouant.

Assis à l'écart du feu, un vieillard tout en cheveux, en barbe et en haillons a arraché un morceau de viande encore à moitié crue ; il la déchire avec ses mains et avec ses dents. Ses chiens l'observent de leurs yeux jaunes et fixes, sans oser un gémissement ni un frétillement de queue.

Plus près du feu, trois autres chasseurs.

Au milieu, confortablement installé, un homme à la poitrine comme une futaille, à la moustache en forme de double cimeterre, un kandjar à poignée d'ivoire et un pistolet passés à la ceinture, un sabre, un arc, un carquois déposés à portée de la main. Ses yeux noirs de Tartare surveillent le rôtissage du marcassin, mais ses oreilles sont aux aguets.

À sa gauche, un adolescent de quelque quatorze ans

* Une verste fait à peu près un kilomètre. Pour les mots russes, voir le glossaire en fin de volume.

se relève sur les genoux et se rassoit à chaque instant. Il se sent responsable du marcassin : c'est lui qui l'a abattu d'une flèche. Tantôt il l'arrose du jus qui dégouline dans une lèchefrite cabossée, tantôt il le sale délicatement, tantôt, luxe suprême, il l'assaisonne de quelques grains de poivre pilé.

— Il est prêt, père ?

— À toi de voir, Sandro.

À première vue, il n'y a pas grande ressemblance entre ce père tartare et ce fils russe. Pourtant, dans leurs visages ronds et pleins, leurs sourcils menaçants, leur teint boucané, dans l'énergie inépuisable qui émane d'eux, il y a un air de famille.

Tout différent est le garçon de douze ans assis à la droite du Tartare : il porte ses vêtements bordés de martre et son petit kandjar à poignée d'or incrusté d'émeraudes d'un air à la fois timide et hiératique, comme s'il appartenait à une autre espèce que ses compagnons.

— Je pense qu'on peut commencer, dit Sandro qui a une fois de plus plongé son couteau dans l'épaule du marcassin.

— Goûte d'abord. Ensuite, sers Mikhaïl Féodorytch.

Sandro s'étonne :

— Après grand-père, qui est déjà servi, n'es-tu pas le plus vieux ?

— Il y a plus vieux et il y a plus grand.

— Mon ami Michka est plus grand que toi, père ?

— Fais ce que je te dis. Nous ne sommes que des hommes du tsar, nous autres. Sa grand-tante était tsarine. Et lui, Dieu sait ce qu'il sera un jour.

À la pointe du couteau, Sandro présente à son ami une aiguillette juteuse, à la peau craquetante. Mikhaïl n'a pas l'habitude de ces repas de chasseurs, où chacun taillade comme il veut la carcasse fumante de la bête.

— C'est le meilleur marcassin que j'aie jamais mangé, dit-il avec bonne grâce.

Sandro mâche rêveusement, la bouche pleine.

Une première étoile s'allume au ciel.

Soudain un des chiens lève la tête. Les autres l'imitent. Et aussitôt le père roule sur le côté et bondit, dégainant son sabre. Un silence. Un chien gronde. Le grand-père, qui n'a pas cessé de ronger un os sanglant, prononce, sarcastique :

— Une panthère !

Chacun s'apaise : une panthère ne fait peur à personne. On se remet à viander. Mikhaïl se rapproche de Sandro et lui glisse dans l'oreille :

— Pourquoi ton père a-t-il tiré son sabre ?

— Demande-le-lui.

— Je n'ose pas.

— Tu es une poule mouillée, Michka. Père, pourquoi as-tu cru qu'il y avait du danger ?

Aleksandro Psar est un homme taciturne, mais il sait qu'il devra beaucoup parler aujourd'hui. Il a profité de la trêve avec la Pologne-Lithuanie pour inviter le jeune Mikhaïl Romanov à chasser. Ce n'est pas sans intention. Il veut prévenir l'enfant du destin auquel il doit peut-être se préparer.

— Dans une Russie sans vrai tsar, dit-il enfin, il y a toujours du danger.

— Mais la Russie a un tsar : celui que tu sers, réplique Sandro en faisant croustiller des cartilages entre ses dents.

Le père n'est pas encore prêt à s'expliquer. C'est Mikhaïl qui intervient au bout d'un moment :

— Ma mère pense aussi qu'il y a du danger. Elle ne veut pas me dire lequel, mais elle passe ses nuits à prier. Je me réveille et je l'entends : « Seigneur mon Dieu, épargne mon fils, ton serviteur Mikhaïl. »

Une terreur passe dans les yeux de l'enfant.

— Si tu le veux, Mikhaïl Féodorytch, je t'expliquerai, dit Aleksandro.

— Fais-moi cette grâce, Aleksandro Ivanytch.

— Ce sera long et je ne suis pas grand orateur. Sois patient avec moi : il peut en résulter du bien pour la Russie.

Mikhaïl s'apprête à écouter en silence.

— Tu sais que ta grand-tante s'appelait Anastasia, qu'elle était bonne et que le tsar Ivan la choisit pour femme parmi les plus belles jeunes filles. Elle lui donna un fils nommé Féodor et mourut, peut-être empoisonnée. Le tsar Ivan ne fut plus jamais le même.

— Il devint « le Terrible », dit Sandro.

— Oui, le Terrible, et pourtant l'un des plus grands souverains qui aient régné sur la Russie. Pas d'une main légère, cela est vrai, mais la Russie n'aime pas les mains légères, Mikhaïl Féodorytch. Rappelle-toi cela : elle aime qu'on la coince entre ses cuisses et qu'on lui scie la bouche. C'est alors la plus douce des cavales, mais ne lui laisse pas les rênes sur le cou : tu auras vite fait de voler cul par-dessus tête, et elle-même, la pauvre, se perdra dans les tempêtes de neige et crèvera de faim sans savoir pourquoi. Le tsar Ivan a doublé son empire et broyé les boyards séditieux. Ton grand-père Nikita était toujours à ses côtés ; il lui disait de rudes vérités et sauvait ainsi beaucoup de vies innocentes.

« Quand le tsar Ivan est mort, le tsar Féodor a régné. Il était tout à rebours de son père, il n'aimait ni la guerre ni les festins, seulement la suavité des liturgies et la joie des carillons. Il aimait aussi sa femme, qui s'appelait Irina, et il prit comme ministre son beau-frère, Boris nommé Godounov.

— Ce Godounov, tu l'as bien connu, interrompit Sandro.

Mikhaïl, lui, ne disait rien. Les joues brûlantes, la bouche entrouverte, il regardait le feu. On ne savait pas s'il comprenait.

— Oui, fils. J'ai connu Boris quand j'avais moins de ton âge, et je l'ai servi tant qu'il a vécu, car, lorsque le tsar Féodor est mort sans enfant, c'est Boris qui a ceint la Tiare de Monomaque. Mais le meilleur des ministres fut le pire des souverains. La terre russe ne l'adoptait pas : c'était la famine, la peste, il gelait en été. Pourquoi ? Parce que Boris s'était fait couronner par ruse, et rien ne porte plus malheur au pays qu'un tsar illégitime. Dieu l'a bien montré par sa mort : son corps est devenu tout noir, comme son âme.

— Ce n'était pas à Boris de régner, dit Sandro. C'était au petit Dmitry, n'est-ce pas ?

À ce nom, un prodige eut lieu. Le crépuscule s'épaissit d'un coup et le froid, qui avait à peine pincé jusque-là, s'abattit sur la clairière. Le grand-père Psar sembla se rabougrir, se pétrifier parmi ses chiens, dont l'un lança un hurlement pitoyable vers le glaçon de lune qui venait de miroiter au faîte d'un sapin. Aleksandro, les yeux baissés, remit gauchement une bûche dans le feu. Les flammes bondirent, se tordant et se détordant jusqu'à effacer les étoilcs du ciel.

— Oui, reprit Aleksandro, certains pensaient que c'était au petit Dmitry de régner, parce qu'il était fils d'Ivan, mais par sa septième femme, alors que l'Église ne nous permet que trois mariages. Un bâtard donc, et qui semblait avoir tous les vices de son père sans aucune de ses grâces.

— Il a été égorgé d'une oreille à l'autre, murmura Sandro sans regarder personne, comme s'il parlait à la nuit...

Un des chiens geignait doucement dans son sommeil : on eût cru qu'il se lamentait sur les malheurs du pays. Le grand-père Psar, presque invisible dans la nuit coagulée, n'était plus qu'une souche, qu'une roche, qu'un cauchemar.

— Il n'y avait pas que Dmitry pour inquiéter Boris Godounov, recommença Aleksandro. Ton grand-père était mort, Mikhaïl Féodorytch, mais ton père Féodor, le neveu d'Anastasia la Bien-aimée, était le plus bel homme, le meilleur cavalier, le plus fin lettré de Russie. Il était pieux, savant et gai, courtois avec les grands, doux pour les humbles.

Le vieillard confondu à la terre mâchonna de sa bouche édentée, apocalyptique :

— Et puis le testament... Le testament de la main d'Ivan... Boris l'avait lu... (Il s'arrachait les mots de la gorge comme des lambeaux de chair.) Le testament laissait l'empire aux Romanov...

— Bref, Mikhaïl Féodorytch, Boris a massacré tes oncles, poursuivait Aleksandro, et il a forcé ton père à prendre l'habit comme il a forcé ta mère à prendre le voile. Ainsi, pas de risque : ceux qui appartiennent au Royaume d'en-haut ne peuvent plus régner sur celui d'en-bas. Les vœux prononcés sont inscrits dans le Grand Livre de l'au-delà. Il n'y a pas de recours.

Mikhaïl Féodorytch Romanov regardait les charbons ardents comme s'il pouvait y lire son avenir.

— Ensuite, reprit Aleksandro, un aventurier est entré en Russie à la tête d'une armée de Polono-Lithuaniens : il se faisait passer pour Dmitry miraculeusement sauvé. Comme la malédiction de Dieu était sur Boris, le Félon a réussi à s'emparer du pouvoir et à se faire couronner avec sa Polonaise, la Marina. Mais lui aussi, la Russie l'a vomi, car c'était un autre faux tsar. On l'a tué, on a capturé Marina et ses Polonais. Ils sont toujours prisonniers.

— Oncle Sergo a servi ce tsar-là, dit Sandro.

— Tu n'as plus d'oncle Sergo ! fit Aleksandro avec violence. Ton oncle Sergo est un traître.

— Il croyait que le faux Dmitry était le vrai, objecta bravement le fils.

— Pourquoi n'a-t-il pas cru aussi en Moltchanov, Iléïka, Avgoust, Larka, Osinovik, Iéroféï, Klémenty ? Et pourquoi pas en Savély, Sémione, Vassily, Gavrila, Martyne, Fedka, Ivan Ivanytch, qui ont tous essayé de se faire passer pour des descendants du Terrible ? répliqua le père en ricanant à chaque nom. Non, Sandro. On doit sentir ces choses-là quand on a sucé le lait de la terre russe. Et maintenant qu'il y a un faux faux Dmitry, je suppose que ton oncle Sergo va se mettre à son service ?

Le père et le fils se regardèrent farouchement.

Aleksandro était toujours à Moscou ou aux armées et Sandro demeurait dans la province de Kostroma, aidant sa mère à gérer leur domaine de Psarskoïé, mais l'absence ne relâchait pas les liens qui unissaient le fils et le père : l'un ne rêvait que de continuer l'autre et l'autre n'aurait pu se souhaiter meilleur successeur.

— Boris était un faux tsar et Dmitry était un faux tsar, reprit Sandro. Et ton Vassily, alors ?

Il avait prononcé le sacrilège avec des lèvres gourdes.

Le père se rembrunit encore. Ses yeux errèrent dans la nuit.

— Vassily Chouïsky est de bonne maison, le patriarche l'a oint, les boyards l'ont acclamé. Je le sers et le servirai tant qu'il vivra, mais...

Il baissa la voix et retint son souffle :

— Ce n'est qu'un tsar de hasard : ce n'est pas le Grand Tsar Blanc que la Russie espère depuis longtemps.

Deux hiboux, qui partaient pour la chasse, traversèrent le ciel en battant pesamment des rémiges.

2

Une voûte peinte en vieux rose, ornée d'arabesques d'or et illustrée de scènes religieuses, écrasait les murs surbaissés où s'enchevêtraient des motifs floraux et des animaux fantastiques. Des aigles bicéphales servaient de culs-de-lampe aux retombées de la voûte et encadraient de petites fenêtres ogivales losangées de vitres jaunes et bleues, translucides mais non pas transparentes, si bien que le cabinet du tsar Vassily était éclairé mais aveugle.

Le tsar Vassily, emmitouflé dans une robe de brocart rose brodée de fils d'or et bordée de zibeline, ses mains enserrant ses coudes au fond de manches pendant jusqu'à terre, tournait sur lui-même en zonzonnant comme un hanneton.

Rien n'avait réussi à Vassily depuis deux ans qu'il régnait.

Les boyards qui l'avaient porté au pouvoir le lui disputaient sans cesse et il n'osait pas faire voler leurs têtes comme l'eût fait le tsar Ivan ; au contraire, il les menaçait de quitter le trône et alors ils insistaient pour qu'il y demeurât, certains de savoir limiter son autocratie. La paix tant souhaitée avec la

Pologne n'avait pas été signée : on avait dû se contenter d'une trêve de trois ans et onze mois obtenue après de longues négociations. Pour devenir tsar, Vassily avait fait assassiner le faux Dmitry : pour s'en justifier, il essayait d'étendre le culte du vrai, assassiné par Boris Godounov, et, en même temps, de réhabiliter la mémoire du même Boris Godounov que le faux Dmitry avait combattu ; mais cela ne réussissait qu'à rendre Vassily plus impopulaire, parce que le peuple ne pardonnait pas à Godounov l'assassinat du vrai Dmitry et que Vassily semblait s'en rendre complice. Les rites expiatoires inventés pour exorciser le passage du faux Dmitry au pouvoir n'avaient fait que rappeler aux Moscovites qu'ils l'avaient servi volontiers. Signe des temps, des incendies se déclaraient en ville et jusque dans le Kremlin. Une poudrière sauta. Nombre d'imposteurs apparaissaient dans les provinces. Impossible d'étouffer la rumeur selon laquelle Dmitry — le faux qu'on prenait pour le vrai — avait échappé à la mort. Noyer ceux qui la propageaient ne servait qu'à la répandre davantage. Contre les rebelles qui surgissaient de toute part, il avait fallu mener de véritables guerres civiles, d'autant plus malaisées qu'ils se présentaient comme des champions du pouvoir légitime. Feindre de gracier un mutin vaincu, puis lui crever les yeux n'avait pas apaisé les esprits. Et maintenant voilà que tout recommençait : un nouvel imposteur avait rassemblé une armée et était venu camper à Touchino, aux portes de Moscou.

« Je suis Dmitry fils d'Ivan, proclamait-il, celui-là même que Boris Godounov a tenté de faire assassiner, qui a été couronné, que le traître Chouïsky a cru détruire à son tour, mais que Dieu protège à jamais. Je suis le tsar. »

Le Filou avait commencé par séduire la populace en supprimant dans son armée rangs et grades et en livrant femmes et filles nobles aux serfs qui se soulevaient contre leurs maîtres. Maintenant qu'il avait gagné plusieurs batailles, les grands seigneurs commençaient à se rallier à lui. Le chambellan prince

Troubetskoï avait quitté Moscou la sainte pour la sale bourgade de Touchino. Des magistrats, des estafiers l'imitaient, prenant des garanties chez un faux tsar comme chez l'autre. Le matin, ils baisaient la croix à Moscou pour jurer fidélité à Vassily ; le soir, ils baisaient la croix à Touchino pour consacrer leur allégeance à Dmitry ; et ils recommençaient le lendemain. On les appelait « les oiseaux migrateurs ». Et ce n'étaient pas que des nobles. Les marchands, pour qui Vassily avait toujours eu un faible, approvisionnaient à Touchino un marché de mieux en mieux achalandé, tandis que les Moscovites, prévoyant des temps difficiles, commençaient à « attacher leurs kopeks avec des roubles ».

Vassily s'arrêta de tourner sur lui-même, et approcha d'une fenêtre comme pour regarder à travers, mais les losanges dépolis ne firent que lui renvoyer son image, brumeuse et floue : chevelure et barbe rousses qui grisonnaient, long nez tortueux, paupières aux bords rougis. À mi-voix, Vassily prononça :

— Le tsar de toutes les Russies...

Et il secoua pitoyablement la tête :

— Je ne sais pas qui c'est. Le courroux de Dieu est sur moi parce que j'occupe le trône d'un autre.

Il fit un geste, un varlet accourut pour ouvrir la fenêtre et l'air frais se rua dans le cabinet surchauffé où Ivan le Terrible, son fils Féodor l'innocent, l'usurpateur Boris Godounov et l'imposteur Dmitry avaient siégé tour à tour (encore que Dmitry préférât le palais à la polonaise qu'il s'était construit). Avec la fraîcheur, le brouhaha. Les carillons des églises innombrables, les chansons de toile et les glapissements d'ivrognes, les glissades des chevaux sur les pavés rares, les appels des camelots (« Concombres-verdelets ! Oignons-poireaux, couple-d'amoureux ! Qui-m'approche-me-prend-aux-cheveux : je-suis-le-radis »), les cris des boyards qui arrivaient au galop (« Hors de mon chemin ! Je passe ! ») tout s'engouffra dans le cabinet du tsar.

Le varlet attendait, ployé en deux. Vassily prononça :

— L'émissaire de Touchino, cet insolent qui nous somme de nous démettre de nos pouvoirs... que nous reçûmes hier à vêpres... une pierre au cou et dans la Moskva !

Il resta seul, espérant que cette exécution économique le soulagerait. Mais rien ne soulageait plus le vieux faux tsar, ni les noyades, ni les prières de l'Église, ni les voyantes et les sorciers qu'à l'instar de Godounov il s'était mis à consulter... pas même les caresses de la jeune femme qu'il venait d'épouser. La cavale Russie désarçonnait les cavaliers qui l'enfourchaient par fourbe : le tsar Vassily pressentait que ce serait bientôt son tour.

3

Mikhaïl dormait, le corps enfoui sous l'édredon brodé en relief du griffon passant des Romanov, les reins adossés à une pile d'oreillers, la tête posée sur le dernier, qu'on appelle « la petite pensée ». Devant son front en sueur des millions de bouleaux et de sapins se marbraient de neige ; des chevaux, à qui poussaient des ailes, s'envolaient dans le ciel étoilé ; un être à tête humaine, au torse de chien velu, au giron d'arbre mort hurlait pitoyablement.

Alors l'enfant eut mal au ventre, non pas qu'il souffrît de colique, mais comme s'il allait accoucher à la manière de sa chienne Milka qui, la semaine dernière, avait mis bas une portée de chiots.

Or, ce ne fut pas une portée de chiots qui sortit de lui, mais un tronc d'arbre qui croissait, suçant le sang de l'enfant pour en faire sa sève, étirant les stries de son écorce, poussant ses membres branchus dans toutes les directions, crevant bientôt le plafond voûté de la chambre et vrombissant dans le ciel d'une frondaison peuplée d'oiseaux et d'abeilles.

— Ça fait mal ! geignit l'enfant.

Il ne pouvait plus bouger, aspiré qu'il était par ce

clou gigantesque planté en lui et qu'il avait lui-même produit de ses entrailles.

Ne pouvant déplacer le corps, il étendit du moins ses quatre membres en forme de croix de Saint-André, et demeura ainsi, les yeux fixés sur le faîte de l'arbre, comme un acrobate prostré regarde le sommet de la pyramide humaine dressée sur son ventre.

Dans les branches, à des hauteurs différentes, des personnages miroitaient comme des fruits, voilés de feuilles que le vent agitait sans cesse, découvrant par moments leurs visages et leurs mains, comme les châssis de métal ciselé découvrent les visages et les mains des icônes. L'enfant entrevit un ogre moustachu en bottes fortes engluées de sang, puis un ange blond un peu chauve au regard mélancolique ; découpée par de fins rameaux, apparut comme dans un vitrail une belle femme qui riait si fort que sa poitrine tressautait ; derrière le tronc se profila une figure hideuse de dégénéré ; à la cime s'illumina un saint qui s'en allait vers le martyre accompagné de sa femme et de ses enfants... Et sur tout cela pleuvait une douce, une lénifiante neige de sang, tandis que les oiseaux printaniers s'ébattaient et pépiaient avec allégresse dans la ramure.

Mikhaïl s'éveilla en sursaut.

Dans la chambre, une ombre se relevait et s'abaissait inlassablement : tantôt elle cachait, tantôt elle découvrait l'icône représentant la Mère de Dieu joue à joue avec l'Enfant posé sur son bras droit, et, à chaque prosternation, la veilleuse palpitait comme eût cillé un œil rouge.

Cette icône avait servi de bénédiction au mariage d'Alexandre Nevsky, puis, pour échapper aux Tartares, elle avait disparu au fond d'un lac avec la ville fantôme de Kitège, et enfin avait été retrouvée planant au-dessus d'un arbre. Le prince de Kostroma tenta en vain de s'en emparer : il fallut une procession de prêtres aux barbes fleuries, avec leurs croix d'argent, leurs bannières et leurs encensoirs, pour que l'icône se décidât à quitter sa haute retraite ; volant dans les airs, elle précéda le cortège sacré et se voua à la protection des Romanov, grands seigneurs à Kostroma.

« Ma mère prie pour moi », pensa Mikhaïl avec un mélange de chaleur rassurante et d'irritation inavouée. C'était le tsar Boris qui avait forcé Féodor Romanov à épouser Ksénia Chestov, jeune fille noble mais pauvre, sans accointances, sans prestige, au visage dégrossi à la vouge, et Ksénia n'avait cessé de souffrir d'être, dans la vie de son étincelant mari, une compagne néfaste. Lorsque, pour rabaisser encore les Romanov, Boris avait condamné mari et femme au monachisme, Ksénia, devenue la nonne Marfa, avait éprouvé, par-delà le déchirement des corps séparés, une ombre de soulagement : maintenant au moins elle ne se sentirait plus coupable d'amoindrir son seigneur. Et elle s'était jetée dans l'éducation de son fils avec le désir enfiévré d'en faire un saint, qui rachèterait par une vie humble et pure les péchés des puissants qu'elle avait vus brièvement mais de près.

— Seigneur mon Dieu, priait-elle à voix presque haute, je ne te demande pas pour le serviteur de Dieu Mikhaïl la grandeur mais la petitesse. (Prosternation.) Pas l'éclat, mais les ténèbres. (Prosternation.) Mon petit garçon n'a jamais menti, jamais prononcé un mot grossier : je te demande qu'il reste toujours aussi pur et pour cela qu'aucune tentation ne vienne le souiller et surtout pas celle du pouvoir. (Prosternation.) Je te demande qu'il se consacre à la chasteté ou alors qu'il trouve une femme douce et fidèle qui lui donnera beaucoup d'enfants pour te servir. (Prosternation.) Je te demande que ses ancêtres qui furent si proches du trône ne viennent pas le détourner de la voie modeste et sainte qui doit être la sienne : que peut attendre le fils d'un moine et d'une nonne — même innocents ? S'il est prédestiné à quelque exploit qui passe l'entendement, fais, mon Dieu, que cet exploit soit de modestie et d'humilité. (Prosternation.) Seigneur mon Dieu, je sais trop ce que sa haute naissance lui fait courir de risques, mais fais que les ennemis de sa race l'oublient dans sa retraite et qu'il vive saintement jusqu'à un âge avancé. (Prosternation.) Que son sang ne coule pas par violence, mon Seigneur Dieu ! (Prosternation.) Et surtout, et plus encore, que jamais il ne fasse couler celui d'autrui. (Prosternation.) Nous sommes heureux ici, dans ce monastère, et nous ne faisons de mal à personne : fais qu'on nous y oublie ! (Prosternation.) Mon Dieu, permets-moi de répéter sans blasphème les mots que tu as prononcés toi-même au jardin de Gethsémani : Que le Calice qu'on lui proposera peut-être un jour s'écarte de lui ! Qu'il n'ait pas à boire la lie du péché des hommes, la lie du péché des Russes ! (Prosternation.) Épargne-lui la crucifixion du pouvoir suprême ! Je t'en supplie, moi, la pauvre servante de Dieu Ksénia, moi, la nonne Marfa qui sait qu'il est plus facile d'être sauvé dans l'abaissement que dans l'élévation...

La nonne Marfa ahanait, des larmes ruisselaient sur ses joues émaciées et son front heurtait sourdement les briques du sol.

— Oui, murmura le fils soumis, si c'est possible, que ce Calice s'écarte...

Mais ses yeux s'étaient allumés d'une lumière nouvelle dans la nuit, et, poursuivant la citation de l'Évangile, il ajouta en silence, comme s'il craignait de transgresser ouvertement la volonté maternelle :

— Pourtant, que Ta volonté soit faite et non la sienne.

4

À la suite de l'incendie du château de Wavel, Sigismond III, roi de Pologne-Lithuanie, avait transféré sa capitale de Cracovie à Varsovie. Son nouveau palais dominait la Vistule et ce fut par une poterne donnant directement sur l'eau que les trois aventuriers qu'il avait convoqués furent introduits. Malgré la chaleur moite de cette soirée de juillet, ils étaient enveloppés de manteaux dissimulant leurs costumes et coiffés de chapeaux masquant leurs traits. Le roi les reçut dans une petite bibliothèque en encorbellement sur le fleuve. Le coucher de soleil avait laissé une bande orange reflétée dans l'étain de la Vistule et une rougeur sur les reliures qui tapissaient les murs. Un dernier rayon mettait un arc-en-ciel dans la plus haute fenêtre d'une des tours.

Sigismond, petit homme à la barbichette lisse, tordue de côté, la moustache en crocs et les yeux d'un teckel triste mais curieux, était assis à côté d'une table incrustée de nacre sur laquelle brillait un candélabre voilé d'un abat-jour, si bien que le visage du roi demeurait dans l'ombre. Au contraire, les torchères surgissant des murs mettaient en pleine lumière les trois hommes qui, debout et tête nue, exécutaient devant leur souverain des moulinets de chapeau, les plumes de paon de Rojinski rivalisant avec les plumes d'autruche de Sapéga et ridiculisant les plumes de faisan du gringalet Lissowski.

Sigismond toussota dans son petit poing :

— Illustrissimes seigneurs, le roi de Pologne-Lithuanie vous remercie de vous être rendus à son invitation. Vous savez à quel point nous sommes soucieux du bien-être de notre noblesse, la plus vaillante du monde, et nous souhaitions nous enquérir de vos projets, à la suite de la trêve que nous avons conclue avec l'ours de Moscovie, vous dont la vocation est de rivaliser avec le dieu Mars.

Les trois hommes, moustachus, chatouilleux, ombrageux, échangèrent des regards de méfiance. Ils ne comprenaient pas pourquoi, mauvais sujets notoires et fiers de l'être, ils avaient été convoqués ensemble. S'il y avait une mission inavouable à remplir quelque part, chacun d'entre eux eût préféré en être chargé seul.

Le prince Sapéga, géant perpétuellement entre deux vins, fut le premier à répondre.

— Sire, Votre Majesté trouvera mon glaive toujours prêt à la servir, en attendant que je me taille moi-même un royaume quelque part sous le soleil.

Et il troussa le buisson qui lui servait de moustache.

Le prince Rojinski, grand aussi mais non pas gigantesque et plutôt escogriffe, avait les cheveux en crête de coq, la moustache furieusement bistournée en double volute et abondamment cirée. Il la torsada encore davantage, tendit son maigre jarret et répondit nerveusement :

— Où il y a de la gloire et de l'argent à moissonner les Rojinski sont toujours présents.

La moustache du petit Lissowski était moins réussie que celle de ses confrères : quelques poils raides qui lui sourdaient sous le nez, dans toutes les directions, accentuaient sa ressemblance avec un blaireau.

— Qui est efficace n'a pas besoin de se vanter, fit-il avec un reniflement qui déplut aux deux autres.

— Seigneurs, reprit le roi, nous ne sommes en guerre avec personne et je voulais simplement savoir à quoi les inlassables guerriers que vous êtes comptent employer leurs loisirs. À la chasse peut-être, ou à l'administration de vos domaines ou à la cour qu'un gentilhomme polonais se doit de toujours faire aux dames ?

— C'est à voir, répondit Sapéga. Les dames que je préfère n'ont point besoin qu'on leur fasse la cour. D'une main je les assois sur mes genoux, de l'autre je les trousse, et la comédie est bientôt jouée. Pour mes domaines, j'ai des intendants. Je vais donc chasser le gros gibier, si je ne trouve rien de mieux à faire.

— Moi, Sire, dit Rojinski, je me partagerai entre ces trois occupations si je suis assez malheureux pour ne point trouver à être employé par vous.

— Chasser pour chasser, fit Lissowski, je compte sur votre Mazesté pour m'indiquer mon zibier.

Ce zozotement intermittent trahissait les mots qui le faisaient saliver.

Le roi plongea ses mains dans sa barbiche et l'ébouriffa avant de la lisser de nouveau.

— Voyez-vous, dit-il en penchant la tête de côté, la Russie est un pays riche, peuplé d'une paysannerie laborieuse, possédant de bons artisans, ouvert au commerce avec l'Orient, et c'est dommage qu'une contrée aussi favorisée par Notre Seigneur soit non seulement souillée par le schisme, mais encore, depuis l'extinction de la dynastie rurikide, vouée aux désordres intestins. Ce n'est ni le tsar Vassily ni ce Dmitry derechef ressuscité qui rétabliront la grandeur que la Russie a connue sous le Terrible...

— Votre Majesté veut-elle dire que ce nouveau Dmitry qui vient de surgir est le bon? s'étonna Sapéga.

— Pour la grandeur de la Pologne, il *faut* que ce soit le bon, répondit froidement le roi.

— Alors, Sire, qu'attendons-nous? s'impatienta Rojinski. Sûrement une armée de nobles polonais est vite levée, et vous pourriez fêter la Noël à Moscou avec ce Dmitry-ci.

Le roi parut choqué:

— Seigneur Rojinski, que faites-vous de notre honneur royal? Nous avons juré de respecter la trêve!

— Pour moi, dit Sapéga, je n'ai rien juré, et je me fais fort de réunir six à sept mille nobliaux endettés qui ne demanderont pas mieux que de payer leurs créanciers sur le compte des Russes. J'en connais qui ne sortent qu'entre le coucher et le lever du soleil pour ne pas se faire arrêter.

— Le roi ne peut commettre aucune action, insista Sigismond, qui puisse le rendre suspect de vouloir rompre la trêve.

— Oui, Sire, répliqua Sapéga qui avait son franc-parler, mais n'oubliez pas que vous êtes un roi élu et que rien ne vous autorise à brider votre noblesse, laquelle est libre d'agir comme elle l'entend.

— C'est juste. Je n'y avais pas songé.

— Voilà, fit Rojinski, qui fait peut-être l'affaire du seigneur Sapéga. Il a de quoi payer une armée de mercenaires, mais, encore que la maison des Rojinski ne le cède en rien à la sienne pour l'ancienneté et l'illustration...

Le roi l'interrompit:

— Il y a des moyens de se couvrir de gloire sans

faire de dépenses exorbitantes. Parti de rien, le tsarik dc Touchino a levé une armée de cosaques, de serfs et même de gentillâtres moscovites, remporté plusieurs victoires et, aujourd'hui, il fait trembler le tsar Vassily derrière les remparts rouges du Kremlin... Dmitry ne réussirait-il pas encore beaucoup mieux s'il était conseillé par un soldat expérimenté, s'appuyant sur un détachement, même restreint, des meilleurs guerriers du monde ?

— Dois-je comprendre, Sire, que vous ne mettriez pas d'obstacle au départ d'un tel soldat pour la Moscovie ? demanda Rojinski.

— Mes sujets sont libres, fit le roi en se levant, si bien que sa tête disparut complètement dans l'ombre de l'abat-jour. Je suis heureux de voir que vous avez tous les deux, pour les années à venir, des projets aussi avantageux. Je ne vous retiens pas. Que le seigneur Lissowski me fasse le plaisir de demeurer quelques instants avec moi.

Les deux princes sortirent en se regardant d'un air sourcilleux : chacun se demandait si la mission confiée à l'autre n'était pas la plus importante. Ce ne fut qu'au bas de l'escalier que Sapéga se frappa soudain le front de son poing énorme :

— Âne que je suis ! Je m'inquiétais de ta mission, prince, alors que je la connais. Mais je ne connais pas celle de Lissowski : c'est bien plus dangereux.

Rojinski le regarda avec ironie :

— Qu'est-ce qu'un ruffian comme ce Lissowski auprès de moi ou de toi ? Le roi lui aura confié quelque chiot à noyer, rien de plus.

Il ne croyait pas si bien dire.

Après le départ des deux hommes qui l'embarrassaient par leur haute taille, Sigismond quitta l'abri de la table et de l'abat-jour. Il marcha à petits pas jusqu'à la fenêtre et laissa son regard errer sur sa nouvelle capitale aux toits pointus d'ardoise, aux façades peintes de turquoise, de safran et de vert-de-gris, aux colonnes torses ou cannelées, au fleuve encore légèrement rougi d'un soleil nocturne... Ne lui appartenait-il pas à lui, Sigismond Vasa, roi légitime mais proscrit de la Suède, roi élu de la Pologne, de régner sur toutes les terres boréales ? N'était-il pas le dernier souverain catholique romain dans la direction du septentrion comme dans celle de l'orient ?

Dans sa bibliothèque, il voyait, sur les gravures, les broderies, les tapisseries, les huiles, les hauts-reliefs et les chapiteaux, s'étaler les armes de Varsovie avec leur Sirène d'argent sur champ de gueules ; à ses pieds, il joua à voir la même Sirène fendre les flots empourprés de la Vistule. L'Empire du Nord tout entier n'arborerait-il pas un jour ces armes ?

La fenêtre de la tour éclaboussée d'un prisme s'était éteinte, et soudain un vent froid courut sur le dos hérissé du fleuve.

Sigismond se retourna vers Lissowski, assez gueux, corrompu et courtaud pour que la brièveté de sa propre petite taille ne le gênât pas devant lui.

— Alors ? demanda-t-il.

— Mazesté, répondit Lissowski, j'ai regardé et j'ai écouté, j'ai lu et j'ai consulté. Pendant sept cents ans, les Russes se sont reconnus dans les Rurikides. Des princes qui descendent de saint Vladimir et donc de Rurik, il y en a toujours autant que de chiens non châtrés. Mais la branche aînée est tarie, et comme les Russes ne connaissent pas l'élection du monarque qui fait le bonheur de la Pologne (ici, un profond salut) et n'ont qu'une vague idée de la primogéniture qui fait la stabilité de la France, pour eux tous ces princes se valent. Dans la Russie des siècles passés, la succession au trône n'aurait pas été compliquée : quelques assassinats et le survivant eût régné. Mais les princes de Moscou ont donné aux Russes le sentiment de leur unité. Ils ne s'abandonneront pas pour une longue période à n'importe qui. Ils ont essayé Godounov, qui n'était qu'un hobereau tartare, et l'ont rezeté. Ils ont essayé le faux Dmitry et l'ont rezeté. Ils ont essayé Vassily et le rezetteront. Ils essayeront peut-être le tsarik de Touchino et le rezetteront aussi...

— Que leur faut-il donc ? demanda Sigismond en se détournant à nouveau vers la fenêtre, peut-être pour cacher la rougeur de l'appétit qui lui montait aux pommettes.

— Ce qu'ils appellent le Grand Tsar Blanc. Un homme marqué par Dieu pour régner sur cet amoncellement de peuples hétéroclites qu'on appelle Russie.

— Je comprends « grand », mais pourquoi « blanc » ?

— Je l'ignore, Sire. Ils l'ignorent eux-mêmes. Peut-être parce que tous ses sujets ne le sont pas : il y en a de jaunes et de basanés. Ou que, dans le blanc, toutes les couleurs se retrouvent. Ou que la blancheur est la couleur de l'innocence et que, pour ces ignorants, le tsar représente Jésus-Christ ici-bas.

Sigismond demanda sans se retourner :

— Et qui doit-il être, ce Grand Tsar Blanc ?

Lissowski pressa son nez entre ses paumes comme pour éternuer discrètement. Il regardait du coin de l'œil le dos du roi. Il osa :

— Orthodoxe avant tout, Mazesté.

Le roi ne trahit rien.

— Eh bien ? Y a-t-il des candidats ?

— De nord en sud et d'est en ouest, Sire, mes azents n'ont entendu qu'un nom auquel tous n'ont pas encore pensé mais que personne ne conteste, qui fait rêver les soldats et les bonnes femmes. « Ah ! si seulement c'était lui ! » soupirent-ils quand on le prononce. Je n'explique pas, Mazesté : je constate. Vous savez comment sont les Russes. La raison n'a pas d'empire sur eux. S'ils se mettent à croire que la fatalité russe est attachée à ce nom... elle s'y attachera.

— Quel est le nom ? demanda le dos du roi.

— Mikhaïl Féodorytch Romanov.

Sigismond réfléchit longtemps sans demander davantage de précisions. Il avait d'autres sources de renseignement, il savait qui était Mikhaïl et il n'était pas aussi surpris que Lissowski s'y attendait.

Dehors la nuit tombait. Le roi pivota légèrement sur le talon.

— Eh bien, seigneur Lissowski, il nous semble qu'il y a un moyen infaillible pour empêcher la fatalité russe de jouer un rôle que le roi de Pologne juge indésirable. N'est-ce point là votre avis ?

— « Empêcher la fatalité russe de zouer un rôle que le roi de Pologne zuze indésirable... » zozota lentement Lissowski pour se pénétrer des ordres reçus et être sûr de les bien comprendre.

Sigismond inclina la barbiche en silence, comme si quelque scrupule d'humanité l'empêchait de former le mot « oui » avec les lèvres.

LIVRE I

LE SPECTRE DU SPECTRE

1

Iaroslavl, 1608.

— Et si c'était mon Dmitry tout de même ? demanda Marina à son miroir.

La prisonnière des Russes avait eu toutes les richesses de la Russie à ses pieds et elle ne pouvait plus s'offrir que cette plaque de cuivre poli.

Elle y voyait un visage de jeune brune au haut front médiéval sous lequel veillaient des yeux intenses et s'arrondissait une petite bouche dégoûtée mais ferme. Sous la froideur apparente couvaient deux passions. Depuis son adolescence, Marina Mnichek se rêvait impératrice d'Orient et d'Occident, et, deux ans plus tôt, elle avait découvert l'amour entre les bras d'un mari qu'on lui avait assassiné une semaine après la nuit de noces.

Le comte Mnichek entra dans la chambre de sa fille sans frapper, comme d'habitude, apportant son odeur de musc, de sueur et de vin cuit.

— Pardonne-moi, chuchota-t-il, l'œil égrillard. Je croyais te trouver dans ton bain.

La plaisanterie durait entre eux depuis des années. Elle n'amusait que lui.

— Bonnes nouvelles, ma petite fille, fit-il en agitant un laissez-passer scellé de l'aigle bicéphale. La trêve est signée et les Moskals nous relâchent. Adieu Iaroslavl. Nous rentrons en Pologne. Évidemment ils nous ont complètement dépouillés, mais, avec un peu de chance, nous leur revaudrons ça.

Marina le regarda, méfiante :

— Cette libération précoce ne me dit rien de bon. Je vous connais : que leur avez-vous donné en retour ?

— Rien, ma Marinoucha, rien du tout, presque rien, enfin peu de chose. J'ai seulement signé que je ne reconnaissais plus Dmitry pour gendre... et que tu renonçais au titre de tsarine.

D'un revers de la main, Marina jeta son miroir par terre. Il résonna.

— Je ne renonce à rien. Je ne peux pas renoncer ! J'ai été sacrée !

— Justement, tu as été sacrée, c'est fait, c'est bouclé. Que tu renonces ou non ne signifie rien. Si tu renonçais à être femme ou brune ou agréablement cambrée, qu'est-ce que cela signifierait ? D'ailleurs c'est moi qui ai signé, ce n'est pas toi.

— Et votre signature, mon tatouch, comme chacun sait, ne vaut plus grand-chose ?

— Hé hé, fit Mnichek, riant de toute sa frimousse enluminée. C'est quelquefois bon pour la vertu d'être perdu de réputation. Bon, maintenant il va falloir manœuvrer au plus près. Les Russes nous renvoient en Pologne sous bonne garde, et nous enjoignent de faire un détour par Ouglitch, Tver, Bélaïa et Smolensk pour éviter Moscou et Touchino. Mais nous, pas si bêtes ! Nous jouerons les doux agneaux avec notre escorte : Ouglitch, très bien ; Tver, encore mieux ; Bélaïa, parfait. Mais pour de vrai...

— Pour de vrai ?

— Hé hé, Ta Majesté ! Nous allons tout simplement nous faire intercepter par ton petit mari.

— Mon mari est mort, dit Marina, d'autant plus durement qu'elle s'était mise à espérer le contraire. Il a été massacré et traîné par le sexe, sauf votre respect, mon père, jusque sur la place Rouge où il a été exposé au peuple. On l'a enduit de goudron et d'excréments. On l'a enterré. On l'a déterré. On l'a brûlé. On a chargé un canon avec les cendres et les moignons qui restaient, on a braqué le canon vers le ponant d'où Dmitry était venu, et on a fait feu. Je ne le reverrai jamais. Il est mort.

— Mort, mort ! Vois comme tu exagères ! Voilà bien les femmes. As-tu vu son cadavre ?

— Tout Moscou a vu son cadavre.

— Sotte ! Tout Moscou a vu un corps d'homme au visage masqué, au corps rendu méconnaissable par les horions. Mais cet homme-là avait les cheveux longs : or, tu le sais bien, toi, que Dmitry s'était fait couper les siens très courts pour la noce.

— Trop courts, je le lui ai reproché.

— De plus, le cadavre avait les ongles plus noirs que les miens.

— Oui, Dmitry soignait ses mains, mais on l'a traîné par terre : elles se seront salies.

— Ah ! Marinoucha, Marinoucha, moi, je veux te faciliter les choses et toi, tu me contredis. Ce n'est pas gentil de contrecarrer son tatouch. Et les dents ? Dmitry les avait blanches comme de la neige, le cadavre noires comme du charbon. Tout le monde l'a dit : Ce ne sont pas là des dents de tsar.

— C'est vrai qu'il avait les dents très blanches.

— Tu vois. Et sa verrue ! Dmitry avait bien une verrue ?

— Près du nez. Il se l'était fait couper.

— Mais il lui restait une cicatrice.

— En effet. Qui ne voulait pas guérir.

— Eh bien, le mort n'avait ni cicatrice ni verrue, tout le monde l'atteste. Enfin... ceci est plus délicat (des sous-entendus s'allumèrent dans les yeux du père)... tu dois bien le savoir, toi... Ceux qui allaient au bain avec lui ont rapporté qu'il avait un grain de beauté sur le côté droit. Est-ce véridique ?

Marina ne répondit pas.

— Alors tu vois ! On a vérifié : pas de grain de beauté sur le flanc du mort. Ton mari est vif comme le soleil levant, ma beauté ! Tu seras dans ses bras d'ici quelques jours et d'ici deux mois tu régneras sur Moscou. Il n'y a qu'un détail à régler : qui enverrons-nous l'avertir de notre dessein ? Cela ne peut pas être un Polonais : il se ferait tout de suite arrêter par les Moskals. Envoie Sergo Psar : il t'est dévoué corps et âme et passera inaperçu.

Mnichek épiait sa fille. Elle se leva. Il devinait les sentiments contradictoires qui l'agitaient. Si elle envoyait Sergo, elle reconnaissait que le tsarik de Touchino pouvait être son mari, qu'elle l'espérait, qu'elle y consentait. Si elle ne l'envoyait pas, elle perdait sa dernière chance de remonter sur le trône. Et puis, elle devait bien, finaude comme elle l'était, supputer ce qui se passerait si le tsarik se révélait être un autre mais qu'il souhaitât se faire reconnaître par elle... Après un long silence :

— En tout cas, nul sauf moi n'a mieux connu le tsar Dmitry que son écuyer Sergo. Il saura bien me dire si c'est le même, miraculeusement sauvé, ou un imposteur.

— Eh bien voilà, dit Mnichek. Deux lièvres d'un seul coup ! Dmitry sera prévenu et toi rassurée. Que pourrait-on désirer de mieux ?

2

Sergo s'arme, prend trois chevaux à l'écurie — il a près de cinq cents verstes à parcourir — et voilà le grand paladin blond à l'air ingénu qui s'éloigne au trot, le cœur inexprimablement oppressé.

Il sait, lui, pour avoir de ses mains enterré le corps de son maître bien-aimé, que le tsarik de Touchino ne peut être qu'un charlatan ; il sait aussi que son maître bien-aimé n'était pas le vrai Dmitry fils d'Ivan. Mais le testament du faux Dmitry n'est pas, pour autant, moins contraignant : « Sergo. Je te donne à la tsarine. Tu la sauves ou tu meurs. Tu n'es plus à moi, tu es à elle. »

Sans oser dire à Marina que Dmitry n'était pas Dmitry, Sergo a bien essayé de lui assurer qu'il ne peut pas être vivant, que celui de Touchino se pare de son nom. Elle, si réticente devant son père, lui a emprunté ses arguments : le masque, les cheveux, les dents, la verrue, le grain de beauté.

— Enfin, s'est-elle écriée, nous savons bien que nous ressusciterons au dernier jour : pourquoi mon Dmitry n'aurait-il pas ressuscité par avance comme Lazare et tous ceux qui ont revécu à la mort du Christ ?

À peine si Sergo a eu le temps d'embrasser Danoucha, la suivante de Marina et sa propre amante, le voilà déjà à cheval, décidé à mener à bien une mission dont il n'attend que du mal.

Les sapins succèdent aux bouleaux, les bouleaux aux sapins. Les abeilles vrombissent sous le soleil de juillet. Lorsqu'il est au zénith, Sergo s'arrête près d'un ruisseau, laisse reposer ses chevaux, se restaure, fait un somme, repart dès qu'il fait plus frais. Il s'arrête le soir et reprendra la route quand la lune sera levée derrière les bouleaux blancs et les sapins noirs.

Sergo va où il va, mais il ne sait plus pourquoi il vit. Son frère aîné, Aleksandro, qu'il chérit, est devenu son ennemi depuis qu'ils ont servi des causes contraires ; la maison de son père lui est interdite ; il ne voit plus son neveu Sandro ; Avdotia qu'il a aimée est au couvent, il ne la reverra jamais ; il épouserait Danoucha si elle renonçait à sa foi romaine mais elle refuse, et, d'ailleurs, elle appartient aux ruines du beau rêve qu'il avait fait : une Russie nouvelle, heureuse sous un tsar sans tache. Il se sait injuste, mais Danoucha lui rappelle trop cruellement le spectre qu'il a servi. Et voilà que maintenant il chevauche vers le spectre du spectre !

Il n'y a plus de vrai maître à servir dans ce pays et l'homme du tsar en lui en est tout égaré. Quel péché atroce la Russie a-t-elle commis pour que Dieu la punisse si durement ? Elle est comme une fille sans père, comme une épousée sans époux. « Seigneur Dieu, prie Sergo en chevauchant dans la nuit, rends le soleil à la terre russe, rends-lui son Grand Tsar Blanc. »

*

Sergo contourna les villes qui se trouvaient sur son passage : Rostov, Péréïaslavl, et même la Trinité-saint-Serguéï. Il ne prononça pas un mot pendant cinq jours, sauf pour parler à ses chevaux, et il approchait de Moscou lorsqu'une douzaine de gaillards, surgis du couvert, se précipitèrent à la tête de ses chevaux.

— Où vas-tu ?

— Qui es-tu ?

— Quel est ton négoce ?

Aucun moyen de savoir si c'étaient des hommes du tsar Vassily de Moscou ou du tsarik Dmitry de Touchino, à moins que ce ne fussent d'ordinaires brigands. Ce fut presque avec l'espoir de commettre une bourde que Sergo répondit :

— Gare à vous, compagnons ! Je porte un message pour le tsar Dmitry.

Il s'attendait à être transpercé de coups et en eût été, d'une certaine manière, soulagé, le sacrifice étant la seule issue du désespoir, mais :

— Alors accompagne-nous, fit le dizenier qui commandait l'escouade. Vous autres, serrez-le de près pour le cas où il en aurait menti.

On le conduisit sous escorte jusqu'au rempart de sept cents pas de long qui protégeait Touchino sur un côté ; sur les trois autres, c'étaient la Moskva et la Vskhodnia mêlant leurs eaux. Des pieux de bois dépassaient du rempart de terre et certains d'entre eux s'ornaient d'une tête humaine sur laquelle s'affairaient des corbeaux. Des fumées, des odeurs de graisse grillée et des bribes de chansons à boire s'élevaient dans l'air estival.

« Un camp de brigands », songea Sergo.

Cependant une certaine discipline régnait dans ce camp. Après la chicane et une garde à vue d'une heure, Sergo fut conduit, les yeux bandés, dans une isba propre qui sentait le bois neuf. Quand on lui permit d'ôter son bandeau, il se trouva au milieu d'une pièce aux murs de rondins, au plancher jonché de tapis de prix. Un homme maigre, tout en muscles et en nerfs, les cheveux dressés sur le crâne comme une crête de coq, la moustache à révolutions et circonvolutions, se tenait devant lui. Sergo, avec sa taille découplée, sa courte barbe blonde, ses os longs, ses muscles bien huilés, ne baissa pas les yeux.

— Tu as un message pour le tsar ?

— Serait-ce toi ?

— Tu ne le connais pas ?

— Je connaissais l'autre.

— Qui t'envoie ?

— Le comte Mnichek.

— Où est son message ?

— Dans ma tête.

— Récite-le-moi.

— Il est pour les oreilles du tsar, non pour celles de ses subalternes.

— Sais-tu qui je suis ?

— J'attends que tu me le dises.

— Le prince Rojinski. Je commande cette armée, je commande Touchino, et ce que je dis au tsarik de faire, il le fait.

— Présente-moi à lui.

Les ordres de Marina étaient : « Tu lui transmettras le message de mon père, tu verras qui il est et tu reviendras m'en rendre compte. »

Rojinski s'approcha de Sergo, nez contre nez :

— Pauvre Moskal, sais-tu que tout ce qui se passe d'important dans ce camp se fait ici et ici (il se claqua le cœur et le front) ? Il ne te servirait de rien de parler au tsarik, puisque la réponse viendrait toujours de moi.

— La tsarine m'a ordonné de voir son visage.

Rojinski se rejeta en arrière en éclatant de rire.

— Maintenant, je comprends mieux ta mission. Comment t'appelles-tu, toi, d'abord ?

— Sergo Psar.

— Ah ! tu es celui-là ! Tu as honorablement servi Dmitry, nous le savons. Mais le tsar n'est pas encore prêt à te recevoir. Donne-moi ton message et je le lui transmettrai.

Ils s'affrontèrent du regard : Sergo pouvait refuser de parler, Rojinski pouvait le faire torturer, Sergo pouvait mentir, Rojinski pouvait l'empêcher de voir Dmitry... Le plus simple serait de dire la vérité puisque, de toute manière, l'essentiel était perdu depuis longtemps.

— Le comte Mnichek fait savoir au tsar Dmitry — Sergo s'arrachait les mots de la bouche — que lui et sa fille quitteront Iaroslavl dans la première semaine du mois d'août escortés par un millier de lances. Itinéraire : Ouglitch, Tver, Bélaïa, Smolensk. Au tsar de libérer sa femme.

Rojinski entrevit d'un coup d'œil toutes les chances et tous les risques de la situation :

— Le tsar te remercie, Sergo, et il saura te récompenser le moment venu.

— Je veux le voir ! J'ai des ordres.

— Il te recevra dès qu'il le pourra. En attendant, considère-toi comme notre hôte honoré. Tu ne nous en voudras pas, soldat comme tu es, de ne pas te laisser visiter la forteresse ; tu y seras nourri, abreuvé, traité du mieux que nous saurons.

— Suis-je prisonnier ?

— Non pas. Pas autorisé non plus à quitter le camp.

Sergo fut reconduit au poste où, vu l'heure tardive, la bière et l'hydromel coulaient abondamment. Dans la salle enfumée par les pipes, Russes, Polonais et cosaques buvaient ensemble en se lorgnant d'un mauvais œil. Les Polonais occupaient le haut bout de la table. Sergo, l'hôte honoré, fut placé à l'autre, le dos au mur.

Il faisait déjà nuit lorsqu'un paysan russe, la barbe emmêlée et le bonnet à la main vint demander le seigneur Coz... Coz... Cozrgbrlewski.

— Ce doit être moi dans une bouche de Moskal, fit un hussard vêtu d'une tunique d'un blanc sale.

— Eh bien, homme bon, dit le paysan ployé en deux, j'ai fait comme tu m'as dit. Je t'apporte un rouble. Maintenant rends-moi ma femme.

— Chose promise, chose due. Je vais te la rendre. Où est le rouble ?

— Attends un peu, mon petit père.

Le paysan plongea la main dans sa chemise, en ramena un bout de tissu crasseux qu'il déplia longuement, sous les risées de l'assistance. Il en tira enfin un rouble d'argent qui capta la lumière des chandelles. Un rugissement d'admiration mêlée de sarcasme sortit de tous les gosiers. Sergo observait.

— Donne ça, dit le Polonais.

Il saisit le rouble, le mordit, le lança en l'air, le rattrapa, le fourra négligemment dans son gousset — c'était l'équivalent de sa solde mensuelle — et retrempa sa moustache dans sa chopine.

— Eh bien ? demanda le paysan.

— Eh bien quoi ? Dehors, chien. On t'a assez vu.

— Et ma femme ?

— Je t'ai dit que je te la rendrais contre un rouble.

— Je viens de te le donner.

— Toi, tu m'as donné un rouble ?

— À l'instant, homme bon, à l'instant.

— Dieu nous voit, Moskal, et tu es un grand menteur. Donne-moi un rouble et je te rends ta goton.

Explosion de rires.

— Je te l'ai donné, fit le paysan, prêt à pleurer. Je me suis assez démené, j'ai assez emprunté pour réunir cent kopeks ! Je te l'ai donné, mon rouble, de la main à la main.

— J'en appelle au témoignage de mes nobles camarades, fit Cozrgbrlewski. Si j'avais reçu quelque chose de toi, ils l'auraient vu.

— Nous témoignons ! L'illustrissime seigneur n'a rien reçu ! crièrent les Polonais en roulant de rire sur leurs bancelles, et les cosaques, trouvant excellent qu'un soldat se jouât d'un manant, renchérirent :

— Nous témoignons ! Tu n'as rien donné, croquant, cul terreux ! Dehors, on te dit, et laisse-nous ta femme !

— Et moi, dit Sergo Psar en se levant, je témoigne, seigneur Corzrbâtardovski, que tu es un illustrissime coquin.

Renversant son escabeau d'un coup de pied, il tira son sabre. Il pouvait bien se battre à un contre trente puisqu'il lui était indifférent de mourir.

Le hussard se jette sur sa latte et tous les Polonais en font autant. Les Russes, qui se seraient moqués du paysan s'il ne s'était trouvé personne pour le défendre, dégainent à leur tour pour défendre Sergo. Les cosaques demeurent neutres. Il y a un silence, cependant que les brûle-gueule jetés sur la table continuent à émettre des tortillons de fumée bleue.

Cozrgbrlewski estima la situation d'un coup d'œil. S'il y avait échauffourée, il risquait de recevoir un mauvais coup ; si même il en réchappait, d'être puni pour l'avoir causée.

— Ah ! ces Moskals, fit-il en riant jaune. Ils ne comprennent pas la plaisanterie. Toi, décampe d'ici au plus vite : ta femme t'attend sous ma tente, mais je ne suis pas si sûr qu'elle sera contente de voir ta hure et de sentir ton odeur de bouc après avoir eu l'honneur de fréquenter un gentilhomme de Pologne.

Tout le monde rengaina, les Russes et les cosaques riant aux dépens des Polonais.

Sergo se retira dans la chambrette qui lui avait été attribuée au fond du poste. Il se demanda s'il allait tenter de s'évader. Mais à quoi bon ? Tant qu'il n'aurait pas vu Dmitry, de quoi rendrait-il compte à Marina ? Il fit sa prière et s'endormit sur sa paillasse plus tôt que Rojinski qui, sur son oreiller de plume, s'interrogeait pour savoir quelle décision il imposerait au tsarik :

« Rien ne peut mieux servir sa cause que d'être reconnu par sa femme, donc il est bon d'envoyer des troupes pour intercepter les Mnichek. D'un autre côté, rien ne peut plus la desservir que d'être renié par Marina — or, nous ne savons pas ce qu'elle fera —, donc il est prudent de laisser père et fille rentrer en Pologne. Mais si on alliait les avantages des deux partis ? Ne serait-ce pas le comble de la finesse ?… »

3

Après deux ans de captivité et de dangers en terre étrangère, les prisonniers polonais, ambassadeur en tête, retournent chez eux. Les Russes qui les accompagnent se réjouissent autant qu'eux de la trêve qui vient d'être conclue et ne prennent guère au sérieux cet emploi de mi-geôliers mi-gardes du corps. Beaucoup ont des domaines dans les régions que l'on traversera et comptent bien s'égailler à mesure qu'ils en approcheront. Les Mnichek, père et fille, ont leurs propres raisons d'espérer, qu'ils ne confient pas à leurs compagnons mais qui les mettent d'humeur tour à tour anxieuse et folâtre. Une brume de chaleur stagne au-dessus des champs emblavés qui saignent de pavots et s'émaillent de coquelicots. Dans un nuage de poussière s'avancent les cavaliers, les calèches et les charrettes chargées de bagages, tandis qu'un soldat russe s'égosille en tête du train — « Aïe louli louli louli aïe loulichennki louli... »

Danoucha soupire en regardant par-dessus son épaule :

— J'ai presque du chagrin de quitter ce pays. Qu'adviendra-t-il de moi maintenant ? Sergo ne me suivra pas, Votre Majesté ne me laissera pas quitter son service. Ah ! pauvre de moi !

Mais sa tristesse n'est que le contrepoint de la joie générale. Danoucha sent bien qu'il y a de l'espérance dans l'air, et elle ne parle ainsi que pour que sa maîtresse parle autrement.

— Paix, Danoucha, fait Marina, en rapetissant encore sa petite bouche pour s'empêcher de sourire. Nous avons peut-être encore du bonheur devant nous.

Les haltes se prolongent, parce que le comte Mnichek, qui attend que les hommes du tsarik attaquent l'escorte, exige de manger plus longtemps, de boire davantage, de faire des siestes. Cela ne dérange pas l'escorte de prendre son temps. Certains Polonais s'impatientent, mais on rit de leur hâte : « Vous y arriverez bien assez tôt, dans votre pays de longs nez et d'outres vides ! » Et Mnichek est toujours d'accord pour ralentir le mouvement. « Enfin, tu es fou, comte ! Et si le tsar Vassily changeait d'avis ? S'il nous faisait sabrer par ses Tartares ? » Mais Mnichek fait risette, constate que les mille lances ne sont plus que sept cents, que cinq cents, et répond en latin, avec un clin d'œil incompréhensible pour ses compagnons : *Festina lente, amice !*

*

Au bout d'une semaine le comte Ioury Mnichek, seigneur de Sambor, voïvode de Sandomir, exigea que le train s'arrêtât deux jours parce qu'il avait un besoin urgent de se purger. Et le train s'arrêta complaisamment, encore que Marina fronçât le nez, choquée de ce prétexte inconvenant.

— Que veux-tu, Ta Majesté, riposta son père, en veine de latin : *ad augusta per angusta.*

Une quarantaine de Russes firent encore défection ce soir-là, parce que les vergers du hameau natal sentaient vraiment trop bon.

Le lendemain, comme le comte Mnichek était sorti à l'aube de l'isba qui lui avait été affectée et qu'il renouait ses aiguillettes au fond du potager, il aperçut en contrebas, dans la vallée, émergeant peu à peu des brumes matinales, un détachement de hussards vêtus de tuniques blanches et de longues capes bleues. Fou de joie, Mnichek se précipita chez sa fille, qui dormait dans une autre isba avec Danoucha :

— *Victoria ! Victoria !* s'écria-t-il, latinisant toujours. Les armées de ton mari sont là. Elles vont administrer une volée aux Moskals, je ne te dis que ça !

L'alerte avait été donnée et les Russes se rassemblèrent à l'entrée du village, en contre-haut, tandis que les hussards caracolaient en bas, au bord du ruisseau. Quelques coups de feu furent échangés sans résultat, la fumée odorante de la poudre montant droit dans l'air matinal. Accoudés à une palissade, les prisonniers polonais regardaient le spectacle.

— Ce n'est qu'une manœuvre de diversion, expliquait Mnichek à qui voulait l'entendre. La véritable attaque aura lieu par-derrière. C'est la tactique la plus élémentaire !

Cependant les Russes se concertaient. La trêve était signée. Les Polonais n'étaient plus des ennemis. Les prisonniers n'étaient plus des prisonniers mais des hôtes qu'on reconduisait jusqu'à la frontière. Si leurs compatriotes souhaitaient les escorter eux-mêmes, y avait-il là de quoi risquer sa vie ? Ne valait-il pas mieux suivre l'exemple de ceux qui étaient déjà rentrés chez eux ? Et, dans ce cas, pourquoi ne pas décamper le plus vite possible, avant que l'assaut ne fût donné ? Chacun ayant sellé son cheval et bourré ses sacs de selle, l'escorte se débanda en quelques instants. On entendit le martèlement précipité des sabots. Des mottes de terre volèrent. Les prisonniers restèrent seuls dans le village.

— Nous sommes libres ! cria Mnichek.

Et, les mains en porte-voix :

— Eh ! vous, là-bas ! Piquez des deux !

Marina, tout émue à l'idée de revoir des soldats polonais, agitait son chapeau à plumes. D'autres brandissaient leurs mouchoirs, sautaient sur place, criaient à pleine voix...

On entendit des commandements, les trompettes sonnèrent, les hussards se rangèrent par trois, et soudain l'inexplicable se produisit : les croupes lustrées des chevaux disparurent entre les arbres de la forêt.

Les Polonais s'entre-regardèrent, médusés. L'ambassadeur secouait d'un air dépité sa tête en pain de sucre.

— Je vous le disais bien, que ce n'était pas le gros des troupes ! insistait Mnichek. Naturellement, le tsar va venir chercher sa femme lui-même : ceux-là lui cèdent le pas, c'est la moindre des choses. C'est le protocole le plus élémentaire ! Il n'y a qu'à attendre une heure ou deux.

Mais déjà il parlait moins fort.

La matinée s'écoula, l'après-midi se traîna... Mnichek avait beau mettre sa main en visière, le tsar Dmitry ne se montrait pas. Les habitants du village qui, par peur des soldats, s'étaient cachés, commençaient à ressortir de leurs trous. La situation pouvait devenir dangereuse, et le comte Mnichek n'avait jamais eu d'amitié pour le danger.

— Je me demande ce qui se passe, disait-il à chaque instant.

Au coucher du soleil :

— Mon père, vous savez très bien ce qui se passe, répliqua Marina, torturant son anneau d'alliance. Le Filou de Touchino a voulu qu'on dise qu'il a tenté de recouvrer sa femme et qu'il a échoué. En réalité, il a peur de me rencontrer. Ne vous y trompez pas, père : cette démonstration n'était ni de la tactique ni du protocole, c'était une fourbe.

— Eh bien, tu connais le proverbe : si la montagne ne vient pas à Mahomet, Mahomet va à la montagne. Nous avons nos gens, des chevaux, des armes. Allons nous-mêmes trouver le tsar. Qui qu'il soit, il ne peut pas se permettre de nous chasser.

— Je refuse de me jeter dans la gueule du loup, riposta l'ambassadeur. Je n'ai pas de fille à vendre, moi.

Mnichek avala l'insulte : ce n'était pas le moment de se disputer entre Polonais. Rirait bien qui rirait le dernier. L'ambassadeur reprit :

— La meilleure solution sera de nous mettre sous la protection du prince Sapéga qui, me suis-je laissé dire, a levé une armée et marche sur Moscou. Au moins, c'est un gentilhomme, l'un des premiers de Lithuanie. D'après mes renseignements, il devrait se trouver aux environs de Mojaïsk. Nous pourrions pousser une pointe de ce côté.

4

Le prince Ian-Piotr Sapéga, de la famille du chancelier de Lithuanie, approchait de la quarantaine et il n'avait pas encore de principauté à lui, ce qui lui paraissait choquant. À défaut, il acceptait de servir d'autres princes, mais toujours avec la restriction mentale qu'il considérait se devoir. Il n'eut pas plus tôt entendu de ses espions que le voïvode de Sandomir et sa fille Marina erraient par les plaines russes qu'il se précipita au-devant d'eux et fit rendre à la tsarine de Russie les honneurs qui lui revenaient :

— Votre Majesté ne pouvait mieux faire que de se placer sous mon aile. J'ai sept mille gaillards en campagne qui feraient peur au diable lui-même et qui mourraient joyeusement pour vos beaux yeux. Quelle faveur le sort m'a réservée ! Je l'accepte non sans mélancolie. Ce sera un crève-cœur de remettre pareille beauté entre les bras d'un époux.

Le géant avait sauté lourdement de son cheval et il balayait la poussière avec son panache. Marina, ravie de retrouver l'atmosphère galante de la cour de Pologne, descendit de calèche pour lui tendre sa main à baiser.

— Prince, votre aile est la bienvenue. Je suis moins certaine que les bras d'un autre le seront autant.

— Votre Majesté n'est-elle pas ravie de retrouver le tsar Dmitry qu'on avait si longtemps cru mort ?

— Si vous m'assurez que c'est bien lui.

— Qui en doute, Madame ?

— Vous l'avez rencontré ?

— Pas encore, mais il vient de m'écrire pour me promettre de vastes récompenses et me prier de ne point piller son empire ni faire de tort à ses sujets. Le prince Rojinski est auprès de lui et personne en Pologne, Madame, à commencer par Sa Majesté le roi, ne doute que le tsar ait réchappé au trépas.

— Pourquoi alors ne nous a-t-il pas fait libérer comme mon père l'en priait ?

— Sans doute, Madame, se réservait-il personnellement ce privilège.

Un vertige fit chanceler Marina. Oserait-elle espérer ? Elle osa.

Deux jours plus tard, elle entrait dans Mojaïsk qui avait reconnu Dmitry. Les rues étaient décorées de fleurs. Le clergé, en ornements sacerdotaux, s'empressait au-devant de la tsarine naguère prisonnière. La noblesse et le peuple l'acclamaient. Le gouverneur de la ville vint lui présenter, à genoux, le pain et le sel de la bienvenue. De tout côté, ce n'étaient que sourires et prosternations. D'un air paterne, le comte Mnichek adressait à sa fille des clins d'œil dans le dos de l'ambassadeur, lequel restait sur son quant à soi. Les chants religieux montaient dans l'air du soir :

— *Pour notre pieuse tsarine Marina Iourievna au Seigneur Dieu adressons nos prières,* barrissait le diacre de sa voix de basse-taille en élevant l'homophore entre le pouce et l'index.

Marina se coucha ce soir-là avec le sentiment que l'empire d'Orient et d'Occident ne lui avait pas définitivement échappé et que même elle retrouverait bientôt les fougueux embrassements de son Dmitry. Qu'il fût ou non le fils d'Ivan ne lui importait pas, s'il était le tsar. Élevée parmi les ariens, elle acceptait sans révolte qu'une apparence vraisemblable tînt lieu de réalité. Après avoir éteint la bougie :

— Danoucha, dit-elle à sa suivante qui couchait au pied de son lit, tout est encore possible. Tu m'entends ?

— Dieu vous entende aussi bien que moi, Madame, répondit Danoucha.

En elle aussi, l'espérance commençait à remuer. Si le premier Dmitry n'était pas mort, Sergo retrouverait son maître et partant le bonheur de vivre et de servir. Et il aimerait sa Danoucha comme avant.

5

Le temps demeurait magnifique. Vibrant des ailes et de la glotte, les alouettes demeuraient suspendues sur place dans le ciel. Marina et Danoucha roulaient dans une calèche ouverte, arrachant des feuilles et des fleurs aux branches espiègles qui venaient les y chatouiller. Une bête à bon Dieu se posa sur le poignet potelé de Marina. Au lieu de lui chanter, comme il se doit en Russie, *Petite vache au bon Dieu — Vole t'en jusqu'aux cieux — Là-haut tes enfançons — Mangent des calissons*, la tsarine se mit à fredonner la romance cracovienne qui avait accompagné ses amours avec Dmitry :

À toute heure
Qu'on respire,
La meilleure
Et la pire...

— Votre Majesté est bien gaie.

Elle se tourna pour voir qui osait s'adresser ainsi à elle. C'était, sur la gauche de la calèche, un tout jeune cavalier à l'abondante chevelure blonde qu'il lui sembla avoir aperçu jadis dans l'entourage de son mari. Presque un page. Quel âge pouvait-il avoir ? Seize ans ? Un air d'innocence se dégageait de son teint rose et de ses yeux bleus. Il montait un cheval blanc de grand prix et était vêtu à la polonaise, avec de hautes bottes fortes noires, une culotte et une tunique blanches, une cape bleue sur l'épaule gauche.

— Qui êtes-vous ?

— Konrad Tromby. Menin du tsar Dmitry. Prisonnier pendant deux ans. Le premier relâché. Aussitôt rejoint Touchino, espérant revoir mon seigneur... Vous ne devriez pas chanter de chansons, Madame.

Elle sentit le sang lui quitter le visage, son cœur se

dérober quelque part au fond d'elle-même. Elle se força à prononcer :

— Ce n'est donc pas lui ?

— Loin de là. Heureusement, il ne savait pas qui j'étais et m'a envoyé avec un message pour le prince Sapéga. Gardez-vous, Madame, gardez-vous. Et, s'il doit m'arriver malheur, sachez que je vous aurai aimée...

Il acheva, les lèvres blanches :

— Comme un chevalier notre sainte Dame la Vierge.

Il éperonna son cheval à l'instant où une ombre gigantesque se profilait à la droite de Marina. C'était Sapéga, soufflant son haleine vineuse dans sa moustache en broussaille. D'un coup d'œil, il saisit le visage défait de Marina.

— Pourquoi cet air lugubre, Madame ? Vous allez rejoindre votre époux. Que de joies en perspective !

— Ce n'est pas ce qu'on me dit, balbutia Marina. On me dit que ce n'est plus le même, ajouta-t-elle en faisant une lippe de petite fille, comme si elle allait pleurer.

— Qui se permet de vous conter de pareilles sornettes ? Est-ce ce jouvenceau qui s'éloigne sur ce cheval blanc ?

— Non, non, ce n'est pas lui, fit Marina trop précipitamment.

— Tromby ! Demi-tour !

Tromby revint au galop de chasse, fixant des yeux d'enfant stoïque sur l'ogre Sapéga.

— C'est toi qui as dit à Sa Majesté que le tsar n'est plus le même ?

L'enfant, en qui montait la peur, bredouilla :

— Je lui ai dit qu'on disait à Touchino que ce n'était plus le même. Mais que ce n'était pas moi qui le disais...

Sapéga le cloua d'un regard lourd d'expérience :

— Je te reverrai plus tard. Tu es aux arrêts.

Tromby s'éloigna avec un geste de désespoir. Marina cria au cocher de la calèche :

— Toi, arrête ! Je refuse d'être livrée à je ne sais

qui. Prince Sapéga, j'exige que vous me fassiez reconduire à Sambor.

— Madame, il n'en est pas question. Nous allons de ce pas à Touchino vous rendre au tsar Dmitry qui se languit après vous. Le message qu'apportait ce Tromby ne disait pas autre chose.

— Je refuse, répéta Marina. Je refuse.

— Ah ! qu'est-ce donc qui ne passe pas par la tête d'une oiselle de votre genre ! s'écria le géant changeant de ton. Nous allons voir ce qu'en dit votre papa. Holà, seigneur Mnichek, venez faire preuve d'autorité paternelle.

Mnichek arriva au petit trot.

— Un benêt, mon bon, a mis dans la tête de votre fille que Dmitry n'est pas Dmitry et elle refuse d'aller le retrouver. Faites quelque chose.

— Marinoucha, ma petite Marinoucha, cela ne peut pas être vrai. Le prince plaisante...

Marina se tordait les mains :

— Mon tatouch, on m'a dit que Dmitry était un autre. Quel autre ? Je l'ignore. Je sais en tout cas que je ne suis pas mariée avec lui. Me commanderez-vous, mon père, de me mettre au lit avec un inconnu ?

— Certes pas, ma petite fille, certes pas, probablement pas, bref ce n'est pas certain, mais toi, que veux-tu faire ?

— Rentrer chez nous, à Sambor. Là, je serai hors de danger et l'on avisera. Le prince Sapéga, qui est gentilhomme, se doit de me faire reconduire à Sambor. Je le fais garant de mon honneur.

Mnichek et Sapéga se consultèrent du regard.

— Et si le prince Sapéga considère que son devoir à l'égard du prince qu'il sert prime les obligations de chevalerie qu'il peut avoir au tien... ? commença Mnichek.

D'un signe de tête, Sapéga lui indiqua qu'il était sur la bonne voie.

— Je ne bougerai pas de cette place et je prierai Dieu qu'il m'y fasse mourir, déclara Marina.

Sapéga éclata de rire.

— Voilà qui serait impardonnable. Un aussi mignon bout de femme mourir à la fleur de l'âge ? Pas tant que cela dépend de Ian-Piotr Sapéga. Fouette, cocher !

— Cocher, ne bouge pas ! hurla Marina. Je te l'interdis.

— Cocher, fouette, ou c'est moi qui fouette et ce ne sera pas tes chevaux, fit Sapéga en levant sa cravache.

Le cocher haussa les épaules et fouetta. Sapéga fit un geste : un peloton de hussards vint prendre position sur les deux côtés de la calèche.

Les deux compères restèrent en arrière.

— Dites donc, mon cher comte, votre fille a un tempérament du feu de Dieu !

— Ne m'en parlez pas : c'est le portrait de sa mère.

— Ah ! moi, j'aime assez, fit Sapéga rêveusement. Il y a du plaisir à dompter une rebelle... Dommage que ce soit ce paltoquet à qui le privilège doive revenir.

— C'est un paltoquet ?

— Pis encore à ce qu'on m'en a dit.

Le cœur paternel de Mnichek s'émut un instant :

— Pauvre Marinouchetchka !

— Que voulez-vous, mon bon ? C'est la raison d'État.

— Bien sûr, bien sûr. D'ailleurs ça ne fait jamais de mal à une fille qu'on lui rabatte le caquet de cette manière-là, conclut Mnichek en gloussant dans son poing ganté.

6

Dans les premiers jours de septembre, le train de Marina s'arrêta en face de Touchino, de l'autre côté de la Moskva. Les tentes étaient à peine dressées qu'un esquif traversa la rivière et Rojinski se présenta. Il demanda d'abord à voir Sapéga.

— Eh bien, seigneur prince ? Comment va la vôtre ?

— Furibonde et obstinée. Et le vôtre ?

— Soumis et, grâce au Ciel, dépourvu du moindre talent.

— A-t-il des chances de régner un jour ?

— Aucune, mais de jeter Vassily à bas, beaucoup. Et alors...

— Le trône des Moskals sera vacant.

Les deux hommes se mesurèrent du regard, ne sachant trop quelle suite prévoyait l'autre. Rojinski n'était qu'un serviteur de haute volée, Sapéga toujours en quête d'un royaume.

— Marina sait donc que... ? reprit Rojinski.

— Le petit Tromby lui a vendu la mèche. Je l'ai mis aux arrêts. J'ai pensé que, si noble que soit sa famille, son exemple pourrait nous être utile plus tard.

— Vous avez eu raison. Mais vous n'avez pas su persuader Marina ?

— De quoi au juste ? Qu'elle doit, comme elle dit, se mettre au lit avec un inconnu ? Je n'ai pas trop essayé. La persuasion, mon prince, n'est pas mon fort.

— Laissez-moi tenter ma chance. Demandez-lui une audience pour le prince Rojinski. Ne parlez pas du tsarik. Et mettez-y les formes.

Nouveau regard de méfiance. Sapéga était le plus grand seigneur des deux et il avait sa propre armée qui n'obéissait qu'à lui, mais Rojinski gouvernait au nom et à la place de Dmitry. Équilibre instable.

— Je vous souhaite du plaisir, dit le géant. Et je vous signale loyalement un des tours qu'elle a dans son sac : elle adore se mettre sous la protection des gentilshommes. Ça m'est déjà arrivé : ça vous pend au nez.

*

Marina reçut son noble compatriote sous un pavillon rayé noir et jaune. Des drapeaux jaunes frappés de l'aigle bicéphale noire ornaient l'entrée. Le fauteuil de Marina, prêté par Sapéga, était posé sur une petite estrade, comme un trône.

Rojinski entra courbé en deux, son jarret maigre parcouru d'une vibration nerveuse.

— Je remercie Votre Majesté d'avoir daigné me recevoir aussi vite. J'ai l'honneur de lui présenter mes compliments sur l'heureuse issue de sa captivité. Je me réjouis de la voir en bonne santé et, de mon côté, je n'ai que de bonnes nouvelles à lui apporter.

— Vraiment ?

Marina s'efforçait de faire bonne figure, mais la peur lui nouait et lui dénouait l'estomac. Ses lèvres étaient si terreuses qu'elles les avait fait enduire par Danoucha d'une pommade rouge qui lui donnait l'air d'un vampire.

— Avant toute chose, enchaîna-t-elle, dites-moi, prince Rojinski, si vous vous considérez lié par les devoirs de la chevalerie et si...

Étant prévenu, Rojinski prit sur lui de l'interrompre.

— Madame, j'ai l'honneur de parler au nom de Sa Majesté le tsar, et, comme tel, je dois être entendu jusqu'au bout, même par Votre Majesté. J'avais l'honneur de vous dire que je vous apportais de bonnes nouvelles. Vous n'ignorez sans doute pas que toute la terre de Séversk, au sud-ouest de Moscou, avait déjà reconnu le tsar Dmitry Ivanytch pour son souverain. Mais ces derniers jours l'antique ville de Pskov, située au nord-ouest, s'est ralliée à la légitimité. Et voici que Kostroma, qui est au nord-est, Kostroma, le berceau à la fois des Godounov et des Romanov, fait de même. Moscou est d'ores et déjà encerclée. Il doit être doux à votre cœur, Madame, de songer que la victoire sur le terrain vous est acquise.

Rojinski feignit de se recueillir pour bien marquer que c'était lui qui parlait et que les pauses lui appartenaient. D'ailleurs il sentait que l'attention de Marina avait été retenue et qu'elle l'écoutait avidement. Maintenant, il allait aborder la partie difficile de son discours.

— J'ai l'honneur d'être chargé aussi du message que vous adresse Sa Majesté le tsar. Il regrette de n'être pas venu lui-même au-devant de vous, Madame : les nécessités de la guerre et du gouvernement l'en ont empêché. Mais il vous assure de son affection immuable et vous annonce sa visite pour demain.

— Prince, vous dites le tsar, le tsar... On m'a assuré qu'un autre homme se parait de ce titre et de celui de mon époux. Une femme se doit de penser avant tout à son honneur. Quelle assurance m'apportez-vous que celui qui se dit Dmitry le soit réellement ? Sans une pareille assurance, vous devez comprendre, étant gentilhomme, que je ne puis le recevoir. Que n'irait-on pas dire à la suite d'une pareille entrevue, même si nous ne devions pas demeurer seuls un instant ?

Rojinski donna deux tours de plus à sa moustache. Il trouvait cette petite dinde bien difficile à satisfaire. Sans avoir, avec les femmes, la désinvolture de Sapéga, il pensait que le mirage de l'empire russe valait bien qu'on fermât les yeux dans un lit. Mais il n'avait pas de réponse toute prête et il choisit, comme Sapéga l'avait fait, d'avoir recours au comte Mnichek, qu'on savait accommodant.

— Cette assurance, Madame, qui vous la donnera mieux que le comte votre père ? Permettez-moi de le prier de m'accompagner à Touchino. Je ne doute pas qu'en en revenant il ne sache vous convaincre. Votre Majesté m'autorise-t-elle à me retirer ?

Marina se leva avec un effort et tendit sa main à baiser.

— Quel message dois-je transmettre de votre part au tsar ? demanda Rojinski en se ployant en deux.

— Rappelez-lui l'aube du 17 mai 1606 et demandez-lui quels sont les derniers mots qu'il m'a dits.

*

Mnichek ne se fit pas prier pour accompagner Rojinski à Touchino et l'ambassadeur souhaita venir avec eux. Marina, en soulevant un pan de sa tente, vit la barque fendre l'eau placide de la Moskva. Sur l'autre rive croissaient des peupliers reliés entre eux par un rempart de branches entrelacées et recouvertes de terre. Un bourdonnement montait du village qui était devenu forteresse et capitale de fortune. Là-bas, au cœur de ce camp retranché, siégeait un homme qui se prétendait son mari.

Il faisait nuit lorsque la barque revint. Après avoir salué fraîchement l'ambassadeur qui lui répondit par une inclinaison de sa lourde tête en pain de sucre, Mnichek, d'une démarche zigzagante, regagna sa tente et s'effondra sur son matelas sans se déshabiller. Il n'avait pas poussé son premier ronflement qu'un flambeau brilla dans la nuit et qu'une main le secoua sans douceur.

— Réveillez-vous, père ! Et dites-moi ce qu'il en est.

Marina observait la trogne rubiconde, la barbe emmêlée de son père. Il vit les yeux noirs de sa fille qui fixaient sur lui un regard qui n'était même plus méprisant. Elle l'avait trop admiré jadis, elle avait trop souffert ensuite de son métier d'entremetteur, et maintenant elle n'avait plus que lui au monde.

— Ce n'est pas le même, n'est-ce pas ?

— Pas le même, pas le même, bougonna Mnichek tandis que de petites bulles se formaient à la commissure de sa bouche. Comme tu y vas. Ce n'est pas tout à fait le même, d'accord, mais enfin... Ça pourrait encore être le même, si on y mettait du sien. Je veux dire du tien. En tout cas il s'est montré un gendre respectueux. Il me fait cadeau de trois cent mille roubles et de toute la terre de Séversk avec quatorze villes. Juge par là de ce qu'il fera pour toi.

— Tu l'as donc reconnu officiellement ? Comment ta langue a-t-elle pu tourner dans ta bouche ?

— J'aurais voulu t'y voir. Trois cent mille roubles et quelque dix mille verstes carrées ! Imagines-tu combien une terre pareille doit rapporter d'impôts ? J'ai essayé de calculer, mais les nombres se sont embrouillés dans ma tête : les vins cuits du tsar étaient chaleureux.

— Le seigneur ambassadeur l'a-t-il reconnu aussi ?

— Le seigneur ambassadeur a reniflé très fort et il

est allé dîner chez Rojinski. Aussi n'a-t-il pas eu un kopek.

— Au moins dis-moi comment il est, ce faux Dmitry ! A-t-il de la dignité, de l'allure ? Est-il bon cavalier ? Le sent-on hardi et libéral ?

— Pour libéral, il l'est assez : trois cent mille roubles et quatorze villes ! Pour le reste, je ne saurais te dire. Je n'ai pas des yeux de jeune femme, tu me pardonneras.

Marina n'en tira rien de plus. Elle retourna sous sa tente armoriée où Danoucha l'attendait.

— Alors, Madame ?

Marina s'effondra.

— Ce n'est pas lui et il a acheté mon père.

— Ce jeune cavalier qui avait l'air d'un enfant vous a donc dit la vérité !

— Que vais-je faire maintenant, Danoucha ? Mon père me vendra au Filou. Que dis-je, il m'a déjà vendue.

— Il y aurait un moyen, Madame.

— Dis.

— Tout à l'heure, des officiers polonais sont venus tourner autour de moi.

— Tu m'étonnes !

— Je les ai laissés faire...

— De mieux en mieux.

— Je voulais apprendre des nouvelles de Sergo. Il n'est pas prisonnier, mais c'est tout comme. Cependant, tel que je le connais, il trouvera un moyen de s'évader si Madame le lui commande.

— Surtout toi, Danoucha.

— Peut-être moi aussi, Madame. Une fois évadé, il pourrait venir nous rejoindre et nous fuirions à notre tour.

— Tu es folle. Nous serions poursuivies.

— Oui, Madame, mais avec un guide comme Sergo... Vous n'avez pas oublié qu'il nous a déjà sauvées une fois. Nous aurions tôt fait de nous jeter dans Moscou qui est à trois jets de pierre et le tsar Vassily nous ferait reconduire à la frontière. N'avez-vous pas envie de revoir Sambor ? Au début, je n'étais pas comme vous, j'aimais la Russie et les Russes, mais depuis que votre époux est mort, il me semble qu'ils ont changé. En outre, si vous annonciez publiquement que le tsarik n'est pas le tsar, Vassily, tout avare qu'il est, vous ferait sûrement de beaux cadeaux.

— C'est à réfléchir. Va-t'en donc voir si nous pouvons sortir du camp librement.

Danoucha passa une mante à capuche qui lui allait à ravir. Lorsqu'enfin elle revint :

— Hélas, Madame, il y a des sentinelles partout.

— Il est donc impossible de quitter le camp ?

— Oh ! impossible, Madame... Les sentinelles sont des hommes. Il y en a même qui sont jolis garçons et je me fais fort de distraire leur attention.

Marina était plongée dans des réflexions qu'elle ne confierait à personne.

— Nous verrons, dit-elle, nous verrons.

Elle s'allongea sur son matelas solitaire, étendant ses jambes d'un geste étonnamment voluptueux et jetant ses bras en arrière sur le vaste oreiller brodé de l'aigle à deux têtes.

— Pour le moment, essayons de dormir, Danoucha. Et de ne pas rêver.

7

La tsarine polonaise des Russes, naguère leur prisonnière, était maintenant prisonnière des Polonais, et ce furent des Polonais qui l'encadrèrent pour la visite fatidique. Son père se tenait à sa droite, Sapéga se dandinait à sa gauche, et quand le pan de la tente se souleva, ce fut Rojinski qui introduisit le tsar.

Marina n'avait pu, malgré tous ses efforts, demeurer assise. Elle était debout, appuyée à son fauteuil et elle se mordait la phalange de l'index droit.

Le tsar entra.

Il n'était pas habillé à la polonaise, comme l'eût certainement été Dmitry, mais fagoté dans une robe à la russe dans laquelle il flottait. Au-dessus de cette carapace qui serait demeurée debout même sans lui, vaguait, portée légèrement penchée sur l'épaule gauche, une petite tête triangulaire aux oreilles décollées et pointues, aux yeux louches et à la peau boutonneuse. On lisait sur ses traits le masque d'une mauvaise étoile. C'était peu dire qu'il ne ressemblait pas au premier Dmitry : sauf la taille médiocre, qu'ils avaient en commun, ils étaient aussi dissemblables qu'on peut l'être. Rojinski, qui le guidait, avait l'air de mener une tortue en laisse.

— Sa Majesté le grand prince et tsar de toutes les Russies, tsar de Kazan, tsar d'Astrakhan, souverain de Sibérie et d'autres lieux, annonça-t-il solennellement.

Le tsarik détournait les yeux. Marina ne le quittait pas des siens.

— Eh bien, dit Rojinski, lissant sa crête de coq, ne vas-tu pas offrir ton cadeau à la tsarine ?

D'une manche, le tsarik tira un collier de perles avec un fermoir de diamant et s'avança gauchement, le tendant à moitié.

— Parle donc, insista Rojinski.

— Belle et noble Marina, commença le Filou de Touchino d'une voix de chat coupé en essayant de prendre l'air avantageux, belle et noble Marina... belle et noble Marina, mon épouse, ma tsarine, souffrez que je... souffrez que je...

Il avait oublié la suite.

Rojinski se contenait à peine :

— C'est l'émotion de vous revoir, Madame. Nous avons pourtant répété son compliment à satiété. C'est moi qui tenais votre rôle.

Marina sourit ironiquement.

— J'admire votre candeur, prince Rojinski. Cependant vous avez osé dire « revoir » ? Mais je n'ai jamais posé les yeux sur ce baladin. Voulez-vous une preuve qu'il n'est pas Dmitry ? Vous ne lui avez pas donné le titre de César Invincible auquel il tenait tant et il n'a même pas protesté.

Alors le prince Rojinski se tourna vers le grand-prince et tsar de toutes les Russies, tsar de Kazan, tsar d'Astrakhan, souverain de Sibérie et d'autres lieux, et siffla :

— *Sranets !*

Pour un peu, il l'aurait giflé. Marina dominait la scène :

— Quand le spectacle échoue, je ne sais si la faute en est à la marionnette ou au montreur. Quant à ce misérable collier de perles baroques, croyez-vous vraiment que mon Dmitry m'aurait offert une telle misère ? Ne savez-vous pas qu'il m'a donné, quand je n'étais que sa fiancée, cinquante-sept cadeaux dignes chacun d'un empereur ? À présent, je ne suis qu'une pauvresse, mais je rougirais de m'étrangler avec cette babiole. Cependant deux choses m'étonnent, prince : qu'un gentilhomme polonais soit partie prenante dans cette farce et qu'il n'ait pas trouvé de comparse plus plausible !

Sans laisser à Rojinski le temps de répondre, elle rentra dans la partie de la tente qui lui servait de chambre et où Danoucha l'attendait :

— Ah ! Madame, je vous observais par une fente : vous avez vraiment été la tsarine !

De son côté, Rojinski furieux sortait à grands pas, le tsarik courant après lui. Sapéga se tourna vers Mnichek :

— Vous ne l'avez pas assez fessée dans son jeune âge, mais il n'est jamais trop tard pour commencer.

Ils entrèrent tous les deux dans la chambre, sans même en demander la permission.

— Ah ! Marina, Marinouchka, tu fais bien de la peine à ton tatouch, dit Mnichek. Trois cent mille roubles et quatorze villes, ça ne se trouve pas dans le pas d'un cheval. Songe à quoi nous travaillons depuis bientôt huit ans. Songe à tous les débours que j'ai encourus. Cela se soldait par une catastrophe, et voilà que l'occasion se présente de tout rattraper. Tu ne vas tout de même pas la faire manquer !

— Ma petite fille, si vous étiez à moi, ajouta Sapéga, j'aurais tôt fait de vous dresser, et je n'y renonce pas tout à fait, car enfin vos caprices ne peuvent pas durer. Vous allez faire manquer une opération à laquelle tient le roi Sigismond. Avez-vous oublié les recommandations qu'il vous fit le jour de votre mariage ? Ne vous a-t-il pas dit que vous deviez rester Polonaise avant tout ? Ne voyez-vous pas que l'avenir de la Pologne-Lithuanie dépend de vous ? Je ne parle même pas des avantages personnels que vous en retireriez. Tsarine de Russie avec un pareil niquedouille comme tsar, quoi de mieux ?

— Prince, vous oubliez que je suis tsarine sacrée. Je le suis en mon nom et n'ai aucun besoin de me compromettre avec quiconque.

— Quoi, tu prétends lever une armée ? Déloger Vassily par tes propres moyens ? ironisa Mnichek.

Sapéga n'en était plus à ironiser :

— Comprenez donc qu'on ne vous demande pas votre avis. Si vous refusez votre avantage, on saura vous forcer...

— On ne me forcera pas. À la première apparition publique, je dénoncerai votre fantoche. Je dirai que mon père m'a livrée à lui pour qu'il me violât. Que des princes polonais se sont déshonorés à servir un imposteur. J'aurai deux défenseurs : le peuple russe et le roi de Pologne, qui ne peut s'associer à une bouffonnerie aussi immonde. Tuez-moi, si vous voulez : vous ne pouvez rien d'autre sur moi.

Marina n'avait pas tort et Sapéga le savait : s'il était cause d'un scandale, le roi le désavouerait. Crachant par terre, il sortit. Mnichek courut après lui pour conférer. Marina comprima son sein de la main. Elle étouffait. Elle se sentait fière d'elle-même, mais elle savait que ce ne serait pas son dernier combat.

8

— Madame, dit le père jésuite, glabre et portant la fraise tuyautée, la mission de tout chrétien qui vient au monde est de faire la volonté de Notre Seigneur. Me suivez-vous jusque-là ?

Ils marchaient dans la prairie : le prêtre avait obtenu que la rebelle fût autorisée à se promener ; la robe de l'une et la soutane étroitement cintrée de l'autre balayaient pavots et bleuets, les derniers de l'année.

— Sans doute, mon père. Je suis une fille fidèle de l'Église catholique, apostolique et romaine. Le Saint-Père lui-même m'a souvent écrit à l'époque de mes fiançailles et m'a comblée de bontés et de bénédictions.

— Je suis heureux que vous vous référiez au Saint-Père. Vous savez à quel point son cœur saigne de voir le peuple russe s'obstiner dans le schisme byzantin, et qu'il est prêt à tout faire pour ramener ces ouailles errantes au bercail.

— Mon père, je me suis longtemps crue moi-même un instrument choisi par Dieu pour accomplir ce dessein.

— Eh bien, Madame, il y avait peut-être là de l'orgueil, mais il n'était pas nécessairement illégitime. Qui vous fait croire cependant que cette mission soit terminée ? Je ne sache pas que beaucoup de Russes se soient convertis à la seule vraie foi.

— Plutôt que terminée, ma mission me paraît suspendue par la mort de mon époux, le tsar Dmitry. Une pauvre veuve ne peut guère...

— Ah ! Madame, n'oubliez pas que les voies de Dieu sont adorables mais insondables, dit le jésuite en s'arrêtant sur place et en joignant les mains. Rappelez vos souvenirs. Le tsar Dmitry avait, au moment de sa conversion à la foi romaine, promis de tout faire pour avancer la bonne cause dans son pays. A-t-il tenu sa promesse ? Nullement. Il l'a bel et bien reniée, et, pour la conversion de la Russie, je dirais que tout reste à faire. Je n'exclus nullement que sa mort atroce n'ait été la rétribution de sa trahison.

— Père, vous parlez de mon mari, dit Marina à voix contenue.

— Pas seulement, Madame, pas seulement. Êtes-vous bien certaine vous-même d'avoir tout mis en œuvre pour l'aider à tenir sa parole ?

Le ton du prêtre s'était fait presque menaçant et Marina détourna la tête. À la vérité, une fois tsarine, elle s'était peu souciée de propager une religion qu'on l'avait laissée libre de pratiquer. Arienne de cœur, romaine de convenance et d'opportunité, elle avait oublié ses engagements à l'égard du pape. Elle ne répondit rien.

— Eh bien, Madame, reprit le prêtre, le châtiment qui s'est abattu sur votre époux pourrait vous atteindre à votre tour, si vous ne veniez pas à résipiscence. C'est peut-être la Providence qui vous accorde aujourd'hui une seconde et dernière chance en vous proposant de... de...

Voilà soudain qu'il ne trouvait pas ses mots. Peut-être une ombre d'embarras ? Il se remit à marcher :

— Tout ce qui peut affaiblir le règne de l'erreur en Russie sera utile à la seule vraie foi.

Marina le regarda de profil, avec curiosité :

— Vous entends-je bien, mon père ? Vous me proposez de mentir à la face du monde et de pratiquer l'adultère *ad majorem Dei gloriam* ?

— Oh ! l'adultère ! N'exagérons rien. Votre mari est décédé. Avec ce substitut providentiel, ce serait tout au plus de la fornication. Mais il y aurait d'autres moyens de ne pas contrevenir aux commandements : un mariage secret, par exemple, que je célébrerais volontiers...

Pendant ce dialogue une grande colère était montée à la tête de Marina. Elle s'arrêta sur place :

— Eh bien, mon père, je ne dis pas non. Mais trouvez-moi d'abord un substitut providentiel avec lequel j'aie envie de forniquer.

De retour au camp, elle dit à Danoucha :

— Le temps est venu : préviens Sergo.

9

Sergo savait lire grâce à sa mère qui lui avait patiemment appris l'alphabet : *bouki-az ba ba, védi-az va va, glagol-az ga ga...* Il déroula donc le petit tuyau de papier qu'un hussard chargé à la fois de le fêter et de le surveiller lui avait glissé subrepticement dans la main et vit aussitôt que c'était une lettre de Danoucha, libellée en caractères cyrilliques assez maladroits, mais qui lui rappelèrent à quel point la Polonaise était prête à devenir russe, alors que la catholique romaine refusait de se faire orthodoxe.

Sergo mon doux ami, écrivait Danoucha, *notre maîtresse est retenue captive par Sa Sérénité le prince Sapéga qui veut qu'elle reconnaisse le Filou pour son légitime mari elle refuse de trahir la mémoire de notre maître emmène-nous à Moscou Danoucha.*

Sergo déchira le papier en mille miettes que, songeur, il éparpilla par la fenêtre barrée de sa chambre.

Fausser discrètement compagnie à ses hôtes ? Faisable. Atteindre en secret le camp de Sapéga ? Faisable mais moins facile. Enlever Marina et la conduire à Moscou sans que personne s'en aperçût, plus difficile encore, puisque les « oiseaux migrateurs » sillonnaient la route dans les deux sens. Pour délivrer du Filou la veuve de Dmitry, il y avait un meilleur moyen, et définitif. Sergo était une âme simple : de quoi s'agissait-il ? De s'assurer que le Filou ne revendiquerait pas des droits qu'il n'avait pas et n'insulterait pas à la mémoire du mort ? Une canaille de moins sur terre ne déplairait sûrement pas au bon Dieu.

Pour commencer, il fallait sortir d'ici.

Sergo attendit la nuit et les ronflements des hussards de garde. Vers minuit, il quitta sa cellule. À la lueur d'une chandelle fumeuse, le dizenier de quart jouait une partie d'échecs contre lui-même en jurant entre ses dents :

— Prends celle-là, fils de chienne que tu es ! Non,

mais tu crois me faire peur ? Tu as bâfré trop de jusquiame, ou quoi ? Ça, pour nous autres, c'est comme une tourte sans farce ! Prends celle-là en échange, tiens. Alors, c'était bon, bâtard ?

Sergo regarda la partie pendant quelques minutes. De temps en temps, le joueur louchait sur lui, par en-bas :

— Non, mais qu'est-ce qu'il se figure ? Que je vais me faire prendre à ce gambit-là ? Tu joues aux échecs, camarade Moskal ?

— J'y jouerai si tu veux m'apprendre.

— Oui, mais pas pour rien.

— Une bouteille de vodka ?

— D'accord.

Au bout d'une heure, la tête du dizenier s'abandonnait sur l'échiquier et son roi roulait à terre, présage que Sergo ne sut comment interpréter. Il sortit sans encombre. Touchino dormait. Le ciel était étoilé et septembre s'annonçait frisquet.

Sergo prit la rue principale du village et se dirigea vers la plus grande isba, celle du tsarik. Quelques marches conduisaient à une galerie de bois ajouré.

— Qui va là ? cria une voix polonaise sortant de l'ombre.

Sergo s'arrêta sur place.

— J'ai un message pour le tsar.

— Qui es-tu donc ?

— Une estafette.

— Eh bien, si tu es brave, va réveiller le prince Rojinski. La deuxième grande isba à droite.

— Mais, dit Sergo en s'avançant, je n'ai pas affaire à Rojinski. C'est au tsar lui-même...

— Pas un pas de plus ou je tire ! Personne ne voit le tsar sans avoir vu le prince.

L'ombre de la sentinelle se confondait avec celle d'un pilier, mais un reflet d'étoile brilla sur le canon du mousquet que l'homme épaulait.

— Bon, bon, j'y vais.

Sergo se mêla précipitamment à la nuit. À pas de loup, il fit le tour de l'isba, et, comme il en approchait par derrière, une autre voix l'apostropha :

— Halte-là ou je fais feu !

Que ce fût pour le protéger ou pour l'empêcher de s'enfuir, le tsarik était bien gardé. Il fallait renoncer à pénétrer jusqu'à lui de nuit. Mais demain, il se montrerait tôt ou tard en public, et alors, d'un coup de kandjar ou de pistolet... Sergo s'étendit dans un fossé herbu, au pied d'une palissade, et s'endormit avec une prière.

10

C'était la nuit et Marina ne dormait pas. D'abord parce que septembre s'annonçait frais et qu'elle avait été obligée d'envoyer Danoucha lui chercher une robe de chambre. Puis parce qu'elle n'arrivait pas à s'apaiser. Le vent faisait claquer la toile de la tente et les sentinelles échangeaient leurs appels : « Prends gaaarde... ! — On veeeille... ! » Qu'il était étrange de se trouver si près de Moscou dont, par moments, quand le vent tournait, on croyait entendre les cloches, et de ne pouvoir y remettre les pieds, alors qu'on y avait été acclamée et sacrée ! Mais Marina n'était pas possédée que par l'angoisse. Elle savait que son jeu n'était pas le plus faible et se promettait de ne pas mettre sa cause en péril par un mouvement inconsidéré. Pour le moment, elle avait peur des autres, oui, mais les autres avaient peur d'elle. Au pis, on pourrait toujours recourir à Sergo qui devait déjà être en train d'ourdir son projet.

Soudain, le sentiment d'une étrangeté sous la tente fit que Marina rejeta ses couvertures et se rassit. Elle avait l'impression qu'un monstre s'était introduit sous la toile, qu'il allait se glisser dans son lit.

— Danoucha, cria-t-elle d'une voix étouffée.

— Chut ! fit le monstre. N'appelle pas. J'ai à te parler, Marina Iourievna. Je vais battre le briquet : tu verras que tu n'as rien à craindre.

Ni Majesté, ni comtesse, simplement le prénompatronyme. Interloquée, Marina Iourievna attendit la suite.

Dans le noir, acier et silex s'entrechoquèrent. Des étincelles enflammèrent un flocon d'étoupe, éclairant un visage triangulaire au niveau du sol. Une bougie s'alluma. Danoucha avait fait basculer ses jambes nues hors du lit et, la main sur le pot à eau, se tenait prête à s'en servir comme d'une arme. Soudain, le visiteur tomba face contre terre, dans une prosternation grandiloquente :

— Grande souveraine, aie pitié de moi, pleurnicha-t-il. Toi seule peux me sauver.

Puis il se releva et s'assit familièrement sur le bord du lit de Marina : c'était le tsarik, vêtu d'une camisole et de braies toutes trempées.

— N'aie pas peur, dit-il, changeant encore une fois de manière. Je t'en supplie ! Tu peux me faire plus de mal que moi à toi.

— Hors d'ici, souffla Marina. Hors d'ici : tu n'es pas mon mari.

— Et que répondrais-tu si je te disais : « C'est pour cela que je pourrais être le vrai Dmitry » ?

Il ricanait.

— Es-tu venu me narguer, moi que tu prétends craindre ?

Il s'empressa de revenir à une obséquiosité tempérée d'astuce :

— Pas du tout, Marina Iourievna : si j'ai traversé la Moskva à la nage, c'est pour t'amadouer.

— Tu t'y prends étrangement. D'abord qui es-tu ?

Elle s'attendait qu'il répondît : « Celui qui peut te rendre le trône. » Mais il ne fit que baisser la tête plus bas sur son épaule gauche, regarder le sol et bredouiller d'une voix lamentable :

— Le plus malheureux des malheureux. Que de fois ai-je souhaité que ma mère fût demeurée vierge ou m'eût étouffé dans son sein !

Marina méprisait la pitié. Cependant, comme les malheurs d'un jeune homme, même peu ragoûtant, ne laissent pas une femme indifférente et qu'en outre elle aimait les histoires, elle déplaça son oreiller pour être mieux installée et commanda :

— Raconte-moi.

Le tsarik lui décocha un regard roublard et commença :

— Je vais te dire la vérité. Je m'appelle Bogdanka. Je suis le fils d'un tailleur de Starodoub. Comme cela me disait fort peu de passer ma vie assis sur une table à m'user les yeux et à me piquer les doigts, j'ai quitté la maison. J'errais de ville en village, de bourg en bourgade, et, comme je n'aimais pas beaucoup travailler, je portais les mêmes vêtements été comme hiver : une pelisse trouée et un bonnet graisseux en peau de mouton. Je n'ai eu de chance qu'à Moguilov, où, dans un estaminet, j'ai rencontré un pope qui m'a pris en sympathie et ramené chez lui. Comme je savais lire et écrire, il a fait de moi un maître d'école. Je logeais chez lui. J'aurais dû remercier Dieu et me tenir tranquille, mais, pour mon malheur, la popadia avait des yeux comme ça ! une poitrine comme ça ! des hanches comme ça !... Un jour, en rentrant de l'estaminet, le pope nous a pris à nous mignoter. Il a rossé sa popadia lui-même, mais moi, il m'a confié à deux de ses journaliers qui m'ont entrepris à coups de bâton et m'ont laissé pour mort dans le potager. Bon, je ne suis pas si facile à exterminer. Je me suis relevé en me frottant les côtes et j'ai décampé sans demander mon reste. J'arrive dans un village, l'air mal en point et j'excite aussitôt les soupçons des braves gens. Tu sais que le tsarévitch Dmitry était mort, qu'il avait ressuscité, qu'il était mort de nouveau et de nouveau ressuscité : cela troublait les esprits. On me prend pour un espion et on me fourre en prison. Les prisons sont des lieux malsains : j'avais envie de sortir de la mienne. Je prends un risque. Je dis : « Vous n'y pensez pas, manants ! Je suis le boyard Nagoï, l'oncle du tsar Dmitry. » Cela changeait tout. On me nourrit, on m'abreuve, on me donne un beau kaftan, on me loge chez le chef de village dont la femme a des bontés pour moi, et un mauvais sujet nommé Alochka vient me voir :

« Prends-moi à ton service. — Je n'ai pas besoin de serviteur. — Attention, j'ai vécu à Moscou et je sais que tu n'es pas Nagoï ; mais, si tu le veux, on peut faire affaire ensemble... » On a fait affaire. Il me donnait du prince et du boyard, je lui allongeais un coup de pied de temps en temps pour la vraisemblance, on s'entendait comme larrons en foire. Cependant je savais que ce Paradis-là ne pouvait durer et qu'il fallait me volatiliser à temps. J'avais le projet de me cacher quelque temps chez mon père pour me faire oublier. Je m'évade sans prévenir personne, pas même mon écuyer Alochka, mais lui, qui était assuré de mener la belle vie tant qu'il resterait près de moi, me suit, me piste, me rattrape à l'entrée de Starodoub. « Ah ! espèce de ceci et de cela, me fait-il, n'avions-nous pas juré d'être inséparables et de plumer ensemble les braves gens ? » À ce moment arrive une délégation de barbus de Poutivl. Ils me saluent bien bas et me déclarent : « Puisque tu es l'oncle du tsar, tu dois savoir où il se trouve. Nous l'attendons avec impatience pour lui jurer fidélité. — Il arrivera, leur dis-je, il va arriver, il arrive, il est presque arrivé. » Eux ne l'entendent pas de cette oreille. Où ? Quand ? Comment ? Ils veulent tout savoir. J'essaye de biaiser. Ils se fâchent : « On ne nourrit pas un rossignol avec des fables. Parle clairement. » Et, comme je n'ai rien à dire, ils se consultent : « Nous ne pouvons pas toucher au boyard oncle du tsar, mais son écuyer doit en savoir autant que lui et rien ne nous empêche de lui rayer le dos jusqu'à ce qu'il parle. » Les gourdins entrent en action. « Où séjourne le tsar ? Combien d'hommes a-t-il avec lui ? Quand vient-il nous voir ? Nous voulons le tsar. Donne-nous le tsar. » Quelle danse ils lui ont mise, à mon Alochka, et comme il chantait fort pour les accompagner ! C'était à mourir de rire, mais je n'ai pas été le dernier rieur. Car enfin Alochka n'y tient plus : « Vous voulez le tsar ? leur dit-il. Eh bien, il est là, devant vous, il vous regarde me martyriser. C'est pour vérifier comment vous l'accueilleriez qu'il s'est déguisé. » Alors là, les fronts par terre et les derrières en l'air.

Non, il faut l'avouer, Marina Iourievna, les Russes ne sont pas futés. « Pardonne-nous, grand souverain, cochons que nous sommes et qui ne t'avons pas reconnu. Nous te servirons contre tes ennemis. Nous serons heureux de donner notre vie pour toi. » Je prends l'air fier et je leur dis : « Passe pour une fois, fils de chiennes, mais n'y revenez plus. » Je ne pouvais rien faire d'autre : à la longue, ils nous auraient écharpés tous les deux. Voilà comment je suis devenu tsar malgré moi.

Marina avait écouté avec attention un récit qu'elle estima véridique.

— Et après ?

— Après, j'ai maudit mon destin et le jour de ma naissance. Jamais je n'avais été aussi misérable, même avec ma pelisse trouée ou à pousser l'aiguille chez mon père.

— Que s'est-il donc passé ?

— Il s'est passé que tout le monde m'attendait. Les Russes, un tsar légitime, de préférence miraculé : ils affectionnent les miracles, les Russes. Les Polonais, un moyen de semer la discorde en Russie. Les cosaques, un prétexte pour se remettre au pillage. J'étais tout cela. Il y avait une place à prendre : j'ai été ce bouche-trou. Alors tout a marché très vite. Une armée s'est créée autour de moi. Je n'y étais pour rien, sauf que j'ai dit : « Dans mon armée, ce sera comme dans l'Évangile : tous égaux. » Cela plut. Et aussi quand j'ai donné à la troupe les femmes et les filles des nobles qui restaient fidèles à Vassily. Pour le reste, je me suis vu gagner des batailles et rallier des villes alors que je tiens à peine à cheval et n'ai jamais manié le sabre. C'était mon nom qui gagnait et qui ralliait. Et aussi les cosaques avec leur chef Zaroutsky, un fameux gaillard. Et les Polonais, bien sûr, qui se sont mis à arriver par compagnies entières, déjà avant la trêve. Maintenant qu'ils devraient repartir, ils restent et ils me traitent tu as vu comme. En public ils m'appellent le tsar, mais pour eux je ne suis que le tsarik, un pion entre leurs mains. Ils se débarrasseront de moi aussitôt que je ne leur serai plus utile. Deux fois, je me suis évadé : d'abord j'ai fui à Oriol, on m'a repris ; ensuite à Poutivl, Rojinski m'a retrouvé... J'ai essayé de me suicider à la vodka : je n'ai fait qu'attraper des gueules de bois. Je ne demande pourtant rien à personne, moi. Si j'avais le choix, je rentrerais à Starodoub, et peut-être que mon père me laisserait reprendre son échoppe : après tout, cela ne doit pas être si pénible d'être tailleur, moins dangereux que tsar en tout cas. Ah ! j'ai dû gravement offenser le Seigneur Dieu pour qu'il me punisse de la sorte !

Il faisait mine de s'arracher les cheveux.

— Cesse de geindre et de baver, lui dit Marina. Pourquoi es-tu venu me trouver ?

— Parce que tu es ma seule chance. Si tu me renies, les Polonais me trancheront la gorge et se trouveront un autre tsarik. Si tu me reconnais, je peux gagner la guerre et alors, avec l'ami Zaroutsky, je ne crains plus rien.

— Qui est ce Zaroutsky ?

Ce nom hardi, brutal, avait fait vibrer un pressentiment dans le cœur de Marina.

— L'ataman des cosaques du Don. Il doit m'amener cinq mille de ses diables au crâne rasé.

Dans la tête de Marina, toutes sortes de combinaisons s'échafaudaient. Si le tsarik la regardait avec roublardise, elle l'observait avec perfidie :

— Est-ce Rojinski qui t'a envoyé me parler ?

— Tu n'y penses pas. Rojinski croit que je ne saurais faire un pas sans lui. Je suis sorti par un trou sous l'isba et j'ai rampé jusqu'à la rivière pour que mes propres sentinelles ne m'arrêtent pas. Comprends-moi. Rojinski, Sapéga et les autres peuvent nous être utiles jusqu'à la victoire. Puisque c'est mon destin de régner, d'accord, je me fais à cette idée, mais je veux régner moi-même et non plus comme leur homme de paille, toujours à me demander quand ils vont me jeter aux chiens. D'ici là, nous devons conclure un pacte, toi et moi. Sans moi, tu n'es rien, et ils sont même capables de te faire mourir pour que ton reniement ne s'ébruite pas. Moi, si tu me renies, je suis déjà mort.

Marina sauta hors du lit, vêtue, par-dessus sa chemise de nuit, d'une robe de chambre brodée qui découvrait les avant-bras, le cou, la naissance des seins, et sous laquelle haletait un corps qu'on devinait tiède et charmant.

— Regarde-moi bien, Bogdanka, dit-elle, c'est la dernière fois que tu vois ainsi la tsarine de toutes les Russies. Je veux bien te porter au trône, mais tu n'entreras pas dans mon lit tant que tu n'auras pas pris le pouvoir. Cette condition, tu l'acceptes ?

Bogdanka tomba de nouveau à genoux.

— Grande souveraine, je serai le dernier de tes valets, ton esclave, ton épagneul. La moitié de mon empire sera à toi.

Marina sourit d'un sourire étrange :

— Eh bien, en signe de soumission, baise-moi les pieds.

Ils étaient mignons, posés sur le tapis de Samarcande, et Bogdanka les couvrit de baisers mouillés.

— J'irais bien jusqu'à te croquer les orteils, si tu me laissais faire, remarqua-t-il en levant sur la tsarine des yeux effrontés.

— Assez, fit-elle. Demain, je dirai à mon père que j'ai réfléchi. Ils en seront tous si contents qu'ils ne se demanderont pas pourquoi j'ai changé d'avis. Que cette rencontre reste un secret entre nous. Maintenant, dehors.

Il rampa jusqu'au pan qu'il avait soulevé pour pénétrer sous la tente. Comme on ne voyait plus que sa croupe et ses jambes qui ondulaient, Marina pouffa de rire et l'appela :

— Eh ! Bogdanka ! Prends garde à ne pas te noyer.

Dès qu'il se fut éloigné, Danoucha se précipita vers sa maîtresse :

— Votre Majesté ne peut se déshonorer ainsi ! Votre mari était un demi-dieu à côté de cet avorton. Vous devez fidélité à sa mémoire. Vous ne pouvez livrer ce grand pays à un fils de tailleur. D'ailleurs, je vous ai entendue poser vos conditions, et je parie,

Madame, que, dès le premier soir au Kremlin, il viendra réclamer ce que vous avez semblé lui promettre. Mettrez-vous un maître d'école entre vos draps ?

Marina était en train de se recoucher :

— Il y a des choses, Danoucha, qui sont au-delà de la compréhension de quiconque n'a pas été oint avec les huiles du sacre. Rappelle-toi l'Écriture : *Il faut laisser les morts enterrer les morts...*

11

Sergo se réveilla à l'aube. Il faisait froid. D'ailleurs, le fond d'un fossé n'est pas un bon poste d'observation. Marchant dans la rosée abondante, Sergo gagna une chapelle de bois, érigée à l'angle du champ de foire qui était aussi champ de manœuvres. S'aidant des piliers ouvragés, il grimpa sur le toit, où il s'étendit, derrière la croix de bois à huit branches, un peu tordue, qui dominait l'entrée. Il n'était pas invisible, mais passablement caché. Le ciel rosissait.

La diane déchira l'air. Des bandes d'hommes dépoitraillés se répandirent dans les rues, s'apostrophant, se jetant des bordées d'injures et des baquets d'eau à la figure, s'accroupissant dans les jardins, se battant pour un éclat de miroir. Des ribaudes déambulaient dans les rues, répondant aux grivoiseries par des cochonneries. Ce n'était pas une armée, c'était une horde : si jamais ces gens-là triomphaient, la Russie deviendrait un cloaque.

De tsarik, point. Rojinski traversa une fois la place au galop, salué par les « Vivat ! » des Polonais et le silence des Russes. Sergo croqua un concombre, but un coup d'eau à sa gourde et attendit la suite. Le soleil se mettait à chauffer dru.

Au sol, l'ombre de la croix, qui n'avait cessé de raccourcir, commença à s'allonger de nouveau, et, peu après, clairons et trompettes sonnèrent, tandis que battaient tambours et timbales. De toutes les portes sortaient en courant des hommes bouclant leur baudrier sur leur ceinturon, assurant leur chapeau sur leur tête. Ils s'alignaient du mieux qu'ils pouvaient sur le champ de foire couvert de crottin. Des détachements de cavalerie arrivaient au petit trot, gonfalons au vent, et allaient se ranger avec force piaffements : quelque chose se préparait, une grande bataille ou une grande parade.

Sur un côté du champ, à la gauche de Sergo, se placèrent les Polonais. Il évalua leur nombre à une vingtaine de mille, dont deux mille fantassins. Les hussards bleu et blanc étaient armés de lattes, d'escopettes, de lances, le bout traînant à terre et la pointe décorée d'un fanion bicolore. Leurs selles reposaient sur des couvertures de lièvre, de loup, ou, pour les plus riches, de léopard. Aux flancs de leurs chevaux étaient attachées des ailes d'aigle. Les cuirassiers portaient des casques et des cottes de mailles ou des armures de plaques articulées.

À angle droit avec les Polonais, face à Sergo, se plaçaient les cosaques, tous cavaliers. Les Zaporogues, reconnaissables à leurs culottes bouffantes rouges, leurs kaftans noirs et leurs hauts bonnets de fourrure, portaient des sabres, des arquebuses et des lances. Les cosaques du Don, pas encore au complet, attendaient l'ataman Zaroutsky ; ils brandissaient des lances courtes, des masses d'armes, des hachettes.

Le troisième côté du rectangle, dos à Sergo, était occupé par un détachement de Tartares montés sur de petits chevaux tarpans et par les Russes, grands seigneurs et bandits, cavaliers et fantassins mélangés, coiffés de heaumes damasquinés ou de bonnets élimés, habillés de kaftans brodés d'or, aux longues manches plissées, ou de peaux de bique portées sur des chemises en lambeaux, armés de hallebardes, de sabres, de mousquets, d'arcs, de flèches et de longs couteaux.

Le quatrième côté, qui donnait sur la Moskva, demeurait ouvert.

À l'arrivée de Rojinski, l'armée se figea dans une immobilité relative.

— Salut, mes gredins ! cria-t-il du haut de son cheval qu'il faisait danser sous lui. Veillez à bien vous tenir. La tsarine de toutes les Russies va vous passer en revue. Attention à ne pas lui roter au nez.

Des rires coururent de rang en rang, à mesure qu'on se répétait les paroles du chef, en les enjolivant quelquefois.

Sergo se rencognait derrière le socle de sa croix. Que signifiait la visite de la tsarine ? Sapéga et Rojinski l'avaient donc forcée à rencontrer leur Filou ? Raison de plus pour le détruire, dès que l'occasion s'en présenterait.

Nouveaux tambours, nouvelles trompettes. Marina avait traversé la Moskva sur un bateau décoré de fleurs et maintenant elle arrivait sur le champ de foire, dans une calèche découverte, suivie de son père, de Sapéga, d'une escorte nombreuse de hussards montés sur des chevaux pommelés, le comble de l'élégance. Comme tout cela était piètre cependant, comparé à l'entrée à Moscou deux ans plus tôt !

La calèche roula lentement le long des cosaques, puis le long des Polonais, enfin le long des Russes. Les acclamations fusaient, mais elles ne semblaient sincères que chez les Polonais : les autres gagnaient leur solde avec leur gosier. Marina, en robe et chapeau bleu clair, agitait gaiement son mouchoir et, auprès d'elle, Sergo reconnut, tout en blanc, Danoucha, qu'il avait quittée une semaine plus tôt. Son cœur s'émut. Si Marina était donnée en pâture au tsarik, qu'en serait-il de Danoucha ? Il se rappela qu'il l'aimait, et serra plus fort la poignée du kandjar à poignée d'argent qu'un jour son cher frère Aleksandro lui avait donné au lieu de s'en servir pour l'égorger, comme il s'y attendait.

Ayant décrit les trois côtés du rectangle bordés de troupes, la calèche remonta vers le milieu et s'arrêta face aux Russes, les seuls pour qui comptât sérieusement l'identité du tsar. Rojinski arriva au galop, s'arrêta à vingt pas, sauta au sol en faisant valoir la souplesse de ses jarrets, et, tout frémissant, le chapeau à la main, s'avançant vers la calèche :

— Grande souveraine, j'ai l'honneur de vous présenter votre armée. Ou plutôt celle de votre auguste époux qui sera ici dans quelques instants.

Rojinski avait pensé qu'il serait plus moscovite de faire attendre Dmitry par Marina plutôt que Marina par Dmitry.

Il lui tendit la main. Elle eut la complaisance de la prendre pour descendre de la calèche. Il fallait que chacun vît en détail la rencontre entre la tsarine et le tsar. Sergo se laissa glisser le long du toit de bardeaux, sauta à terre, se mêla à la foule bigarrée des Russes.

Une cavalcade.

En tête, sur un palefroi qui trottait l'amble, un maigrelet aux oreilles décollées se dandinait. Il se laissa glisser à terre comme glisse un sac de noix.

« Cet avorton, mon tsar ? »

Sergo, se rappelant la prestance, la hardiesse, la désinvolture de son maître, se poussa au premier rang.

Marina se tenait bien droite, piquée comme un arbuste dans l'herbe piétinée.

Seule.

Mnichek et Sapéga avaient pris leurs distances, pour que personne ne pût les soupçonner de faire pression sur la tsarine, et Rojinski aussi se tenait à l'écart. Il n'y avait, au milieu du champ, que cette femme qui attendait et cet homme qui marchait vers elle.

Sergo fit le signe de la croix. Dans un instant, il courrait au meurtre et au martyre. Déjà, le Filou de Touchino ouvrait les bras pour y accueillir sa femme. Sergo aspira beaucoup d'air et s'élança. Il frapperait au flanc gauche et, profitant de l'effet de choc, il aurait le temps de porter un second coup, à la gorge, et peut-être même un troisième, au cœur ou au foie, avant qu'on ne le saisît. Déjà, une clameur montait derrière lui. Lui volait, ne sentant pas l'argile qui collait aux semelles de ses bottes.

Un cri perçant domina le tumulte :

— Non, Sergo, non !

C'était Danoucha, dressée dans la calèche, les mains étendues.

Malgré lui, il ralentit. Un cavalier se jeta sur lui du haut d'un cheval qui continua à galoper. D'autres poignes l'accrochaient aux épaules, aux bras, aux cuisses, à la ceinture. Le mieux eût été de mourir tout de suite, et, s'il chercha à se défendre, ce fut moins par instinct que pour s'attirer un coup mortel. Mais une voix coupante retentit :

— Ne lui faites pas de mal. Je vous l'interdis, moi, la tsarine.

Et une voix inconnue, une voix de chat coupé, ajouta :

— Garrottez-le et jetez-le au cachot. Je vous l'ordonne, moi, le tsar.

Sur quoi, la multitude put voir la tsarine faire en courant les dix pas qui la séparaient encore du petit homme aux oreilles décollées et se jeter dans ses bras en criant :

— Dmitry, mon tsar et mon époux !

Sergo ferma les yeux et pleura.

12

La fête dura tout le jour. De son cachot qui se trouvait sous la grande isba qu'occupait le tsar, Sergo entendait le bruit des verres, des assiettes, les rires, les chansons, les bancs renversés, le piétinement effréné des danses cosaques, les coups de pistolet tirés à travers le toit, et la voix du Filou :

— Qu'on me l'amène !

Puis :

— Est-ce bien lui, mon amour ?

Et celle de Marina, après une hésitation :

— Oui. Peut-être. Je ne sais plus. J'ai oublié.

Et la voix châtrée :

— C'est bien toi, fils de chienne, qui as dit à ma femme bien-aimée que je n'étais pas son mari ?

Une voix blanche mais forte, qui n'était plus de ce monde :

— C'est moi, Konrad Tromby. Que la Sainte Vierge ait pitié de moi.

— La Sainte Vierge peut-être, moi pas. Je n'ai pas le choix. Avis à quiconque douterait que je suis qui je suis. Veux-tu assister au spectacle, ma colombe ? C'est très instructif, surtout pour les dames. D'autant plus que j'ai des empaleurs hors de pair. Bon, eh bien tant pis, c'est dommage. Retournons à table avant de nous retirer dans notre chambre, ma tourterelle. Au travail, vous autres, et veillez à me contenter : pas d'organe vital lésé ou gare à vous !

Des cris bestiaux. Des coups ébranlant la terre. Sergo, dans son souterrain, commença à prier. Lorsque la nuit tomba, il y eut un feu d'artifice. Il fallait qu'on sût à Moscou que c'était la fête à Touchino.

Tard dans la nuit, Rojinski et Sapéga se donnaient l'accolade sur le perron et s'embrassaient sur leurs bouches pâteuses :

— Mais je t'aime, mon vieux camarade !

— Mais je t'aime aussi, mon ami très cher !

— Imagine que je me méfiais de toi !

— Je ne t'appréciais pas non plus comme je l'aurais dû !

Sapéga était si ivre qu'il roula de marche en marche, raide comme une bûche. Il parvint à se hisser à cheval à la troisième tentative, mais il en retomba lourdement. Ses gens finirent par l'emporter sur une civière. Ils s'y mirent à huit.

Il faisait noir, et, sous terre, Sergo priait toujours, quand un rai de lumière flamba sous la porte du cachot, qui s'ouvrit. Baissant la tête, Danoucha entra, suivie de Marina, la félonne. Sergo, toujours garrotté, ne pouvait se lever.

— Éclaire, dit Marina.

Danoucha s'agenouilla, le flambeau à la main. Elle murmurait :

— Sergo, Sergo…

Marina debout le regarda longuement.

— Je sais ce que tu penses, Sergo. Je sais ce que tu sens.

Et lui, prostré, garrotté, ne la quittant pas des yeux non plus :

— Alors tu sais que je te maudis.

— Je ne te rappellerai pas que je t'ai sauvé la vie.

— Pour cela aussi, sois maudite.

— Demain, tu comparaîtras devant Dmitry. Tu nieras qu'il soit lui.

— Sûrement.

— Mais il te confondra et, à la fin, tu reconnaîtras que tu te trompais, et tu promettras de le servir.

— Moi ? Ce bâtard ? As-tu perdu l'esprit, souveraine ? Et d'abord comment pourrait-il me confondre puisque je dirai la vérité ?

Elle chuchota :

— Il te confondra parce que je t'apprendrai à te laisser confondre et alors tous ceux qui doutent encore qu'il soit Dmitry n'en douteront plus : on sait comme tu étais proche de lui.

— Moins que toi, sa femme.

— Je suis Polonaise : on se méfie de moi. On croit que je veux régner à tout prix.

— Et n'est-ce pas là ce que tu veux ? dit Sergo, relevant péniblement le torse comme pour lui cracher au visage.

Marina sourit de son sourire indéchiffrable.

— Je veux, souffla-t-elle, accomplir la volonté de Dmitry, de mon Dmitry, du seul vrai Dmitry. Oublies-tu qu'il m'a fait sacrer tsarine avant même de m'épouser ? Comprends-tu ce que cela signifie ? Vassily n'est qu'un usurpateur. Il s'est fait couronner alors qu'il y avait moi, vivante et sacrée. Dmitry est mort, mais sa volonté vit, et sa volonté est que je règne sur la Russie. Ne vois-tu pas cela, toi, qu'il préférait à tous ses serviteurs, toi qu'il a donné à moi ?

Elle s'était agenouillée elle aussi et avait approché son visage de celui de Sergo, si bien qu'il sentait son haleine parfumée.

— Pas pour que nous le trahissions ensemble.

— Mais je ne le trahis pas, te dis-je. Je lui obéis

comme à mon seigneur. Il a voulu que je sois tsarine : je le serai.

— Tu es sa femme.

— Eh bien quoi ? J'ai juré à ce bouffon que jamais il n'entrerait dans mon lit jusqu'au jour où il aurait repris le pouvoir. Danoucha m'en est témoin. Mais ce jour-là, Sergo, ce jour-là, entends-moi bien, tu l'attendras sur le seuil de ma chambre du Kremlin et tu lui plongeras ton kandjar dans le ventre. Crois-tu vraiment que je sois femme à souffrir les embrassements de ce ruffian ? J'ai besoin de lui pour monter sur le trône où mon Dmitry, notre Dmitry, voulait que je montasse. Eh bien, j'utilise ce ruffian comme il croit m'utiliser, mais je sais qu'avec toi, qui es à moi, je suis la plus forte.

Sergo était le plus droit des hommes. Le forcer à ruser, à feindre de trahir pour mieux trahir pour de vrai, c'était lui tordre la colonne vertébrale.

— Et qu'adviendra-t-il de la Russie, souveraine ? Tu la livreras aux Polonais ?

Marina se redressa :

— Moi ? Livrer à cet aigrefin de Sigismond la Russie qui m'appartient ? À qui crois-tu parler ? Sous mon règne, Sergo, la Russie s'étendra de la Chine jusqu'à l'océan et, à l'ouest, elle aura une frontière commune avec le Saint-Empire. La Pologne se fondra dans la Russie comme la Lithuanie s'est fondue dans la Pologne.

Marina parlait, et, cependant, Danoucha, avec ses ongles et ses dents, défaisait les nœuds de chanvre qui étaient entrés dans la peau du prisonnier.

13

Sergo passa la nuit dans son cachot. Le lendemain on vint le chercher et on le laissa sur la galerie de bois qui s'étendait devant l'isba du tsar. Des Russes le questionnaient :

— Tu as voulu tuer le tsar ?

— J'ai voulu tuer le Filou de Touchino, répondait Sergo sans quitter des yeux le corps du jeune Konrad Tromby qui avait fini par mourir dans la nuit, et que, pour frapper l'imagination, on laissait monstrueusement tordu sur son pieu planté en terre.

— Comment sais-tu que ce n'est pas le tsar ?

— J'ai fait la campagne avec le tsar. Je couchais sous la tente du tsar. Comment pourrais-je ne pas le reconnaître ?

— Alors tu veux finir empalé, comme le Polonais ?

— Je ne veux pas perdre mon âme en donnant un faux tsar à la Russie.

Il était midi lorsque le tsar parut et prit place sur le fauteuil qui lui servait de trône. La tsarine, souriante, se tint debout à sa droite ; Rojinski, verdâtre et point rasé, à sa gauche. Sapéga s'était fait excuser. Deux hommes jetèrent Sergo à genoux.

— Alors, Sergo Psar, commença Dmitry, il paraît qu'on ne reconnaît plus son maître ? Voilà qui m'étonne de la part de qui m'a si bien servi.

Il s'étalait dans son fauteuil, les jambes écartées, les bras répandus.

— Je ne suis pas Sergo, mais Aleksandro, répliqua Sergo.

Le tsar éclata de rire :

— Raconte cela à qui ne te connaît pas. Je me rappelle trop bien avoir partagé ma tente avec toi. Si tu as la mémoire courte, je l'ai longue. Voyons, toi qui as fait la campagne à mes côtés, raconte-m'en quelques détails, pour que je voie si nous nous rappelons la même chose.

La mort dans l'âme, Sergo commença :

— Eh bien, la veille du jour où nous devions franchir la frontière russe, le tsarévitch Dmitry m'a pris avec lui et nous sommes allés faire une reconnaissance en terre russe. À cheval.

— Exact, sauf que c'était en barque. Nous avons traversé le Dniepr.

— Lors de notre première bataille, tu as chargé les troupes de Godounov sur ta jument noire...

— Qui était un hongre blanc.

Une foule nombreuse de Russes entourait le tsar et le prisonnier. Une rumeur montait : « Qui est ce Psar ? Il ne sait ce qu'il dit. C'est peut-être un faux. Impossible : le tsar ne l'aurait pas reconnu. » Un Polonais qui se trouvait là souffla dans l'oreille de son camarade : « Ils sont peut-être faux tous les deux ? » Le tsarik leva la main pour demander le silence, et comme, il ne se faisait pas immédiatement, Rojinski aboya :

— Fermez vos goules !

— J'avoue que tu es bien renseigné, reprit Sergo, et jusqu'à présent j'ai menti pour t'égarer, mais voici la vérité. À la grande bataille de Sevsk, quand nous avons dû fuir devant l'ennemi, te rappelles-tu que je t'ai cédé mon cheval, une belle jument blonde ?

— Parfaitement.

— Et que tu as pleuré quand elle a été abattue sous toi ?

— Tu rêves toujours, ami Sergo. Cette jument doit encore être dans mes écuries du Kremlin. Je crains seulement que ce coquin de Vassily, avare comme il est, ne lui donne pas assez d'avoine.

Rires. Sergo feignit de l'humeur, ce qui les redoubla. Il eut l'air de réfléchir. On le brocarda. Enfin il trouva une nouvelle énigme :

— Quand le tsar nous a envoyés porter des cadeaux à la tsarine, qui n'était encore que la fille du comte Mnichek, j'ai été chargé d'apporter un cadeau moins précieux que les autres...

— Cela est vrai.

— ... mais qui avait un sens secret. C'était une rose séchée des jardins de Sambor.

— Non pas, mais une plume d'oie taillée, dans un écrin de peau d'anguille clouté de diamants. Une plume parce que Marina ne m'écrivait pas assez souvent. De la peau d'anguille, parce qu'elle cherchait encore à m'échapper.

Pour montrer qu'elle n'y avait pas réussi, le tsarik enserra les hanches de sa femme et la pressa contre lui. Elle lui remit la main sur l'accoudoir, mais ne cessa pas de sourire.

Sergo imita assez mal un mouvement d'ébahissement.

— On a donc bien raison de dire que tu es un sorcier qui sait tout ! Cependant, je gage que tu ne saurais pas répéter les derniers mots que m'a dit l'autre, avant de mourir.

— Mais ce n'était pas l'autre, et il n'est pas mort, puisqu'il est là, devant toi, répliqua Dmitry, toujours débonnaire. Moi, qui suis lui, je t'ai dit : « Sergo, je te donne à la tsarine. Tu la sauves ou tu meurs. Tu n'es plus à moi, tu es à elle. Cours. » Et je te dis maintenant : Relève-toi et viens me voir de plus près. Je sais que les privations m'ont marqué et que la cicatrice de ma verrue a fini par disparaître, mais enfin tu ne peux pas me renier !

Sergo se leva, s'approcha, et, mauvais comédien qu'il était, se saisit la tête à deux mains avant de s'écrier :

— Oui, souverain, maintenant je te reconnais. C'est le diable sans doute qui m'avait détourné les yeux.

— Alors je suis bien Dmitry Ivanytch, le tsar de toutes les Russies ?

Sergo prononça distinctement les paroles qui le déshonoraient à tout jamais. C'était presque comme s'il reniait le Christ :

— Tu es bien Dmitry Ivanytch, le tsar de toutes les Russies.

— Vivat ! cria Rojinski, et, pour faire plaisir aux Moskals : Hourra !

Les vivats et les hourras retentirent de tout côté, cependant que Dmitry attirait Sergo à lui et lui passait au doigt le prix répugnant de sa trahison : une grosse émeraude. Comme le tsarik restait assis, Sergo vit distinctement, dans la chevelure noire et grasse, s'agiter une escouade de poux.

14

Il y eut un conseil de guerre auquel assistèrent Rojinski, Sapéga, Lissowski et Marina, qui faisait valoir ses droits de tsarine à chaque occasion : on lui savait tant de gré de reconnaître Dmitry qu'on accédait à ses exigences. Elle imposa la présence du tsarik.

Rojinski considérait qu'on était en position de force et qu'il fallait attaquer Moscou sans plus tarder. Selon Sapéga, Vassily avait encore beaucoup de partisans, les ralliements n'étaient pas sûrs, la vénérable ville de Rostov tenait bon et le monastère de la Trinité-saint-Serguéï demeurait un verrou à faire sauter d'abord :

— Tant que la Trinité tient, Moscou est ravitaillée. Et puis, les Moskals s'imaginent que saint Serguéï hante toujours son monastère d'où il veille sur eux. Je prends la Trinité, et alors, pour eux, tout s'effondre : la pitance et la superstition. Viens-tu avec moi, Lissowski, prendre la Trinité ? Je te confierais un régiment.

— La Trinité est une place solide, murmura Lissowski sans enthousiasme. On risque d'y laisser des plumes.

— La ville de Rostov résiste à cause du métropolite Filarète Romanov, dit Marina. Vous ne connaissez pas la Russie aussi bien que moi. Vous ne savez pas quelle autorité y ont les prélats orthodoxes. Si Filarète était avec nous, ni la Trinité ni Moscou ne tiendraient longtemps.

— Eh bien, il faut rallier Filarète, proposa Dmitry que personne ne consultait.

On rit de lui :

— Filarète, petit nigaud, n'est pas un homme qu'on rallie, dit Rojinski.

— Mais on doit pouvoir le capturer, répliqua Marina. Un coup de main. On le ramène ici. Et après on voit.

— Je me porte volontaire, annonça Lissowski, qui avait ses raisons.

Tous les regards se tournèrent vers le petit homme qui ressemblait à un blaireau. Sous les quelques poils qui lui servaient de moustache luisaient des quenottes acérées.

— D'accord, acquiesça Rojinski.

— Ensuite tu viendras m'aider à la Trinité, ajouta Sapéga.

Marina prononça :

— C'est entendu, seigneur Lissowski : le tsar vous envoie à Rostov pour y capturer le métropolite Filarète.

Et le tsarik conclut d'un ton impérieux :

— J'en ordonne ainsi.

Lissowski savait qu'aucun Moskal si peu que ce fût respectable ne porterait la main sur un dignitaire de l'Église orthodoxe et il n'avait pas assez de compagnons polonais pour son opération : il rassembla donc une troupe des plus sinistres gredins russes qu'il put trouver. Avec cette compagnie ricanante, jurante et blasphémante, il fondit sur Rostov, l'emporta par surprise et massacra la garnison.

Le métropolite se rendit à la cathédrale où s'empressait le peuple et en fit barricader les portes. Sa haute taille, sa prestance, son habitude du commandement compensée par une extrême civilité à l'égard d'un chacun, autant que le calvaire qu'il avait subi sous Boris Godounov, lui assuraient une autorité sans limite sur ses ouailles.

— Mes frères et mes sœurs, dit-il avec simplicité, du haut de l'ambon, l'heure de l'épreuve suprême est arrivée pour nous tous. Confessez vos fautes au Seigneur dans la solitude de votre cœur.

Dans un silence de fin du monde la confession collective eut lieu. À peine si on entendait, sous les voûtes de la cathédrale, quelques soupirs, le choc d'un front contre le sol. Au bout de plusieurs minutes, un nuage de péchés — meurtres, vols, adultères, perversités — sembla flotter au-dessus de ces milliers d'hommes et de femmes et, à travers ce nuage, on voyait la haute figure du métropolite mitré d'or, la crosse en main, se tenant devant l'iconostase. Il fit un large signe de croix sur la foule, et prononça la formule sacramentelle :

— *Puisse notre Seigneur et Dieu Jésus-Christ, par la grâce et les largesses de son amour des hommes, vous pardonner, enfants, vos fautes volontaires et involontaires. Et moi, prélat indigne, par sa puissance à moi donnée, je vous pardonne et vous absous de tous vos péchés, au Nom du Père, du Fils et du Saint-Esprit.*

Des sanglots de bonheur retentirent de toute part.

— Maintenant vous communierez au Corps et au Sang de Notre Seigneur Jésus-Christ dans l'attente du martyre.

Douze prêtres, le calice en main, parurent sur l'ambon, et la communion commença, tandis que, du dehors, montaient les blasphèmes de la canaille au service du Filou. Des haches et des masses s'abattaient sur la porte cloutée qui résonnait. Les fidèles consommaient leur dernière communion dans un recueillement d'au-delà. Il y eut une miette de pain et une goutte de vin pour chacun, pas une de plus.

Alors Filarète traversa la cathédrale de bout en bout et ordonna que la porte fût ouverte. Il rayonnait d'une joie venue d'ailleurs :

— N'ayez pas peur : il ne peut rien nous arriver de meilleur que de mourir en cet instant.

Les deux battants s'ouvrirent, et, craignant une sortie armée, les assaillants refluèrent pour un bref moment. Le métropolite parut en haut des marches.

— Honte à vous, blasphémateurs ! Ne savez-vous pas que c'est au temple de Dieu que vous attentez ? Rentrez en vous-même. Rappelez-vous qu'il n'y a qu'un seul tsar en Russie : le tsar Vassily, que l'Église a sacré et qui règne à Moscou. Allez implorer sa grâce : il vous pardonnera peut-être. Sinon craignez le châtiment de Dieu qui s'abat toujours sur ceux qui détruisent l'ordre qu'il a instauré dans sa sagesse.

— Tais-toi, penaillon ! lui cria Lissowski. Dépouillez-le, vous autres, et partagez-vous ses défroques !

On se jeta sur le métropolite, on lui arracha sa

mitre, sa cape violette, sa robe dorée, l'icône d'or et d'émail qui ornait sa poitrine et jusqu'à sa soutanelle. Lui, devant ces trognes et ces pognes, ne se défendait pas ; d'un geste, il avait interdit au peuple d'intervenir.

Lissowski estimait qu'il n'obtiendrait rien de Filarète ni par la peur ni par la douleur. En revanche, l'humiliation pouvait casser le prélat grand seigneur et alors le renseignement désiré filtrerait au jour comme la chair d'un escargot écrasé. D'où le déshabillage, les insultes, le bourgeron dont on finit par couvrir sa nudité, le tarbouch tartare dont on le coiffa pour montrer qu'il n'était plus ni métropolite, ni prêtre, à peine un homme. D'où aussi la catin demi-nue qu'on jeta dans la même carriole que lui, cependant qu'on achevait de hacher menu la châsse d'argent de saint Léonty, de s'en disputer les éclats et de massacrer pour le principe quelques fidèles.

Mais Lissowski avait mésestimé autant la catin que le métropolite. Elle lui dit en pleurant :

— La servante de Dieu Afrossinia te demande pardon, monseigneur, d'être assise aux côtés d'un saint.

Et lui :

— Il n'y a qu'un seul saint et qu'un seul Seigneur. Tu ne connais pas les abîmes de mon cœur. Que la servante de Dieu Afrossinia prie le Christ pour l'indigne évêque Filarète.

Depuis lors, ils voyagèrent en silence, indifférents aux moqueries de l'escorte, priant l'un pour l'autre et pour la Russie.

À la première halte, Lissowski, assis sur un pliant de cuir, fit comparaître Filarète devant lui.

— Tiens, tiens, ricana-t-il, tu es moins fier avec ce bourzeron et ce tarbouch qu'avec tes harnachements dorés.

— Le disciple n'est pas plus grand que le Maître, répondit Filarète debout ; or, le Maître a porté la chlamyde de pourpre et la couronne d'épines.

Ayant assumé en conscience sa prise d'habit forcée, Filarète sentait et raisonnait comme un apôtre.

— Écoute, reprit Lissowski. J'ai été obligé de te traiter comme je l'ai fait par ordre du Filou, et tu peux zuzer par là de l'accueil qu'il te réserve. Cependant il y a une autre solution. Si tu n'avais pas reçu la tonsure, tu serais, à l'heure qu'il est, tsar de Russie. Je connais vos règlements : comme un eunuque ne peut pas devenir prêtre, toi, tu ne peux plus régner. Mais tu as un fils, Mikhaïl. Que me donneras-tu, si je le conduis jusqu'aux marches du trône ? Ne crois pas que je me vante. Vassily branle dans le manche, le Filou n'est qu'un feu follet. Le peuple russe, tous mes renseignements concordent, attend le Grand Tsar Blanc. Un enfant serait le bienvenu parce que, après tant de sang et de tromperies, on a soif de zeunesse et de pureté. Eh bien, qu'en penses-tu ?

— Votre monarchie polonaise, répliqua Filarète, est le fruit d'une élection nobiliaire. Notre monarchie russe résulte d'un accord entre la volonté de Dieu et celle du peuple. Je ne peux rien te donner en échange de ce qui arrivera de toute manière ou, de toute manière, n'arrivera jamais.

— Fort bien. Je ne te demande rien pour le moment. Je saurai me servir moi-même lorsque je serai à la tête de l'armée qui ouvrira le Kremlin à ton fils. Dis-moi seulement où il se cache, pour que je puisse mettre mes troupes à ses pieds.

— Depuis quand un tsar légitime aurait-il besoin des troupes du diable ? Mais aussi mon fils ne se cache nullement. Tout le monde te le dira : il réside avec sa mère au monastère de saint Ipaty près de Kostroma.

— Une part du temps. Quand des Polonais approchent, il disparaît : je me suis renseigné. Où se cache-t-il ? Dis-moi cela.

— Les bandes qui ravagent nos campagnes ont interrompu toute liaison entre ma femme et moi. Je n'en sais donc pas plus que toi. Si Mikhaïl n'est plus à Kostroma, je présume que sa mère a dû l'emmener à Moscou, où il sera plus en sécurité.

L'humiliation n'avait en rien cassé le métropolite : Lissowski n'en tira pas autre chose et le ramena à Touchino.

Marina le fit recevoir avec toutes les marques de vénération dues à sa fonction, et Filarète, qui aurait accepté avec sérénité d'être maltraité, accepta de même qu'une grande isba fût mise à sa disposition, qu'on lui procurât des vêtements sacerdotaux et des livres. Rojinski lui-même vint lui demander s'il était prêt à faire allégeance à Dmitry. Filarète ôta lentement ses lunettes et referma le livre de Job qu'il était en train de lire.

— Prince, dit-il courtoisement, un prêtre n'a à faire allégeance qu'au Seigneur Dieu. Mais je comprends ta question et j'y réponds. Je ne crains pas le martyre, je ne le recherche pas non plus. J'ai essayé de garder Rostov à Vassily tant que cela était possible parce que Vassily représentait l'ordre et que, dans le rang des valeurs temporelles, l'ordre est sacré. Que représente Vassily aujourd'hui ? Je l'ignore. Quels sont les projets de Dieu pour la Russie ? Je l'ignore aussi. Je suis le prisonnier de celui qui se fait appeler Dmitry et le tien. Pour le moment, vous n'avez rien à craindre ni à espérer de moi.

Rojinski s'inclina : que le métropolite résidât à Touchino, sans qu'on sût clairement s'il en était le protecteur ou le captif représentait déjà un avantage.

15

En cet automne de l'année 1608, la fortune souriait au Filou de Touchino.

Vingt-deux villes s'étaient déjà ralliées à lui. Sapéga remporta une grande victoire contre les Russes de Vassily. Zaroutsky arriva à la tête de cinq mille cosaques de renfort, et la présence de ce gaillard à l'allure d'aurochs, à la tête rase, ornée seulement d'une touffe de cheveux, à l'arcade sourcilière traversée d'une longue cicatrice, contrebalança en partie l'influence de Rojinski dans l'entourage du tsarik. Zaroutsky ne faisait pas la guerre pour une cause mais pour le butin, il l'annonçait sans ambages. Ses poignets ossus tintinnabulaient de bracelets forgés à sa mesure, ses doigts étaient coruscants de bagues et il portait un diamant à l'oreille gauche ; en revanche, ses armes, de l'acier de Damas le mieux trempé, étaient sans ornements. Le tsarik avait grande confiance dans ce compère, qui n'avait pas plus de scrupules que lui ; Marina le regardait avec une crainte qui n'était pas sans fascination.

Malgré tous ces gages de victoire, le comte Mnichek, ayant perçu un acompte sur la somme promise par Dmitry, se découvrit un besoin urgent de revoir Sambor :

— Adieu, ma fille. Mène bien ta barque. Il n'est pas impossible que tu réussisses à tirer quelque chose de ton paltoquet si tu sais le mener par le bout du nez. Dans ce cas, invite-moi. J'accours.

— Vous m'abandonnez, mon père ?

— Non, non, je mettrai pour toi des cierges au bon Dieu et des tisonniers au diable. Mais que veux-tu ? J'avance en âge, ces folles aventures-là ne sont plus pour moi, et les Moskals, franchement, je les ai assez vus. Toi, en tant que tsarine, tu as des responsabilités que je n'ai pas.

Elle lui saisit les mains :

— Tatouch, j'ai le pressentiment que je ne vous reverrai jamais.

Il lui tapota la joue de sa main aux ongles douteux :

— Allons, allons, Marinoucha, pas de pressentiments comme cela, je te prie : cela pourrait me porter malheur.

— Vous m'écrirez du cher vieux Sambor ?

— Je te le promets sur la tête de ta défunte mère.

Mais ce fut comme si, ayant soldé sa fille, il ne voulait plus en entendre parler : Marina eut beau le harceler de lettres, il ne prit jamais la peine de lui répondre, même quand, des mois plus tard, elle lui demanda de lui envoyer une pièce de velours noir pour se faire une robe de carême.

LIVRE II

PÈRE ET FILS

1

— Cela m'est impossible, dit le tsar Vassily. La moitié de la Russie s'est donnée à cet imposteur d'imposteur. Moscou elle-même est menacée. Je suis à peine obéi et pour combien de temps ? D'ailleurs les assiégés m'excèdent avec leurs plaintes incessantes des uns contre les autres. Je te répète, monseigneur, qu'il m'est impossible de faire ce que tu demandes.

— Et nous, nous te répétons que cela est nécessaire, dit le patriarche Guermoguène, en martelant la table avec l'icône ronde en émail qui pendait sur sa poitrine. Qu'est-ce que Moscou ? La capitale du tsar. Mais la capitale peut changer. Ce fut Novgorod, Kiev, Souzdal, c'est Moscou. Un jour, ce sera peut-être Varsovie ou Constantinople ou une autre ville. Le monastère de la Trinité-saint-Serguéï, c'est saint Serguéï qui l'a fondé en disant : *Par la contemplation de la Sainte Trinité s'effacent les discordes*. C'est de là qu'est parti Dmitry Donskoï pour nous libérer des Tartares. Saint Serguéï ne se contenta pas de bénir ses armes : il lui donna deux moines, anciens soldats d'expérience, pour combattre à ses côtés, montrant par là qu'il est des guerres véritablement saintes. Notre Humilité te le répète encore une fois : si tu n'envoies pas de renfort à la Trinité, nous te mettrons, toi le tsar, sous le coup de notre malédiction archiépiscopale.

Vassily soupira. Ses paupières étaient encore plus rouges que d'habitude. Peut-être pleurait-il la nuit.

C'était lui qui avait porté le métropolite Guermoguène au patriarcat. Cela s'imposait, après la victoire sur le premier faux Dmitry, dont Guermoguène avait été l'ennemi juré, n'admettant pas la tolérance religieuse dont l'usurpateur faisait preuve, n'admettant surtout pas que la tsarine fût ce qu'il appelait « une hérétique non lavée ». Mais depuis qu'il avait accédé à la fonction suprême de l'Église, Guermoguène se mêlait de tout, critiquait tout, se faisait un plaisir de contredire le tsar, et, s'octroyant volontiers le titre byzantin de « Notre Humilité », faisait preuve en toute circonstance d'une obstination inflexible. Pour lui, le tsar n'était que le gérant d'un héritage dont l'Église était la propriétaire, et il n'entendait pas se priver d'un atome de l'autorité sacrée qu'il détenait.

Vassily avait déjà assez de soucis. Il ne pouvait se mettre en outre sous le coup d'une malédiction de ce patriarche que tout le monde craignait pour sa dureté autant que pour sa sainteté.

— C'est bien, dit-il. J'enverrai des renforts.

— Nombreux, j'espère, fit Guermoguène, qui ne désarmait pas si facilement.

— J'enverrai un homme qui en vaut mille, répondit le tsar avec lassitude.

2

La Russie craquait de froid dans le silence d'hiver. Chaque tronc d'arbre, chaque branche, chaque brindille, s'enrobait d'une gaine de glace qui s'irisait au soleil. À cheval ou en traîneau, la circulation était devenue aisée, et Aleksandro Psar, à la tête de son escorte de Tartares, parvint en une douzaine d'heures aux abords du monastère de la Trinité. Par-dessus un monticule d'où ne dépassait que sa tête coiffée d'un heaume pointu, Psar examina la situation.

Le monastère formait une forteresse approximativement rectangulaire, dont il voyait s'allonger dans l'ombre du soir le rempart sud entre ses deux tours d'angle, celle de l'Eau et celle du Vendredi, octogonales et massives toutes les deux, tandis qu'au milieu se dressait la tour carrée et plus basse de l'Arc. Au-delà, se haussaient dans le soleil couchant le dôme doré de la Trinité, la coupole bleue du Saint-Esprit et les bulbes bleus encerclant le bulbe d'or de la Dormition. Par comparaison avec la hauteur de ces oignons, les remparts couronnés de créneaux et de hourds paraissaient bas, malgré leurs deux étages de meurtrières superposées, silencieuses pour le moment.

Chaque fois qu'Aleksandro était venu à la Trinité, c'était pour y faire ses dévotions sur la tombe de saint Serguéï, patron de la Russie, et il n'avait jamais songé qu'au miracle spirituel que représentait le monastère, petit bout du Royaume à venir déjà réalisé ici-bas. Maintenant prévalait un autre point de vue : le chrétien orthodoxe le cédait en lui au soldat. Ce petit bout de Royaume céleste, il fallait le défendre par tous les moyens terrestres. Ce n'était pas qu'une question religieuse : de par sa position stratégique, la Trinité protégeait le passage des convois de blé qui se rendaient à Moscou. Aleksandro n'était pas théologien, mais il pensa à la prière où le Christ enseigne aux hommes à demander le Pain, sans faire de distinction entre celui qui nourrit la chair et celui qui nourrit l'esprit. La Trinité assurait ce Pain-là à la capitale.

Entre les remparts et le poste de guet d'Aleksandro s'étiraient les lignes de Lissowski d'où montaient des fumées et des odeurs de cuisine. Dans l'espoir d'une mise à sac du monastère, Lissowski avait accepté de rejoindre Sapéga avec son petit détachement de Polonais et sa bande de ribauds russes. Tours montées sur roues, tentes, batteries d'artillerie, cabanes de rondins, huttes à moitié enterrées formaient un barrage qui n'était pas infranchissable, puisque l'assiégeant avait négligé de creuser des circonvallations. En se mettant au coude à coude, les quinze mille Polono-Lithuaniens auraient pu faire sept fois le tour du monastère, mais justement ils n'étaient pas au coude à coude : ils se groupaient par compagnies autour des brasiers vers lesquels ils tendaient leurs mains gelées. À la faveur de la nuit, on devait pouvoir se faufiler entre deux campements jusqu'à la tour de l'Eau, qui flanquait une poterne, ou, en contournant le monastère par le nord-ouest, jusqu'au portail des Pèlerins, face auquel se tenait Sapéga. Cela serait plus sûr que d'aborder le monastère par la porte Rouge, la principale, que gardait une barbacane de fortune et sur laquelle les Polonais devaient veiller particulièrement.

Aleksandro allait faire demi-tour pour rejoindre ses hommes quand les cloches se mirent à sonner dans les églises. Les nuages flamboyant doucement dans le ciel s'organisaient en remparts mystiques d'où s'échappaient en de silencieuses explosions des vapeurs, blanches comme la fumée qui sort des canons. Et puis le vent regroupa les nuages autrement : noirs et rouges, on eût dit une procession de moines vêtus du Grand Schème qui s'en allaient vers des cimes inconnues dans un paysage d'apocalypse. Alors une figure gigantesque portant la chasuble blanche de Pâques sembla sourdre du monastère qui n'en formait plus que l'ourlet. On ne distinguait pas le visage ; mais la barbe floconneuse et les cheveux en bandeaux sous le nimbe d'or pâle qu'un dernier rayon de soleil projetait sur la tête étaient bien ceux de saint Serguéï. Aleksandro frissonna mais ne s'étonna point : la Trinité était la patrie de tous les miracles, il fallait s'attendre à en voir bien d'autres.

Dès que la nuit fut tombée, la petite troupe franchit les lignes polonaises et, au cri de la sentinelle « Qui va là ? », Aleksandro répondit :

— Dieu garde le tsar Vassily.

3

Malgré le gel, la puanteur régnait à l'intérieur du monastère où se pressaient, outre les moines et les soldats, les villageois d'alentour, qui avaient brûlé leurs maisons pour qu'elles ne pussent servir d'abris aux assiégeants et s'étaient réfugiés derrière les remparts sacrés, avec leurs femmes, leurs enfants, leurs vieillards, leurs malades. « La Trinité ne peut pas tomber, disaient-ils, ou bien c'est que le Seigneur a décidé d'en finir avec la Russie et alors à quoi bon vivre ? » Dix mille personnes — dont le quart seulement était capable de porter les armes — s'écrasaient dans des bâtiments conçus pour abriter dix fois moins de monde, et Aleksandro se boucha le nez sans pudeur.

Il fut conduit dans le bâtiment orné de pilastres, de moulures, de ciselures, qu'on appelait encore le Réfectoire, mais où se trouvaient les appartements du tsar et où logeaient pour le moment les deux voïvodes, Golokhvastov et le prince Dolgorouky, rivaux que Vassily se refusait à départager, craignant peut-être que l'un des deux n'acquît trop d'influence. Ils reçurent l'envoyé du tsar dans la grand'salle, construite autour d'un pilier auquel s'appuyaient les voûtes, décorées de peintures florales. Des étagères et des galeries l'entouraient, supportant une multitude de coupes, de vases, de hanaps précieux qui brillaient à la lueur des flambeaux. Si les Polono-Lithuaniens prenaient jamais le monastère, ils seraient récompensés de leurs efforts.

Aleksandro priait encore devant l'icône de saint Serguéï qui rougeoyait dans le coin d'honneur lorsqu'entra le supérieur, le diaphane archimandrite Iossif. Il prit place au milieu de la table dont Dolgorouky et Golokhvastov occupaient les deux bouts :

— Alors, nous apportes-tu de bonnes nouvelles du tsar ? Quand nous envoie-t-il des renforts ?

— Les renforts, c'est moi, dit Aleksandro demeurant debout.

L'archimandrite enveloppa son corps malingre d'un signe de croix et laissa retomber ses mains, dans un geste de consternation :

— Le tsar souhaite-t-il donc sa propre perte ?

— Le tsar est le tsar, dit Dolgorouky, bon militaire. T'a-t-il au moins, seigneur, confié pour moi un message contenant la destitution de Golokhvastov ?

— À moins, fit Golokhvastov, qu'il ne m'apporte, prince, la bonne nouvelle de ton rappel à Moscou?

Ils se bombardèrent du regard. Aleksandro approcha un escabeau de la table et s'assit.

— Le tsar m'a commandé de vous dire à tous trois qu'il est las des plaintes qu'il reçoit. Les soldats se plaignent qu'on leur donne un pain pour seize après en avoir ôté la mie, qu'ils ne mangent du poisson qu'une fois par semaine, que les blessés n'ont même pas de vin pour se consoler, qu'il n'y a plus de kvas, que...

L'archimandrite l'interrompit:

— Faux, faux, faux. Il y a du poisson quatre fois par semaine, et un pain pour quatre à dîner et à souper. Nous en donnions davantage naguère, mais les soldats le revendaient. Quant au kvas, s'il n'y en a pas, c'est que nous n'avons plus de bois pour en brasser. C'est à peine si nous pouvons nous chauffer. Et songe donc que pour défendre ce monastère, ce qu'ils devraient faire gratuitement étant orthodoxes, les soldats touchent un rouble et demi par mois.

Les voïvodes voulaient s'interposer, mais Aleksandro ne les laissa pas placer un mot:

— Les servants se plaignent aussi, parce qu'ils ne sont pas admis au réfectoire...

— Mais ils ne veulent pas manger au réfectoire! s'écria Iossif. Ils y seraient servis comme moi: j'échangerais mon écuelle avec quiconque d'entre eux le souhaiterait. Ce qu'ils veulent, c'est emporter des plats pour nourrir leurs enfants et leurs femmes, et quand je dis «leurs femmes»...

— Les servants ne sont pas les seuls, poursuivit Aleksandro. Il y a aussi des moines pour t'accuser, père archimandrite, sauf le respect que je te dois. Ils affirment que le clergé de la cathédrale s'enferme pour s'enivrer, alors que les autres moines ne reçoivent que de l'avoine et de l'eau.

Iossif leva les bras au ciel. Golokhvastov ricana. Dolgorouky fit un geste évasif. Aleksandro frappa du poing sur la table, si bien que les verres qui y étaient posés résonnèrent.

— Je ne veux rien savoir de tout cela. Je vous dis simplement, voïvodes, que le tsar Vassily vous a mis ici pour défendre le cœur de la Russie et non pour vous chanter pouilles comme de vieilles femmes. Saint Serguéï, le père archimandrite le sait mieux que moi, n'a jamais pris dans sa bouche que du pain et de l'eau, et il s'en privait le mercredi et le vendredi. Allons-nous nous inquiéter de vin et de kvas et de poisson quand les étrangers assiègent son monastère ?

— Tu parles fort, mon fils, remarqua Iossif.

Aleksandro répondit :

— Oui, mon père, car je sers le tsar.

— Dis-nous, homme bon, interrogea Golokhvastov, gros, trapu, rouge, couperosé, en embuscade derrière son coin de table, quelle est ta mission parmi nous ?

— Le tsar t'aurait-il nommé pour nous commander ? demanda Dolgorouky, mince, blafard, trop bien peigné pour un soldat. T'a-t-il donné autorité sur nous ?

— Le tsar, répondit Aleksandro, m'a commandé de veiller que la Trinité soit défendue comme il convient.

Il avait souvent rempli ces fonctions ambiguës, où il était l'œil, l'oreille, la langue et quelquefois le bras du tsar. Un silence indiqua que les trois maîtres du monastère s'inclinaient, fût-ce à regret, devant un homme chargé d'une pareille mission.

— Eh bien, dit Golokhvastov, tu vas nous aider tout de suite à la défendre : peut-être pas avec le tranchant du sabre, car nous n'avons pas trop mal réussi sans toi de ce côté-là — nous avons déjà repoussé plusieurs assauts —, ni par tes prières, car le père archimandrite et ses bataillons de moines s'en occupent avec compétence, mais avec la tête et je dirai même la cervelle. Dieu ne nous ayant pas fait la grâce de savoir lire, nous avons laissé sans réponse les lettres que nous dépêche constamment Sapéga. Père archimandrite, nous en donneriez-vous lecture encore une fois ? Nous en avons caché le contenu à nos troupes, mais l'envoyé du tsar a qualité pour tout entendre.

L'archimandrite déchiffra de ses lèvres blanches la dernière épître de Sapéga et de Lissowski aux voïvodes :

Nous vous écrivons émus d'un mouvement de compassion. Livrez la place forte, soumettez-vous au tsar Dmitry Ivanytch et il vous comblera de faveurs comme aucun des grands n'en a reçu de Vassily. Mais si vous ne la livrez pas, sachez que nous sommes venus pour la prendre et que nous ne nous retirerons pas sans l'avoir prise. Vous savez vous-mêmes que Moscou et votre tsar sont assiégés. Nous vous sommes garants que vous ne serez pas seulement gouverneurs de la Trinité, mais que vous aurez comme apanages de nombreuses villes. Mais si vous ne livrez pas la place et que nous la prenions par force, alors aucun de vous ne trouvera grâce à nos yeux.

— Et à moi, dit Iossif, ils osent s'adresser en ces termes :

Nous t'écrivons, saint archimandrite, au nom du tsar Dmitry Ivanytch qui a comblé ton monastère de faveurs. Interdis à tes prêtres et à tes moines de dresser les armées contre le tsar Dmitry Ivanytch et fais-les prier Dieu pour lui et pour la tsarine Marina. Livre-nous la place sans que le sang soit versé, sinon nous prendrons votre repaire d'un seul coup et nous vous sabrerons tous, hors-la-loi que vous êtes.

— Eh bien, fit le pâle Dolgorouky, comment le distingué délégué du tsar propose-t-il que nous répondions à de telles douceurs, sinon par des salves d'artillerie ?

— D'abord, il ne faut en aucun cas cacher ces provocations à vos hommes. Les Russes doivent entendre sur quel ton des étrangers osent leur parler. Quant à la réponse… je ne suis pas grand clerc, mais voyons si je trouve quelques idées.

Psar se leva et, comme il marchait de long en large, la réponse lui vint avec la colère :

— *Seigneurs des ténèbres, chefs de guerre infatués, Sapéga et Lissowski et tout le reste de votre horde. Nous avons bien reçu votre missive et nous avons craché dessus de tous les côtés. À la Trinité-saint-Serguéï ; un enfant de dix ans rirait de votre extravagant conseil. Quel homme préférerait le déshonneur à l'honneur ? Que gagnerions-nous à trahir notre souverain orthodoxe et à nous soumettre à vous, traîtres ? Nous n'échangerons pas les trésors du monde entier contre le serment que nous avons prêté sur la croix...*

Aleksandro s'arrêta, surpris de sa propre éloquence. Les deux voïvodes hochaient la tête avec approbation. L'archimandrite notait ; il opina :

— Tout cela est exprimé d'une manière quelque peu grossière, mais, si les seigneurs voïvodes sont enfin d'accord entre eux sur le contenu, nous saurons y mettre les formes nécessaires.

— Va pour les formes, fit Aleksandro. Surtout placardez les lettres et la réponse, signée par vous trois, sur les murs du monastère. Il faut que les défenseurs sachent qu'ils n'ont pas de pitié à attendre de leurs ennemis et que leurs chefs ne feront la paix à aucun prix.

4

Pour Aleksandro, les jours suivants s'écoulèrent en inspections. Dans les salles servant d'hôpitaux, étouffantes et surpeuplées, les gencives des malades enflaient, les dents tombaient, les bouches puaient. L'eau était mauvaise, les entrailles se vidaient. Comme les moines et les femmes valides faisaient le coup de feu sur les remparts aux côtés des soldats, il n'y avait personne pour panser les victimes, leur humecter les lèvres, leur laver le visage : ils s'essuyaient eux-mêmes avec leurs mains maculées et s'infectaient les yeux et la bouche. Des vers fourmillaient dans les blessures. Tous les jours on emportait des tombereaux de vêtements pleins de poux qu'on brûlait à l'extérieur des remparts. Et, tous les jours aussi, on enterrait des dizaines de morts : c'étaient encore les moines qui remplissaient cette corvée, chancelant une bêche à la main entre les églises où ils célébraient les offices et les remparts d'où ils guettaient les assaillants pour déverser sur eux des marmites d'huile bouillante, des corbeilles de pierres, des chaudrons d'excréments. Aleksandro essaya de modifier quelque peu l'organisation des équipes pour apporter quelque réconfort aux malades et aux blessés, mais il savait que sa mission n'était pas là.

Bientôt, d'ailleurs, il découvrit que sa mission n'était pas véritablement utile, ce qui l'attrista et le réjouit à la fois. Rien ne semblait pouvoir atteindre le cœur recroquevillé et définitivement durci de la Russie. Le monastère se défendait aussi bien qu'il le pouvait : la volonté irréductible qui animait ses défenseurs compensait les désordres résultant du double commandement, de l'insuffisance des effectifs, de l'indiscipline, de la présence écrasante des familles. Et, chaque fois que, devant la supériorité numérique des assiégeants et les mauvaises nouvelles qui arrivaient de tous les coins de la Russie, le découragement allait s'emparer de la garnison, un moine ou l'autre avait dans la nuit une vision qui redonnait aux hommes du cœur au ventre. Tantôt l'archange Michel menaçait les hérétiques de son glaive, tantôt la Mère de Dieu apparaissait en prières pour le salut du monastère, tantôt saint Serguéï lui-même arpentait ses remparts en les encensant. Alors, reprenant espoir, les assiégés faisaient des sorties, repoussaient les assiégeants et ramenaient en courant leurs hélépoles grinçantes et brinquebalantes qu'ils hachaient ensuite à grands coups, pour en faire du bois à brûler qui manquait cruellement.

Après une de ces sorties, Aleksandro s'approcha d'un groupe d'hommes qui se chauffaient :

— Que brûlez-vous là, bonnes gens ?

Ils s'entre-regardèrent.

Un vieux barbu dit :

— Mon frère.

Un plus jeune :

— Mon père.

Un enfant :

— Mon aïeul.

Et, comme Aleksandro ne comprenait pas, le barbu expliqua :

— Mon frère était sorti avec nous, les Polonais l'ont tué, mais nous avons ramené leur tour roulante.

Il laissait couler ses larmes librement.

— Nous achetons du bois avec le sang de nos frères, et puis nos enfants en achèteront avec notre sang. Puissent-ils avoir chaud à nos dépens.

« Un tel peuple, pensa Aleksandro est indomptable. Ne resterait-il de toute la Russie que la Trinité-saint-Serguéï que nous serions encore sûrs de vaincre... à condition d'étouffer nos propres discordes. Le saurons-nous ? Mais *"les discordes s'effacent par la contemplation de la Sainte Trinité"*, saint Serguéï l'a promis. »

Et il s'enorgueillissait d'en être réduit à l'humilité, de ne pas être celui qui sauverait le monastère, mais un des nombreux qui prendraient une part infime à son salut, voyant bien que ce salut était pris en charge par une force collective ou divine — collective *et* divine — infiniment supérieure à la sienne.

*

Souvent, il allait prier dans l'église de la Trinité, près de la châsse où reposent les reliques de saint Serguéï. Au-delà de la châsse, se dressait l'iconostase, sur laquelle on pouvait déchiffrer le Plan de Dieu.

La rangée d'icônes supérieure, celle qui avait été ajoutée aux frais de Boris Godounov, était composée de patriarches de l'Ancien Testament, ancêtres ou prodromes du Christ : Jacob, Abraham, Noé, Adam...

Ainsi l'aventure chrétienne s'enracinait-elle dans le temps jusqu'à la création du monde.

La rangée suivante était consacrée aux prophètes : Moïse le meneur d'hommes, les rois David et Salomon, les voyants Isaïe, Jérémie, Gédéon avaient tous apporté leur parcelle d'Annonciation, ils avaient tous préparé la venue de la Mère de Dieu, figurée au milieu, avec l'Enfant dans son sein.

La troisième rangée racontait la vie terrestre du Christ, de la Noël à la Dormition de la Vierge. Et c'était beau que ce cycle de dix-neuf images commençât par l'humble servante de Dieu Marie et s'achevât sur elle, après la glorieuse épopée de la Transfiguration, de la Résurrection de Lazare, de l'Entrée à Jérusalem, de la Prédication aux enfers.

La quatrième rangée était consacrée à la prière : l'on y voyait mêler leurs invocations la Mère de Dieu, les archanges Michel et Gabriel, les apôtres André, Pierre, Paul et Jean, les docteurs de l'Église Basile le Grand, Jean Chrysostome et Grégoire le Théologien, Jean le Baptiste, Nicolas le Thaumaturge, saint Georges, saint Dmitry, tout un chœur d'orants, hommes et anges confondus, rangés des deux côtés du Christ en Majesté et lui demandant, en d'infinis *Kyrie eleison*, sa propre victoire sur le mal.

Enfin, la rangée la plus basse, à hauteur d'homme, comprenait la représentation de saint Serguéï, celles d'autres saints vénérés dans la région, et, à la droite de la porte Royale, une icône différente de toutes les autres, qu'Aleksandro ne se lassait pas de contempler.

Sous un lourd châssis d'or clouté de pierres précieuses et gravées, trois anges conversaient en silence autour d'une coupe posée sur un autel. L'on devinait que, sous le châssis, la peinture se poursuivait, mystérieuse et inaccessible. Pourquoi cette icône plongeait-elle Aleksandro Psar dans une telle extase ? Il n'aurait su le dire, mais la musique que semblaient faire ensemble les trois anges lui rendait aussitôt la paix de l'âme. Lorsqu'il priait devant d'autres icônes, sa vie défilait devant lui comme en une ultime confession : il se revoyait entouré des ennemis qu'il avait terrassés, des femmes dont il avait fait un usage immodéré, des maîtres qu'il avait servis de son mieux, des hommes qu'il avait commandés et hasardés, d'Evfimia qu'il avait épousée mais n'aimait pas, de son père maudit, de son frère le traître et de son fils unique en qui il mettait son espoir. Devant cette icône-ci, à peine si sa vie participait à l'harmonie divine, à peine si elle fournirait une goutte de vin à la coupe autour de laquelle s'étaient rassemblés les trois anges, et, dans cette insignifiance pardonnée, Aleksandro trouvait l'apaisement.

Mais lorsqu'il s'était bien empli les yeux de cette quiétude suprême, son cœur se troublait d'angoisse : cette icône sainte, il ne fallait pas qu'elle tombât entre les mains des impies, et Aleksandro quittait l'église en hâte, se mêlait aux autres soldats sans s'inquiéter de son grade ni de son autorité, risquait sa vie, tuait sans barguigner.

*

Le soir, à la lueur d'une chandelle, il écrivait ses rapports au tsar, des rapports qu'il rendait brefs car il avait quelque mal à former ses lettres.

L'artillerie des assiégeants, notait-il, ne faisait pas grand mal aux remparts du monastère, qui, s'ils n'étaient pas très élevés — trois sajènes* et demie, créneaux et hourds compris —, avaient en revanche une épaisseur à toute épreuve : trois sajènes. Les contre-batteries du monastère se révélaient efficaces, et, si parfois un boulet ennemi pénétrait dans une église, fracassant les icônes et les chandeliers, les conséquences en étaient plus graves pour la fermeté des défenseurs que pour la défense elle-même. Les assauts pouvaient se révéler plus dangereux, parce que l'ennemi avait tout loisir de fabriquer des hélépoles, et sa supériorité numérique était telle — cinq contre un — qu'une attaque bien menée, avec manœuvre de diver-

* La sajène fait environ deux mètres.

sion, pouvait être fatale. Cependant, grâce à l'acharnement des soldats et des moines, jusqu'à ce jour les assauts avaient été repoussés avec de lourdes pertes pour l'ennemi. Un autre danger reposait dans les relations qui se nouaient quelquefois entre assiégeants et assiégés. Parfois des cavaliers polono-lithuaniens caracolaient jusqu'aux murailles et provoquaient les défenseurs en combat singulier : ce n'était que demi-mal. Il leur arrivait aussi de se présenter amicalement, d'échanger des plaisanteries avec les défenseurs et de leur demander du vin, qu'on leur descendait par seaux entiers au bout de cordes, alors qu'on craignait d'en manquer soi-même : cette légèreté russe prêtait le flanc à des ruses de guerre dont l'ennemi pouvait user. Pourtant, le plus grand péril était autre :

Il est impossible, écrivait Aleksandro, *qu'un voïvode expérimenté comme Sapéga ne se soit pas avisé de creuser une mine et une mine bien menée fera effondrer la muraille et alors il sera facile aux Polono-Lithuaniens de grimper sur les éboulis et de nous égorger tous tant que nous sommes et de profaner les saintes églises de Dieu.*

La peur de la mine l'obsédait. Il connaissait le système des contre-mines avec leurs écoutes et leurs rameaux, mais il n'avait pas de sapeurs et tous les hommes valides étaient occupés ailleurs. Il ne pourrait en distraire quelques-uns pour attaquer la terre gelée que s'il savait en quel point les assiégeants minaient le rempart.

Pour cela, il fallait du renseignement. C'était sa spécialité.

5

Vers le milieu d'octobre, les Polono-Lithuaniens firent une grande fête.

Toute la journée, les assiégés n'entendirent que

martèlement de tambourins, percussion de cymbales, ululement de vielles et de crincrins, tintement d'éperons, chants d'ivrognes, rires bachiques, pétarade de coups de feu en l'air, et, en se penchant aux créneaux, ils purent voir des mazurkas effrénées dansées autour des brasiers par des Polonais moustachus, le poing sur la hanche et la cuisse tressautant en mesure. En les observant, Aleksandro ressentait la fierté grave d'être Russe : de ce côté-ci du rempart, on n'entendait que des chants funèbres pour les morts et des hymnes de gloire au Seigneur Dieu. Cela seyait mieux à l'horreur d'une guerre sans merci.

Psar fit savoir aux deux voïvodes que, selon lui, un assaut général se préparait : Sapéga avait résolu d'enfiévrer ses hommes à sa façon, en les saoulant. Les mesures nécessaires furent prises : les voïvodes s'entendaient mieux depuis que l'œil du tsar était sur eux. Derrière les meurtrières où s'accroupissaient les bombardes, les moines avec leurs longues barbes et leurs frocs noirs se tapirent, la mèche enflammée grésillant dans la main, prête à être plaquée sur la lumière du canon.

Le crépuscule tombait lorsqu'une clameur monta du camp et, soudain, une forêt de drapeaux et d'oriflammes oscillant dans le vent noir se leva. Les tambours battaient, les clairons sonnèrent. Brasiers et danses furent abandonnés d'un seul coup. Chacun rejoignait sa compagnie en courant. Le cliquetis des armes se fit entendre, et les hélépoles s'ébranlèrent à grands grincements, gigantesques échafaudages qui, en cahotant, semblaient érafler de leurs cimes les nuages bariolés du couchant. Portées par des hommes qui s'abritaient derrière des mantelets mobiles et des tortues formées de boucliers, des échelles se dressèrent soudain : on eût dit des squelettes montés sur des échasses et dorés par les derniers rayons du soleil.

Sapéga par l'ouest et le nord, Lissowski par le sud et l'est, lançaient un assaut général, comptant sur le petit nombre des défenseurs pour les déborder ici ou là. Du haut des hélépoles qui roulaient, les canons tonnaient déjà et les boulets, passant par-dessus les remparts, allaient défoncer les toits des hôpitaux, des églises et des entrepôts. C'était étrange de pouvoir distinguer, presque à portée de main, les moustaches pointues, les yeux dardés, écarquillés par l'alcool, les visages noirs de poudre, les mains quelquefois tremblantes des artilleurs servant leurs pièces.

Riposte.

Les deux étages de défense dégorgeaient par leurs ouvertures tout ce qui, solide ou liquide ou bouillant, était capable d'arrêter des hommes. La mitraille grêlait, les boulets faisaient craquer la carcasse des tours roulantes qui en branlaient sur leur base, les flèches et les balles d'arquebuse cueillaient un à un les assaillants qui se découvraient. Des femmes échevelées glapissaient de joie en déversant leurs tonneaux. Des moines murmuraient des prières en lâchant les traits de leurs arbalètes. Des enfants couraient entre les jambes des défenseurs, roulant des barils de poudre, traînant des paniers de grenaille. Les assaillants, qui se dégrisaient rapidement, vacillèrent.

— C'est le moment, dit Aleksandro.

Il avait choisi de sortir avec ses Tartares par la porte des Pèlerins, parce qu'elle faisait face au poste de commandement de Sapéga et qu'il espérait rencontrer là un officier assez haut placé pour être dans le secret de la mine. Avantage secondaire : cette porte était gardée par les écuries comme par une barbacane, et il était plus facile de sortir par là sans être remarqué. Les hommes de Golokhvastov tentèrent bien de faire respecter la consigne qui, pour le moment, interdisait les sorties, mais les mots « Par ordre du tsar ! » firent pivoter les vantaux de chêne renforcés de plaques de fer.

La nuit était tombée et les coups de canon qui éclataient à chaque instant la trouaient de foyers rouges comme des plaies. Des ombres s'agitaient. Collé contre le mur d'une écurie, Aleksandro vit passer près de lui plusieurs bannières qui montaient à l'assaut. Il jeta un coup d'œil à ses Tartares pour leur rappeler ses ordres : on ne se battait pas, on ne prenait de risque qu'à bon escient, on « rapportait de la langue ».

Les tours roulantes n'avaient pu aborder les remparts : elles avaient été canonnées à bout portant et s'écroulaient sur leurs grosses roues de bois, perdant leurs madriers et leurs chevrons comme une bête ses tripes. Les assaillants les plus hardis étaient repoussés du haut de leurs échelles par des moines maniant des hallebardes, et les échelles elles-mêmes, rejetées par des poignes d'hommes et de femmes riant sauvagement, s'abîmaient sur le côté en écorchant le rempart du bout de leurs montants.

Aleksandro sentit que le reflux allait succéder au flux, et, en effet, les Polono-Lithuaniens se mirent à sauter du haut de leurs échelles. Alors les quatre portes du monastère s'ouvrirent en même temps et quatre compagnies se précipitèrent à la poursuite des assiégeants en fuite.

— À nous ! commanda Aleksandro.

Presque aussitôt, les Tartares encerclèrent un capitaine et deux de ses hommes. Ils abattirent les hommes et le capitaine s'apprêtait à mourir aussi, mais il fut désarmé, assommé, chargé à dos d'homme et emporté dans le monastère. Il reprit conscience étendu sur le dallage d'un sous-sol voûté éclairé d'un feu de bois. En haut, des chants religieux remerciaient Dieu d'avoir une fois de plus sauvé son lieu saint.

Un homme à la face de Tartare barrée d'une moustache en forme de double cimeterre se tenait devant le prisonnier. D'autres Tartares, accroupis près du brasier, chauffaient des fers emmanchés dans des poignées de bois.

— Qui es-tu ? demanda le chef.

— Capitaine Pékouta.

— Tu sais ce qui t'attend.

— C'est la loi de la guerre.

— Préfères-tu mourir vite ?

— Que veux-tu savoir ?

— Quelle est votre idée de manœuvre ?

— Nos voïvodes ont décidé de prendre le monastère coûte que coûte, de tuer tous les vivants, de raser les églises. S'il faut tenir un an, ils tiendront.

— Ont-ils commencé des mines ?

— Une mine.

— De quel côté ?

— Je ne le sais pas.

Bien qu'il répugnât à la torture, non par pitié mais par une sorte de bon goût surprenant chez un homme aussi fruste, Aleksandro saisit la poignée d'un des fers.

Plus un interrogatoire est précis, plus il a des chances de porter ses fruits. Une mine à l'ouest et au sud, où le monastère était couvert par des étangs artificiels n'était guère à craindre. En outre, une mine viserait une tour plutôt qu'un rempart, car, si les tours tenaient, les brèches des remparts se trouveraient toujours sous leur feu.

— C'est bien sous la tour des Menuisiers, n'est-ce pas ? demanda Aleksandro en nommant la tour nord-ouest. Ou alors sous celle des Pèlerins ? (Il approchait le fer incandescent des yeux de Pékouta et observait son expression.) Cela m'étonnerait, à cause des écuries. Ah ! c'est donc sous la tour au Sel. Non ? De la Cloche ? Des Canards ? Des Séchoirs ? Du Vendredi ?

Il se penchait et le reflet du fer rouge colorait pareillement leurs deux visages.

— Ce n'est tout de même pas sous l'église du Prodrome ? Il y a une barbacane.

— Je ne sais pas, dit Pékouta en clignant des yeux. La mine est un grand secret connu des seuls voïvodes et des sapeurs.

Une odeur de viande brûlée se répandit dans le sous-sol, mais Pékouta ne put révéler ce qu'il ignorait. Enfin convaincu de sa bonne foi ou de son invincible constance, Aleksandro lui accorda la vie sauve, le fit soigner avec de l'huile et du vin, et, dès qu'il fut remis sur pied, on l'employa, comme les autres prisonniers, à moudre de la farine.

L'interrogatoire avait donné un résultat : la mine existait bien. L'assaut d'aujourd'hui n'avait été que forfanterie de sacs-à-vin ou ruse de guerre. En réalité, Sapéga préparait un second assaut s'appuyant sur une mine déjà entamée sous une tour. Or, le monastère comptait douze tours, qu'il était impossible de contre-miner toutes.

Bref, il fallait encore du renseignement.

6

Aleksandro ordonna que tous les prisonniers qui seraient capturés lui fussent amenés aussitôt. Il ne faisait confiance à personne pour interroger avec autant de rigueur et de mesure que lui. Un prisonnier mourant sous la question était une chance perdue. La plupart avouèrent plus ou moins vite qu'ils connaissaient l'existence d'un ouvrage souterrain mais quelle tour visait-il ? Ils l'ignoraient. Aleksandro rendit hommage à la sagacité militaire de Sapéga : la rumeur d'une mine saperait la confiance des assiégés, et, tant qu'ils ne sauraient pas où elle se trouvait, ils ne pourraient rien faire contre elle.

En effet, la mine était devenue le principal sujet d'anxiété du monastère. L'idée qu'à tout instant l'explosion pouvait avoir lieu pétrifiait les plus aguerris. On imaginait les tours s'écroulant, les murailles s'éventrant, le sol se dérobant sous les pas, on s'imaginait soi-même déchiqueté ou enterré vif. Dans l'attente de la catastrophe, on croyait entendre des coups de pioche sous les cellules et sous les églises. Les voïvodes résistaient à la panique, mais on les sentait eux aussi s'angoisser d'une manière presque surnaturelle, comme si c'était le diable qui creusait sous eux : ils ordonnèrent des contre-mines menées au hasard et qui ne débouchèrent sur rien. Seuls les moines demeuraient sereins. Chaque nuit, les apparitions de saints se succédaient et l'archimandrite Iossif, élevant la voix pour couvrir le tonnerre de l'artillerie adverse et de la contrebatterie, commençait tous ses prônes par les mots :

— Saint Serguéï l'a promis : la Trinité ne succombera pas.

Les sorties se poursuivaient, pour « rapporter de la langue » et, un jour, on traîna devant Aleksandro un cosaque qui ne s'était laissé capturer que blessé à la tête et au ventre, le bras droit à moitié arraché. Aleksandro jugea qu'il souffrait trop pour que l'application des fers, même sur ses blessures, pût le faire parler, et décida d'utiliser un autre moyen :

— Comment t'appelles-tu ?

— C'est Tarass qu'on m'a baptisé, grimaça l'homme.

— Eh bien, serviteur de Dieu Tarass, sais-tu que tu vas bientôt comparaître devant ton Seigneur ?

— Je le sais et je ne souhaite plus qu'une seule chose au monde : confesser mes péchés. Déjà à treize ans, j'ai...

— Ne te confesse pas à moi, Tarass. Je n'ai pas le pouvoir de t'absoudre.

— Un prêtre ! Pour l'amour du Christ, amène-moi un prêtre, si tu es chrétien toi-même.

— Tu auras un prêtre si tu sais où se trouve la mine. Sinon, tu mourras avec tes abominations et les diables t'emporteront dans la géhenne.

Le cosaque s'évanouit. On lui jeta un seau d'eau à la tête. Il revint à lui :

— Le Seigneur soit loué ! Je sais où est la mine. J'y ai travaillé moi-même.

— Un cosaque manier la pioche ? Tu m'étonnes, l'ami.

— J'ai été puni pour avoir dormi quand j'étais de garde.

— Alors, cette mine ?

— Sous une tour, mais je ne connais pas les noms. Conduisez-moi pour que je vous montre la bonne. Conduisez-moi vite, avant que je ne meure.

On le traîna le long du chemin de ronde.

Ce n'était pas la tour des Canards avec sa lanterne,

ni la tour carrée des Séchoirs, ni la porte Rouge surmontée de son église...

— N'espère pas te moquer de nous impunément, dit Aleksandro.

— La voici, fit Tarass, en apercevant la forme massive de la tour octogonale du Vendredi, tour d'angle faisant saillie, percée de six étages de meurtrières, le dernier en encorbellement, ornée de pilastres de brique et chapeautée d'un toit pointu à huit pans.

Elle faisait face aux troupes de Lissowski.

Aleksandro se croisa les bras. Les Polonais avaient bien choisi. Le sous-sol de la tour du Vendredi contenait la poudrière.

— Un prêtre ! Vite ! râlait le cosaque perdant son sang.

On ne manquait pas de hiéromoines à la Trinité-saint-Serguéï, l'un d'eux accourut et Tarass mourut apaisé.

Cependant Aleksandro rendait compte aux voïvodes.

— Il faut contre-miner, dit Golokhvastov.

— Il faut faire un rempart intérieur pour le cas où la tour sauterait, dit Dolgorouky.

— Il faut ceci et cela, dit Aleksandro. Et il faut aussi essayer de trouver l'entrée de la mine et la faire sauter.

Un nouvel enthousiasme s'empara des défenseurs. Saint Serguéï venait de montrer une fois de plus qu'il veillait sur son monastère. Les malades se relevaient pour venir travailler au rempart intérieur que l'on construisait en terre, avec trois tours de bois, de manière à isoler celle du Vendredi. On transportait les barils de poudre dans la tour de l'Eau. Un nommé Vlass, qui avait servi comme sapeur, entreprit de faire creuser une écoute. Les plus dévoués des défenseurs s'y relayaient, sachant qu'à chaque instant l'explosion pouvait avoir lieu et qu'ils seraient ensevelis sous les décombres.

Aleksandro tint conseil avec les voïvodes et l'archimandrite.

— Messeigneurs, nous devons faire une sortie afin

de détruire la mine à coup sûr. J'ai longtemps observé les lignes ennemies : un point, situé en face de la tour du Vendredi, est toujours gardé. Il y a là des retranchements de bois qui peuvent cacher l'entrée du souterrain.

— Eh bien, dit Dolgorouky, faisons deux sorties en même temps, par la porte Rouge et par la porte de l'Eau : nous prendrons l'ennemi en tenaille.

— N'y aurait-il pas moyen, demanda Aleksandro, de procéder par surprise ?

— Dans le temps, il y avait un passage secret au pied de la tour des Séchoirs, se rappela l'archimandrite. Il a été muré, mais on pourrait l'ouvrir de nouveau.

— Ainsi ferons-nous, avec en outre une sortie de diversion par la porte de l'Eau : quand les Polonais seront bien occupés de ce côté, je conduirai moi-même ceux qui sortiront par la porte secrète.

On décida d'attaquer à la pointe du jour. Pour son détachement, Aleksandro choisit les meilleurs soldats. Certains venaient le trouver pour le supplier de les emmener.

Un moujik nommé Souiéta, gauche et lourd et qui ne s'était jamais battu, se présenta en se balançant d'un pied sur l'autre :

— Les camarades se moquent de moi, seigneur, parce que Dieu ne m'a pas donné l'astuce ni l'agilité. Mais avec ces poings-ci j'ai maintes fois assommé des bêtes de boucherie, et je ne chasse l'ours qu'à l'épieu. Laisse-moi voir si je ne saurais pas aussi m'expliquer avec quelques mécréants. Qu'on me donne une hallebarde et je mourrai ou me ferai respecter.

Aleksandro le jugea d'un coup d'œil :

— Tu viendras avec moi, Souiéta, et tu montreras ce que tu sais faire.

Danilo le rattrapa sur le seuil de l'église du Saint-Esprit :

— Prends-moi, seigneur, parce que je n'ai plus d'appétit à vivre : mon frère Oska a choisi de servir les Polonais.

— Ton frère, dis-tu ?

— Par le sang et par le ventre. Nous n'avons qu'un père et qu'une mère et voici qu'il est allé se battre pour les ennemis. Prends-moi, voïvode, et tu me verras frapper de grands coups pour compenser les siens.

— Et si tu rencontres Oska ?

— Je le fendrai de la tête jusqu'à l'enfourchure.

Aleksandro lui dit :

— Affûte bien ton sabre.

7

Le matin fixé pour la sortie, Aleksandro se fit réveiller en pleine nuit. Il mit une chemise propre et, dans le froid, se rendit à l'église de la Trinité, éclairée par des cierges. Tous ses hommes mettraient une chemise propre aujourd'hui, tous se confesseraient et communieraient avant d'aller se battre. Le prêtre qui confessa Aleksandro était un jeune moine robuste et blond qui lui rappela Sergo, ce qui l'incommoda et l'émut en même temps.

— Mon père, depuis ma dernière confession, je ne crois pas avoir beaucoup péché : je ne compte pour péché ni les ennemis que j'ai tués ni ceux que j'ai fait passer par le feu, cela n'étant point pour ma satisfaction mais pour que la patrie soit sauve, si Dieu le veut. Cependant deux choses pèsent lourdement sur ma conscience : je hais mon frère et pourtant je crains de ne pas le haïr assez. J'ai eu plusieurs occasions de le tuer et je ne l'ai point fait.

Les chants eucharistiques montèrent sous les voûtes de la Trinité, et Aleksandro communia au Sang de Notre Seigneur avant d'aller verser celui des ennemis et peut-être le sien. Il ne redoutait pas une telle mort : elle lui paraissait une fin appropriée pour une vie telle que la sienne. Il ne redoutait pas non plus l'enfer : ceux qui meurent pour les autres montent droit au ciel. S'il mourait aujourd'hui, il regretterait seulement d'avoir si peu connu son fils.

La compagnie qu'il emmenait avec lui se rassembla à l'aube devant la tour des Séchoirs. On piétinait de froid. Des cloches bourdonnèrent le tocsin. Aussitôt les trompettes polonaises sonnèrent l'alerte. Un grand cri monta du côté de la tour de l'Eau. Dolgorouky et Golokhvastov avaient tiré à aigle ou pile pour savoir qui conduirait la manœuvre de diversion ; Dolgorouky avait gagné ; il s'élança à la tête de ses hommes.

Psar donna une demi-heure à Dolgorouky pour bien accrocher Lissowski, et, à celui qu'il avait fait son adjoint, Ivan Vnoukov, un centenier d'expérience, il commanda :

— Prends avec toi ceux qui ont des mousquets ou des arquebuses et, au débouché, porte-toi sur ma gauche le plus vite possible. Parvenu en contre-haut du retranchement, fais tirer tes gens. Quand ils auront vidé leurs armes, nous attaquerons par la droite à l'arme blanche et au pistolet. Alors viens nous rejoindre.

Puis, ayant fait le signe de la croix, il mit son casque et l'assura bien sur sa tête :

— Avec Dieu !

Ses Tartares passèrent les premiers. Il les suivit dans le passage secret qui avait été dégagé. À coups de masse, ils abattaient les dernières briques. Soudain Aleksandro se sentit nu et désarmé : il venait de quitter la sécurité des remparts et se trouvait au fond du fossé. Ses hommes se pressaient derrière lui : ce n'étaient que cottes de mailles, haches, couteaux, que visages cachés par les nasaux d'acier cabossé.

La façade par laquelle ils sortaient était la plus exposée au soleil levant, mais, dans le fossé ombreux, ils demeuraient invisibles. Ils prirent le pas de course, sans trop se hâter, pour ne pas perdre leur souffle sous leurs cuirasses, passèrent sous le pont qui menait à la porte Rouge, et arrivèrent à la tour du Vendredi. Aleksandro désigna le talus, ils le gravirent et débouchèrent alors en pleine lumière, face à l'ennemi. Les tireurs de Vnoukov prirent à gauche, Aleksandro et ses hommes à droite.

C'était étrange de courir comme chez soi en plein camp polonais, de renverser en passant des marmites suspendues à des faisceaux de bois, de donner des coups de pied dans des tambours abandonnés, de jeter des coups d'œil dans des tentes entrouvertes où l'on devinait des chapeaux à plumes, des mousquets, des dentelles, des poêles à frire, des violons, toutes choses que l'on ne voyait pas vraiment car on gardait les yeux fixés sur le retranchement de rondins et, plus loin, sur les lignes polonaises cherchant à envelopper la colonne de Dolgorouky, qui s'y enfonçait comme un biseau.

Du retranchement partirent des coups de feu. « Tant mieux : plus ils tirent tant que nous sommes hors de portée, moins ils tireront quand nous serons sur eux. » Le tout était d'arriver avant que les servants n'eussent eu le temps de charger les canons à mitraille et de les tourner du bon côté.

Vnoukov posta ses hommes à la bonne distance et donna une salve. La fusillade polonaise diminua.

— À l'assaut !

Aleksandro enleva sa troupe comme on enlève une monture. Souiéta le maladroit courait à sa droite, Danilo le désespéré à sa gauche. Aleksandro se laissa dépasser : pas question de se faire tuer au début de l'action. Souiéta planta sa hallebarde en terre ; des deux mains, il arracha deux pieux de la palissade, et d'un coup de pied en renversa deux autres. Danilo se jeta dans l'ouverture. Une balle traversa l'épaule de Souiéta. Il n'en eut cure. Il reprit sa hallebarde et suivit Danilo. Aleksandro fut le troisième à passer. Souiéta était devant lui, faisant des moulinets avec sa hallebarde. Il avait déjà fait voler trois têtes. Roulant par-dessus la palissade, arrachant d'autres pieux, défonçant des claies, les Russes envahissaient le retranchement. À peine les Polonais s'étaient-ils ressaisis, que le second flot de Russes, celui de Vnoukov, les déborda. Les survivants s'enfuyaient. Entre deux isbas, Aleksandro trouva l'ouverture du puits de mine. Il s'arrêta, haletant, un bout de cuir chevelu collé à son sabre.

Or, des compagnies qui n'étaient pas engagées contre Dolgorouky avaient déjà fait demi-tour et revenaient au pas de course.

Il y avait de la poudre à canon à profusion, mais il fallait encore rouler les barils jusqu'au fond d'un souterrain dont on ignorait la longueur, dérouler une mèche lente, l'allumer, attendre qu'elle se consumât... Deux hommes se proposèrent pour pousser les barils : c'étaient des paysans de petite taille, barbus et proprets, Nikone et Slota. Aleksandro leur tendit la mèche lente. Ils ne la prirent pas.

— Donne-nous plutôt le briquet, dit Nikone.

— Et le silex, ajouta Slota.

— Pour quoi faire ?

L'air embarrassé, pudique, ils se grattaient le crâne et ne répondaient pas.

Aleksandro scruta leurs visages frustes, tavelés, leurs yeux translucides, les croix qu'ils portaient au cou.

— Que Dieu soit avec vous.

Il leur donna le silex et le briquet.

Aussitôt, ils commencèrent à pousser les barils dans la galerie, tandis qu'Aleksandro courait à la palissade pour encourager ses hommes. Les Polonais approchaient en tiraillant. Leurs officiers criaient et agitaient leurs sabres. De la musique militaire retentit, ce qui paraissait toujours ridicule aux Russes mais décuplait les forces de leurs adversaires. Aleksandro regarda Vnoukov. Vnoukov hocha la tête. Le temps se faisait très court...

Sous terre, Nikone et Slota s'affairaient. Ils cheminaient à quatre pattes dans une galerie étayée par des bûches, poussant huit barils devant eux et s'éclairant avec une lanterne qui risquait de s'éteindre à chaque instant par manque d'air. Cependant, de place en place, un puits d'aération les empêchait d'étouffer.

La pente de la galerie descendait régulièrement.

— C'est profond, dit Nikone.

— Et c'est long, dit Slota.

Au fond de la galerie, ils trouvèrent la pelle et la pioche que les ouvriers avaient abandonnées au moment de l'attaque.

Nikone regarda Slota. Slota regarda Nikone. Les bruits de la bataille leur parvenaient par les puits d'aération.

Ils firent tous les deux le signe de la croix.

— Pardonne-moi, Nikone, dit Slota.

— Pardonne-moi, Slota, dit Nikone.

— J'ai pitié de mes petits enfants, dit Slota.

— Le Seigneur Dieu ne les abandonnera pas, dit Nikone. Et ma chère petite femme, il ne l'abandonnera pas non plus.

— Et comment ferons-nous pour la résurrection des corps, demanda Slota, puisque nous n'aurons plus de corps ?

— Le Seigneur en retrouvera les miettes et il les recollera ensemble, dit Nikone : il a bien créé le monde à partir de rien.

Ils ôtèrent deux étais et provoquèrent un éboulis pour obtenir un effet de bourrage. Maintenant ils étaient emmurés dans une cellule exiguë et leur lanterne s'éteignit. Nikone battit le briquet pendant que Slota défonçait un baril et y puisait de la poudre à pleines mains. Les étincelles commençaient à jaillir du silex. Nikone eut le temps de prononcer :

— Seigneur Jésus Christ, Fils de Dieu, fais miséricorde à nous pécheurs.

....

La galerie s'effondra de bout en bout, traçant une longue crevasse depuis le retranchement jusqu'aux abords de la tour du Vendredi. Le saisissement des Polonais fut tel que les Russes purent décrocher et battre en retraite, Dolgorouky vers la porte de l'Eau, Psar vers la porte Rouge. La retraite ne se fit pas sans pertes. Vnoukov fut abattu d'un coup d'arquebuse et Danilo sabré. Mais ses camarades le rapportèrent encore vivant au monastère où il demanda à prononcer ses vœux avant de mourir, et il expira revêtu du Grand Schème monastique.

Lorsque Psar gravit l'escalier qui menait à l'encorbellement de la tour du Vendredi, il eut la joie de fouler les marches d'un édifice qu'il avait sauvé. Du haut des créneaux, il considéra le camp polonais, où gisaient tant des siens. De l'intérieur du monastère montaient des glapissements de joie : c'étaient les camarades du grand Souiéta qui le fêtaient. Les balles en séton qui avaient traversé ses muscles ne lui avaient fait aucun mal et il brandissait sa hallebarde en exultant :

— Douze ! J'en ai eu douze, avec l'aide de Dieu ! Vous ne vous moquerez plus de moi, les enfants ?

Chez l'archimandrite aussi, il y eut fête ce jour-là et les deux voïvodes complimentèrent Aleksandro comme ils le devaient. Mais personne ne s'y trompait : le siège ne faisait que commencer.

*

Chez les Polonais, la consternation régnait. Plusieurs mois de travail avaient été détruits en un instant, et c'était comme si tous les tués du siège se relevaient pour demander des comptes. Lissowski et Sapéga échangèrent des griefs :

— Quand on creuse une mine, on en protège l'entrée à tout prix ! rugissait le géant aviné.

— Quand on voit un camarade dans le danger, on vole à sa rescousse au lieu de rester sur son pliant à boire à sa santé, clabaudait le blaireau.

La disproportion des tailles et des moustaches rendait dérisoire cette querelle inégale.

— Je ne vole pas à la rescousse de l'incompétence.

— Et moi, je ne reste pas l'allié de la veulerie.

— Je me demande, dans ce cas, ce qui vous retient ici, seigneur Lissowski.

— Rien, comme vous le constaterez dès demain, seigneur Sapéga.

En effet, le lendemain Lissowski ne laissa, devant la Trinité-saint-Serguéï, que le crottin de ses chevaux.

À vrai dire, cela faisait un bout de temps qu'il cherchait un prétexte pour partir : ce n'était pas en participant à un siège qui s'éternisait qu'il exécuterait les ordres secrets du roi. Il n'avait une chance de réussir qu'en écumant la région de Kostroma où les Romanov avaient leurs fiefs et dont, avec prévoyance, il avait demandé l'administration au Filou de Touchino.

— *Vchistkié diabli!* jura Sapéga en voyant s'éloigner les croupes des chevaux de Lissowski. *Vchistkié diabli!* Le fils de chienne s'en va et me laisse assiéger le monastère tout seul. Eh bien, qu'il décampe ! Du moins les opimes seront pour moi. Un bon blocus va me mettre ces seigneurs moines à la raison. Dès qu'il faudra serrer les ceintures de leurs soutanes, je gage qu'ils capituleront.

« À partir d'aujourd'hui, messieurs, dit-il à ses officiers, plus une vache, plus un mouton, plus un sac de blé, plus une carotte pourrie ne passent. En revanche, nous renonçons temporairement aux assauts : il fait trop froid. Oui, c'est juste, il fait trop froid : allons nous réchauffer les boyaux. Qui m'aime me suive. D'ailleurs j'ai l'idée d'une petite ruse de guerre à laquelle il faut que je réfléchisse confortablement.

8

À treize ans, Sandro Psar participait déjà à la gestion de Psarskoïé sous la direction de sa mère Evfimia et de l'intendant Mirone Kouzmitch. Il comptait les sacs de semence et les centaines d'œufs, donnait son opinion sur le seigle ou le froment à semer, les moutons ou les chèvres à paître, veillait à l'érection des épouvantails sur les semis, au sarclage des concombres dans les potagers, à l'émondage des noyers, au binage des blés, au bistournage des béliers, à la saillie des juments. Plutôt que la cupidité du futur propriétaire, ce qui le passionnait, c'était la fécondité du terroir. Il sentait au fond de lui-même les vaches désireuses d'allaiter, les ânesses pressées de lécher leurs ânons, la terre russe tout entière conçue pour prospérer sous les caresses d'un maître. Non qu'il ne se sentît, comme son père, homme du tsar avant tout, mais il était d'avis qu'en faisant prospérer son coin de Russie il servait aussi le tsar.

— Bartchouk ! cria un jeune valet. Des cavaliers, qu'on ne connaît point !

Sandro posa la plume d'oie, referma le cahier de parchemin — sous la direction du curé, il avait appris à tenir les comptes du domaine mieux que sa mère et même que l'irremplaçable Mirone Kouzmitch —, et courut à la fenêtre.

Par-dessus le mur, il aperçut des cavaliers qui convergeaient sur la maison en soulevant des nuages de neige poudreuse ; d'autres avaient déjà franchi le portail. Leurs chapeaux, leurs justaucorps, leurs culottes de peau indiquaient assez que c'étaient des étrangers, comme on n'en avait jamais vu dans le pays. Les cris qu'ils échangeaient dans une langue nasale ressemblant au russe les donnaient pour des Polonais. Mais que faisaient des Polonais dans la région de Kostroma ? N'avait-on pas signé la trêve avec eux ? Sandro se précipita sur la galerie, au toit supporté par des piliers sculptés, à laquelle aboutissait l'escalier extérieur.

Le chef des Polonais avait mis pied à terre. Il était de forme pyramidale : son front étroit, écrasé aux tempes, reposait sur une trogne à moustache à laquelle servait de socle un triple menton supporté par de larges épaules qu'un pourpoint de velours noir reliait à des hanches monumentales, que leur culotte bouffante en velours lie-de-vin et des jambes largement écartées rendaient encore plus démesurées.

— Qui commande ici ? cria-t-il d'une voix de fausset, surprenante dans un homme aussi volumineux.

— Moi, répondit Sandro, se penchant sur la balustrade de bois ciselé et peint.

Le Polonais le considéra avec une surprise méprisante.

— N'as-tu pas de père ?

— Mon père est à la Trinité-saint-Serguéï, à tailler des croupières au Filou de Touchino.

— Comment te nommes-tu ?

— Qui es-tu pour le demander ?

— Je suis le seigneur Khichtch, à qui le voïvode Lissowski a fait don de cette maison avec toutes ses terres, vu qu'elle appartient au traître Psar.

Sandro se sentit trembler, mais c'était de colère.

— Mon père n'est pas un traître.

— Il a trahi le tsar Dmitry, au nom de qui j'agis. Puisque tu commandes encore, rassemble ta mesnie dans la cour.

— Je n'ai pas d'ordres à recevoir de toi, seigneur Khichtch. Sors d'ici tant que tu es sain et sauf, cria Sandro d'une voix qu'il voulait rendre menaçante, mais qui, étant en train de muer, s'érailla en voix de petite fille.

— Toi, gamin, lui répondit l'homme pyramidal avec indifférence, tu feras bientôt connaissance avec mon fouet à chiens.

Il jeta un cri nasillard à ses hommes, qui se répandirent par les communs situés autour de la cour, par les entrepôts installés sous la maison, et, gravissant l'escalier, entrèrent, sans prier devant les icônes, dans la grande salle d'où ils gagnèrent les chambres, les réduits et les galetas.

Ils en revinrent en poussant devant eux valets, servantes, cochers, cuisiniers, lingères, jardiniers, marmitons, blanchisseuses, palefreniers, nourrices et la marmaille qu'ils avaient tirée des recoins où elle se blottissait. Ils croyaient avoir visité toute la maison sauf le chenil, où les molosses les avaient mal reçus : or, ils n'avaient pas encore l'ordre de tuer. Sandro lui-même, repoussé d'un côté et de l'autre, avait malgré lui dégringolé l'escalier extérieur et se tenait au premier rang de ses domestiques, ne craignant qu'une chose : voir apparaître sa mère, mais apparemment elle avait eu le temps de se cacher dans un cabinet de sa chambre.

Majestueusement, le seigneur Khichtch gravit un à un les degrés de l'escalier. Puis, du haut de la galerie, accoudé à la balustrade peinturlurée, il s'adressa à la mesnie des Psar qu'encerclaient ses propres hommes, tous moustachus mais sans barbe, comme des diables.

— Écoutez-moi, Moskals. Par la grâce de votre tsar Dmitry, à partir de maintenant, c'est le seigneur Lissowski qui commande à Kostroma et moi, le seigneur Khichtch, qui commande ici. Je vais commencer par vous répartir d'après votre utilité. D'abord, les hommes à ma droite, les femmes à ma gauche.

Avec des regards furtifs et honteux jetés à leur maître, les serfs obéirent. Dès que la séparation fut faite, un détachement de Polonais se plaça au milieu.

— Les hommes, reprit Khichtch, vous allez travailler. Et si vous travaillez mal, j'ai mon fouet à chiens qui aime à travailler, lui.

Il en fit claquer la longue mèche, avec dextérité.

— Les femmes, vous aurez avantage à filer doux vous aussi. Messieurs les officiers, choisissez les vôtres. Ne touchez pas à la rousse au gros derrière, au deuxième rang : pour le moment, je me la réserve.

Trois officiers polonais passèrent dans les rangs et choisirent les proies les plus fraîches. Les victimes étouffèrent quelques reniflements, rien de plus. La stupeur écrasait. Les habitants de Psarskoïé n'étaient pas meilleurs que les autres hommes, mais ils n'avaient jamais vu le droit du plus fort pratiqué de manière aussi effrontée. Ils regardaient autour d'eux avec une timidité nouvelle, ne reconnaissant pas plus les murs qui les avaient vus naître que les envahisseurs armés qui les tyrannisaient : le monde pour eux était devenu autre.

— Messieurs les bas officiers, à votre tour.

Une dizaine d'hommes firent leur choix, saisissant les femmes par le bras, les poussant à la croupe, les tirant par les cheveux, les entraînant derrière la barrière vivante que formaient les hommes de troupe rangés autour de la cour.

Khichtch :

— Celles qui restent sont à la disposition de la troupe.

Une voix fêlée sortant du groupe des hommes :

— Pas nos petites filles, tout de même, antéchrist que tu es !

— Qui a crié ? fit l'homme pyramidal.

— C'est moi, donc, répondit Matvéï, le vieux jardinier barbu, en s'avançant. Tu as beau être hérétique, tu dois porter une croix à ton cou et tu ne peux pas...

— Toi, à ton cou, tu vas bientôt porter autre chose.

Sans doute Khichtch avait-il prévu de faire un exemple le plus tôt possible. Deux hommes, l'air blasé, passèrent sans tarder une corde au cou de Matvéï, le traînèrent sur la galerie, attachèrent la corde à une traverse et lancèrent le corps dans le vide. À peine si le vieux eut le temps de faire un signe de croix : déjà il gigotait, ses yeux s'exorbitaient, sa langue pendait entre deux chicots noircis.

— Voilà la justice que je suis prêt à rendre au nom de votre tsar Dmitry, dit Khichtch. Maintenant, il va falloir organiser les travaux des champs, et je dois dire que ce n'est pas mon fort : je vais donc nommer un responsable parmi vous autres, Moskals, et c'est son dos qui me sera garant que mes terres, mes forêts, mes bestiaux me rapportent assez. En revanche, il pourra prendre pour lui tout ce dont je ne voudrai pas. Y a-t-il un volontaire ?

Tous les hommes reculèrent d'un pas, se cachant les uns derrière les autres, les petits derrière les moyens et les moyens derrière les grands.

— Alors ? (Le fouet claqua.) Qui vais-je nommer ?

À l'étonnement de Sandro, un homme se poussa au premier rang. Une coque de cheveux clairs couronnait son visage bilieux. Des bandes de tissu bien serrées s'entrecroisaient soigneusement sur ses jarrets. Il avait l'air frêle, mais Sandro connaissait l'énergie implacable qui l'animait.

— Que Ta Grâce ne me fasse pas couper la tête, qu'elle m'ordonne de parler, prononça-t-il ployé en deux, le bonnet à la main.

— Parle, piailla Khichtch.

— On m'appelle Mirone Kouzmitch. Je suis, depuis plusieurs années, l'intendant de ces terres et je les connais comme je connais les vauriens de moujiks qui les habitent. Sous le maître Aleksandro Psar, elles ne rapportaient pas autant qu'elles l'auraient pu, car il laissait deux parts sur quatre au travailleur, ce qui est trop. Mais si, au nom de notre souverain le tsar Dmitry, tu veux bien me confier ta propriété avec droit de grâce et de bastonnade sur les paysans, je te garantis un revenu de mille cinq cents roubles par an : que mon dos, que mon cou lui-même t'en réponde.

Sandro regardait, incrédule, la nuque ployée de Mirone : ainsi s'inclinait-il naguère devant Sandro lui-même en l'appelant « bartchouk » et « notre bon petit maître », chaque fois qu'ils se rencontraient.

Le peuple suspendait sa respiration devant une trahison aussi inimaginable.

— Fort bien, fit Khichtch. Vous avez tous entendu. À partir de maintenant, vous obéirez à Kouzmitch comme à moi. Je lui donne tous droits sur vous.

— Je suis reconnaissant à Ta Grâce, dit Kouzmitch, et je vais tout de suite te prouver ma fidélité. Sais-tu que la mesnie n'est pas rassemblée ici au complet ? Que tes soudards ont mal cherché et qu'aucun de ces manants ne t'a dit la vérité ? La maîtresse de maison — je veux dire celle qui l'était avant toi — doit être encore cachée dans son cabinet, au fond du térem.

— Tu veux dire la femme du traître Psar ? Est-elle encore à mettre dans un lit ?

— Elle n'y tiendra pas beaucoup de place, mais la nature n'a pas créé qu'un seul goût.

— Ramenez-la-moi, démons que vous êtes ! cria Khichtch à ses hommes.

À ce mot effrayant mais approprié, les orthodoxes se signèrent : oui, cette journée sinistre inaugurait parmi eux le règne des démons.

Deux soudards débusquèrent Evfimia Psar de sa cachette et la traînèrent sur la galerie. Pour ses péchés ou ceux d'autrui, le Seigneur Dieu avait décidé qu'elle serait maigre : ni le régimc engraissant auquel son mari l'avait soumise pendant les premiers mois de leur mariage ni la maternité ne l'avaient remplumée. Mais ses traits purs et hautains, contredits par l'expression humble qu'elle leur prêtait, sa taille bien prise, un air de biche forcée qu'elle avait en permanence, pouvaient ne pas déplaire. Khichtch poussa un sifflement.

— Grand merci, Kouzmitch ! Tu m'excuseras, la grosse, mais il y a préséance. Puisque c'est la dame de céans, mon honneur de chevalier m'oblige à l'honorer la première.

Et sa patte se posa sur le sein qui avait allaité Sandro.

Le couteau brandi, Sandro grimpait l'escalier quatre à quatre. Le fouet de Khichtch le cueillit en pleine ascension, lui zébra le visage et l'envoya rouler entre les bras de ses gens qui le rattrapèrent pour qu'il ne se cassât point le dos. Le sang qui coulait dans ses yeux lui épargna la vue de Khichtch chargeant Evfimia sur une épaule pyramidale et disparaissant à l'intérieur de la maison.

Alors des cris déchirants retentirent, mêlés de sonores souffletades : les officiers et les hommes de Khichtch, imitant leur maître, se ruaient sur les femmes qui leur avaient été livrées. Leurs camarades moins favorisés restaient, l'escopette chargée, à garder les pères, les frères, les maris :

— Pas d'inquiétude, les amis, les rassuraient narquoisement les premiers servis : vous passerez après nous. Les femmes des Moskals, c'est vaste : il y en aura pour tout le monde. Et les hommes Moskals auront tôt fait de prendre l'habitude.

Les hommes Moskals les regardaient de l'air imbécile et encore morne du paysan pacifique qui sent l'égorgeur poindre en lui.

9

Sandro se glissa dans le chenil. Personne ne prêtait attention à lui. Les six molosses accoururent, et s'agenouillant, il se laissa lécher le visage par eux : c'était la meilleure façon de se laver du sang qui l'engluait et de précipiter la cicatrisation de sa blessure. Lorsqu'ils l'eurent bien nettoyé, il entra dans le réduit qu'habitait son grand-père. Le vieil homme était tassé dans un coin, il avait l'air d'une souche abandonnée là ou d'une excroissance du mur.

— Grand-père, as-tu vu ?

— J'ai vu.

Une fenêtre plus étroite qu'une meurtrière ouvrait sur la cour, presque au niveau du sol. D'un doigt, le grand-père la désigna. À travers la vessie qui l'obturait, on devinait la forme inerte de Matvéï, le bon jardinier, oscillant légèrement.

La brûlure du fouet forçait Sandro à faire de petits yeux :

— Je ne peux rien. Ni pour ma mère ni pour mes gens ni pour l'honneur de mon père.

Les larmes coulaient sur ses joues où la bave des chiens avait laissé des traces.

— Il arrive qu'on ne puisse rien, dit le vieux Psar.

Il y avait dans cette phrase une sagesse si désespérée que Sandro redoubla de pleurs :

— Alors, à quoi bon vivre ?

Il distinguait mal les yeux noirs de son grand-père à travers la broussaille des cheveux, des sourcils et de la barbe. Le vieux Psar ressemblait à un de ses propres molosses plus qu'à un homme. Il s'arracha encore quelques mots :

— Il arrive aussi qu'on puisse quelque chose.

— Pour ma mère ? Pour nos gens ?

La lourde tête branlait négativement.

Le grand-père et le petit-fils chassaient ensemble depuis dix ans, dressaient leurs chiens, fabriquaient leurs arcs et leurs collets, appâtaient le brochet et le carassin : ils n'avaient pas besoin de parler pour se comprendre.

— Bien sûr ! s'écria le petit-fils. S'il en est encore temps... Et après ?

— Va retrouver ton père.

— Je ne reviens plus ici ?

— Pas maintenant.

— Grand-père, bénis-moi.

Le vieillard se recroquevilla dans son coin :

— Je ne suis pas digne. Une bénédiction de moi te maudirait. Tu ne sais pas qui je suis. Va.

Et, comme Sandro allait repartir, son grand-père le retint par la main, rampa jusqu'à un amas de briques amoncelées dans un coin, les écarta de ses mains — on eût dit un chien creusant avec ses pattes — et découvrit un passage dans le mur. Sandro s'y engagea. Bientôt sa tête émergeait à l'air libre, qui sentait bon la neige. Le vieux Psar avait pratiqué ce boyau pour communiquer avec la campagne sans passer par la cour. Sandro se releva. De temps en temps, une goutte de sang perlait encore sur sa pommette. Il l'essuyait du revers de la main. Il se rappela que les meilleurs chevaux paissaient aujourd'hui dans la clairière du Midi. Il y courut. Les bêtes entravées hennirent en reconnaissant leur maître.

« C'est une honte de laisser des chevaux pareils servir l'ennemi, réfléchit Sandro. Mais inutile de leur ôter leurs entraves : ils rentreraient à l'écurie. »

Il choisit Soumassachol, un jeune alezan doré, à la crinière presque blanche, entier, le poitrail large, les hanches étroites, le ventre rentré, les canons antérieurs un peu trop longs, comme un cheval d'icône. C'était son cheval favori, et il lui prêtait des pouvoirs sorciers : Soumassachol était invulnérable, il savait voler, il avait une âme et ne mourrait pas comme les autres chevaux. Sandro sauta à cru sur son dos. Au premier saule, il coupa une badine avec son couteau. Il ne lui en fallait pas plus pour diriger Soumassachol qui ne s'envola pas tout à fait mais partit ventre à terre. Un Polonais à grand chapeau, placé en vigie au-dessus du portail, aperçut de loin le cavalier et lui tira au hasard un coup de mousquet.

« C'est la première fois qu'on tire sur moi », pensa Sandro.

Il prit non par le plus court mais par le plus rapide : la Volga gelée offrait le meilleur moyen d'atteindre le monastère de saint Ipaty. La neige volait, l'étalon galopait comme s'il devinait la souffrance de son maître et croyait que la vitesse pourrait le consoler. Sandro, lui, n'était préoccupé que d'une chose : détourner ses pensées de sa mère, ne rien imaginer de ce qu'elle subissait. Il répétait seulement : « Seigneur, fais miséricorde, Seigneur, fais miséricorde. »

Lorsque, quatre heures plus tard, sur un Soumassachol savonné d'écume, efflanqué, essoufflé mais toujours gaillard, il arriva en vue de la cathédrale de la Trinité, il lui sembla y voir un signe ; son père défendait la Trinité-saint-Serguéï, et lui avait affaire à la Trinité-saint-Ipaty : c'était l'âge de la Trinité qui commençait dans ce pays, il y avait des raisons d'espérer.

Les premières étoiles poignaient dans le ciel comme des pointes d'aiguilles crevant un tissu. Les cloches du monastère appelaient les moines au service de vêpres. La sérénité régnait : le seigneur Lissowski n'avait pas encore occupé la place. Sandro entra dans la cour. Un moinillon au nez retroussé l'arrêta :

— Où vas-tu ?

— Chez Mikhaïl Féodorytch. Y est-il ?

— Il y est.

— Veux-tu bouchonner mon cheval et le nourrir pour l'amour du Christ ?

Le moinillon sourit :

— Pour l'amour du Christ, je ferais bien autre chose.

Sandro gravit au pas de course l'escalier qui conduisait à l'entrée du logement des Romanov constitué de deux enfilades de trois cellules voûtées, mises bout à bout. Il y avait deux portes côte à côte, qui ouvraient chacune sur un vestibule étroit communiquant avec l'une des enfilades : à gauche logeaient les domestiques, à droite la nonne Marfa, son fils, et leurs familiers. Sandro frappa à la porte de droite. Un vieux frère lai lui ouvrit :

— Bienvenue, bartchouk. Tu viens voir notre Mikhaïl Féodorytch ? Pourquoi si tard ? Et que tu t'es donc fait au visage ?

— Je suis porteur de mauvaises nouvelles, répondit simplement Sandro.

Le frère lai lui fit traverser deux cellules où des femmes brodaient au point de croix et lui ouvrit la troisième porte. Le poêle ronflait. La Mère de Dieu protectrice des Romanov dominait le coin d'honneur, pressant son fils contre elle. Michka et sa mère la nonne Marfa étaient assis côte à côte sur un banc rembourré, déchiffrant, syllabe à syllabe, le psautier. La veilleuse répandait l'odeur de l'huile de rose dans laquelle trempait la mèche. Sandro sentit une boule d'envie lui monter à la gorge : il y avait là deux fils qui avaient encore leur mère. Il annonça :

— Les Polonais sont arrivés.

Marfa se redressa :

— Les Polonais ?

Il lui raconta.

Alors elle l'attira à elle et le pressa, mère et nonnain, contre sa robe de serge noire, contre son sein, contre ses cuisses, lui caressant la tête et les épaules. Il ne voulait pas succomber à la détresse qui le possédait et s'arracha à elle :

— Nous avons peu de temps. Mon grand-père pense comme moi. Si Lissowski est dans la contrée, ce n'est pas sans dessein. Tu dois cacher Michka.

Dans la lourde robe de brocart surbrodé qui le caparaçonnait, Michka avait l'air d'une poupée chinoise. Il dit :

— Je ne veux pas me cacher. Je veux me battre.

Sandro le regarda. Rien de plus légitime, sans doute. Lui aussi voulait se battre. Mais, sans compter que Michka n'avait que douze ans, il semblait y avoir quelque chose dans son destin qui l'empêcherait d'être un guerrier. Non qu'il fût lâche ou mou. Mais on ne l'imaginait pas prenant farouchement parti : il n'était pas l'un des plateaux de la balance mais le fléau qui marque le poids.

— Ce n'est pas à toi de te battre. Pense à ce jeu auquel nous jouons quelquefois : tout le monde se bat sur l'échiquier, sauf le roi. Rappelle-toi ce qu'a dit mon père. Tu pourrais un jour être...

— Ne prononce pas ce mot, Sandro, dit la mère. Ce serait le plus grand malheur. Nous sommes si bien ici, si tranquilles. Et si les Polonais arrivent, nos moines se défendront comme ceux de la Trinité-saint-Serguéï.

— Si les Polonais arrivent ! s'écria Sandro. Mais ne m'as-tu pas entendu ? Ce Khichtch n'est qu'un éclaireur. C'est Lissowski lui-même, le plus méchant de tous, qui vient s'emparer de Kostroma. Ce qui s'est passé à Psarskoïé va se passer dans toute la province. Il n'y a pas de soldats à Saint-Ipaty. Que feront quarante moines contre une armée ? Non, c'en est fini de notre paix orthodoxe. Les temps mauvais vont commencer. Tu dois fuir.

— Le Seigneur Dieu ne permettra pas que son monastère soit violé, dit fermement la moniale.

À cet instant, Mikhaïl leva la main : il avait été le premier à entendre des tintements mats que le vent apportait de Kostroma.

— Qu'est-ce donc ? demanda Marfa.

— Le tocsin, répondit Mikhaïl. Ma mère, Sandro a raison. Je ne sais pas si le Seigneur Dieu permet ces malheurs pour nous punir ou nous éprouver, mais nous n'avons pas le droit de rester ici pour y mourir. Regarde l'icône : la Mère de Dieu te le dira.

Une majesté mystérieuse, nouvelle, émanait de l'enfant qui avait toujours été docile et soumis. La mère sentit que, cette fois, c'était à elle de s'incliner.

*

La nuit même, les Polonais entrèrent dans le monastère de saint Ipaty qui se rendit à merci. Lissowski arrivait trop tard : l'enfant qu'il cherchait et sa mère avaient disparu. Les moines torturés ne purent dire où ils se cachaient. L'un d'eux répondit seulement sur le chevalet :

— Ils ont fui en Égypte.

Les soudards se ruèrent sur les trésors du monastère qu'ils ne se contentèrent pas de piller. Ils mangeaient et buvaient dans les vases sacrés, faisaient entrer le bétail dans la cathédrale, nourrissaient leurs chiens dans le sanctuaire, se cousaient des caleçons avec les chasubles, jouaient aux dés sur les icônes. Certains trouvèrent un passe-temps plus exquis : ils s'étaient fait des lits avec les portes royales de l'iconostase et violaient dessus les moniales du couvent voisin.

— Seigneur voïvode, vous ne devriez pas encourager ces excès, disait à Lissowski son aumônier jésuite. Je sais que ce sont là des objets d'un culte schismatique, mais ils sont bien un peu sacrés tout de même.

— Laissez, laissez, padre, répondait Lissowski. C'est un acte pie que d'exorciser les superstitions.

10

Sandro quitta le monastère la nuit même sur Soumassachol, pourvu par les moines d'une peau de mouton, d'une selle, d'une bride, et de quelque nourriture qui devait lui permettre de gagner la Trinité-saint-Serguéï sans s'arrêter dans les villages. Il n'avait jamais fait d'aussi long trajet, mais il s'orienterait sur le soleil et sur les étoiles, ni le froid ni la nuit ne l'intimideraient et il saurait ménager sa monture.

Il passa la nuit dans une grange en écoutant le tocsin de Kostroma. Enfin les cloches russes se turent : les Polonais devaient être dans la ville.

Il chevaucha toute la journée du lendemain, s'arrêtant pour laisser reposer Soumassachol et lui donner un peu d'avoine à mâcher. Il prenait des sentiers écartés qui lui faisaient quelquefois un détour, quelquefois un raccourci, mais où il craignait moins de rencontrer des Polonais. Il concentrait son intelligence sur l'idée de la Trinité, répétant inlassablement les prières qui lui sont adressées : la plus courte, *Saint de divinité, saint de force, saint d'immortalité, fais-nous miséricorde ;* la moyenne, *Gloire au Père, au Fils et au Saint-Esprit maintenant et toujours et aux siècles des siècles ;* et la plus longue, *Très sainte Trinité, fais-nous miséricorde ; Seigneur, purifie nos péchés ; Maître, pardonne nos injures ; Saint, visite nos infirmités.* Quand il avait faim, il mangeait du pain ; quand il avait soif, il mangeait de la neige.

Dès le premier jour, il épuisa sa provision d'avoine, et, le lendemain matin, il se mit à la recherche d'un fenil où il pourrait au moins voler du foin. Un panache de fumée lui parut prometteur. Il allait sortir de la forêt, quand il entendit des bruits étouffés provenant d'un fourré : on eût dit des appels à l'aide, mais assourdis, comme si on s'efforçait de les retenir et qu'on n'y parvînt pas.

Sandro descendit de cheval, se tailla un gourdin et avança prudemment. Entre les branches couvertes de neige, il distingua une tache rouge. Il fit trois pas de plus. Au cœur du fourré, gisait une petite fille à moitié ensevelie dans un tas de neige maculée de sang.

— Qui es-tu ? Que fais-tu là ?

— Ne me regarde pas, balbutia l'enfant dont les dents s'entrechoquaient. Je suis nue.

— Cela ne se voit pas, dit Sandro en ôtant sa peau de mouton. Mais tu saignes.

— Je saigne. Ne me regarde pas.

— Mets cette pelisse.

Il s'écarta et attendit. L'enfant sortit du fourré en rampant.

— Ne peux-tu pas marcher ?

— J'ai trop mal.

Il la hissa péniblement sur le cheval — les membres de l'enfant étaient raidis de froid — et, devinant qu'elle ne pouvait pas non plus s'asseoir, il la coucha en travers de l'encolure, si bien que sa tête pendait d'un côté et ses jambes de l'autre.

— Où est ton village ?

— Il finit de brûler là-bas.

— Où désires-tu aller ?

— Si tu veux être bon, conduis-moi à la rivière et fais un trou dans la glace.

— Honte sur toi ! As-tu encore tes parents ?

— Mon père, ils lui ont tranché la gorge. Ma mère, elle s'est jetée dans le puits quand ils l'ont relâchée.

— Les Polonais ?

— Les cosaques. Ils ont piétiné le blé avec leurs chevaux. Ils ont jeté les jambons dans la mare. Et ils ont tué le bétail, parce qu'il n'y avait pas assez d'hommes à tuer. Ma Bourionouchka à moi, ils l'ont tuée !

L'enfant, qui avait eu les yeux secs jusqu'alors, sanglota au souvenir de sa vache égorgée.

*

Ils rentrèrent dans les bois et ne s'arrêtèrent que plusieurs heures plus tard, devant une isba cachée en pleine forêt. Un vieux nain en sortit, avec une tête énorme ballant au-dessus d'un torse étique et des yeux dont on ne voyait que les blancs :

— Que venez-vous chercher ? Vous êtes trop jeunes pour un philtre et paraissez bien innocents pour du poison.

— Ni poison ni philtre, répondit Sandro de ses lèvres gourdes de froid, mais de bonnes herbes russes, si tu en connais, pour soigner cette fille qui sort des mains des cosaques.

— Tu dois avoir un ange gardien plein d'astuce pour t'avoir conduit jusqu'à moi, fit le nain. Je vis à l'écart et tu ne m'as trouvé que parce que tu ne me cherchais pas.

Dans ses bras encore musculeux, il recueillit l'enfant qui semblait avoir perdu connaissance.

— Est-ce ta sœur ?

— Je l'ai vue ce matin pour la première fois.

L'isba était bien chauffée ; aux murs, on voyait des bottes d'herbes flétries, des peaux de serpent, des carapaces de tortues, des crapauds desséchés pendant à des clous, mais pas d'icône : Sandro dut se signer dans le vide.

— J'en ai, j'en ai, des icônes, dit le nain, mais quand j'entends venir du monde, je les retourne vers le mur, pour qu'elles ne s'offusquent pas de ce que nous allons dire et faire. Avec vous autres, je ne crains rien.

En effet, il retourna une icône du Sauveur, une de la Mère de Dieu et une de saint Pantéléïmone qu'il désigna de son pouce noueux :

— Pantéléï, c'est celui qu'on prie quand on va chercher des herbes. Malheureusement, il n'aide que pour les bénéfiques. Les vénéneuses, on est forcé de les dénicher tout seul. Ou alors il faut invoquer Belzébuth, mais je n'aime pas cela, sauf quand on ne peut pas s'en passer.

Il déposa l'enfant sur un banc.

— Maintenant, détourne-toi, puisque tu es du sexe mâle. Moi, je ne compte pas : les sorciers n'ont pas de sexe, c'est connu. Je m'en vais lui mettre deux ou trois robes de la vieille, l'une par-dessus l'autre pour la réchauffer. Elle est crevée, la vieille, et elle ne protestera pas. De son vivant, je n'aurais pas osé. Pour une sorcière, c'en était une ! Je ne sais pas si elle volait sur son balai, mais pour sûr elle m'en frottait les reins.

Tout en caquetant, il chauffait de l'eau, y jetait des herbes, essuyait et humectait tour à tour les chairs déchirées de l'enfant qui demeurait inconsciente, se contentant de pousser de temps à autre un gémissement. Lorsqu'il l'eut pansée, habillée et couchée sur le dessus du poêle où était son propre lit, il se tourna vers Sandro.

— Si tu es bon chrétien, n'écoute pas : je vais maintenant appeler les malédictions de Belzébuth sur les hommes qui ont mis notre petite sœur dans cet état.

Il commença par remettre les icônes à l'envers.

Puis, comme une corde pendait au mur, il alla en couper un bout, et, le tenant entre ses deux mains, s'abîma en lui-même. Il était là, accroupi, les yeux tournés vers le dedans, les mains crochant cette corde qui devait être celle d'un pendu, les lèvres grises remuant en des incantations presque inaudibles. Sandro se sentit mal à l'aise :

— De quoi vas-tu accoucher, le vieux ? demanda-t-il pour se rassurer. Ou faut-il mettre un œuf sous toi pour que tu le couves ?

Mais le nain, perdu dans ses marmottements ne l'entendait pas. Soudain ses mains se contractèrent en des spasmes qui semblaient involontaires et il noua un nœud compliqué à sa corde. Un peu de bave suinta entre ses lèvres. Sa grande tête oscillait. Autre nœud, différent du premier mais tout aussi compliqué. Il haletait, il ahanait, la sueur couvrait son front qui devenait livide. Enfin il fit un troisième nœud. Ses bras retombèrent, la corde pendant au bout de la main gauche. Il alla au poêle et jeta la corde nouée dans le feu.

— Voilà, dit-il, en sortant peu à peu de son extase. Ces nœuds ne pourront plus jamais être défaits. Tous ceux qui ont causé du tort à cette enfant auront un nœud dans le ventre, au sexe et à la tête. Ils ne pourront ni procréer ni jouir, ils deviendront fous et ils périront dans d'atroces agonies. Moi, je me suis chargé la conscience d'un grand péché, mais cela en valait la peine.

— Est-ce donc un péché que de faire que les méchants soient punis ? demanda Sandro.

Le vieux ricana.

— Ce n'est pas la punition qui est mauvaise. C'est celui à qui je l'ai demandée. La justice de Dieu, vois-tu, mon petit, est lente et incompréhensible pour les hommes. Les mauvais sont heureux, les bons endurent le martyre. Le larron monte au ciel, Jésus-Christ descend aux enfers. Si tu as soif d'une justice terrestre, il vaut mieux la demander à Belzébuth. C'est ce que font les tsars et ils ont raison.

— L'Église ne défend-elle pas de prendre langue avec le Malin ?

— Cela dépend. Veux-tu que je te dise ? L'Église ne triomphera qu'à la fin des temps, et, pour le moment, il faut bien que vous vivions dans le monde tel qu'il est, avec les serpents, les astres, les *léchié* des bois et des marécages, les *roussalki* des rivières, les *domovyé* des maisons. C'est aussi pour combiner tout cela que les tsars ont leur utilité. Le tsar, vois-tu, ce n'est pas seulement un homme qui gouverne les hommes, il a un corps de lion et une tête d'ange, il communique avec la cave du monde et son grenier, à tout prendre ce n'est même pas un homme du tout, mais plutôt un monstre de l'Apocalypse. C'est ainsi qu'il faut entendre les tsars. Ils prennent sur eux tout le mal du monde et, quand nous avons de la chance, ils le transforment en bien. Cela ne va pas sans danger pour leur âme immortelle.

Sandro eut le sentiment que le devin avait quelque chose de particulier à lui dire.

— Pourquoi me parles-tu de tsars ? demanda-t-il.

Le nain s'approcha de lui et le regarda longuement de ses yeux blancs :

— C'est que je sens autour de toi une présence peu ordinaire. J'ignore qui tu es et je n'ai point à le savoir, mais tu sors du plus profond de la terre russe et ton destin sera mêlé de près au sien. Il y a un reflet de la gloire tsarienne sur ta tête. Rien qu'un reflet, mais tout de même.

11

Pendant que l'enfant dormait, le nain offrit à Sandro une soupe aux choux si épaisse que la cuiller y tenait debout et lui demanda où il allait et pourquoi. Sandro ne lui cacha rien.

— Eh bien, puisque tu es de ce bord-là et que tu vas à la Trinité, je vais te donner des nouvelles que les moines n'ont peut-être pas reçues, car Sapéga maintient un anneau de fer autour du monastère : rien ne passe, même pas les pigeons, qui gèleraient en vol. Le tsar Vassily se porte mieux qu'on ne penserait. En désespoir de cause, il a conclu alliance avec les Suédois, qui lui ont prêté un voïvode français nommé La Gardie, et Vassily lui-même s'est trouvé un cousin, un tout jeune voïvode russe, appelé Skopine, qui est si beau qu'il semble un envoyé de Dieu et auquel nul ne résiste. Grâce à lui, bien des villes se rallient au tsar. Ensemble, La Gardie et Skopine sont en train de nettoyer notre mère la Russie des bandes du Filou, qui, cependant, règne toujours à Touchino. Pour le reste, je comprends ton angoisse : si tu veux me laisser l'orpheline, je suis aussi bon orthodoxe qu'un autre, je la soignerai bien et je te promets de ne pas en faire une sorcière. Je ne l'emploierai qu'à me chercher des herbes bienfaisantes et je m'occuperai des poisons moi-même.

Sandro l'observait :

— Je te remercie pour l'orpheline et je te la laisse, tout sorcier que tu es, puisque je ne peux pas l'emmener. Quant aux renseignements que tu m'as donnés, puis-je savoir s'ils te viennent des anges ou des démons ?

Le nain se mit à rire.

— Tu as beau être jeune, tu es futé, répondit-il. Non : je n'ai pas obtenu ces renseignements par divination. Tu ne me croirais pas si je te disais qui était assis hier à ta place et avant-hier non plus. Il y a des femmes de boyards de Moscou ou de Touchino qui viennent manger dans ma main et quand je dis des femmes… C'est quelquefois les boyards eux-mêmes. Il suffit : je t'en ai assez dit. Du ton dont on en parle, Skopine sera le prochain tsar de Russie. D'ailleurs il est prédit que ce sera un Mikhaïl et tel est le prénom de Skopine.

Sandro laissa reposer Soumassachol quelques heures et reprit la route sans avoir fait ses adieux à l'orpheline qui dormait encore. Il chevauchait dans le crépuscule lorsqu'il s'aperçut, voulant prier pour elle, qu'il ne connaissait pas son prénom. Il s'en attrista un moment, faillit rebrousser chemin, et puis se dit que cela valait mieux ainsi, que cette enfant sans nom était à elle seule toute la Russie martyrisée, et il décida de prier pour l'une en même temps qu'il priait pour l'autre.

*

Le lendemain, il traversait une forêt lorsque des bruits curieux retentirent à son oreille : on eût cru une mélopée de pleureuses enterrant un mort. Il attacha Soumassachol à un arbre, et continua à pied, aussi silencieusement que s'il allait prendre l'affût. La mélopée se précisait. Entre les arbres, Sandro aperçut des miroitements et poursuivit son chemin. Enfin il atteignit une clairière où une vingtaine de paysans déguenillés étaient agenouillés ; au-dessus de leurs têtes, des icônes de cuivre, d'argent, de bois peint brillaient au soleil, accrochées dans les rameaux cristallisés des arbres. Quelques bougies se consumaient en répandant leur cire dans la neige où elles étaient piquées. Tantôt les paysans se signaient, tantôt ils se prosternaient, tout en psalmodiant chacun à sa façon, dans le désordre :

— Que se passe-t-il donc, vous autres saints de Dieu ?

« Tous les jours nous vous prions, nous vous allumons des cierges,

« Et vous, ingrats que vous êtes, vous ne nous secourez pas,

« Vous laissez le Polonais cruel et le Lithuanien perfide

« Déshonorer nos femmes, brûler nos maisons et détruire notre bétail.

« Que vous avaient-ils fait, nos pauvres petits chevaux, nos cochons nourriciers ?

« Ne sommes-nous plus orthodoxes ? Sommes-nous donc des Tartares mécréants ?

« À quoi nous servez-vous si vous ne voulez plus nous protéger ?

« Méfie-toi de la colère de l'homme russe...

Sandro les observa longtemps, caché derrière un taillis, et le doute s'empara de lui.

Ces paysans chassés de leur village par une guerre qu'ils n'avaient pas voulue, de quoi étaient-ils coupables devant ces icônes, qui miroitaient, impassibles, au-dessus d'eux ?

Un instant, il crut se donner le change : « Tout le monde est coupable. C'est pour nos péchés que Dieu nous punit, peut-être même pour des péchés que nous ne connaissons pas. » Mais aussitôt il se répliqua : « Ma mère est-elle une telle pécheresse qu'elle ait mérité le seigneur Khichtch ? Et la petite fille d'hier, à peine sortie de l'enfance, quel péché a-t-elle pu commettre qui ait entraîné un tel châtiment ? » Il se signa, craignant que de telles pensées ne l'égarassent. « Fais, mon Seigneur Dieu, que je ne blasphème point en m'interrogeant sur tes desseins. »

Il se dit ensuite que, peut-être, les hommes expiaient les péchés les uns des autres, et que la souffrance de sa mère, par exemple, servirait à racheter les péchés du seigneur Khichtch, ou de tel autre Polonais. Mais cette conception ne le satisfit pas non plus : elle revenait à imaginer le mal enduré et la souffrance infligée comme les poids et la tare d'une balance ; il n'était pas de la dignité de Dieu de tenir boutique.

Alors ? Fallait-il supposer les saints russes insensibles ou peut-être même méchants ? Sandro était profondément troublé. « Je ne peux pas comprendre cela, finit-il par s'avouer. Sans doute suis-je trop jeune et trop bête. » Et il essaya de se persuader : « Quelque moine savant répondrait aisément aux questions que je me pose, insolent que je suis. » Mais, dans le fond, il n'en croyait rien. « Christ, éclaire-moi ! » supplia-t-il. Aussitôt, dans son esprit se forma une phrase qu'il ne comprit pas tout à fait : « Quiconque souffre innocemment, c'est Moi qui souffre en lui. » Sandro soupira profondément et se dit : « Il y a du mal dans le monde. Pourquoi ? C'est un grand mystère. Une chose est sûre : quand nous aurons le

Grand Tsar Blanc, la mesure du mal sera moins grande. » Il se faufila entre les buissons, remonta sur Soumassachol et reprit la route en priant à nouveau la Trinité. De confiance.

Trois jours après, il atteignit les abords de la Trinité-saint-Serguéï avec un cheval fatigué, mais en bon état.

12

Au petit jour, il approcha des lignes polonaises, et, malgré sa prudence, s'attira ici des sommations et plus loin des coups de fusil. Il repartait au galop, se fondant dans le brouillard, mais il dut bientôt se rendre à l'évidence : Sapéga avait établi autour du monastère un réseau infranchissable.

Alors Sandro décida de procéder autrement. Quand le jour se fut levé, il prit l'air benêt et s'avança à découvert. À qui voulait l'entendre, il expliquait que l'illustrissime seigneur Khichtch l'avait chargé d'amener ce magnifique cheval à son ami le seigneur Rimski. La matinée se passa à chercher le seigneur Rimski. Il s'en trouva un, mais Sandro déclara que ce n'était pas le bon, que l'ami de Khichtch avait une plus grande moustache... Tout le monde se moquait du jeune paysan moskal et l'envoyait d'un bout du camp à l'autre. Les Polonais étaient gais : Sandro comprit qu'ils attendaient pour bientôt la fin du siège. Tout en les écoutant, il repérait la porte la plus facile d'accès. C'était celle des Pèlerins. Soudain, il met son cheval au galop, l'enlève par-dessus une tranchée et, au milieu d'un nuage de neige, s'élance vers les remparts. On lui tire dessus : c'est une habitude à prendre. Les guetteurs du monastère ont aperçu le cavalier et le vantail pivote. Sandro se laisse glisser à terre.

— Qui es-tu, garçon ?

— Le fils d'Aleksandro Psar.

À ce dernier moment de son voyage, une angoisse le saisit : rien ne lui assurait, après tout, que son père fût encore vivant. Il eut un vertige à l'idée qu'il ne le reverrait peut-être pas. « Alors je me ferai moine ici même. » Mais l'homme casqué qui l'interrogeait s'inclinait devant lui :

— Ton père a sauvé le monastère et le sauvera encore, si Dieu le veut.

À ces mots, Sandro éprouva une humble fierté. « Si seulement je pouvais être digne de lui ! » Mais aussitôt, il prit d'autant plus conscience de la douloureuse mission qui était la sienne. À ce père qu'on tenait pour le sauveur de Saint-Serguéï il allait devoir annoncer le plus grand des malheurs. Quels mots utiliserait-il ? « Ma mère » ? « Ta femme » ? Les pleurs d'enfant qu'il avait retenus pendant tout le temps de son voyage d'homme coulèrent à nouveau, pendant que le soldat le guidait entre les églises d'où montaient des chants et les hôpitaux d'où s'exhalaient des puanteurs.

En revanche, c'étaient des rugissements de colère qui sortaient du Réfectoire. Le soldat s'arrêta sur le seuil :

— Ton père est là-dedans, mais tu ferais mieux d'entrer tout seul. Pour nous autres, il n'est pas bon de nous montrer aux voïvodes quand ils se disputent entre eux.

Sandro entra. Sous la voûte soutenue par le pilier central, se tenaient quatre hommes dont deux secouaient les poings sous le nez l'un de l'autre.

— Tu veux livrer le monastère à Sapéga ? criait l'un, mince et blême. Tu veux te rallier au Filou ? Eh bien, je ne te laisserai pas le faire tout seul, Golokhvastov ! Traître pour traître, je tiens à la vie aussi.

— Tu oses me traiter de traître ? Toi, Dolgorouky ? ripostait l'autre, râblé et rougeaud. Je dis seulement que si Moscou est tombée, il faut songer au reste de la Russie.

Un moine diaphane, portant un mortier noir d'où pendait un long voile, tentait d'intervenir :

— Craignez Dieu, voïvodes. N'avez-vous pas vergogne de vous-mêmes ? N'êtes-vous pas gentilshommes ? N'êtes-vous pas orthodoxes ?

Mais les voïvodes ne l'écoutaient pas.

— La lettre de Sapéga ne laisse pas de doute sur la situation, poursuivait Golokhvastov en frappant de son gros poing rouge un parchemin froissé qui reposait sur la table. Et les Polonais viendront tantôt chercher notre réponse. Non seulement Moscou est tombée, mais le tsar est prisonnier et Skopine lui-même s'est rallié au Filou. Avons-nous le droit de continuer à faire tuer des hommes pour une cause perdue ?

— Je te trouve bien pressé d'enterrer la cause, Golokhvastov. N'est-ce pas parce que tu es las de te battre ?

— Moi, las de me battre ? Je me battrai encore quand tu auras la langue usée à force de lécher le croupion de Sapéga.

Ils allaient en venir aux mains. Un quatrième personnage sortit de l'ombre : il avait la poitrine vaste comme une barrique, le crâne rasé ; une moustache en forme de double cimeterre accentuait ce qu'avait de tartare son visage plein et cuivré. Le cœur de Sandro lui manqua à l'idée du coup que, dans quelques instants, il devrait porter à cet homme-là.

— Voïvodes, prononça Aleksandro Psar, vous vous oubliez l'un et l'autre. Nous sommes des soldats. Nous avons des ordres. Nous devons défendre ce monastère jusqu'au bout. Quoi qu'il arrive. Du reste, qui nous prouve que la lettre de Sapéga n'est pas une ruse de guerre ? Son blocus ne nous prive pas seulement de vivres, mais aussi de nouvelles. Il y a des mois que nous vivons comme dans un bateau en pleine mer. Vous n'allez tout de même pas croire l'ennemi sur parole !

L'archimandrite éleva les mains vers le ciel :

— Ô vénéré saint Serguéï notre père, sauve-nous ! Fais un miracle de plus pour épargner le monastère que tu as fondé !

Il sembla à Sandro qu'une force inconnue s'emparait de lui, le soulevait, le poussait en avant. Personne n'avait remarqué l'entrée de l'enfant, et voilà qu'il marchait jusqu'à la table et ouvrait la bouche :

— Ce que dit cette lettre est faux, prononça-t-il de sa voix qui muait. Le tsar Vassily règne à Moscou. Beaucoup de villes l'ont à nouveau reconnu. Et il a deux voïvodes invincibles, le prince Skopine et un étranger, La Gardie, qui flanquent des fricassées au Filou à tout bout de champ.

— Qui est cet envoyé du ciel ? s'écria l'archimandrite.

— Mon fils, dit Psar.

*

Lorsque le père et le fils se retrouvèrent seuls, Sandro se prosterna, front contre terre. Aleksandro lui dit :

— Relève-toi.

Sandro redressa le torse, mais demeura à genoux.

— Pardonne-moi, père, ce que je vais t'apprendre.

Il raconta, la gorge nouée, ravalant sa salive, secouant de temps en temps la tête, et ajoutant au récit de Psarskoïé sa rencontre avec l'orpheline, afin que son père comprît bien ce qui se passait là-bas : il était plus facile à Sandro d'évoquer le supplice de la petite fille qui ne pouvait plus ni marcher ni s'asseoir que celui de sa mère.

Aleksandro écoutait, apparemment impassible. Des remords affluaient en lui : pourquoi avait-il traité si mal Evfimia, promise à ce supplice, à ce déshonneur ? Il lui sembla que, si, plus jeune, il n'avait pas entretenu de harem sous leur toit commun, ce malheur ne serait peut-être pas arrivé ; que c'était lui, en quelque sorte, qui était puni. Une colère terrible montait en lui : « Ma femme ! Ma terre ! Mes gens ! » Il la repoussa au fond de lui-même. Sa nature lui dictait de se précipiter à Psarskoïé, de châtier Khichtch, ses hommes, l'immonde Mirone Kouzmitch. Mais, ne pouvant quitter la Trinité et le service, il valait mieux prendre conscience que son malheur à lui était celui de toute la Russie : il n'était pas important de se venger de Khichtch, mais de débarrasser le pays de l'envahisseur. D'ailleurs, s'il retournait à Psarskoïé, comment rencontrerait-il le regard de sa femme? Une lâcheté mâle lui suggérait de ne plus la revoir. Il ne savait pas encore qu'un ressort s'était cassé en lui, qu'à partir de cet instant, il n'aurait plus de volonté propre, qu'il ne voguerait plus jamais que sur son erre.

Enfin, il se souvint que son fils était là:

— Viens avec moi. Nous allons parler aux envoyés de Sapéga.

*

L'archimandrite, les deux voïvodes et Aleksandro Psar se tinrent sur le chemin de ronde de la porte Rouge. L'église de saint Serguéï, enjambant la porte et la gardant de sa masse sacrée, s'élevait derrière eux.

Les cavaliers polonais, blancs, bleus, emplumés, portant haut leurs lances et leurs bannières, approchèrent au galop de chasse et s'arrêtèrent devant le portail clos. Le héraut, formidablement moustachu, s'avança sur son cheval blanc. La sirène d'argent de Varsovie était brodée sur son pourpoint cramoisi.

— Défenseurs de la forteresse! Vous avez eu toute la journée pour lire la lettre du voïvode Sapéga. Nous espérons que vous l'aurez comprise. Pour les illettrés, nous répétons que le prince Skopine est rallié au tsar Dmitry, que Moscou est entre les mains du tsar Dmitry, que Vassily Chouïsky est le prisonnier du tsar Dmitry. Il ne nous reste qu'une chose à ajouter: le tsar Dmitry approche. Oui, braves gens, il approche à pas de géant. Ralliez-vous à lui avant qu'il n'arrive, car, une fois ici, il ne vous fera point de quartier. Ouille ouille ouille, il ne vous fera point de quartier!

Psar s'accouda au créneau:

— Menteurs et hâbleurs! Apprenez-nous plutôt que le tsar Vassily est sur son trône, que le prince Skopine vous rosse à plaisir chaque fois que l'envie lui en prend, que les oiseaux et les bêtes sauvages se nourrissent de vos cadavres : alors nous vous croirons. Et maintenant, faites ce pour quoi vous êtes venus. Prenez vos armes et perçons-nous le cœur les uns aux autres. Dieu justifiera les bons.

Les Polonais tournèrent bride, rageant que leur ruse eût échoué. Sapéga se mit dans une colère épouvantable :

— S'ils veulent mourir de faim, ils mourront !

Et il but au goulot une bouteille de zoubrovka.

Cependant Aleksandro conduisait son fils dans l'église de la Trinité. La main sur l'épaule, il l'arrêta devant la châsse où reposent les reliques de saint Serguéï :

— Sandro, nous prierons pour ta mère et nous verrons quel sort Dieu lui réserve. Toi, tu resteras auprès de moi et je t'apprendrai à être un homme du tsar. Tu as l'âge.

LIVRE III

LES CHAROGNARDS

1

Le message du pape arriva pour Pâques 1609.

Non seulement Paul V autorisait le roi de Pologne-Lithuanie à rompre la trêve, mais il donnait à la guerre contre la Russie le statut de croisade. Quiconque y participait recevrait une indulgence plénière et, s'il était tué, irait droit au ciel. Fort de cette assurance, Sigismond traversa la frontière et alla mettre le siège devant Smolensk.

Là, une première déception l'attendait : au lieu de se soumettre, la ville brûla ses faubourgs et, de toute la puissance des trente-huit tours qui jalonnaient ses remparts de huit mille coudées de long, trente coudées de haut et quatre sajènes d'épaisseur, se pétrifia contre lui. Néanmoins, tous les matins, Sigismond sortait de sa tente, regardait le soleil se lever tout là-bas, à l'autre bout de la Russie, et se disait en crispant légèrement les doigts :

« Un jour, la Pologne s'étendra jusqu'à Cipango. »

2

— Qui sont-ils ? demanda le tsarik.

Il avait le nez collé contre la vitre mal dépolie de la chambre qu'il partageait avec Marina, Danoucha et Sergo. Il n'avait jamais rien vu d'aussi somptueux que la cavalcade caparaçonnée de taffetas et de velours qui défilait dans la boue de Touchino.

Marina haussa une de ses belles épaules :

— Tu ne connais donc rien à rien, mon pauvre Dmitry ? Ce sont des commissaires polonais envoyés par le roi.

— Alors pourquoi ne me demandent-ils pas audience ?

— C'est ce qui m'inquiète. Cela pourrait être un affront.

— Moi, je n'aime pas les affronts : si on avale, c'est pénible ; si on recrache, c'est pire.

Marina ne répondit pas. Elle regardait avec mépris ce petit noiraud au visage marqué par la prémonition de la défaite. Il y avait neuf mois déjà qu'elle partageait le destin de cet être pusillanime né sous une mauvaise étoile, et, au début, l'espoir de régner l'avait soutenue. Mais Moscou tenait toujours. La Trinité-saint-Serguéï ne tombait pas et bien des villes, qui s'étaient d'abord ralliées à celui qu'elles tenaient pour leur souverain légitime, s'en détachaient maintenant, excédées des exactions des Polonais et des cosaques : « Un vrai tsar ne met pas son peuple à la géhenne. »

*

Les envoyés de Sigismond avaient à leur tête un commissaire nommé Stanislav Stadnitski, glabre et suave, équipé d'un petit bedon qui s'arrondissait. Reçu par Rojinski, il lui annonça l'entrée en guerre de la Pologne-Lithuanie :

— Sa Majesté a jugé que l'état chancelant de la Russie faisait craindre une invasion turque : le sang chrétien allait couler, si nous n'y mettions bon ordre. D'autre part, l'alliance que vient de conclure le tsar Vassily avec les Suédois constitue un geste inamical à l'égard de la Pologne-Lithuanie. Sa Majesté compte naturellement sur votre soutien.

Stadnitski passa sa langue sur ses lèvres.

Rojinski l'invita à dîner, lui fit servir les meilleurs mets dans de la vaisselle plate provenant de divers pillages et attendit la suite. Au dessert, Stadnitski annonça qu'il désirait parler à toute l'armée polonaise réunie.

— Je suis sensible à la bienveillance de Sa Majesté, répondit Rojinski, mais vous devez savoir que nous servons sous les bannières du tsar Dmitry. Le protocole m'oblige à vous demander de vous adresser à lui.

— J'ai une question à vous poser, répliqua Stadnitski. Ce tsar Dmitry est-il bien celui qui a été couronné à Moscou ? Et, si c'est un imposteur, comment le commissaire de Sa Majesté pourrait-il se commettre avec un fripon ?

Rojinski se renversa dans son fauteuil et donna un tour à la volute de sa moustache. Il avait reçu sa mission du roi et ne voulait pas la compromettre. D'un autre côté, le roi pouvait avoir changé d'avis et peut-être Stadnitski le lui faisait-il comprendre à mots couverts ?

— Je ne peux tromper le commissaire de Sa Majesté : le tsar Dmitry que nous servons n'est pas celui qui a régné. Mais cela n'est qu'un détail. Le dessein du roi, tel que j'avais cru le comprendre, est de profiter de circonstances favorables pour réduire à néant notre ennemi séculaire. En défendant le faux Dmitry, nous entretenons une guerre civile qui ne nous coûte rien. En quoi nous importe-t-il de savoir qui est celui dont l'action est si bénéfique pour nous ?

— La dignité du roi... commença Stadnitski.

— Ne peut être en de meilleures mains que les miennes, fit Rojinski s'échauffant, et je suis prêt à le prouver sur le terrain à quiconque en douterait. Ne voyez-vous pas que si les envoyés de Sa Majesté n'ont affaire qu'à moi, qui suis un simple général, sous le nez de celui que nous voulons faire passer pour le tsar de toutes les Russies, ils déclarent par là même au monde entier que ce tsar n'est pas le tsar ? Si vous faites cela, vous verrez d'un seul coup nos cosaques se révolter, nos Moskals se débander. Pourquoi voulez-vous faire faire par les Polonais une guerre que les Russes se font très bien eux-mêmes ?

Stadnitski passa sa langue sur ses lèvres et ne répondit pas.

Rojinski — il était l'impatience même — reprit :

— Je ne sais pas dans quelle mesure vous êtes au courant de cette affaire, mais le moins qu'on puisse dire, c'est que le roi ne m'a pas déconseillé de venir servir le tsarik.

Stadnitski, gras et rusé, le regardait avec une légère ironie.

— Le prince ne sait-il pas que les circonstances évoluent et modifient les politiques en conséquence ?

— Je ne vois pas ce qui a évolué en un an. Les Moskals sont toujours prêts à s'entre-tuer pour notre plus grand profit. Pourquoi cesser de les y encourager ? Pourquoi risquer de faire l'unité contre nous ?

Stadnitski se servit posément de l'egri bikaver.

— Prince, nous avons la chance d'avoir un roi qui voit loin. Et il ne nous dit pas toujours ce qu'il voit au moment où il le voit. Le jour où, comme vous dites, il ne vous a pas déconseillé de servir Dmitry, il souhaitait l'affaiblissement de la Russie. Cet affaiblissement est maintenant si bien acquis — en partie grâce à vous —, qu'il a été possible de rompre la trêve. Il convient maintenant de passer au deuxième temps de l'opération conçue dans les circonvolutions subtiles du cerveau de Sa Majesté. L'équilibre des forces entre l'usurpateur Vassily et l'imposteur Dmitry ne peut pas durer éternellement. Que ce soit l'un ou l'autre qui gagne, l'unité se fera autour de lui, ce qui ne sera pas bon pour nous. Il faut nous arranger pour qu'ils perdent l'un et l'autre, et c'est là le but que poursuit le roi. Si la chevalerie polonaise abandonne Dmitry, à plus ou moins longue échéance il est perdu.

— Dans ce cas, c'est Vassily qui triomphe !

Stadnitski hocha doucement la tête et passa encore une fois sa langue sur ses lèvres luisantes de graisse.

— Mais non, puisqu'il chancelle déjà et qu'il suffira que le roi lui donne une chiquenaude pour qu'il s'effondre.

— Et alors ? Que se passera-t-il ?

Des larmes d'attendrissement brillèrent dans les

yeux de Stadnitski à l'idée du grand dessein qu'il allait révéler. Il baissa la voix :

— Je vais vous le dire : le roi de Pologne montera sur le trône des tsars. La Russie renoncera au schisme grec, et le peuple slave enfin unifié sera le plus puissant de la chrétienté.

Il se pencha en avant et posa une main sur le poignet de Rojinski :

— Prince, Sa Majesté vous verrait avec plaisir gouverneur de telle grande ville qu'il vous plairait de choisir. Je peux vous dire secrètement que le prince Sapéga a déjà promis de mettre ses sept mille hommes au service du roi. C'est pour le compte de la Pologne et non plus pour celui du tsarik qu'il assiège la Trinité-saint-Serguéï.

Rojinski se renversa en arrière, les bras croisés sur la poitrine.

— Telle ville qu'il me plaira de choisir..., murmura-t-il.

— Oui, mais il faut que je puisse dès aujourd'hui parler aux soldats, j'entends les nôtres, sans les cosaques de Zaroutsky ni les Tartares d'Ourmamet ni la canaille russe commandée par cet intrigant de Troubetskoï.

— Eh bien soit, mais mettons-y les formes. Demandons l'autorisation du tsarik.

— La donnera-t-il ?

Rojinski ricana et lissa ses cheveux en crête de coq.

— Ne craignez rien de lui : il est bien dressé. Il n'y a que sa femme qui se rebiffe quelquefois, mais elle commence à m'irriter et ce sera une bonne occasion de lui montrer qui est le maître.

*

Aussitôt le dessert fini, Rojinski se rendit chez le tsarik. Sans se faire annoncer, il entra dans la salle où Dmitry et Marina étaient encore attablés, servis par Danoucha et Sergo :

— Le roi de Pologne-Lithuanie vient d'envoyer des commissaires qui souhaitent parler à ceux de ses sujets qui ont l'honneur de servir Votre Majesté. Permission demandée.

— Il me semble, dit Marina, que ces commissaires pourraient avoir la courtoisie de se présenter d'abord au tsar de Russie et à la tsarine.

— Qu'ils se présentent à moi d'abord, confirma le tsarik.

— Tu ne m'as pas compris, répliqua Rojinski. Si je prends la peine de te demander cette permission, c'est pour que tu l'accordes sans lanterner.

— Prince Rojinski, intervint Marina, vous perdez le respect.

— Le respect de qui ?

— De moi, par exemple.

— Ne croyez-vous pas, comtesse Mnichek, qu'en partageant le lit de n'importe qui on perd le droit d'imposer du respect à quiconque ?

Marina se dressa :

— Comment osez-vous ? N'est-ce pas vous qui prétendiez qu'il était de mon devoir de Polonaise… ?

Rojinski sourit avec insolence :

— Et après ? Il y a des devoirs qui déshonorent, à condition qu'on puisse encore l'être. Mais dans les familles où l'on est entremetteur et courtisane de père en fille…

Les yeux noirs du tsarik erraient de l'un à l'autre, et ses oreilles décollées lui donnaient l'air d'un lutin ne sachant plus à quel diable se vouer.

— J'ai bien envie, balbutia-t-il, de refuser cette permission qu'on me demande avec si peu d'égards.

Rojinski vint lui coller son nez contre le visage :

— Tu la donneras ou je t'arracherai la tête.

Le tsarik hésitait encore quand Marina, voyant que Rojinski passerait outre, prononça :

— Le tsar de toutes les Russies permet au commissaire du roi de s'adresser aux mercenaires polonais se trouvant à son service.

Rojinski s'inclina ironiquement et sortit.

*

L'armée polonaise se réunit en cercle sur le champ de foire. Au centre du cercle furent placés des fauteuils pour les envoyés du roi.

Stadnitski annonça officiellement l'entrée en guerre de la Pologne-Lithuanie : il appartenait aux braves chevaliers polonais de mettre leurs efforts au service de leur souverain, qui saurait les récompenser selon leurs mérites.

Tous les braves chevaliers polonais voulurent répondre à la fois, et la confusion régna. Les uns criaient qu'ils avaient prêté serment au tsar Dmitry, les autres, que Moscou regorgeait de trésors et qu'ils ne renonceraient pas aux avantages d'une victoire qu'ils acquerraient tout seuls.

Stadnitski fit valoir qu'un serment prêté à un personnage à l'identité fictive n'avait aucune validité et que la victoire n'était nullement certaine.

On parla d'arriérés de soldes. « Devons-nous encore fidélité au tsarik, dès lors que lui nous doit de l'argent ? » braillaient certains. « Tant qu'il ne nous a pas payés, nous serions fous de le quitter ! » vociféraient certains autres. Le doyen des chevaliers fut acclamé lorsqu'il posa au commissaire une question simple :

— Si nous quittons le service de Dmitry, Sa Majesté nous réglera-t-elle ce que Dmitry nous doit ?

Stadnitski demanda de quelle somme il s'agissait.

Le doyen exposa les exigences de la troupe : cinq millions de zlotys immédiatement et quinze millions à confisquer aux Moskals après la victoire. En cas de défaite, le roi garantissait tout de même le versement des quinze millions.

Stadnitski fit remarquer que Sa Majesté ne devait rien à des hommes qui avaient choisi de se battre pour un imposteur. Cependant, dans sa grande bonté, le roi exigerait des Russes la somme réclamée ; il était même prêt à concéder un pécule à l'imposteur s'il renonçait à ses prétentions, de manière à apaiser les scrupules des chevaliers polonais. Néanmoins, si Moscou s'obstinait, la guerre serait longue et coûteuse. Le roi ne possédait pas les mines du Pérou : aux chevaliers de le servir en échange d'une solde régulière; les récompenses viendraient après la prise de Moscou.

Cette proposition ne parut pas recevable et, pour le soulagement de Dmitry et de Marina qui se faisaient tenir au courant, la réunion prit fin dans le vacarme général.

3

Stadnitski passa plusieurs journées à s'entretenir avec les officiers. Il demandait des renseignements, il faisait des propositions. Et il ne se bornait pas à voir des Polonais. Il alla rendre visite à l'ataman Zaroutsky, lequel campait en dehors de Touchino avec ses cinq mille cosaques. Son allure de sauvage couvert de bijoux contrastait avec l'embonpoint distingué du Polonais.

— Entre, entre donc, illustrissime, dit l'ataman sans ôter son brûle-gueule de sa bouche, et pose ton séant sur ce tambour en priant qu'il ne passe pas au travers! Qu'y a-t-il pour ton service? Que dirais-tu d'un coup de pertsovka pour commencer? À moins que tu ne préfères un vin de Grèce ou d'Espagne? Nous autres cosaques, tu le sais peut-être, nous n'aimons rien nous refuser.

Stadnitski accepta un verre de vin de Chypre.

— Ataman, commença-t-il, vous avez la réputation d'être un ami intime de... comment dirai-je?... de la personne qui se présente comme le tsar Dmitry.

— Nous sommes comme cul et chemise, acquiesça Zaroutsky en tirant sur sa bouffarde. La chemise, c'est moi.

— Vous fûtes un de ses premiers partisans et vous vous êtes livré avec lui à plusieurs facéties comme celle-ci, par exemple. Pour vérifier la fidélité des habitants de Starodoub à sa personne, vous avez feint d'avoir avec lui un combat singulier à coups de lance.

Vous l'avez renversé. Vous avez pris la fuite. Dmitry, faisant semblant d'être blessé, a crié « Rattrapez le traître ! » On vous a rattrapé et on allait vous faire un mauvais parti quand Dmitry s'est relevé en riant : « Je vous remercie, orthodoxes que vous êtes, a-t-il dit aux gens de Starodoub. Je suis assuré maintenant que vous m'êtes fidèles. »

— Tout cela est vrai, dit Zaroutsky en s'étirant, et j'admire, l'étranger, que tu sois si bien informé.

Stadnitski se pourlécha.

— Je sais aussi, ataman, que vous êtes un chef de guerre de premier ordre. Il n'y a pas si longtemps qu'au siège de Moscou c'est vous qui avez sauvé la situation : avec quelques centaines de vos cosaques du Don, vous avez tiré d'un mauvais pas les hussards et le train des équipages polonais. Nous avions déjà perdu notre infanterie : sans vous, nous perdions le reste.

Zaroutsky se gratta la poitrine, qu'il avait majestueuse et velue, et ne répondit rien.

— Avec tout cela, reprit Stadnitski, je crains que vous ne vous battiez pour rien. La cause de celui qu'on appelle le Filou de Touchino n'attire plus guère de dévouements. Et je n'ai pas entendu dire que vos cosaques aient touché un kopek de solde.

Zaroutsky se fâcha :

— Nous prenez-vous pour des mercenaires ? Nous sommes des hommes libres. Nous ne nous battons pas pour une solde mais pour le butin. Et, quand nous entrerons dans Moscou, vous autres, illustrissimes, vous aurez avantage à nous laisser passer les premiers.

— Pourquoi pas ? La question est de savoir avec qui vous avez plus de chances d'y entrer : avec un Filou époumoné ou avec le roi de Pologne-Lithuanie. Ne vous y trompez pas. Si, comme je le pense, l'armée polonaise fait son devoir, c'est-à-dire qu'elle abandonne le tsarik et va rejoindre son roi, ce n'est pas votre cavalerie cosaque qui va escalader toute seule les remparts de la capitale. L'artillerie de Chouïsky aura tôt fait de vous régler votre compte. Quant à la piétaille moskale de Troubetskoï, vous pouvez juger mieux que moi de sa valeur au combat.

Entouré de fumée, Zaroutsky demanda :

— Que me proposes-tu ?

— Ce que vous venez de demander. D'être les premiers à Moscou.

Zaroutsky réfléchissait.

— Et le tsarik, qu'en fait-on ?

Stadnitski se leva.

— On pourrait laisser cela à votre initiative. Vous trouverez bien une solution.

Il serra la main du cosaque et se dirigea vers la sortie. Sur le seuil de la tente, il se retourna :

— On vous dit amateur de belles femmes : la comtesse Mnichek n'est point vilaine. On prétend qu'elle vous regarde avec amitié. Une tsarine de Russie, même douteuse, sous la tente d'un cosaque, cela ne fait pas chanter votre imagination, ataman ?

4

Stadnitski se fit recevoir aussi par le métropolite Filarète, auquel le Filou de Touchino avait donné le titre de patriarche, et il lui parla latin : Filarète était le seul Russe à entendre la langue diplomatique de l'Europe.

— *Domine*, lui dit Stadnitski, la réputation de ta vertu et de ta sagesse s'est répandue par le monde entier et c'est pourquoi j'ai demandé à être reçu par Ta Sainteté. Le roi, craignant que les Russes ne s'inquiètent de le voir entrer sur leur territoire à la tête de son armée, te fait dire qu'il ne faut voir dans ce geste aucune hostilité, mais au contraire une profonde sympathie pour votre malheureuse nation que les désordres civils ont déchirée et ruinée, si bien que les Turcs infidèles se préparent à l'envahir, ce qui porterait grand préjudice à la religion chrétienne laquelle nous est commune. Sa Majesté te fait dire aussi qu'elle n'a d'autre intention que de vous secourir, et qu'elle ne se contentera pas de sauvegarder vos usages, mais ira jusqu'à protéger votre foi, vos privilèges, vos femmes, vos enfants et vos propriétés. Peut-être Ta Sainteté voudra-t-elle transmettre ce message au prince Troubetskoï et à tous les boyards qui servent temporairement le faux tsar Dmitry pour les rassurer et les encourager à voir dans Sa Majesté le roi leur protecteur naturel et le dispensateur de maintes faveurs futures.

Le métropolite écouta ce discours avec une attention extrême. D'une part, sa connaissance du latin n'était pas parfaite, d'autre part, il cherchait à démêler le sens caché de ces protestations. Que les grands qui servent encore Dmitry se détachent de lui et accueillent favorablement l'intervention polonaise, voilà ce que semblait souhaiter le commissaire du roi. Mais cette intervention elle-même, que signifiait-elle ? Que voulait Sigismond ? Que ce fût le bien de la Russie, Filarète en doutait.

D'un autre côté, dans ses conversations avec les autres boyards qui servaient Dmitry, Filarète en était arrivé à une conclusion : ni Dmitry ni Vassily n'étaient capables de faire le bonheur de la Russie. Tôt ou tard, il faudrait chercher un autre souverain, celui qui deviendrait le sauveur du pays, le Grand Tsar Blanc. Si Filarète n'avait pas été tonsuré, il aurait lui-même, conscient de ses capacités, assumé le pouvoir suprême. Mais un prêtre ne peut régner, et l'idée que son fils de treize ans, né loin du trône, pût tirer la Russie du marasme où elle se trouvait lui paraissait folle. Il en avait une autre, qui, malgré l'âge presque également précoce du candidat, était au contraire raisonnable, et il pensa que c'était peut-être la même qui était venue à Sigismond.

— L'illustrissime seigneur me pardonnera, répondit-il après réflexion, si mon latin n'est pas à la hauteur du sien : j'ai pratiqué Jean Chrysostome davantage que Cicéron. Je me félicite des bonnes dispositions du roi Sigismond à l'égard de la Russie et, à ce propos, je serais désireux de lui faire savoir le sentiment d'un certain nombre de nos boyards.

— Je serai honoré de le lui transmettre, répondit Stadnitski en passant sa langue gourmande sur ses lèvres.

— Le roi Sigismond a un fils nommé Vladislav, qui n'a, il est vrai, que quatorze ans, mais le sang royal des Vasa qui coule dans ses veines nous assure de sa valeur. La lignée des souverains russes s'étant malheureusement éteinte, le roi nous comblerait d'aise en nous donnant son fils comme souverain, pour nous protéger de nos éternelles dissensions... Je pense que l'unanimité des boyards pourrait se faire sur le nom de Vladislav. Il faudrait bien sûr que le prince adoptât la religion orthodoxe.

Stadnitski s'étonna courtoisement :

— Ai-je bien entendu ? La Russie n'a-t-elle pas un souverain légitime en la personne du tsar Vassily auquel toi-même es longtemps demeuré fidèle ?

— Vassily prouve son incompétence tous les jours. Au surplus il n'a pas d'enfants. Nous avons besoin d'une nouvelle dynastie.

Stadnitski contempla le beau visage intelligent de Filarète, sa barbe soyeuse, son front élevé, son regard pénétrant. Sans doute l'astucieux métropolite n'avait-il pas tout dit. Un souverain polonais ne protégerait pas seulement la Russie contre ses dissensions mais aussi, mais surtout contre la Pologne-Lithuanie elle-même. Sigismond n'irait pas conquérir l'empire de son propre fils. Choisir un souverain parmi des ennemis héréditaires pouvait être un coup de génie, que Stadnitski salua d'une inclination de son torse grassouillet.

En même temps, il vit les avantages que son roi pourrait tirer des dispositions des boyards : les rallier à l'idée de prendre pour tsar Sigismond aurait coûté beaucoup d'argent, se serait peut-être même révélé impossible ; en revanche, utiliser Vladislav comme un leurre temporaire, quitte à le remplacer par son père au dernier moment, cela ouvrait des possibilités auxquelles Stadnitski se reprocha de n'avoir pas pensé le premier. Il sourit intérieurement. Comme c'était bien russe, cela : préparer soi-même le piège où l'on tomberait !

— Seigneur, répondit-il, je vois bien que ta réputation est au-dessous de la vérité. Sois assuré que je transmettrai votre requête au roi. J'espère qu'il l'examinera d'un œil favorable... encore qu'il soit dur pour un père de se priver d'un fils bien-aimé.

5

Marina avait les yeux ouverts.

Au-dessus, elle devinait le baldaquin de son lit à la polonaise, dont elle occupait l'extrême gauche. À l'extrême droite, respirait Dmitry. Au-delà des rideaux clos, montaient les ronflements sonores de Sergo, couché sur le poêle. De temps en temps Danoucha sifflait pour le faire taire. Sur la galerie de bois, résonnaient les pas lourds de la sentinelle.

Marina s'efforçait de réfléchir sans se laisser influencer par sa colère contre Rojinski. Sa vie dépendait d'une vision exacte de la situation. Le roi avait franchi la frontière avec son armée. Le roi avait envoyé un commissaire. Ce commissaire avait parlé aux Polonais sans se présenter à Dmitry. Donc le roi ne soutenait plus Dmitry. Comment Marina pouvait-elle retourner la situation à son avantage ? Devait-elle quitter Dmitry et se mettre sous la protection du commissaire ? Devait-elle au contraire en appeler à la fidélité de l'armée et renvoyer le commissaire avec fracas ou même le faire tuer ? L'image de Zaroutsky se présenta à son esprit. Cette carrure d'aurochs, cette touffe de cheveux solitaire qui aurait pu être ridicule mais qui accentuait cet air de sauvagerie... Zaroutsky, avec ses cosaques, était de taille à ramener à la raison ceux des Polonais qui seraient tentés de trahir. Elle eut une pensée pour son père qui, depuis un an, n'avait pas répondu à une seule de ses lettres : pas d'espoir de ce côté.

Elle tourna la tête pour jeter un regard à la forme étendue à côté d'elle. Marina et Dmitry ne se touchaient jamais qu'en public, mais l'intimité qu'ils étaient obligés de partager les avait rapprochés malgré eux. Ils s'étaient vus se déshabiller, dormir, endurer les petites humiliations de la maladie, ils connaissaient les odeurs l'un de l'autre.

Marina vit que Dmitry s'était haussé sur un coude et, dans la pénombre, elle distingua son visage triangulaire tourné vers elle.

— Dors-tu ? chuchota-t-il.

— Non.

Alors il rampa vers elle et, craignant qu'il n'essayât de rompre leur pacte, elle crispa sa main sur le stylet qui ne la quittait pas. Mais Dmitry arrêta sa reptation au milieu du lit.

— Écoute-moi, fit-il à voix basse. Il faut prendre une décision, sinon je vais me trouver bientôt en haut d'un tremble. Ce n'est pas pour cela que j'ai quitté l'échoppe de mon père. Je n'ai jamais souhaité être tsar : cela s'est fait tout seul et je n'y ai pas pris grand plaisir, mais je veux au moins que cela ne me coûte pas la vie. Je ne sais pas ce que ton roi est en train de manigancer : j'ai l'impression que ce n'est rien qui soit en ma faveur.

— Je pense comme toi. Il faut agir. Le malheur, c'est que tu n'en es guère capable.

— Capable de quoi ?

— Tu pourrais rassembler l'armée, forcer Rojinski, qui est indécis, à tenir son serment. Après tout, les Russes croient encore en toi, et l'avantage des cosaques est aussi de te servir. Mais devant Rojinski, tu trembles comme un gamin qui a peur du fouet.

— Oui, c'est vrai, je suis un peu couard, reconnut Dmitry, mais, en l'occurrence, cela ne change rien. Si je voulais sortir de cette isba, mes propres sentinelles ne me laisseraient pas faire trois pas. Et je vois bien que les choses vont tourner mal. Le commissaire veut détacher mes Polonais de moi. À force d'argent, il y arrivera. Comme les Polonais trouveraient honteux de m'abandonner, ils chercheront un prétexte pour m'assassiner. Ou bien ce seront les Russes qui, ayant perdu l'appui des Polonais, me vendront au tsar Vassily, ce qui se terminera par le pal. Ou alors les cosaques se vengeront sur moi d'une campagne manquée. Si je reste ici à attendre mon destin, Marinka, je ne me donne pas plus de trois jours à vivre. Ah ! qu'il est malheureux, le fils de ma mère ! Je me demande pourquoi le Seigneur Dieu m'a fait naître, si c'était pour me traiter aussi mal. Pour un peu, je renoncerais à toute cette aventure — seulement, j'ai idée qu'il n'y a plus qu'une chose qui protège encore l'intégrité de mon cou : c'est que, dans l'esprit de certains, il y a une chance pour que je sois qui je prétends être. Si j'annonçais moi-même que je ne le suis pas, je ne vois pas ce qui empêcherait les gens sérieux, à commencer par ton roi, de pendre haut et court un Filou avoué.

— Tu raisonnes mieux que tu n'agis, chuchota Marina. Mais où te conduit ton raisonnement ? As-tu un projet ?

— Oui. De montrer mes plantes de pied à Rojinski et à tous les autres.

— Où fuiras-tu ?

— À Kalouga qui m'est fidèle et où je peux être en deux jours.

— Quand comptes-tu partir ?

— Maintenant.

Cet esprit de décision surprit Marina.

— Et moi ?

— Tu peux m'accompagner ou rester ici, comme tu préfères. Je passe plus facilement inaperçu si je suis tout seul, mais ta présence à mes côtés prouve qui je suis. Tu vois qu'il y a des avantages des deux côtés. Moi, bien sûr, je préfère que tu m'accompagnes.

— Pourquoi ?

Un éclat de rire silencieux secoua le grand lit.

— Je ne devrais pas te le dire, mais vois comment il est, ton Filou : l'honnêteté en personne. À Kalouga tu n'auras plus tes Polonais pour te protéger, et je n'aurai plus à dormir de mon côté du lit.

Tant de cynisme ne déplut pas à Marina.

— Tu as donc envie de dormir ailleurs ? demanda-t-elle sans déplaisir.

— Tu es belle et je ne suis pas châtré.

— À Kalouga, je n'aurai plus mes Polonais, mais j'aurai mon stylet.

Le stylet n'inquiétait pas Dmitry outre mesure.

— À Kalouga, dit-il, tu seras en mon pouvoir.

Et il le dit d'un ton qui donna presque à Marina l'envie d'y être.

Mais elle réfléchit qu'il y avait de grands risques qu'il se fît prendre en route, que Kalouga pouvait faire défection, que, débarrassée du tsarik, la tsarine avait une chance de rallier Polonais et Russes à sa personne, que le roi n'avait pas dit son dernier mot et aurait probablement des égards pour elle, bref qu'elle avait avantage à ne se lancer dans cette aventure que si elle commençait à réussir.

— Eh bien, fit-elle, tu viens de me donner une excellente raison de ne pas t'accompagner. Mais je serai ton arrière-garde et je te protégerai. D'abord je dirai que tu es malade et dois garder la chambre, puis que tu t'es évadé le matin et non pas le soir et enfin que tu es parti pour le sud-est et non pour le sud-ouest.

Il y eut un silence.

— Marina, dit Dmitry, je sais que tu ne veux pas être ma femme avant que nous n'ayons franchi les murs du Kremlin. Mais alors, tu ne parleras plus de stylet, n'est-ce pas ?

— Alors tu seras le tsar, répondit Marina d'un ton soumis qui enfiévra Dmitry.

— Marina, avec ton aide, je te jure de triompher et de te venger de ce Rojinski. J'ai beau être, de naissance, un petit tailleur, la vie m'a jeté un défi que j'ai relevé. J'ai un peu appris à monter à cheval, à manier le sabre. Quand je reverrai tes beaux yeux, je serai devenu un vrai tsar.

Il s'habillait fébrilement, laçait ses bottes, prenait ses pistolets.

— Comment vas-tu faire pour sortir? demanda Marina, surprise de cet accès d'énergie.

— J'ai tout préparé.

Dmitry écarta le rideau du lit. Assez de lumière tombait de la petite fenêtre carrée pour que Marina le vît déplacer la peau d'ours servant de tapis, de la pointe de son poignard soulever une latte du plancher, devenir progressivement cul-de-jatte, homme-tronc, tête tranchée et puis rien.

Le départ de Dmitry changeait tout, mais dans quel sens? Marina lui avait promis de l'aider. Un instant, elle eut l'idée contraire d'aller le vendre à Rojinski ou au commissaire. Mais ne valait-il pas mieux garder plus d'un fer au feu? Elle imagina Bogdanka, rampant sous l'isba, débouchant entre deux sentinelles, traversant la route à quatre pattes, atteignant en bordure de village une grange où il avait dû cacher des chevaux, et se hissant péniblement sur l'un d'eux. Elle en sourit méchamment dans la nuit, elle la cavalière sans peur, la chasseresse: le fils du tailleur se halait sur un cheval comme on hale un sac de grain sur un mulet, il galopait les coudes en l'air en se tenant à la crinière, mais tout de même il galopait, ce poltron. Arriverait-il jamais à Kalouga? Que serait cette course solitaire d'abord dans la nuit, cette traîtresse, puis dans le jour, ce délateur? Bogdanka n'avait eu que le courage de la fuite, mais tout de même il l'avait eu...

Marina mit sa main sous sa nuque, respira profondément, et, à force de rêver, finit par s'endormir.

6

Elle ne put cacher l'absence de Dmitry aussi longtemps qu'elle l'aurait voulu. Rojinski vint le voir dès le matin:

— Je dois lui transmettre l'offre du roi : qu'il renonce à ses prétentions, qu'il nous libère de notre serment et il aura les terres qu'il voudra en Lithuanie. Vous, comtesse Mnichek, vous pourrez le suivre ou regagner Sambor à votre choix.

— Le tsar n'est pas encore levé, répondit Marina. Sa Majesté est souffrante et garde le lit.

— Eh bien, j'irai voir l'égrotant sous ses couettes.

— Il a interdit qu'on le dérange.

— Cette interdiction ne vaut pas pour moi.

Marina trembla de colère. Si elle ordonnait à Sergo de tuer Rojinski sur place, il le ferait sans doute, mais que gagnerait-on à cette mort ? Mieux valait attendre. Elle ouvrit elle-même la porte de la chambre, Rojinski s'y précipita, en ressortit :

— Où est-il ?

Elle lui fit une révérence de cour :

— Prince, voilà quelque vingt heures qu'il galope vers le Champ Sauvage pour y lever des cosaques.

Rojinski jura effroyablement. La fuite du tsarik le déliait de son serment, mais elle le ridiculisait aux yeux du commissaire. Il découvrit bientôt qu'elle le compromettait aussi devant ses propres troupes. À la différence de leur chef, les chevaliers polonais n'attendaient pas de ville à gouverner et ne voyaient aucune raison de se rallier au roi. Sous le tsarik, s'ils étaient mal payés, du moins pouvaient-ils piller la plantureuse Russie à leur gré, n'obéissant qu'aux ordres qui leur plaisaient et jouissant d'une liberté conforme à l'idée qu'ils se faisaient de leur dignité. Sous le roi, ils seraient contraints à rentrer dans le cadre d'une discipline qu'ils jugeaient humiliante.

— Où est le tsar ? criaient-ils. C'est Rojinski qui l'a égorgé, c'est Stadnitski qui l'a enlevé. À bas Rojinski ! À bas Stadnitski ! Tirez-leur dessus ! Pendons-les au premier tremble !

Ils envahirent l'isba du tsarik. Marina s'enfuit par la porte de derrière. Il n'y avait plus de sentinelles. Elle passa sans encombre. Tout le camp était sens dessus dessous. À qui demander protection ? Rojinski ? Hors dc question. D'ailleurs il était lui-même en mauvaise posture.

Stadnitski reçut Marina sous sa tente décorée de l'aigle polonaise.

— La tsarine de toutes les Russies vient se mettre sous la protection d'un gentilhomme polonais, son lointain cousin, annonça-t-elle.

Stadnitski s'inclina.

— Je vous remercie, comtesse, de l'honneur que vous voulez bien me faire. Notre cousinage est en effet fort éloigné. Pour la protection que vous daignez me demander, elle vous est naturellement acquise... pour peu que vous renonciez aux prétentions que vous venez de formuler.

— Ne comprenez-vous pas, répliqua Marina avec hauteur, qu'une fois illuminée par la grâce du sacre on ne puisse pas redevenir une simple mortelle ? Le soleil cesse-t-il d'être le soleil parce qu'un nuage s'interpose entre nos yeux et lui ?

Stadnitski sourit :

— Comtesse, votre grande beauté vous a accoutumée à vous faire des illusions. Mais la politique se moque de la joliesse des femmes. La roue de l'Histoire tourne impitoyablement. La sagesse, dans votre cas, serait de renoncer à un titre que vous ne devez qu'à un concours de circonstances, déjà dépassé et peut-être moins heureux que vous ne le croyez.

Marina tapa du pied :

— « Comtesse » est un titre. « Tsarine », une mission donnée par Dieu. J'écrirai à mon frère le roi.

C'était la première fois qu'elle osait donner ce nom à un souverain devant qui elle s'était agenouillée. Stadnitski souleva un pan de la tente :

— Je suis certain que Sa Majesté aura plaisir à recevoir de vos nouvelles.

*

L'émeute s'était apaisée aussi vite qu'elle avait éclaté. Les Polonais, à vrai dire, ne savaient plus ce qu'ils voulaient. Les uns prétendaient partir à l'instant même pour aller assiéger Smolensk avec le roi, les autres voulaient retrouver Dmitry, le venger, le châtier, continuer à le servir... Tout cela s'exprimait par de grands éclats de voix et des sabres prudemment brandis de manière à ne blesser personne.

Marina rentra dans l'isba tsarienne, où elle trouva les coffres ouverts, les coussins éventrés, et d'où tous les objets de prix, sauf quelques robes et quelques bijoux cachés par Danoucha, avaient disparu. Marina avait connu une richesse sans bornes ; elle ne possédait plus guère que ce qu'elle portait. Elle s'assit pour écrire à Sigismond :

Si jamais le destin a eu un jouet au monde, c'est bien moi ; née dans la petite noblesse, il ne m'a transportée à ce faîte qu'est le trône de Moscou que pour me précipiter dans un emprisonnement atroce ; une liberté trompeuse avait à peine brillé que le destin m'a jetée dans un esclavage, apparemment préférable, mais en réalité encore plus malheureux. Le destin m'a tout ravi : il ne me reste plus que le juste droit que j'ai sur le trône de Russie et que garantit un couronnement confirmé par la reconnaissance de mon rang de tsarine et renforcé par la double prestation de serment de tous les États de la nation russe.

Elle ajouta pitoyablement :

Je suis certaine que, dans sa sagesse, Votre Majesté saura me dédommager avec une générosité royale, autant que ma famille, qui a perdu des privilèges et encouru de grands dépens...

7

La présence des envoyés royaux avait détruit l'autorité de Rojinski. Maintenant, il y avait des assemblées de chevaliers tous les jours, et à peu près autant d'opinions que dc chevaliers. Les Russes aussi se réunissaient : ceux qui n'étaient pas pour Vladislav, fils de Sigismond, parlaient de repasser du côté de Vassily. Les cosaques étaient partagés : ceux de Zaroutsky se déclaraient prêts à servir le roi, mais une troupe nombreuse déclara qu'elle partait pour Kalouga où Dmitry résidait maintenant. Rojinski les fit canonner.

La nuit même, un messager apporta à Marina une lettre qu'elle lut et relut à la lueur de la chandelle. La canonnade, la lettre : une conjoncture à ne pas laisser échapper. Le lendemain, la tsarine se rendit à l'assemblée qui, comme à l'ordinaire, remplissait le champ de foire de son brouhaha.

Une femme à l'assemblée, cela ne s'était jamais vu. Mais Marina marchait sans peur ni vergogne entre les groupes de fantassins et de cavaliers, le menton haut et les yeux étincelants, ses cheveux cascadant en vagues noires sur sa robe de taffetas cramoisi.

— Je n'ai rien à craindre, répétait-elle. Je me trouve sous la protection de la chevalerie polonaise.

Rojinski vint précipitamment à sa rencontre :

— Rentrez dans votre maison, comtesse, et n'en sortez plus.

— Fils de chienne, laisse-moi passer.

Marina montait déjà sur les tréteaux qui servaient de tribune. Elle relevait sa longue et vaste et lourde jupe d'un geste gracieux de ses deux mains. Une fraise gigantesque, longuement tuyautée par Danoucha, servait de cadre à son visage au front haut. Les guerriers boucanés et mal embouchés qui l'entouraient, puant la vinasse et la buffleterie, s'émurent devant tant de raffinement. Un silence se fit, que n'interrompaient que les tintements de gourmette des chevaux qui encensaient.

— Nobles chevaliers, commença Marina, le tsar Dmitry Ivanytch vous salue. Il vous a écrit une lettre signée de sa main, que je vais vous lire.

Elle la tira de son corsage et la déplia. Rojinski se porta en avant : il ne savait toujours pas à quel parti il appartenait, mais il voulait conserver le commandement de son armée. Trop tard. On lui barra le passage :

— Nous voulons entendre la lettre.

D'une voix forte et limpide qui se brisait par moments de la façon la plus pathétique, Marina se mit à lire :

— *Illustrissimes seigneurs ! Nous, Dmitry Ivanytch, trompé par la perfidie du roi Sigismond qui nous avait promis son assistance et qui nous frappe dans le dos, trahi par le voïvode prince Rojinski que nous avions comblé de bienfaits, nous vous invitons à venir nous rejoindre à Kalouga et à nous y amener notre épouse bien-aimée. Chaque cavalier recevra aussitôt une avance de trente zlotys, sans préjudice des promesses que nous vous avons faites pour le temps où Moscou sera tombée. Rappelez-vous que nous n'avons jamais rien fait sans votre conseil et nous vous promettons d'en agir de même dorénavant. Par les présentes, nous vous ordonnons de mettre à mort le traître Rojinski ou du moins, si vous ne voulez point le mettre à mort, de le bannir de l'armée. Sur quoi nous prions le Seigneur Dieu de vous avoir en sa sainte garde. Signé : Dmitry.*

Posément, Marina replia la lettre :

— Vous avez entendu le tsar. Et moi, la tsarine, je confirme ses ordres.

Un instant, tout fut en balance. Il y eut des « Vive la tsarine ! » à tue-tête. Marina put croire qu'elle avait emporté l'adhésion de cette foule armée qui, sur un ordre d'elle, allait se précipiter sur Rojinski et le déchiqueter. Mais il y avait là trop de partis et chacun voulait faire adopter sa façon de voir. Les cavaliers criaient du haut de leurs chevaux, les fantassins grimpaient sur des tonneaux dans lesquels d'autres donnaient des coups de pied sonores.

— Vive Dmitry ! À bas Sigismond, qui ne veut pas nous payer !

— Si nous rejoignons Dmitry, Moscou se ralliera au roi.

— Négocions avec Vassily !

— Passons la Volga pour découvrir le flanc du roi.

— Nigauds, cela ne fera que lui profiter, puisque Moscou devra diviser ses forces !

— Retournons en Pologne !

— Qu'y ferions-nous ? Autant se rallier au roi tout de suite !

Marina vit que l'unité ne se faisait pas. Mais elle connaissait les ennemis de Rojinski. Elle en choisit un, qui lui avait souvent fait des compliments fleuris, et courut à lui. Tychkévitch sauta de cheval et tomba un genou à terre.

— Seigneur, lui dit-elle, ne voyez-vous pas que l'occasion est propice ? Ne la laissez pas passer. Votre ennemi est entre vos mains.

Tychkévitch tergiversait. Rojinski avait ses partisans.

— Quoi ? fit Marina avec un sourire dédaigneux de sa bouche mignonne. Vous hésitez à vous faire de moi une amie reconnaissante ?

Tychkévitch secoua fortement sa tête, comme pour changer le cours de ses pensées, tira son sabre, rassembla ses amis auxquels se joignirent des partisans de Dmitry. Une poussée se fit. Des coups de mousquet claquèrent. Les partisans de Rojinski accouraient, ripostaient à coups d'arquebuse, le dégageaient. Rojinski battit en retraite sous sa tente, attendant son heure pour contre-attaquer. Tychkévitch se retourna, montrant d'un geste à Marina qu'il avait fait son possible pour lui plaire. Elle s'éloignait déjà à grands pas, méprisante, jugeant la partie perdue. L'ourlet rouge de sa robe sifflait sur sa bottine noire.

Marina rentra dans l'isba tsarienne. Son cœur battait vite, et sa poitrine se soulevait par longs mouvements pleins d'une grâce fébrile.

— Voilà donc, se dit-elle, pourquoi j'étais faite !

Car, si elle n'avait pas atteint son but, du moins elle n'avait eu peur à aucun moment, elle avait soulevé l'enthousiasme de certains, elle avait reniflé l'odeur de la poudre et y avait pris plaisir.

— C'est donc vrai que je suis née pour régner !

Elle s'accouda à sa table pour réfléchir. Ayant manqué son coup, elle ne pouvait rester à Touchino.

Fuirait-elle à Kalouga? Il lui sembla, sans qu'elle sût pourquoi, que le moment n'était pas encore venu, qu'elle avait encore une carte à jouer. Quelle carte?

Elle se rappela alors que Sapéga assiégeait la Trinité-saint-Serguéï depuis bientôt dix-huit mois et que la Trinité était la clef de Moscou. Les assiégés devaient être affamés, épuisés, les assiégeants découragés. Si elle, Marina, qui venait de faire ses preuves, réussissait à les soulever pour un dernier assaut et à leur faire prendre la forteresse, Moscou tomberait avant Smolensk, et elle pourrait se trouver tsarine sans avoir à se soucier de Dmitry. Elle n'aurait à se soucier que de Sapéga, à qui elle n'avait pas encore pardonné ses familiarités. Mais s'ils s'alliaient pour emporter la Trinité, que compteraient leurs désaccords qui dataient de deux ans?

Encore fallait-il quitter Touchino au plus vite et sans que les partisans de Rojinski s'en aperçussent. Marina appela Danoucha:

— Trouve-moi un costume d'homme pour ce soir. Avec de la dentelle au cou, et bien pris à la taille, tu comprends? Que Sergo nous prépare les meilleurs chevaux qu'il pourra acheter ou voler.

Pendant que Danoucha se mettait en quête de costumes, Marina écrivait une lettre à la chevalerie polonaise, qui pouvait, un jour ou l'autre, lui redevenir utile:

Sans parents ni cousins, sans amis ni protecteurs, seule avec mon chagrin, je me vois contrainte d'échapper à la dernière épreuve que me préparent ceux qui devraient me défendre et prendre soin de moi. Amer est mon cœur! On me garde prisonnière, des vauriens insultent à mon honneur, me comparent aux ribaudes dans leurs conversations d'ivrognes et trament contre moi trahisons et complots. On me met aux enchères, on se propose de me livrer aux mains de qui n'a aucun droit ni sur moi ni sur mon état. Chassée de partout, je prends Dieu à témoin que je défendrai éternellement mon honneur et ma dignité. Ayant une fois été la souveraine de tant de peuples, je ne peux revenir au rang d'une simple dame polonaise et ne m'y résoudrai jamais. Je confie mon honneur et ma sécurité à la vaillante chevalerie polonaise ; j'espère que cette noble chevalerie se souviendra de son serment... et des dons qu'elle attend de moi.

8

Le prince Sapéga s'était lancé dans le siège de la Trinité-saint-Serguéï sur sa propre initiative ; il y avait persévéré sur ordre du roi ; mais enfin, un matin de janvier 1610, il se réveilla avec un cruel mal de tête et le sentiment d'avoir perdu dix-huit mois de sa vie. *Vchistkié diabli*, il se devait de passer à des occupations plus profitables.

« En fin de compte, se dit le géant, ce coquin de Rojinski et cette canaille de Lissowski ont mieux réussi que moi : l'un commande toujours en chef à Touchino et l'autre se prélasse à Kostroma ; il n'y a que moi, le grand Sapéga, à se geler les génitoires devant un monastère imprenable, à se faire gausser de lui par des moinillons mal lavés. Mettons même que je prenne la forteresse au nom du roi. Je serai obligé de la lui rendre avec une bonne partie du butin. Quel profit ? Maigre. Il vaut mieux pour ma gloire rencontrer en terrain découvert ce fameux Skopine ou ce légendaire La Gardie, pour voir si je ne pourrais pas les étriller comme il sied. Je n'ai aucun intérêt à les attendre ici, où ils pourront m'attaquer dans le dos et m'écraser contre les remparts de la forteresse. »

Le temps de vider un flacon, et un siège d'une année et demie allait être levé.

Les défenseurs du monastère furent stupéfaits de voir les hommes de Sapéga atteler précipitamment leurs avant-trains de canons, fouetter leurs chevaux et disparaître, ne laissant qu'une arrière-garde pour repousser les sorties. Dans la nuit, des éclaireurs furent envoyés aux environs et revinrent avec de bonnes nouvelles : le départ des Polono-Lithuaniens n'était pas une ruse ; ils s'étaient vraiment éloignés vers l'ouest. Au petit matin, l'arrière-garde décampa aussi.

Alors des chants d'actions de grâces retentirent dans le monastère. Les derniers sons qu'entendirent les Polonais qui s'éloignaient furent les hymnes triomphantes de l'acathiste à saint Serguéï : *Réjouis-toi, prompt secours et défenseur de tous les orthodoxes... Réjouis-toi, porteur et chantre de la très sainte Trinité... Réjouis-toi car devant tes reliques tremblent les démons !*

Dès que le soleil brilla sur la glace des étangs et sur l'or des bulbes, les cloches sonnèrent à toute volée et les quatre portes du monastère s'ouvrirent à la fois. Les assiégés se ruèrent à l'extérieur pour y respirer un air sans miasmes. Les malades se croyaient guéris et se traînaient hors des hôpitaux. Les mères portaient dans leurs bras les enfants nés pendant le siège. Devant les portes, des tonneaux avaient été mis en perce et buvait qui voulait. L'archimandrite Iossif, les voïvodes et Aleksandro Psar, tous les trois amaigris et exsangues, contemplaient la scène du haut de la porte Rouge. Sandro se tenait respectueusement à l'écart.

— En ce jour, le douzième du mois de janvier huit mil cent dix-sept depuis la création du monde, le Seigneur Dieu, la très sainte Mère de Dieu et saint Serguéï ont sauvé la Russie, constata l'archimandrite.

Les deux voïvodes se signèrent en même temps que lui.

— Ils ont eu du mérite, remarqua Golokhvastov, car tous nos chefs de guerre n'étaient pas à la hauteur de leur tâche.

— L'absence de qualité de certains était compensée par celle des autres, riposta Dolgorouky.

— Ce serait un grave péché d'offenser Dieu par nos querelles pendant une journée qu'il a créée pour qu'elle soit toute à sa gloire, dit sévèrement Iossif dont le corps semblait translucide.

Aleksandro restait là, les bras croisés, le visage sombre, à regarder s'ébattre en bas les enfants, les femmes, les soldats, les paysans et même les moines dont les soutanes donnaient à la neige l'apparence d'une martre blanche mouchetée de noir.

— L'envoyé du tsar trouve-t-il quelque raison de s'attrister ? demanda Dolgorouky.

— Dans ce cas, il va être grondé par le père archimandrite, plaisanta Golokhvastov.

— Pardonnez-moi, fit Aleksandro. C'est vrai qu'un visage rembruni est indécent en ce jour. Mais je me disais que les milliers d'hommes de Sapéga étaient fixés à la Trinité comme des mouches sur une plaie, qu'ils n'en pouvaient décoller pour aller faire du mal ailleurs... Maintenant, ils vont se répandre par les campagnes qu'ils dévasteront à qui mieux mieux. Les paysans pillés se réuniront en bandes et pilleront à leur tour. Les vrais temps mauvais ont commencé pour la Russie : ils ne vont pas finir de sitôt. Sandro, selle les chevaux : nous allons à Moscou, rendre compte au tsar.

9

Trois cavaliers arrivèrent à la Trinité-saint-Serguéï pour y trouver le camp polonais déserté. De loin déjà, on entendait démolir les tours roulantes, les mantelets et les palissades à grands coups de hache. À la vue des huttes vides, des tranchées abandonnées, des feuillées pleines à ras bord d'excréments gelés, et, au-delà de cette désolation, des bulbes orthodoxes triomphants dans le soleil de l'hiver, le cœur de Sergo bondit de joie. Il se languissait de servir dans le camp des Polonais et l'idée de la victoire des Russes le combla d'une reconnaissance passionnée. Merci à saint Serguéï, son patron, merci à la sainte Trinité, merci à la Mère de Dieu !

— Parle à ces gens. Renseigne-toi, toi qui es vêtu à

la russe, lui commanda le deuxième cavalier qui portait un kaftan polonais de velours rouge, une culotte de peau blanche, des bottes à éperons, un sabre et un pistolet.

Sergo galopa vers les bûcherons et tomba dans leurs bras. Impossible de voir un Russe et de ne pas l'embrasser en ces jours qui ressemblaient à celui de Pâques.

— Que s'est-il passé, mon frère ?

— Un miracle, mon frère, un miracle de saint Serguéï. (L'idée même ne venait pas aux défenseurs de s'attribuer le mérite de la victoire.) Sapéga s'est escampé sans demander son reste.

Alors une tentation vint au cœur de Sergo : il lui eût été doux de changer de camp à cet instant et d'aller se battre avec les siens. Mais il appartenait à Marina. Et comment eût-il pu abandonner la petite Polonaise qui s'était donnée à lui ?

— Puis-je te demander, homme bon, quelle direction le ruffian a prise ?

— D'après ce qu'on dit, il est allé se jeter dans Dmitrov, d'où il espère tenir tête au prince Skopine, que nous attendons d'un jour à l'autre et à qui Dieu prête longue vie !

Sergo retourna au bosquet où le cavalier rouge et un cavalier bleu l'attendaient.

Pour le cavalier bleu, le trajet de Touchino à la Trinité-saint-Serguéï n'avait pas été facile : non seulement il fallait se cacher des Polonais, des Russes et des cosaques, mais encore Danoucha n'était pas une cavalière aussi accomplie que Marina et Sergo. À l'idée de chevaucher encore cinquante verstes, elle éclata en sanglots : ses mollets étaient durs comme des pierres et sa culotte engluée de sang.

— Honte sur toi ! N'es-tu pas Polonaise et noble ? lui lança Marina en tournant bride et en éperonnant.

Le projet d'enlever la Trinité-saint-Serguéï à la tête des troupes de Sapéga avait été si séduisant ! Mais quoi ! Ce serait aussi glorieux de battre Skopine en rase campagne que d'enlever un vieux moutier plein de moines affamés. Ainsi s'encourageait Marina, tandis que le gel solidifiait les larmes sur ses joues.

*

Sapéga campait devant Dmitrov, ville retranchée plutôt que fortifiée. Il s'appuyait sur un bois et sur un étang gelé qui offrait un champ de tir dégagé pour son artillerie. À la première sentinelle qu'elle aperçut, Marina commanda d'appeler son chef du poste. Elle dit au dizenier :

— Fais savoir au prince Sapéga que trois cavaliers de bonne naissance lui apportent d'importantes nouvelles du camp de Touchino.

Sapéga les reçut dans la maison qu'il avait réquisitionnée en ville. Il s'y promenait de long en large en fourrageant dans sa moustache embroussaillée. Il avait déjà renversé tous les tabourets à coups de pied et s'apprêtait à botter les derrières de ses varlets pour se calmer un peu. Les choses n'allaient pas bien pour lui. L'humiliation de lever le siège avait été suivie d'une perte plus grave. Les trois quarts de son armée s'étaient égaillés entre la Trinité-saint-Serguéï et Dmitrov. Les uns couraient visiter les domaines qu'il leur avait assignés en Russie, les autres ne se souciaient guère de se mesurer à Skopine. Certains, les cosaques en particulier, privés du butin qu'ils espéraient acquérir au monastère, préféraient aller piller pour leur compte. Bref, il ne restait à Sapéga que quinze cents hommes, et fort peu de munitions. Il s'était abaissé jusqu'à en demander à Rojinski, et ces trois cavaliers pouvaient lui apporter la réponse de son ami, ennemi, confrère et rival.

— Eh bien ? gronda-t-il. Qui êtes-vous et que m'apportez-vous ?

Le cavalier habillé à la russe ne répondit pas. Il soutenait le cavalier polonais bleu, qui semblait prêt à s'effondrer. Le cavalier polonais rouge s'avança, ôta son chapeau d'un geste martial, secoua la tête, une cascade de cheveux noirs se répandit sur ses épaules... et le cavalier tendit sa main à baiser au général.

Le général recula d'un pas.

Il avait toujours su que Marina Mnichek était une fâcheuse. Qu'elle se fût enfin rendue à la raison dans l'affaire du second faux Dmitry ne diminuait en rien la méfiance spontanée qu'il avait pour ce genre de femmes. Celle-ci, tsarine sans trône, femme de deux maris, n'en ayant aucun, était un malentendu incarné. Elle ne pouvait que porter malheur. « Elle va encore se mettre sous ma protection de gentilhomme polonais. »

— Que venez-vous faire ici ? lui demanda-t-il brusquement.

Marina n'était plus la même depuis qu'elle avait harangué l'armée et failli obtenir la tête de Rojinski. Ces hommes en armes qui l'avaient soutenue lui avaient fait une impression différente de celle qu'elle ressentait quand le peuple russe l'acclamait aux côtés de Dmitry. Cette fois-ci, elle avait été seule face à un ramassis d'aventuriers sortis de son propre peuple et elle leur avait plu. Elle sourit à Sapéga :

— Prince, je viens vous proposer mon aide contre vos ennemis. Je sais que vous servez le roi Sigismond, mais vous ne serez jamais pour lui qu'un général entre autres. Rojinski ne commande plus Touchino, Stadnitski n'arrive à rien, Dmitry s'est enfui, l'autocratie de Vassily ne tient plus qu'à un fil. Ne serait-ce pas le moment, pour un homme et une femme de courage, de frapper un grand coup ?

Marina aussi était lasse de la route, mais elle s'était mise un peu de rouge et la tenue de cavalier lui seyait.

— Votre aide ! répéta Sapéga avec ironie. Que pouvez-vous pour moi, petit oiseau que vous êtes ?

Marina affecta de baisser les yeux.

— Il y a des choses que peut la femme et que je laisse, prince, à votre imagination. Mais je puis aussi ce que peut une tsarine couronnée, sacrée, et résolue à tout.

« Trop longtemps, pensait-elle, je ne me suis pas

servie des armes que le ciel m'a données : le temps est venu de faire feu de tout bois. »

Sapéga la regarda avec une frayeur presque superstitieuse. En d'autres circonstances, le géant aurait volontiers déculotté ce petit cavalier femelle si crâne et si pimpant. Mais, pour lui, les femmes étaient interchangeables, et il prévoyait que celle-ci ne pouvait lui causer que des soucis. Le roi s'inquiéterait de le savoir lié à la tsarine ; auprès du peuple russe, la Polonaise restait impopulaire ; si jamais le tsarik gagnait la guerre, ce qui demeurait possible, quel sort réserverait-il à un général qui aurait abusé de sa femme ? Il ne fallait surtout pas mettre le doigt dans cette machine-là.

— Comtesse, dit-il froidement, ceci est un camp militaire et d'ici quelques heures nous allons en découdre avec les Moskals. Je vous permets de vous reposer à Dmitrov, mais dès que vous aurez repris des forces, je vous recommande de rentrer en Pologne, et de vous y mettre sous la protection de votre père. Votre équipée a commencé dans l'héroïque, elle touche au bouffon, elle pourrait sombrer dans le tragique.

Marina allait répliquer. Un aide de camp entra :

— Prince, Skopine est signalé.

Sapéga sortit sans plus prêter d'attention à Marina à qui Sergo trouva un refuge dans la ville. Danoucha s'effondra sur une paillasse et, longuement, Sergo lui frotta les parties endolories avec du suif de chandelle, le meilleur remède.

*

Ce n'était pas Skopine lui-même qui venait essayer de déloger Sapéga de Dmitrov, seulement son avant-garde. Dès le lendemain, elle attaqua par l'étang gelé, lançant en avant des compagnies de skieurs, qui glissaient si vite sur la glace que la grenaille de Sapéga les manquait à tout coup. Parvenus à bonne portée, ils tiraient des flèches sur les canonniers qui abandonnaient leurs pièces et prenaient la fuite.

Sapéga, voyant la déroute de son aile gauche, jugea qu'il lui fallait faire pivoter son centre d'un quart de tour pour recevoir de front l'assaut adverse. Mais les lourdes compagnies polonaises, encombrées d'armures et de chevaux caparaçonnés, avaient à peine commencé à tourner que les skieurs isolés les criblèrent de flèches. Il ne restait à Sapéga que son aile droite qui n'avait pas encore été engagée, et, d'un coup d'œil, il saisit qu'elle ne pourrait pas contre-attaquer à temps. Il fit sonner la retraite, qui se déroula en bon ordre. Puis, ayant perdu la moitié de son artillerie, il rentra chez lui en sacrant et but deux bouteilles d'hydromel.

— Dieu fasse, dit-il, que les Moskals ne soient jamais unis. Sinon, ils conquerront le monde.

Marina, cependant, s'était fait connaître à Dmitrov, et des dizaines de cosaques ivres se pressaient autour d'elle. Elle leur souriait, provocante, et eux lui répétaient :

— Tu n'as qu'un mot à dire, souveraine. Qu'avons-nous à faire de Sapéga, du roi de Pologne ou du Filou de Touchino ? Tu es assez tsarine pour nous. Avec une souveraine comme toi, nous aurons pris Moscou en trois semaines. Il faudra seulement que tu nous la livres pour un mois. N'aie crainte : les plus beaux joyaux seront pour toi.

La guerre de siège faite pendant des mois avait déplu aux cosaques et l'échec d'aujourd'hui avait achevé de les dégoûter de Sapéga.

— Allons-nous nous enfermer entre les murs de Dmitrov ? Et, une fois que nous aurons mangé nos vaillants chevaux, comment nous battrons-nous ? Le cosaque n'est pas un piéton. Emmène-nous où tu voudras, notre tsarine, mais emmène-nous.

Le lendemain, les Russes donnèrent l'assaut. Les canons pris à Sapéga furent chargés de boulets et de pierres et, sous leurs coups, les remparts de bois de Dmitrov se fissurèrent du haut en bas. Les échelles se plaquèrent contre les murs, tandis que des soldats se précipitaient dans les brèches ouvertes. Les Polonais refluèrent.

Alors Marina n'y tint plus. La mousqueterie l'enivrait. Elle grimpa sur un chemin de ronde qui tenait encore, s'offrit à la fusillade et cria, environnée de fumée :

— Soldats, voyez-moi et mourez de honte ! Je suis femme et je ne perds pas courage.

Sapéga ordonna la contre-attaque. Le clairon sonna. Les attaquants qui avaient pénétré dans la ville furent massacrés. Les Russes n'avaient pas suffisamment d'effectifs pour livrer un second assaut. Ils se retirèrent.

Le lendemain, Marina se fit de nouveau recevoir par Sapéga. Dans ses sacs de selle, elle avait emporté quelques effets, et cette fois-ci, elle parut devant lui revêtue d'une robe de velours noir à crevés de soie blanche, avec un collier de jais : rien ne pouvait contraster davantage avec sa tenue cavalière de l'autre jour.

— Général, croyez-vous toujours que je ne vous sois bonne à rien ?

— À quoi la comtesse fait-elle allusion ?

— N'ai-je pas sauvé la situation hier soir ?

Il se mit à rire.

— Vous imaginez-vous que d'être allée montrer vos mollets sur ce rempart ait modifié l'issue du combat ? Simplement j'ai donné l'ordre de contre-attaquer au bon moment. Je vous le répète : vous n'avez qu'une seule chose à faire : rentrer chez tatouch.

Elle le considéra avec dédain :

— Vraiment, vous n'avez rien d'autre à me dire ? Ne comprenez-vous pas que je préfère mourir ici plutôt que de rentrer dans l'obscurité d'où je suis sortie ? Ne sentez-vous pas que c'est en Russie que se fera l'histoire du monde ?

Il ne répondit pas.

— Eh bien, dans ce cas, tant pis pour vous. (Elle se résigna à prononcer des mots dont elle ne pourrait plus se dédire.) Je retourne auprès du mari que vous m'avez donné et, dans six mois, je régnerai à Moscou à ses côtés.

Le géant leva les bras au ciel :

— Elle est folle ! Elle est folle comme seule une femme peut être folle. Vous rappelez-vous tout le mal que nous nous sommes donné pour que vous acceptiez seulement de passer aux yeux des gens pour la femme de cet avorton ? Il a décampé, bon débarras. Et voilà que vous prétendez aller le rejoindre ? Mais enfin, qu'avez-vous dans la tête ? Une girouette à crécelle ou du blanc-manger ? J'ai bonne envie de vous empêcher de partir, tiens. Ce serait un service à rendre à votre père.

— Prince, vous pouvez essayer, mais il vous en coûtera cher. J'ai trois cent cinquante cosaques qui se battront pour moi jusqu'à la mort.

— Allez au diable et n'en revenez pas, dit Sapéga.

10

À Touchino, Rojinski réunit une dernière fois l'armée sur le champ de foire. Il fendit la foule, suivi du regard par des visages taciturnes et, le jarret frémissant, monta sur l'estrade où un mélange de huées haineuses et d'acclamations peu convaincues l'accueillit. Dans son esprit, Rojinski revoyait le jour où, deux ans plus tôt, Sigismond l'avait reçu dans sa bibliothèque en encorbellement sur la Vistule, et il songea avec amertume que c'était une chose bien difficile que de servir des rois qui changeaient de politique comme de chemise et d'homme de confiance comme de cheval. Mais il fallait en finir. Nul mieux qu'un soldat ne sait reconnaître un échec.

— Mes frères d'armes, commença Rojinski d'une voix vibrante.

« Nous étions venus ici pour servir le tsar Dmitry Ivanytch. Il a pris la poudre d'escampette. D'ailleurs nous ne savions pas au juste si c'était le vrai Dmitry Ivanytch ni même si c'était le Dmitry Ivanytch qui régna sur Moscou il y a quatre ans. À vrai dire, nous ne savions rien du tout. Certains de nous pensaient que notre roi voyait d'un bon œil notre entreprise, mais, d'après le seigneur Stadnitski ici présent, ils se trompaient. Il nous restait de garder la tsarine Marina Iourievna comme la prunelle de nos yeux : elle nous a filé sous le nez.

« Dmitry Ivanytch ne nous a pas payé nos soldes et nous ne lui devons rien.

« Le roi Sigismond est notre roi, mais nous ne lui devons rien non plus car nous ne nous sommes pas engagés à le servir dans cette guerre.

« Nous sommes des hommes d'honneur qui pouvons à juste titre considérer que nous avons été trompés par tout le monde et nous avons le droit de réviser nos fidélités.

« Le campement de Touchino n'a plus de raison d'être, et il est dangereux de nous y laisser enfermer, car nous risquons d'être pris entre Moscou et les troupes des généraux Skopine et La Gardie.

« Dans ces conditions, je déclare dissoute cette armée que j'ai eu l'honneur de commander. (Rojinski ravala ses larmes.) Que chacun de vous aille servir le maître qu'il préfère, ou qu'il rentre chez lui.

« Je réunirai autour de moi ceux d'entre vous qui me feront confiance pour négocier des conditions honorables avec un souverain qui nous traitera en accord avec nos mérites et nos besoins.

« Rompez les rangs.

Stadnitski emmena avec lui les Polonais qui allaient rejoindre Sigismond au siège de Smolensk, et les Russes qui espéraient en son fils Vladislav : monseigneur Filarète fut de ceux-là.

Zaroutsky rassembla les cosaques avec lesquels il fit bande à part, sans annoncer ses intentions.

Les Russes, les Tartares et les Polonais appâtés par les promesses que leur avait lues Marina partirent pour Kalouga.

Les partisans de Rojinski demeurèrent avec lui et, pour commencer, il leur donna l'ordre de brûler ce camp de Touchino qui, pendant deux ans, avait menacé Moscou. On retira précipitamment des isbas tout ce qu'elles contenaient de précieux, on fourra de la paille sous les planchers, on battit le briquet. Une flamme jaillit.

Une fumée noire tourbillonnait, des langues rouges surgissaient par les fenêtres, des poutres craquaient, des toits s'effondraient, des chevaux se cabraient de peur. Les hommes regardaient brûler deux ans d'habitudes et d'espoirs et s'y chauffaient les mains.

Stanislas se rappelait un jeu de cartes qu'il avait oublié dans son isba, Ladislas songeait à la jolie Polonaise à qui il avait promis de lui rapporter dentelles et bijoux, Wenceslas se demandait s'il ne s'était pas trompé de parti et n'aurait pas mieux fait de choisir le roi avec l'ami Casimir ou le tsarik avec le compain Tadeusz. Tous s'interrogeaient sur l'avenir. Chacun, à voir ces pauvres ruines fumantes autour desquelles la neige fondue découvrait des pelades de terre, se sentait seul. Pour un moment, même la camaraderie militaire, malodorante et chaleureuse, n'agissait plus. On regardait le ciel à travers lequel le vent pourchassait méchamment les nuages gris et noirs du printemps, et on se disait qu'un jour on crèverait sur cette terre étrangère, avec une flèche dans les tripes ou une balle dans les reins, que personne ne mourrait à la place de personne, qu'il n'y aurait pas moyen d'échanger cette corvée-là contre une autre, et qu'il faudrait en outre, le mauvais moment une fois passé, affronter le bon Dieu, ce qui risquait d'en être un plus mauvais encore.

La fumée piquait les yeux, l'odeur de brûlé pinçait les narines.

Les fifres de Rojinski sonnèrent le boute-selle.

11

La ville de Kalouga sur l'Oka était pavoisée lorsque Marina s'y présenta, à la tête de ses trois cent cinquante cosaques. Des lampions étaient allumés à toutes les fenêtres. La neige, dans cette ville glaciale, n'était même pas encore sur le point de fondre, mais les rues étaient bien balayées et les lumières mettaient sur les monticules de neige des reflets lilas. Les sabots des chevaux sonnaient allégrement sur le sol durci.

De toutes les isbas accroupies le long de la rue principale, il sortait des hommes, des femmes, des enfants emmitouflés qui criaient « Vive la tsarine ! » et s'étonnaient de voir, au lieu d'une dame majestueuse dans un traîneau d'or tiré par douze chevaux, un petit cavalier rouge, le sabre au côté. Marina, à qui les Moscovites avaient reproché de n'aimer que les Polonais et de mal répondre à leurs acclamations, se tournait de côté et d'autre avec bonne grâce, et répétait à tout bout de champ *blagodarstvouïou*, « je vous remercie », en se trompant toujours d'accent tonique. Sergo la corrigeait : « *Blagodar'stvouïou* » ; elle répétait « *Blagodarstvou'ïou* », ce qui ne manquait pas de surprendre mais nuisait à peine à l'euphorie dans laquelle vivait Kalouga transformée en capitale.

C'est qu'en effet l'arrivée du tsar et de tous ceux qui se ralliaient à lui rendait heureux non seulement les bourreliers et les fourreurs, désireux de vendre les produits traditionnels de Kalouga, mais aussi les bouchers, les boulangers, les épiciers, les tailleurs et, bien sûr, les cabaretiers. Dmitry avait interdit le pillage de ses amis, mais il encourageait volontiers celui de ses ennemis, si bien que les pièces de cuivre et d'argent roulaient joyeusement de ceinture en escarcelle. Les paysans des alentours, profitant de cette prospérité, apportaient sur le marché des volailles, des noix, des choux, des jambons salés. Et il n'y avait pas que ce bien-être et cette sécurité temporairement revenus : le peuple se réjouissait de savoir que cet homme-ci qu'on voyait déambuler dans les rues, même s'il ne payait pas de mine, était vraiment le tsar, le fils du Terrible, le souverain indéniable qui allait bientôt ramener l'ordre et la paix dans toute la Russie.

Apprenant l'arrivée de la tsarine, le tsar se précipita au-devant d'elle, donnant des ordres pour que sa garde, mal fagotée mais l'air martial, rendît les honneurs. Les hommes se rangèrent sur deux files devant le perron de la maison du voïvode, où Dmitry s'était installé, et il marcha entre eux à la rencontre de sa femme. Elle, de son côté, était fière de se présenter devant lui non pas en fuyarde ni en suppliante, mais à la tête d'un détachement de cavaliers armés d'assez fière allure. Du haut de son cheval, elle sauta dans ses bras, et le petit homme chancela sous le choc, mais tout le monde fit semblant de n'avoir rien vu : il ne fallait pas se gâcher une si belle soirée.

Dmitry s'était fait faire un kaftan framboise brodé d'or, avec un col relevé qui lui montait jusqu'aux oreilles, et il se pavanait dedans avec jactance, encore que le fils de son père eût à redire sur les finitions. Il offrit le poing à Marina, elle posa sa petite main dessus, et ils montèrent noblement l'escalier d'honneur, suivis de Sergo et de Danoucha, laquelle, n'en pouvant plus, avait fait le voyage en traîneau.

La salle était superbe, avec un coin d'honneur où les icônes s'alignaient par rangées entières, sous leurs serviettes brodées de rouge et de bleu au point de croix. Le plancher et les bancs étaient couverts d'une profusion de tapis d'Orient — à cent verstes à la ronde, il n'en restait plus un seul chez aucun partisan du tsar Vassily —, les murs s'ornaient de véroniques et de christs au tombeau brodés en relief, les églises n'ayant pas été plus épargnées que les particuliers. Des vaisseliers étaient encombrés de plats, d'aiguières, de hanaps, contributions volontaires des tenants de Dmitry et involontaires de ses adversaires. Des flambeaux faisaient resplendir le tout.

Tout cela n'était rien en comparaison des richesses qu'avait possédées — et distribuées avec tant de largesse — le premier faux Dmitry, mais Danoucha et Sergo n'en ouvrirent pas moins de grands yeux.

— Comment trouves-tu tout cela, Marina ? demanda Dmitry.

Elle répondit :

— Ce n'est pas un mauvais début.

Il frappa du pied, et des serviteurs en blouses russes surgirent, apportant d'abord des bassines d'argent pour se laver les mains, puis des plats de vermeil surchargés de cuissots et de gigues. Marina n'avait pas vu tant de viande depuis quatre ans.

— On croirait, dit-elle, que tu m'attendais.

Et lui :

— Ma chère, je mange comme cela tous les jours. À Touchino, Rojinski gardait les bonnes choses pour lui : ici, c'est moi qui en profite. Je ne sais pas ce que demain réserve à mon fondement, le trône ou le pal, mais, en tout cas, j'ai eu raison de venir à Kalouga. À propos, sais-tu la nouvelle ? Rojinski s'est emparé d'un monastère, il y est tombé d'un escalier, une de ses vieilles blessures s'est rouverte et les diables ont eu tôt fait de l'emporter ! Ses troupes se sont débandées. Cinq cents hommes au moins sont venus me rejoindre.

Depuis sa fuite de Touchino, Marina n'avait connu que dangers et fatigues. Elle sentit un vertige s'emparer d'elle devant ces torches résineuses reflétées dans ces soupières d'or. Ses jambes se dérobèrent sous elle et elle se laissa tomber dans un fauteuil.

Ils mangèrent.

Ils burent.

Contrairement à l'étiquette russe, Dmitry avait ordonné à Danoucha et Sergo de s'attabler avec eux, et les cuillers s'affairaient, les couteaux tranchaient, les flacons remplissaient les coupes et les coupes les gosiers. Après les longues chevauchées dans la neige, cette salle puissamment chauffée, ces lumières brasillantes, ces estomacs qui se remplissaient, ce sang montant aux visages avaient leur griserie propre qui ne tenait qu'en partie aux bières des Flandres, aux vins de Grèce, à l'hydromel héréditaire. Sergo, qui n'avait que mépris et horreur pour le second faux Dmitry, se prenait à le trouver moins déplaisant qu'à l'ordinaire, Danoucha rêvait que, peut-être, ce soir, Sergo la prendrait dans ses bras, Marina observait Dmitry, et Dmitry, à moitié ivre, ne cessait de parler en s'empiffrant :

— Tout va mieux depuis que je gouverne seul. Je me demande pourquoi je m'étais affublé de ce

Rojinski. Après tout, c'est peut-être vrai que j'étais né pour être tsar. C'est bien moins difficile que je ne pensais. Je ne sais comment cela aurait pu se faire, mais peut-être que je suis Ivanytch pour de bon. Qui sait ? Ivan le Terrible serait venu à Starodoub, par exemple, et aurait remarqué la femme du tailleur. Ma mère était belle : une de ces brunes avec des yeux comme des escarboucles.

— Dmitrouchka, tu parles trop, dit Marina, mais sans dureté.

— Il est vrai, reprenait Dmitry, que je n'ai pas encore livré une seule bataille, mais peut-être que c'est un préjugé de livrer des batailles, peut-être qu'on peut faire la guerre sans cela. Si l'autre sait que je suis le plus fort, ira-t-il me chercher noise ? Pour le moment, tout le monde se rallie à moi, et, si cela continue, que pourront contre moi Vassily ou Sigismond ? Vassily sera trop content si je lui laisse la vie sauve et le pauvre Sigismond s'en retournera chez lui, la queue entre les jambes.

Bientôt, il se prit à rêver à ce qu'il ferait quand il serait installé au Kremlin. Il irait au bain tous les jours, il aurait une baignoire en or, il se ferait fouetter avec des palmes d'Afrique au lieu de verges de bouleau. Marina ne mettrait jamais deux fois la même robe. Sergo serait boyard, grand écuyer, grand porte-glaive. Dmitry ordonnerait au pape de donner à Danoucha une dispense pour épouser Sergo.

Quand on eut fini les pains d'épices et les confitures, on se leva de table sans même remercier Dieu. Sergo et Danoucha restèrent dans la salle à manger où ils coucheraient sur les tapis.

— Viens, dit Dmitry à Marina : j'ai quelque chose à te montrer.

Il l'entraîna dans la chambre. Un lit s'y dressait, couvert de peaux de loup, et, le long des murs, s'allongeaient des coffres de bois cerclés et losangés de fer, aux couvercles bombés, aux serrures énormes. Dmitry en ouvrit un avec une grosse clef toute crénelée et souleva le couvercle.

— Regarde.

Le coffre était plein de pièces d'or où le tsarik plongea les mains, comme on les plonge dans l'eau chaude quand on a froid. Il les frottait l'une contre l'autre, il s'en savonnait, il s'en enduisait, il s'en éclaboussait, tout hilare, tout gloussant :

— Ah ! je suis un petit tailleur ! Regardez-le, le petit tailleur ! J'en ai quatre-vingt mille, Marinouchka, quatre-vingt mille zlotys il a, le petit tailleur ! Toute la province de Kalouga lui paye tribut ! Ah ! si mon père me voyait ! Si ma mère me voyait ! Si mes petits frères et mes petites sœurs me voyaient ! Si la femme du pope me voyait, elle qui se laissait trousser par charité !

Il lançait les pièces en l'air, il se les posait sur la tête, il essayait de les faire tenir en équilibre sur son nez, et Marina, les poings sur les hanches, riait, riait aux éclats, riait comme elle n'avait jamais ri, la tête renversée en arrière et le torse arqué.

— Allons, viens, lui dit-elle enfin. Il faut dormir.

Quand ils furent au lit, riant toujours, il lui demanda :

— Qu'as-tu fait de ton stylet ?

— Je l'ai oublié à Touchino, répondit-elle.

LIVRE IV

LE FOND DU CALICE

1

Sandro avait sept ans quand il avait quitté Moscou et il n'y était jamais retourné. Il ne se rappelait guère que la maison familiale, avec sa cour fortifiée d'où il sortait rarement. Maintenant, à quatorze ans, il fut frappé du vacarme constant entretenu par les cloches des seize cents églises, de la splendeur des vergers qui constituaient les trois quarts de la ville, et de la majesté du Kremlin de briques dominant la place Rouge.

— Est-ce là, la maison du tsar ? demanda-t-il à son père.

— La maison du tsar, répondit Aleksandro, c'est la Russie. Et, dans la Russie, Moscou. Et, dans Moscou, le Kremlin. Et, dans le Kremlin, le Térem. C'est là que nous allons.

C'était bien ainsi que Sandro l'entendait. Le tsar, pour lui, était plutôt de l'essence des archanges que des hommes. Il ne se serait pas étonné d'apprendre que les tsars avaient des ailes dans le dos ou qu'ils naissaient avec la couronne en tête. Il s'attendait pour le moins que le tsar émît un rayonnement lumineux, parlât d'une voix différente, répandît peut-être une odeur de sainteté.

Le père et le fils se découvrirent pour entrer par la porte du Sauveur et chevauchèrent sur les pavés de bois entre les couvents et les palais des boyards, dont Aleksandro nommait, un à un, les propriétaires : Chérémétiev, Sitsky, Mstislavsky, Godounov, Klechnine...

— Tu connais, père, tous ces grands seigneurs ?
— Je les connais.
— Et nous allons vraiment voir le tsar ?
— C'est pour cela que nous venons.

Le tsar Vassily ne fit pas attendre Psar, qui s'inclina devant lui, la main touchant la terre. Sandro imita son père.

— Souverain, dit Aleksandro, je t'apporte de bonnes nouvelles de la Trinité : à l'approche du voïvode Skopine, Sapéga vient de lever le camp.

— Dieu soit loué de m'avoir donné pareil cousin, dit le tsar d'un ton plat, en se signant.

Le tsar, vit Sandro, avait une barbe rousse grisonnante, un long nez, des yeux rouges et un air chafouin. Jamais on n'aurait deviné qu'il était le tsar si on ne l'avait pas su. Il ne portait même pas la Tiare de Monomaque.

— Tes voïvodes, souverain, ont bien mérité de toi, reprit Psar. Et le monastère de saint Serguéï a plus fait pour le salut de la Russie qu'aucune autre ville.

— Parfait, parfait.

— Permets aussi, souverain, que je te présente mon fils, qui n'a que quatorze ans, mais qui s'est bien battu pour Ta Grâce. Je l'ai vu abattre plusieurs Polonais à coups de flèches, et, comme je l'avais emmené avec moi faire une sortie, il en a transpercé un avec son sabre.

— Tel père, tel fils, dit Vassily, en posant sa main rousse sur la tête de Sandro. La Trinité est donc délivrée, cela est bien. Mon jeune cousin Skopine est un grand homme. Tout le monde le dit. Je ne te retiens pas davantage, Aleksandro. Repose-toi : je t'enverrai chercher quand j'aurai besoin de toi.

Vassily n'aimait pas faire d'éloges : il craignait que cela ne l'entraînât à récompenser.

En sortant du Kremlin, Sandro se sentait triste.

— Qu'as-tu ? lui demanda son père.
— J'imaginais le tsar autrement.
— Comment l'imaginais-tu donc ?
— Je ne sais pas... Comme un oiseau de feu.

Aleksandro hocha la tête.

Lui aussi pensait que le tsar devrait avoir l'air d'un oiseau de feu. Or, ni Féodor, ni Boris, ni Dmitry, ni Vassily n'avaient eu cette magie en eux. Ivan le Terrible, peut-être, mais Aleksandro n'avait pas connu Ivan. Et Vassily, s'il ressemblait à un oiseau, c'était plutôt à un geai mouillé, non que son courage personnel fût en cause, mais parce qu'il s'était trompé de destin, que l'adversité qu'il avait choisie n'était pas une adversité à sa mesure.

Pourtant, en cette année mil six cent dix, tout allait mieux pour Vassily qu'au lendemain de son avènement, quatre ans plus tôt.

Le siège de Moscou s'était dissous de lui-même le jour où Rojinski avait brûlé le camp de Touchino. Les prix, devenus exorbitants — une charretée de foin avait coûté trois roubles —, redescendaient. Où qu'ils les rencontrassent, Skopine et La Gardie battaient les troupes du Filou et libéraient de plus en plus de territoires grâce à la technique qu'avait inventée Skopine : il n'avançait pas sans faire faire à chaque mouvement des abattis derrière lesquels il se retranchait aussitôt, si bien qu'il joignait les avantages de l'offensive à ceux de la défensive, et délogeait l'adversaire pas à pas sans jamais lui laisser reprendre l'initiative. Bien des « oiseaux migrateurs » qui étaient allés prêter serment au Filou revenaient maintenant à Moscou, la tête basse, et Vassily avait pris pour politique de les accueillir gracieusement, de même que, dans l'espoir de se concilier tout le monde, il pardonnait aux villes qui l'avaient trahi et lui revenaient : il affectait de considérer qu'elles n'avaient reconnu Dmitry que sous la contrainte et ne leur en faisait pas grief.

L'arrivée de Mikhaïl Skopine dans Moscou enfin délivrée de la menace qui pesait sur elle offrit à Vassily une dernière occasion de devenir, aux yeux du peuple, le monarque bienfaisant que l'on attendait. Que le guerrier victorieux fût un cousin du tsar jouerait en faveur des Chouïsky... Mais les faux tsars ne savent pas profiter de leurs dernières chances.

À ce moment, une rumeur se répandit parmi les

astrologues, voyantes, devineresses, sorciers et fols en Christ de la capitale ; tous prédisaient que le prochain tsar de Russie s'appellerait Mikhaïl, qu'il serait le Grand Tsar Blanc, qu'il inaugurerait un règne de trois cents ans pendant lequel la Russie augmenterait quatre fois de surface, dévorerait la Tartarie d'un côté, la Pologne-Lithuanie de l'autre, et deviendrait, à l'orient de la chrétienté, la troisième Rome garante de l'orthodoxie. Si Mikhaïl Skopine n'avait pas porté le prénom de l'archange à l'épée de feu, peut-être son oncle eût-il nourri pour lui de meilleurs sentiments...

Les festivités prévues pour l'entrée de Skopine à Moscou n'en furent pas moins magnifiques : carillons assourdissants, arcs de triomphe, clergé doré chantant des actions de grâces à chaque carrefour, le jeune homme fut reçu comme jamais voïvode chenu ne l'avait été.

Aleksandro et son fils furent invités à se tenir au pied du perron Rouge sur lequel le tsar devait accueillir son jeune et sublime cousin. Voilà une récompense honorifique qui ne coûterait pas cher au trésor. La foule qui avait envahi le Kremlin grondait de joie. Le père dit :

— Sandro, tu pourras raconter à tes petits-enfants que tu as vu un héros.

Sandro s'étonna :

— Mais toi aussi, père, tu es un héros !

Psar sourit :

— Non, mon Sandro, les vrais héros sont du côté de la lumière. Les tsars ont besoin d'être servis de jour et de nuit. La nuit a été mon domaine et celui de mon père : nous sommes des hiboux. Peut-être seras-tu, toi, Sandro, un clair faucon. Celui qui approche, regarde-le bien : il est de la race des aigles.

Précédé par un détachement de streltsi, Mikhaïl Skopine venait de se montrer.

Contrairement à l'usage, il était à pied, sans doute pour montrer sa fidélité au tsar Vassily et démentir la légende qui faisait déjà de lui le tsar de demain. Sa haute taille, la noblesse et la fraîcheur de son visage de vingt-trois ans, une façon innocente qu'il avait de lancer les jambes en avant comme si ses pieds étaient des projectiles, tout plaisait en lui à première vue.

Son compagnon, qu'il avait tenu à faire acclamer en même temps que lui, le mettait en valeur: le comte Jacob de La Gardie avait beau être général suédois, il avait hérité de ses ancêtres méridionaux la petite taille, le teint noiraud, la colichemarde provocante, et ses vingt-sept ans faisaient de lui un vétéran auprès du frère d'armes avec lequel il contrastait sur tous les points.

De temps en temps, se réjouissant des acclamations qui saluaient leur passage comme des salves d'artillerie, ou s'attendrissant sur un enfant qui apportait des perce-neige ou un vieillard qui chevrotait ses campagnes, ou louchant sur une jeune beauté qui rosissait à leur passage, les deux guerriers échangeaient un clin d'œil plein de gaîté. On les sentait heureux de vivre, de servir, de triompher et aussi de s'aimer de l'amitié virile, confiante, maintes fois éprouvée de deux guerriers de bonne trempe.

Le tsar les accueillit sur le perron. Il les embrassa l'un après l'autre, leur flatta les épaules, leur serra les mains, les appela ses sauveurs, ses amis, leur fit amener des chevaux superbes, apporter des vases et des colliers, faisant son possible pour démentir sa réputation d'avarice. Le peuple criait:

— Longue vie au prince Mikhaïl!

À chacun de ces cris, il semblait à Sandro que le tsar devenait plus mielleux et plus expansif.

Il y eut banquet dans le palais à Facettes, et, pour la première fois de sa vie, Sandro festoya avec ses aînés, se régalant de perches et de harengs cuits dans du miel, de pâtés en croûte, de gâteaux au fromage blanc arrosés de mélasse de betterave et de romanée. Il remarqua que ses aînés buvaient beaucoup de vodkas à l'anis ou au poivre, de vins du Rhin ou de Cahors, d'hydromels à la framboise, à la cerise ou au genièvre, à l'exception du prince Skopine, lequel se contentait des boissons les moins fortes et restait plus sobre que ses compagnons. Mais non pas moins gai: du bas bout de la table on l'entendait rire, et, de temps en temps, des larmes de joie sourdant de ses yeux bleus, il entourait de son bras puissant les épaules de son voisin La Gardie pour le presser affectueusement contre sa poitrine.

Comme, six heures après s'être mis à table, on s'en levait, Aleksandro, prenant son fils par la main, le guida jusqu'à Skopine :

— Prince, je suis Aleksandro Psar. Voici mon fils, qui s'est battu à la Trinité-saint-Serguéï et ne demande qu'à verser son sang pour son souverain. Je voudrais que ce soit sous tes ordres. Le prendras-tu dans ton armée ?

Le jeune prince dominait Aleksandro d'une bonne tête et Sandro d'une tête et demie. Il regarda longuement le père, puis le fils, l'un et l'autre trapus et râblés, le père à moitié tartare, le fils au quart seulement. À mesure que Sandro mûrissait, la parenté entre eux devenait frappante, bien que le père fût brun et le fils châtain, que l'un eût les yeux noirs et l'autre gris, que le bronze des joues du premier se fût atténué dans celles de l'autre, qui avaient plutôt la teinte de l'abricot, que la taille de l'adolescent fût plus effilée que celle de l'adulte ; leurs fronts larges, leurs sourcils menaçants, leurs traits pleins, leurs cous robustes sortaient visiblement du même moule.

Sous le regard du chef de guerre, Sandro comprit d'un coup qu'il ne pourrait jamais avoir de secrets pour cet homme qui lisait dans son cœur comme dans un livre ; il se sentit plus nu, plus dépouillé qu'à confesse, et il trembla, se demandant s'il était digne de servir un tel maître. Mais il ne baissa pas les yeux.

Au bout d'un moment, le prince lui abattit sa lourde main sur l'épaule. L'épaule ne vacilla pas.

— Soldat, sois chez moi demain matin.

Aleksandro s'inclina pour remercier. Déjà le prince réglait une autre affaire.

— Es-tu content ? demanda Psar.

— Père, tu m'as fait un grand cadeau et je te suis reconnaissant. On ne peut rêver mieux que d'apprendre à combattre sous un tel voïvode. Cependant j'espérais rester plus longtemps auprès de toi.

— Je l'espérais aussi, mais ceci vaut mieux. Ton grand-père a commencé par être valet de chiens, et puis il a rempli des missions que tu n'as pas à connaître. Moi-même, encore que ma mère fût née princesse, je suis davantage espion et homme de main que franc guerrier. Il est temps que les Psar sortent des casemates et des basses-fosses, qu'ils commencent à se battre à l'air libre et en plein soleil comme il sied à des gentilshommes.

2

Cette nuit-là, Sandro rêva du Grand Tsar Blanc.

À la Trinité-saint-Serguéï, il avait observé des soldats qui jouaient aux jeux de hasard et, dans son rêve, il vit des cartes, les quatre couleurs confondues, qu'une main invisible était en train de battre et qui pleuvaient en une pluie continue et rapide. Les mêmes repassaient plusieurs fois comme si le batteur ne savait pas s'arrêter. Peu à peu, Sandro comprit qu'il s'agissait de remettre le jeu en ordre, de séparer les couleurs, de placer les rois en tête et les as en queue, chaque carte à son rang. Or le batteur ne savait pas s'y prendre autrement qu'en battant sans discontinuer, dans l'espoir qu'un jour l'ordre se referait de lui-même. Sandro se prit à rire dans son sommeil devant une idée aussi stupide.

Et puis, par on ne sait quel miracle, une cinquante-troisième carte entra dans le jeu. Elle était toute blanche et représentait un Tsar qui portait une tunique et une couronne d'argent, de véritable argent miroitant. Sandro ne distinguait pas clairement le Tsar, mais il voyait que les manches de la tunique étaient montées à l'envers, comme si le bras gauche avait été le bras droit et réciproquement. Malgré ce défaut, les autres cartes commençaient à s'organiser autour de la carte blanche. Le batteur battait toujours et, chaque fois que le jeu repassait, les cœurs se regroupaient, les trèfles se rassemblaient, les carreaux se mêlaient de moins en moins aux piques, les suites se faisaient plus fréquentes et s'allongeaient à chaque passage.

L'opération parut limpide à Sandro : comment le batteur n'y avait-il pas pensé plus tôt ? Il suffisait d'introduire cette carte supplémentaire pour que le jeu se remît en ordre tout seul. Enfantin. Sandro conclut que ce n'était pas la peine de voir le reste du rêve et se réveilla heureux.

3

Depuis que les Chouïsky et tous leurs cousins avaient quitté leur apanage de Chouïa et s'étaient fixés à Moscou, ils habitaient non pas le Kremlin, mais le quartier marchand de Kitaïgorod qui s'étendait de l'autre côté de la place Rouge, chaque famille y ayant son hôtel.

Dès l'aube, Sandro, passablement intimidé, se rendit dans celui des Skopine. Il trouva le jeune voïvode déjà levé, passant une inspection de chevaux dans la cour. Il reconnut Sandro et lui fit compliment de son bel alezan doré Soumassachol, dont la crinière presque blanche et la queue étaient frisées, les sabots nets, la robe luisante, les oreilles épilées à l'intérieur.

— Sandro, dit le prince, j'ai beaucoup entendu parler de ton père que je tiens en haute estime. Tu es jeune et je ne peux encore te donner de commandement, mais je ne veux pas que tu moisisses parmi des soldats auprès de qui tu n'apprendrais rien d'utile. Pour le moment, tu me serviras donc de varlet. Dès que les combats recommenceront, je te promets de t'envoyer dans les affaires les plus chaudes pour que tu y fasses tes preuves et acquières de l'expérience. Cela te va-t-il ?

— Tes ordres, prince, m'iront toujours. Mais j'ai déjà une faveur à te demander.

Le voïvode se rembrunit :

— Que veux-tu ?

— Quand tu iras reprendre Kostroma aux Polonais, je veux que tu me donnes quelques hommes pour que je reprenne, moi, Psarskoïé, que je découse le ventre du seigneur Khichtch qui a violenté ma mère et que je pende au plus haut tremble Mirone Kouzmitch qui nous a trahis.

— Voilà, dit Skopine en souriant, de charitables intentions que je t'aiderai à mener à bien, je te le promets. Pour l'instant, monte dans ma chambre et demande mes armes : tu les nettoieras et les affûteras soigneusement. Je veux pouvoir me raser avec mon sabre.

C'est ainsi que Sandro commença son service auprès de l'homme que la Russie aimait plus que tout autre, et dont il s'éprit aussi. Il le servait à table, il lui laçait et lui délaçait ses bottes, il l'accompagnait à cheval lorsque le prince sortait avec son ami La Gardie, bref il eût créé bien des jalousies s'il avait été moins jeune et surtout si le prince n'avait exercé sur son entourage une terreur interdisant la moindre zizanie entre ses serviteurs. De quoi était-elle faite, cette terreur ? On ne savait pas. Il était avenant, souriant, heureux de vivre, il ne grondait ni ne punissait, et on ne craignait rien tant que de lui déplaire.

Chaque jour, Skopine passait des heures à préparer la campagne prochaine — établir le budget surtout était difficile, car Vassily recrutait volontiers des mercenaires suédois mais ensuite rechignait à les payer. Un soir que Skopine avait écrit vingt lettres à divers monastères pour réclamer leur aide, il était sur le point de se mettre en prière, quand son maître d'hôtel vint lui murmurer quelque chose à l'oreille.

— Eh bien, qu'il entre, dit Skopine.

— Il voudrait te voir secrètement.

— Je n'ai de secrets que pour l'ennemi. Reste, Sandro.

Sandro qui faisait briller une coupe dans un coin se fondit avec la muraille. Un homme s'avançait, large d'épaules et profond de poitrine, la barbe épaisse, l'œil enfoncé. Il se signa face aux icônes, puis se ploya en deux devant le jeune voïvode qui lui rendit son salut.

— Prokop Féodorytch, sois le bienvenu.

Prokop Féodorytch Lapounov était connu par toute la Russie pour l'autorité politique et militaire qu'il exerçait dans sa province natale de Riazan. Homme de conviction, passionnément religieux, il avait soutenu quiconque lui semblait représenter la légitimité : d'abord le premier faux Dmitry, puis divers rebelles, enfin, mais à regret, le tsar Vassily.

Il se tut un bon moment, comme s'il ne trouvait pas le courage de parler. Puis, aspirant beaucoup d'air :

— Prince, je ne vais pas y aller par quatre chemins. Toute la province de Riazan et je dirai même tous les chrétiens orthodoxes souhaitent que tu sois le tsar oint de Dieu.

Skopine fronça le sourcil :

— Farceur ! La Russie a déjà un tsar, sacré, couronné, siégeant sur son trône. Elle ne peut en avoir deux.

— Oui, l'Écriture sainte déclare qu'on ne saurait servir deux maîtres, reconnut Prokop d'un ton significatif.

Skopine fit un geste pour indiquer qu'il n'y pouvait rien. Il y eut un silence. Sandro se faisait tout petit.

Prokop reprit :

— Vassily s'est emparé du pouvoir contre le droit de nos pères. Les boyards de Moscou l'ont fait sacrer à la sauvette, et puis ils ont écrit à chaque ville en disant que toutes les autres étaient d'accord. Depuis quatre ans qu'il est au pouvoir, tout va plus mal que sous le tsar Boris. Le plaisir de Dieu ne repose pas sur Vassily. À combien de rebelles, à combien d'imposteurs n'avons-nous pas déjà dû faire la guerre ? À Moscou même, rappelle-toi, l'année dernière, l'insurrection a éclaté : sans le patriarche Guermoguène, Vassily était contraint à abandonner son trône. Crois-tu que Sigismond aurait osé rompre la trêve s'il tenait Vassily pour un vrai tsar ? Il faut un vrai tsar à la Russie, prince Mikhaïl : tu as prouvé ta valeur, tu as le devoir de régner.

Skopine n'avait pas bougé tout le temps que Prokop parlait. Soudain son visage s'empourpra, inondé de sang de l'intérieur :

— Tu as fini ?

— Oui, j'ai fini.

— Tu n'as rien à ajouter ?

— Sauf que ma tête sera ma caution.

De ses deux mains, Skopine saisit Prokop Lapounov par le kaftan et le secoua comme s'il avait été une poupée de chiffons.

— Et que veux-tu que j'en fasse, de ta tête creuse ? Un pot ou une lanterne ? Sais-tu seulement à qui tu parles ? C'est à moi, Mikhaïl Vassilitch Skopine, que tu proposes de trahir le serment que j'ai fait sur la croix ? Penses-tu que l'empire me plaise mieux que le salut de mon âme ? Et que ma parole de prince russe ? Non, je ne te dénoncerai pas au tsar, mais j'ai bien envie de te faire redescendre l'escalier à coups de pied dans l'arrière-train pour t'apprendre qui je suis. La Russie a un tsar, je suis son cousin et son serviteur. S'il meurt sans héritier, ce qui est probable, la Russie devra se choisir un nouveau monarque. Alors je te permets de revenir me trouver. D'ici là, je ne veux plus te revoir.

Et Skopine repoussa Lapounov si violemment qu'il alla donner du dos dans un buffet dont la vaisselle carillonna. Se frottant les reins, il s'inclina et quitta la pièce.

Le jeune Skopine marcha alors jusqu'à la fenêtre sur le fond clair de laquelle sa puissante stature se détacha. Sandro le vit lever son menton vers les étoiles qui s'allumaient comme des lustres et crut l'entendre murmurer ce mot d'or pur :

— Tsar ?...

4

Le printemps était là, les glaces de la Moskva avaient fondu, les merisiers fleurissaient, les abeilles bourdonnaient, et La Gardie était pressé de quitter la capitale :

— On dit trop de bien de toi, prince, lui répétait-il tous les jours. Cette ville ne te vaut rien. Sellons nos chevaux et allons sabrer du Polonais.

— Et avec quoi paierai-je tes mercenaires ? répliquait Skopine. Ils se battent bien, mais pas pour rien. Laisse-moi rentrer encore un peu d'argent, Jacob, et alors, quand je serai sûr de pouvoir employer tes gens tout le temps que j'aurai besoin d'eux, je serai le premier à te dire : À cheval.

Skopine projetait un coup de boutoir sur Kalouga pour en finir avec le Filou, puis une expédition à Smolensk pour donner un coup d'arrêt à Sigismond, et enfin un retour à Moscou en épongeant chemin faisant les hordes de brigands polonais, lithuaniens, cosaques et russes qui profitaient de la situation pour ravager le territoire.

En attendant, comme chacun à Moscou voulait faire fête au jeune voïvode, il s'en réjouissait et acceptait toutes les invitations, sachant que les rigueurs de la vie des camps allaient bientôt reprendre.

Le prince Vorotynsky venait d'avoir un fils ; il vint demander à Skopine d'être le parrain.

— C'est un honneur qui ne se refuse pas. À quand la fête, mon compère ?

— À demain, si tu le veux bien. À quoi bon garder un païen dans la maison ? Le patriarche Guermoguène a promis d'immerger mon Mikhaïl lui-même et de lui imposer le saint chrême de ses propres mains.

Tous les enfants qui naissaient ce mois-ci s'appelaient Mikhaïl, sans égard au saint du jour.

Skopine se rendit à la cérémonie avec ses familiers, La Gardie, bien sûr, quelques autres, et Sandro, dont il aimait la présence discrète, serviable sans obséquiosité.

Le prince Vorotynsky occupait un superbe hôtel sur cour, avec des piliers ciselés supportant une galerie couverte par laquelle on accédait aux pièces d'apparat. Il descendit l'escalier extérieur jonché de tapis :

— Prince Mikhaïl Vassilitch, ni cette maison ni ses habitants n'oublieront le jour où tes clairs yeux ont daigné se poser sur eux.

La grande salle resplendissait de cristaux de Bohême et de Venise, d'argents damasquinés, de nacres et d'ors. Une vasque d'argent ciselé avec des figures tout autour, représentant des saints aux longues barbes, servirait de fonts baptismaux. Une plantureuse nourrice en serre-tête orné de perles, sarafan cramoisi et corsage brodé, apporta l'enfant sur une taie de dentelle blanche laissant apparaître par les dentelures un coussin de satin rouge ponceau. Autour s'empressaient les familiers de la maison, grands-parents, frères, sœurs, cousins, domestiques, amis, ayant revêtu leurs habits de fête et portant sur le visage l'expression de la piété et de la joie : c'était le printemps, Moscou était sauvée, le sauveur était là, et un petit enfant, celui de la maison, allait être sauvé à son tour en étant baptisé au Nom du Père, du Fils et du Saint-Esprit.

Le parrain s'enquit de la santé de la mère qui, selon la tradition orthodoxe, n'assisterait pas au baptême, n'ayant pas encore célébré ses relevailles.

— Elle va bien, elle va bien. Tout va bien, dit Vorotynsky. Qu'est-ce donc qui oserait aller mal sous le regard d'un voïvode tel que toi ?

Skopine sourit :

— Je veux saluer la marraine. Au fait, prince, qui m'as-tu donné pour commère ?

— La propre belle-sœur du tsar, répondit Vorotynsky en se rengorgeant.

Déjà la princesse Iékatérina Chouïsky approchait, et, en l'apercevant, Sandro eut un mouvement d'épouvante.

Des deux filles de Malouta Skouratov, le bourreau préféré d'Ivan le Terrible, Iékatérina était pourtant la plus séduisante: sa sœur Maria, mariée à Boris Godounov, avait eu son âme malfaisante empreinte sur son visage, tandis que Iékatérina, grande, bien découplée, avec une belle poitrine portée haut, une tête majestueuse rejetée en arrière, des traits harmonieux et une chevelure blonde qui s'argentait, faisait honneur à son prince de mari. Mais il se dégageait d'elle une impression néfaste. Blanche et blonde comme elle était, il sembla à Sandro qu'il la voyait du dedans et qu'elle était noire d'os, noire de chair, noire de sang. Ses cheveux mêmes, enroulés comme deux serpents sur ses oreilles, lui parurent couleur d'hématite, et il eut peur, comme il est juste d'avoir peur en présence du Mal.

Skopine cependant faisait un pas en avant, les bras tendus.

— La commère embrassera-t-elle le compère? demandait-il.

— Si le compère embrasse la commère, répondit Iékatérina d'un ton enjoué qui lui allait mal.

Ils se donnèrent l'accolade sous les yeux horrifiés de Sandro qui croyait voir les membres d'un monstre se nouer autour de son maître bien-aimé.

Un murmure courut. Le patriarche était arrivé. Sandro lui trouva une figure effrayante, comme on en voit à certains saints dans les églises, ténébreux et dorés, les yeux regardant un spectacle interdit aux hommes, mais l'effroi qu'il ressentait devant le saint prélat ne ressemblait en rien à l'aversion que lui inspirait Iékatérina: il avait peur devant le patriarche Guermoguène comme il est juste d'avoir peur en face du Bien.

Le chœur entonna les chants rituels. Le patriarche célébra l'office lui-même. De temps en temps, ses sourcils se rejoignaient: un diacre ne lui avait pas remis le chandelier à deux ou à trois branches à l'instant voulu, ou le drap brodé jeté sur la cuve baptismale s'était retroussé. Tout, pour Guermoguène, était d'une égale importance; c'est à ce prix-là, affirmait-il, qu'on atteint à la perfection qui nous est commandée : *Soyez parfaits comme votre Père au ciel est parfait.* Il prononça les exorcismes. Au moment de répudier Satan, c'était au parrain de parler pour l'enfant : Skopine déclara d'une voix vibrante et par trois fois qu'il renonçait « à Satan, à ses œuvres, à ses anges, à son service et à son orgueil », et ses compagnons d'armes reconnurent sa voix de commandement. Puis, sur l'ordre du patriarche, il cracha sur Satan d'un crachement vigoureux et juteux.

Par trois fois, l'enfant fut plongé dans la cuve, et ce fut étrange de voir le visage ascétique et barbu du patriarche, aux yeux qui ne cillaient jamais, au nez busqué, à la bouche à peine fendue, se pencher sur la petite orange ridée qu'était la face du serf de Dieu Mikhaïl, tandis que la paume et les doigts archiépiscopaux protégeaient de l'eau sa bouche, ses narines et ses yeux.

Ensuite le saint chrême fut apposé sur le front, les yeux, les oreilles, les narines, les lèvres, la poitrine, les mains et les pieds de l'enfant qui, ainsi, fut tout entier consacré au Christ.

Enfin le patriarche Guermoguène prononça une brève homélie :

— Voici qu'un petit prince, fils de prince et de princesse, vient d'être baptisé. Son parrain est prince, sa marraine est princesse. Notre Humilité souhaite vous dire quelques mots à ce sujet.

« Notre Seigneur Jésus-Christ est prince, lui aussi. Doublement prince : en tant que Fils de Dieu, il est l'héritier du plus grand souverain de tous ; en tant que fils de l'homme, il descend du roi David. Qu'on ne me parle pas de charpentier ou qu'on m'indique une seule charpente qu'il ait faite de ses mains ! Jésus-Christ est prince. Plus : il est tsar. Et comme tsar, il est sacré, et c'est pourquoi tous les tsars sont sacrés. Vous tous, vous aimez vous prévaloir de vos ancêtres — les yeux perpétuellement écarquillés de Guermoguène firent le tour de l'assistance — « Moi je descends de Rurik ! Et moi de Guédimine ! » —, mais dites-vous bien que le Seigneur Jésus-Christ est plus noble que vous tous pris ensemble.

« Et comment a-t-il vécu sa souveraineté, je vous le demande ?

« Qu'a-t-il demandé à son Père pour lui-même, sinon la crèche, le calice, la couronne d'épines et la crucifixion entre deux coquins ? Rien. Et qu'a-t-il demandé à son Père pour son peuple ? Le salut. Il ne s'est pas sacrifié son peuple, il s'est sacrifié à son peuple.

« Voilà. Notre Humilité a parlé. Que tous les princes de la terre en fassent autant.

Après quoi le patriarche bénit les mets et se retira. Son départ causa plus de soulagement que de regret : on allait pouvoir boire sans mesure, chanter sans retenue, et ne point trop surveiller ses expressions.

— Aujourd'hui, tu seras mon échanson, dit Skopine à Sandro. Veille que mon verre ne soit jamais vide !

Sandro se plaça debout près de lui, ne quittant pas plus ce verre des yeux que si c'était une bouche à feu ennemie. Au reste, il n'eut pas beaucoup à faire, car Skopine, conformément à ses habitudes, buvait peu.

La table principale était longue de dix sajènes. Un côté était réservé pour le service ; de l'autre, s'étaient répartis à un bout les hommes, qui plaisantaient, riaient, se taquinaient, se racontaient leurs exploits, et, à l'autre les femmes qui caquetaient éperdument ; au centre, côté femmes, la marraine ; côté hommes, le parrain.

Après le premier service qui était de poissons fumés, harengs, saumons, esturgeons, anguilles, Iékatérina se tourna vers son voisin de gauche :

— Prince, c'est mon privilège de marraine d'être assise à côté de toi. Dis-moi, combien en as-tu pourfendu de ces Polonais ?

Il sourit :

— Voilà bien une question de femme. Si tu veux savoir combien j'en ai tué de ma main, fort peu : je suis obligé d'envoyer d'autres braves se battre devant moi, sinon je ne pourrais plus les commander.

Quand j'étais plus jeune, oui, j'ai beaucoup sabré, mais ce n'étaient pas des Polonais : de simples paysans qui ne savaient plus où était le droit. Il fallait bien les remettre à la raison, mais leur mort me pèse sur le cœur : il n'est pas bon de tuer des hommes de sa propre terre.

— Eh bien, fit Iékatérina, je vois que tu es modeste, ce qui est une rareté dans un voïvode, et je veux t'offrir une coupe de ma main.

Elle se fit apporter un hanap d'argent, orné de jade, plein d'une bière mousseuse. Se levant, elle s'inclina profondément et tendit le hanap à Skopine. Sandro s'inquiéta : son voïvode boirait-il le breuvage que lui offrait cette diablesse ?

Le voïvode se leva, s'inclina plus profondément encore, prit le hanap et dit :

— Princesse, sois remerciée comme il convient. Cependant, je ne bois pas de bière et je te demande de boire celle-ci à ma santé.

Il sembla à Sandro qu'un tic fit tressauter la paupière de Iékatérina.

— Prince, fit-elle, je te remercie.

Elle s'humecta la bouche de bière et rendit le hanap à la femme qui la servait à table. Après quoi, elle se tourna vers sa voisine, tandis que Skopine buvait un verre de vodka à l'anis que lui avait versé Sandro.

À la fin du second service, qui était de soupe aux choux, Iékatérina continua à causer avec sa voisine, mais pendant le troisième, qui était de viande, avec de l'ours, du cygne et du paon, elle alla chercher une coupe de vermeil décorée de malachite et, s'inclinant devant Skopine :

— Voïvode, j'ai vu que ma bière des Flandres ne te plaisait pas. Peut-être préféreras-tu ce vin d'Italie que des sacrilèges osent appeler Larmes du Christ ?

« Cette fois-ci, pensa Sandro, il en boira sûrement. »

Skopine se leva, s'inclina, prit la coupe et dit :

— Princesse, sois remerciée comme il convient. Cependant, je ne bois pas de vin et je te demande de boire celui-ci à la santé de notre filleul.

Les lèvres de Iékatérina étaient pâles et ses narines

translucides frémirent. Sandro se demanda ce qui l'agitait tant : après tout, son compère en usait courtoisement avec elle. S'il n'aimait pas le vin, libre à lui.

— Fort bien, dit la princesse en reprenant la coupe. Nous trouverons un jour, j'espère, de quoi te satisfaire.

Elle la rendit à sa servante après y avoir à peine trempé les lèvres.

Le quatrième service fut de bouillies de blé, de seigle, de sarrasin préparées au lait, que chacun mangea avec une cuiller d'argent sur laquelle son nom avait été gravé et qu'il emporterait en souvenir.

À l'arrivée du cinquième service, qui était de douceurs — fruits confits, œufs en neige, sucres candis, crêpes, gâteaux de toutes sortes —, Iékatérina se leva encore une fois. Elle revint, portant un calice d'or massif avec des émeraudes serties sur le pourtour et, ouvrant la bouche comme pour sourire mais ne réussissant qu'à ressembler à un brochet, elle dit :

— Mikhaïl Vassilitch, mon cousin, cette fois tu ne peux me refuser : je t'apporte un calice de cet hydromel à la cerise que tu passes pour aimer par-dessus tout, et je te propose de le boire à la santé de mon beau-frère.

Skopine sourit, débonnaire :

— Cette fois-ci en effet, ma commère, je ne te refuserai pas : j'aime le miel à la cerise, cela est vrai ; j'ai aussi du goût pour les émeraudes, et je souhaite de longues années à Vassily Ivanytch.

Il se leva et prit le calice des mains de Iékatérina. Leurs doigts s'effleurèrent.

— Gracieuses Dames, Gracieux Seigneurs... commença Skopine.

Tous se dressèrent, élevant leurs coupes.

Le voïvode haussa le ton — les vitres frémirent :

— À la santé de notre souverain, le tsar Vassily Ivanytch !

Et, sans reprendre souffle une seule fois, imité par toute l'assistance, il vida le calice parfumé qu'il tendit ensuite à Sandro :

— Tiens, tu le rangeras dans le bahut de ma

chambre. Et maintenant, ma commère, puisque tu m'as donné à boire, il faut satisfaire à l'usage.

Sans fausse honte, Iékatérina s'avança et tendit ses lèvres en baissant les paupières, comme pour que Skopine ne vît pas l'expression de ses yeux. La bouche généreuse se posa sur la bouche ciselée.

Puis parrain et marraine s'inclinèrent de nouveau l'un devant l'autre, et Skopine chercha l'accoudoir de son fauteuil pour se rasseoir. Sous l'œil surpris de Sandro, il dut tâtonner. Il en rit lui-même :

— Je ne sais pas si c'est ton baiser ou ton hydromel, ma commère, mais j'ai la tête lourde et comme des papillons de nuit devant les yeux.

— Sans doute avais-tu trop bu de vodka avant, mon compère, répliqua Iékatérina avec un grand rire, que reprirent bruyamment les femmes.

— C'est sans doute cela, acquiesça Skopine. Je ne me sens pas bien, dit-il au maître de maison, et je te demande la permission de me retirer.

Il sortit, s'appuyant lourdement sur l'épaule de Sandro et suivi par les rires attendris des autres buveurs. La Gardie sortit avec lui :

— Ne monte pas à cheval. Je te ramène dans ma voiture.

On arriva à l'hôtel des Skopine. Le jeune voïvode pouvait à peine marcher. Sa mère accourut :

— Mon fils, mon enfant chéri, je t'ai souvent vu revenir d'un festin, mais jamais si ivre.

— Jamais si ivre, répéta Skopine, la langue embarrassée. Jamais si ivre...

On le mit au lit, et soudain le sang jaillit de son nez et de ses oreilles comme une triple fontaine écarlate, inondant draps, couvertures, tapis, plancher. La Gardie se précipita au casernement des mercenaires étrangers et en ramena son médecin. Trois jours après, le jeune voïvode prince Mikhaïl Vassilitch Skopine était mort.

5

Pas un instant le peuple de Moscou ne douta que le tsar eût fait empoisonner son cousin. Une émeute faillit emporter le palais de Dmitry Chouïsky, le mari de Iékatérina. Il fallut les streltsi pour disperser la foule.

Tout Moscou défila devant le corps de Skopine, et La Gardie fut le seul qu'on voulut empêcher de l'embrasser, sous prétexte qu'il n'était pas orthodoxe. Mais il répliqua fermement :

— J'étais assez bon pour me battre à ses côtés, je suis assez bon pour l'embrasser mort. C'était mon ami et mon camarade.

Et Sandro, qui veillait le mort, vit les larmes dans les yeux de l'étranger qui secouait la tête en disant :

— Je n'ai jamais connu pareil homme. Non seulement dans votre Russie, mais même dans les possessions de mon maître, le roi de Suède.

Il n'y eut personne qui ne vînt aux funérailles. Les compagnons d'armes du voïvode portaient son cercueil. Les veuves des soldats tués sous ses ordres entouraient et soutenaient sa mère. Le tsar Vassily parut et pleura, mais nul ne crut aux larmes de l'assassin, et le patriarche Guermoguène, qui officiait, ne donna la croix à baiser à personne pour ne pas la refuser ouvertement au souverain. Sandro rapporta tristement ses petits bagages chez son père. C'était la deuxième fois que le monde s'effondrait autour de lui et il serrait les dents pour ne pas pleurer.

Le nez pincé, le regard noir, Aleksandro arpentait sa forteresse privée, s'agenouillait devant les icônes, allait donner des ordres à l'écurie, remontait l'escalier...

« Je suis l'homme du tsar, mais pas de n'importe quel tsar, ruminait-il. Cependant, à qui appartient-il de reconnaître que le tsar n'est pas digne d'être tsar ? Cela ne peut être aux hommes du tsar ! »

C'était trop compliqué pour lui.

Justement le tsar le fit venir :

— Je t'avais dit, Aleksandro, que je t'appellerais quand j'aurais besoin de toi. Les missions les plus délicates t'incombent toujours. Tu sais que j'ai perdu mon cher cousin, mon meilleur voïvode, mais cela ne me dispense pas de continuer la guerre. Le Filou s'organise à Kalouga, Sigismond campe devant Smolensk, et son hetman Jolkevski s'est mis en campagne à son tour. Ce mécréant de La Gardie me dit que ses étrangers veulent bien se battre, mais à condition d'être payés. Il va falloir me résoudre à une action pénible. La Trinité-saint-Serguéï a fini de se défendre, elle n'a pas épuisé ses richesses : qu'elle m'envoie les contributions nécessaires.

— Tu n'y songes pas, souverain ! La Trinité a sauvé Moscou. Elle n'a pas fini de panser ses plaies...

— Moi, je dois panser les plaies de la Russie et veiller qu'elle n'en ait point de nouvelles. Pars pour la Trinité, Aleksandro, et tire des moines ce qu'il y a encore à en tirer. Fais leur rendre gorge, à ces fainéants.

Le long nez de Vassily s'était encore allongé, et, sous les paupières rouges, ses yeux brûlaient d'un feu malsain.

Le moment était-il venu où l'homme du tsar refuserait d'obéir ? Non, Aleksandro accepta cette épreuve de plus et, deux jours plus tard, accompagné de Sandro qui devait tout apprendre de la vie d'homme du tsar, il se présenta devant le diaphane archimandrite Iossif qui lui ouvrit largement les bras.

— Père, ne me caresse pas, tant que tu ne connais pas ma mission. Je ne viens pas, ce coup-ci, pour défendre la Trinité contre l'étranger, mais, au nom du tsar, pour « tirer de vous autres tout ce qu'il y a encore à en tirer et pour vous faire rendre gorge, à vous fainéants ».

Il s'agenouilla.

— Pardonne-moi, père archimandrite, les péchés que je vais commettre contre toi, contre ton saint monastère, contre saint Serguéï, et, à travers lui, contre l'Église et Notre Seigneur lui-même.

L'archimandrite soupira et le bénit :

— Ce que tu feras sera plus ardu pour toi que pour nous. Que Notre Seigneur t'assiste dans ta tâche, si cruelle qu'elle soit. Les tsars, bons ou mauvais, sont des représentants de Dieu.

Sandro vit les richesses du monastère mises à sac, non par l'ennemi, mais par son propre père, l'émissaire du tsar. Le visage impérieux et clos, Aleksandro confisqua tout. Les vases précieux, les broderies d'or, les portes de bronze et d'argent, les grilles, les châsses, les mitres, les cimiers des bannières et les châssis des icônes, tout se mit en mouvement, pour être fondu et monnayé ; jusqu'aux oboles du peuple, jusqu'aux économies que les soldats défenseurs de la Trinité avaient laissées en garde auprès des moines, tout fut inscrit par Aleksandro sur de grands registres de cuir et envoyé à Moscou.

Sandro tenait les comptes, se demandant si son père et lui seraient maudits pour ce qu'ils faisaient.

Trois jours plus tard, escortant les trésors saisis, Aleksandro et son fils chevauchaient côte à côte, dans un crépuscule sanglant, en silence. Tout à coup, le père taciturne parla :

— Depuis longtemps je m'interroge pour savoir où est notre devoir, et il me semble que j'y vois plus clair. Nous ne pouvons pas supporter plus longtemps qu'un tsar de Russie assassine ses meilleurs serviteurs, et pourtant, étant hommes du tsar, nous ne pouvons pas non plus, toi et moi, nous révolter contre lui. Il faut laisser la décision entre les mains de Dieu.

« Voici ce que j'ai trouvé. Je vais partir pour la guerre et chercher à me faire tuer. Si je réussis, tant mieux, car la mort au combat lave tout péché et toute confusion. Mais si j'en réchappe, ce sera un signe ; puisque je ne serai pas mort au service de Vassily, c'est que Dieu ne veut plus que je le serve. Dieu aura repris ma vie à Vassily pour que je l'emploie contre Vassily.

À cet instant, un croissant de lune émergea des arbres noirs comme un vaisseau qui met à la voile.

— Regarde, la nouvelle lune se lève : je me donne jusqu'à la prochaine pour mourir fidèle.

La prochaine lune ! Trente jours ! Le cœur de Sandro se serra devant la sérénité de son père.

— Maintenant, parlons de toi. La Russie de Vassily ne vaut plus qu'on y vive, mais elle vaut encore qu'on meure pour elle, et c'est ce que les gens de notre race ont de mieux à faire. Me suivras-tu, Sandro ?

— Partout, père.

6

Après la mort de Skopine, le tsar donna le commandement suprême à son frère Dmitry Chouïsky, et la consternation se répandit dans l'armée. Dmitry Chouïsky n'était pas seulement incompétent, il passait pour lâche, et si sa femme Iékatérina avait véritablement empoisonné Skopine, il était d'autant plus scandaleux qu'il chaussât les bottes du héros défunt.

De mauvais gré, on se mit en campagne pour aller délivrer Smolensk, et Aleksandro Psar obtint le commandement de l'avant-garde, que personne ne lui disputa, si grand était le découragement général. Le premier élément polonais auquel on se heurta fut celui de Jolkewski.

À la différence des Lissowski, des Rojinski et même des Sapéga, que Sigismond employait pour faire ses besognes secrètes, le hetman de la couronne de Pologne-Lithuanie était non seulement un capitaine de talent mais aussi un parfait gentilhomme. Ayant vingt ans de plus que le roi, il avait son franc parler avec lui et ne lui avait pas caché qu'il était opposé à l'entrée en guerre de la Pologne-Lithuanie, qu'il ne croyait guère ni à la reddition volontaire de Smolensk, ni à l'effondrement spontané de la Russie :

— Cela dit, Sire, je suis soldat et j'exécuterai les ordres qu'il vous plaira de me donner.

À la tête de l'armée que le roi lui avait confiée, il s'était engagé dans la plaine russe avec deux missions : rallier, si c'était possible, le restant des troupes polonaises et empêcher le tsar de secourir Smolensk qui, affamée et indomptable, refusait depuis un an de céder à la persuasion comme à la force.

La première mission ne réussit pas tout d'abord : les partisans de feu Rojinski exigeaient cent mille zlotys avant d'accepter pour chef le hetman. Le hetman haussa les épaules et se consacra à la seconde mission. Il marcha gaillardement sus à l'armée russe, qu'il savait au moins cinq fois plus nombreuse que la sienne. Abandonnés de tous, les rescapés de Touchino finirent par le rejoindre.

*

Laissant l'avant-garde qu'il commandait retranchée dans un fortin, Aleksandro Psar s'avança jusqu'à une rivière coupée cn deux par un large barrage de retenue. Il appela son fils :

— Sandro, va renifler de l'autre côté. Ne t'éloigne pas à plus de dix verstes.

Sandro eut quelque mal à engager Soumassachol sur le terre-plein du barrage. Le cheval hiératique louchait tantôt à droite, tantôt à gauche, et bronchait chaque fois qu'il voyait son propre reflet dans l'eau. Sandro lui maintint les rênes courtes et le poussa des éperons. Le barrage franchi, il le mit au galop.

Le terrain était boisé et plat. Une route serpentait entre des bouquets de sapins et de jeunes bouleaux qui bruissaient de toutes leurs feuilles dans la brise de juin. Psar avait dit de renifler, et, se trouvant sous le vent, Sandro, qui avait hérité du nez prodigieux de son grand-père, reniflait. Au début, il ne distingua dans l'air que du bouleau, du sapin, de l'herbe, des fleurs des champs et des bêtes sauvages. Mais, comme il approchait de la limite assignée, il flaira autre chose : du crottin, du métal, de la poudre, du cuir, du savon.

Il quitta la route et avança prudemment, longeant les clairières du côté de l'ombre, évitant les crêtes, descendant dans les combes quand il en trouvait. Et bientôt il perçut un bruit sourd, un roulement continu produit par mille martèlements mêlés : un corps militaire en marche.

Alors Sandro attacha Soumassachol à un sapin, se mit debout sur la selle, et grimpa de branche en branche. Au début, il ne vit rien qui pût l'intéresser, mais, à force de se tordre le cou, il découvrit une tache sableuse dans le vert des frondaisons : c'était une portion de route située à une verste et demie de lui.

Il attendit.

Bientôt, précédés par des nuages de poussière, des cavaliers se montrèrent, chevauchant trois par trois, la pique fixée verticalement à la selle : les cosaques de l'ennemi.

Le cœur de Sandro se mit à battre deux fois plus vite. Bien qu'il en eût déjà décousu avec les Polonais, l'ennemi lui paraissait aussi mystérieux que l'envers du miroir, et de pouvoir ainsi le surprendre sans être vu lui semblait tenir de la sorcellerie. Il plissa les paupières pour mieux voir. Les cosaques se suivaient sans interruption. Il se mit à les compter. Il arriva à mille groupes de trois. Puis, plus rien. Il faillit redescendre, mais, par acquit de conscience, jeta un dernier regard à la route et vit que, maintenant, c'étaient des fantassins qui défilaient, quatre par quatre, avec bannières et mousquets : l'infanterie polonaise. Il compta les rangées : deux cent cinquante. Pressé d'aller prévenir son père, il amorçait la descente quand il aperçut de nouveau des cavaliers : ceux-là étaient des Polonais armés de sabres et de carabines. Il en compta plus de six cents rangées. Enfin, il ne vit plus que le poudroiement de la route et dégringola de son sapin. Il calculait que la colonne ennemie devait bien faire une verste de long, et qu'elle allait bientôt arriver à sa hauteur. D'ailleurs des éclats de voix, des bribes de chanson lui parvenaient déjà. Il détacha Soumassachol et galopa, à travers bois d'abord, pour se donner un peu de distance, puis, dès qu'il se jugea en sécurité, le long de la route, pour arriver plus vite. En galopant, il se félicitait de sa chance : la première reconnaissance de sa vie, et il tombait sur l'armée ennemie ! Il couvrit ses dix verstes en un quart d'heure et arriva sur un cheval, tout mousseux d'écume et les flancs haletants, qui, cette fois, ne se déroba pas devant le barrage. À l'autre bout du terre-plein, Sandro essoufflé se jeta à terre devant son père qui l'attendait :

— Trois mille cosaques, mille Polonais à pied, deux mille à cheval, à neuf verstes d'ici.

— Marchaient-ils d'un bon pas ?

— Sans se hâter.

— Nous avons deux heures.

Aleksandro jeta un coup d'œil au soleil et se tourna vers les centeniers qui l'entouraient :

— Cinq cents hommes embusqués dans les buissons en amont et en aval du barrage. Cent hommes avec moi, sur le terre-plein. Le gros des troupes en réserve devant le fortin. Attention à ne pas tirer avant que l'ennemi ne soit bien engagé. Je donnerai le signal.

Aleksandro et sa compagnie se placèrent au milieu du barrage, derrière une palissade improvisée avec des branchages, de manière à attirer les premiers coups de l'ennemi en faisant croire qu'ils étaient les seuls à défendre la position. Cinq centuries de streltsi se dissimulèrent dans les buissons qui croissaient au bord de l'eau. Silence et immobilité : quiconque parlerait ou bougerait serait pendu.

Sandro voulait se poster près de son père, mais Aleksandro le renvoya : son fils n'avait pas à affronter l'épreuve qu'il s'infligeait et ne devait pas risquer sa vie plus que de raison.

— L'embuscade, si tu veux, ou alors la réserve.

Sandro choisit l'embuscade.

Il avait passé un tiers de sa vie à l'affût et savait rester invisible pendant des heures. Il se choisit un bouquet de saules dont les feuilles claires le dissimuleraient. La rivière formait une crique à ses pieds. Il n'était pas installé depuis une minute que les libellules vinrent tourner au-dessus de l'eau. Une araignée se mit à tisser une toile. Une grenouille coassa. Rien de plus serein que cette chaude journée de juin. Impossible d'imaginer que, dans peu de temps, la mousquetade éclaterait, que des corps sanglants s'abîmeraient dans la rivière, que, pour beaucoup d'hommes, la vie était déjà presque finie.

Deux heures ne s'étaient pas écoulées que le roulement que Sandro avait entendu plus tôt retentit de nouveau à ses oreilles. Il fixa son regard sur la prairie qui lui faisait face de l'autre côté de l'eau et que traversait la route aboutissant au barrage. Là, dans quelques instants, l'ennemi se montrerait, il faudrait se retenir de tirer... Un cheval hennit. Les premiers cosaques se montrèrent. La main en visière, ils aperçurent Aleksandro et ses hommes gardant le barrage, et tournèrent bride pour rendre compte. Bientôt un détachement apparut, qui se répandit en éventail dans la prairie, suivi par un groupe de cavaliers avec des chapeaux à plumes. Sans doute Jolkewski était-il celui qui portait une lunette d'approche à son œil. Ils regardaient le barrage, ils se concertaient. Jolkewski mit pied à terre, approcha du bord de l'eau, regarda l'amont et l'aval, leva la tête pour estimer la hauteur du soleil sur l'horizon. Il déambulait sous le regard des Russes comme s'il ne lui venait pas à l'esprit qu'il était à portée de leurs mousquets et surtout de leurs arcs.

« Alors, le traversez-vous bientôt, ce barrage ? » chuchotait Sandro en pressant son mousquet contre lui.

Au fond de la prairie, apparaissaient toujours plus de soldats, mais ils ne semblaient pas pressés d'approcher. Jolkewski fit un geste, et une seule compagnie vint se retrancher face au barrage, tandis que les autres s'installaient pour camper en sécurité. On dressait des tentes, on formait les faisceaux, on menait les chevaux boire à la rivière, on allumait des feux de cuisine. Manifestement, l'attaque n'aurait pas lieu avant le lendemain.

Sandro laissa échapper beaucoup d'air, et ses membres se détendirent. Il était déçu. Il aurait voulu se battre maintenant. Il jeta un regard aux troupes russes massées sur le barrage. La nuit serait longue pour son père.

Les autres streltsi en embuscade avaient compris comme Sandro que l'action ne commencerait pas aujourd'hui et, aussitôt, la tension se relâcha. On cherchait une position plus confortable, on fouillait ses poches à la recherche d'un morceau de pain. Un froissement se fit entendre derrière Sandro qui se retourna : un jeune strelets se glissait vers lui.

— Que veux-tu ? chuchota Sandro.

— Faire un brin de causette.

— Tu n'as pas peur d'être pendu ?

Le strelets à la face couverte de taches de rousseur grimaça :

— Et qui veux-tu qui nous pende ? Le chef ne viendra pas faire de bruit ici, sinon son plan ne marcherait plus. D'ailleurs, de là-bas, il ne peut pas nous entendre.

— Les bruits portent loin sur l'eau.

— Nous parlerons doucement.

Sandro se sentait mal à l'aise. D'être le fils du chef le mettait dans une position fausse.

— Alors, qu'est-ce que tu penses de cette campagne ? demanda le strelets, et, sans attendre de réponse, il continua : Moi, je suis sûr qu'elle se terminera au plus mal. On ne pouvait pas donner l'armée de Skopine à l'assassin de Skopine : cela porte malheur. On a beau célébrer des offices religieux tous les jours, comment veux-tu que le Seigneur Dieu protège une armée commandée par un assassin ? Il est clair qu'il va se payer des péchés de notre voïvode sur nous tous, pauvrets que nous sommes. Je n'ai servi sous Skopine que quatre mois, mais j'aurais traversé l'eau et le feu pour lui. Avec Chouïsky, mes jambes ont envie de courir toutes seules.

— Nous avons toujours La Gardie, objecta Sandro.

— Oui, mais La Gardie, Dieu ne peut pas le protéger non plus, puisqu'il est hérétique.

La nuit tombait, et tout le long de l'embuscade s'élevaient des bruissements divers, chuchotis, rires étouffés, manducations et déglutitions...

Sur le barrage, Aleksandro les entendait aussi : demain, il ferait des exemples, mais, pour le moment, il n'avait aucun moyen d'action. Il se demandait si les Polonais, qui semblaient s'installer pour la nuit sur l'autre rive, avaient éventé l'embuscade. L'odeur mystérieuse et moussue de l'eau montait dans la nuit et taquinait les narines. Au pied du barrage, l'eau clapotait. Au ciel, les étoiles pétillaient.

Les feux allumés par les Polonais s'éteignirent. Tout indiquait qu'il n'y aurait pas de tentative de passage cette nuit-là, mais justement, cette cohérence des indices inquiétait Aleksandro. Il se demandait ce que Jolkewski lui préparait, et, accoudé à sa palissade de fortune, il essayait de percer la nuit du regard.

Et voilà que, dans le noir, il perçut des mouvements : à l'autre bout du barrage, on s'était mis silencieusement en marche, on avançait, on approchait, on allait tomber dans le piège. Aleksandro ne commanderait pas le feu tant que l'ennemi ne serait pas tout près. Il sentait sa compagnie derrière lui, prête à l'action, et il espérait que les streltsi embusqués ne lui feraient pas défaut...

Soudain du bruit derrière lui : clappements d'eau, frottements de métal. Il se retourna et vit des figures se hissant sur le barrage, leurs lames, leurs casques, leurs cottes de mailles luisant au clair des étoiles comme des écailles de poisson : on eût dit que la rivière vomissait une armée de tritons. Profitant de l'étiage, Jolkewski avait envoyé deux colonnes de fantassins cheminer dans l'eau, dans l'ombre du barrage. En quelques instants, ce fut la débandade. Psar ne pouvait retenir ses hommes qu'il ne connaissait pas et qui fuyaient. Parant les coups, en donnant tant qu'il pouvait, il oublia qu'il était là pour se faire tuer et recula précipitamment.

Au même moment, Sandro vit des hommes sortir

de l'eau et se précipiter vers lui. Il en abattit un d'un coup de mousquet, mais d'autres suivaient. Sandro se leva et tira son sabre. De tout côté, les branches craquaient : pris de panique, les streltsi se repliaient, tiraillant à peine, poursuivis par les Polonais. Sandro ne voulut pas se défendre tout seul : il fit comme les autres, il prit ses jambes à son cou.

7

Dès le lendemain, Aleksandro, accompagné de son fils et de ses Tartares, regagna le gros de l'armée. Il y eut conseil de guerre. Tous les voïvodes rassemblés autour de Dmitry Chouïsky avaient l'air lugubre ; seul La Gardie essayait de plaisanter :

— Nous allons donc affronter Jolkewski ? Je m'en réjouis. Quand j'ai été son prisonnier, il m'a fait cadeau d'une pelisse de martre : je lui en donnerai une de zibeline.

Sa légèreté ne trouvait pas d'écho parmi les Russes.

— Je n'ai pas de compliments à te faire, Psar, dit Dmitry Chouïsky, petit homme ventripotent, à la barbe galeuse, aux cheveux roux clairsemés. Tu n'as pas empêché l'ennemi de franchir la rivière, et tu as subi des pertes.

Ces reproches étaient justes. Aleksandro se demandait seulement quel châtiment l'attendait ; si c'était la mort, il en déduirait que Dieu avait accepté l'épreuve proposée : il y a plus d'une manière de se faire tuer. Il aurait préféré que ce fût avec honneur, mais Dieu résout comme il l'entend les problèmes qu'on lui pose. Il répondit :

— Je suis prêt à mourir, voïvode.

Chouïsky ne se sentait pas assez sûr de lui-même pour punir un homme qui jouissait de la confiance de son frère.

— Voyons, voyons, j'ai plaisanté, dit-il précipitamment. Tu n'as pas livré le fortin, et la plus grande partie de l'avant-garde est intacte. Je te proposerais bien d'en reprendre le commandement, mais je pense qu'il y a mieux à faire pour un homme de ton expérience dans ce qui touche au renseignement. Mon plus grand tracas, en ce moment, c'est le nombre des déserteurs. L'armée fond à vue d'œil.

— Et le secret n'est plus possible, parce que certains déserteurs passent à l'ennemi ?

— Précisément. Trouve-moi un moyen d'enrayer ce mouvement.

Cela n'arrangeait pas Psar. On était déjà à la moitié du mois qu'il s'était donné pour mourir et le pourchas des déserteurs n'est pas un métier dangereux. Mais il était soucieux aussi de ne pas tricher avec son épreuve : obéir aux ordres reçus faisait partie du règlement.

Il alla traîner dans les unités, profitant que, dans l'armée, on ne le connût pas.

Les hommes parlaient librement. Dmitry Chouïsky n'était ni respecté ni même craint : on le considérait comme un personnage maléfique qui ne pouvait que perdre l'armée. Personne ne dit à Psar : « Je déserterai demain », mais manifestement chacun y pensait, surtout ceux qui avaient entendu parler de la candidature de Vladislav au trône de Russie : « À quoi bon nous battre avec les Polonais aujourd'hui, si nous nous trouvons sous la même couronne demain ? »

Psar voulut savoir ce que l'on pensait du tsar Vassily et le critiqua, pour voir les réactions. L'opinion des streltsi tenait en une phrase : « Ce n'est pas un tsar. — Comment, ce n'est pas un tsar ? Il est oint ! — Il est peut-être oint, mais ce n'est pas un tsar tout de même. » Ces propos, qui les auraient fait noyer à Moscou, ils les tenaient ouvertement à l'armée, considérant qu'il ne pouvait rien leur arriver de pire que de guerroyer les Polonais.

Psar fit aussi son enquête chez les mercenaires étrangers, parmi lesquels les déserteurs ne manquaient pas non plus. Auprès du premier feu de camp, il trouva un homme qui n'appartenait pas à l'armée : il parlait très vite dans une langue étrangère et agitait un parchemin.

— Saisissez-vous de lui ! commanda Psar.

On obéit.

Ce fut La Gardie qui lut le libelle rédigé en français : *Il n'y a jamais eu d'inimitié entre nos couronnes,* écrivait Jolkewski aux contingents étrangers : français, allemands, écossais et suédois. *Nos rois ont toujours vécu en bonne intelligence. Est-il juste que, n'ayant point été offensés par nous, vous secouriez nos ennemis héréditaires, les Russes ? Voulez-vous être nos amis ou nos ennemis ? Choisissez. De notre côté, nous sommes prêts pour ceci comme pour cela. Adieu.*

— Que faut-il faire de cet homme ? demanda Chouïsky en grattant son menton fuyant.

— Le pendre pour que Jolkewski ne nous en envoie pas d'autres, répondit Psar.

*

Un nouveau conseil de guerre décida de passer à l'offensive. Chouïsky avait encore quatre ou cinq fois plus d'hommes que Jolkewski, mais cette supériorité fondait de jour en jour : il fallait en profiter tant qu'elle durait.

L'armée russe fit donc mouvement vers Klouchino et s'établit pour passer la nuit, avec, derrière elle, une forêt et, devant, une plaine verdoyante où deux hameaux mettaient deux taches brunes. Entre la forêt et les hameaux, on planta hâtivement une palissade et on construisit en outre un retranchement devant servir de poste de commandement. Content d'une marche réussie et de toutes ces précautions, Chouïsky donna une grande fête à ses principaux officiers et, ayant bien bu, se mit à délirer stratégie et tactique : on prendrait le train des équipages adverses par le flanc, expliquait-il, on le culbuterait, on réduirait Jolkewski en poudre. Psar écoutait le gros petit magot aux jambes grêles et ne parlait pas. On alla se coucher tard.

Sandro, qui n'avait pas participé au festin, dormait

par terre depuis plusieurs heures, un sac de selle pour oreiller, quand des appels de trompettes et des roulements de tambour déchirèrent son sommeil. Il se dressa. De grandes flammes montaient à l'horizon : Jolkewski s'était approché dans le plus grand silence et avait mis le feu aux deux hameaux. Signaux et marches militaires résonnant dans la nuit donnaient du courage aux Polonais et plongeaient les Russes dans la panique. Sandro sauta sur ses armes. Autour de lui, vacarme, tumulte, tohu-bohu : « On sellait sa culotte et on mettait son cheval »...

Cependant les étrangers de La Gardie s'étaient portés sur la palissade et la défendaient âprement. La nuit se dissolvait, mais la fumée de la fusillade se mêlait aux brouillards de l'aube. Sandro retrouva non sans peine, à l'aile gauche du dispositif, la centurie à laquelle il avait été affecté, composée de jeunes recrues qui voyaient le feu pour la première fois.

— M'est avis qu'on est tous déjà morts, lui dit son voisin. Il n'y a plus qu'à faire venir le pope pour chanter *Mémoire éternelle*.

Le soleil se leva. On vit que la palissade tenait toujours grâce à La Gardie, mais on ne recevait aucun ordre parce que Chouïsky ne savait quels ordres donner. Il faisait de plus en plus chaud. Les mouches et les taons se plaquaient sur les museaux des chevaux et les mains des hommes. On ne cessait de les chasser, et les chevaux virevoltaient d'exaspération. La mousquetade craquetait. Sandro avait envie de racheter la défaite de l'autre jour. Il flattait l'encolure de Soumassachol pour le calmer. Il se demandait où était son père.

Une sonnerie sur la gauche. Sandro se haussa sur ses étriers. Entre les têtes des cavaliers placés devant lui, il vit un régiment de cavalerie ennemi, qui, contournant la palissade, fonçait au petit trot sur le dispositif russe.

— Voilà, ça commence, se dit Sandro, nous allons nous battre.

Il jeta un coup d'œil à son voisin qui se signait la

poitrine à coups menus et précipités. Le petit trot se transforma en grand trot. On distinguait maintenant les moustaches féroces sous les chapeaux à plumes et soudain mille sabres brandis brillèrent dans le soleil tandis que les chevaux passaient au galop et que des cris farouches montaient au ciel.

« Alors ? s'impatientait Sandro. Quand allons-nous contre-attaquer ? »

On ne contre-attaqua pas et la première ligne russe ne soutint pas le choc. Un cavalier épouvanté tourna bride, tous suivirent pêle-mêle. Sandro fut entraîné dans le mouvement, et toute sa centurie, lancée à fond de train, vint donner dans les éléments d'infanterie disposés derrière elle. Sandro vit des bouches ouvertes de fantassins et sentit les sabots de son cheval broyer quelque chose de mou. Tout galopant, il pleurait de honte et de rage. Derrière, les Polonais avaient ralenti, ne se souciant pas de pénétrer dans le dispositif russe dont certains éléments tenaient encore. Les fuyards eurent le temps de gagner le retranchement où Chouïsky, impuissant, se tordait les mains.

Aleksandro Psar, cependant, qui n'avait pas de fonction précise sauf de mourir si seulement il y réussissait, avait couru à la palissade pour se battre avec la seule troupe qui lui semblât sûre : celle des mercenaires étrangers. Jusqu'à la fin de la matinée, ils réussirent à contenir la masse adverse, qui s'infiltrait par les brèches. La fusillade ne cessait pas, et, de temps en temps, sur l'ordre de La Gardie, les défenseurs quittaient leur refuge pour faire une sortie et repousser les Polonais. Aleksandro fut de toutes : il en revenait le casque bossué par les masses d'armes, la cotte de mailles éraillée par les lattes, mais sans une éraflure sur son corps voué à l'épreuve. Alors il commençait à avoir peur non pas de mourir mais de ne pas mourir : on ne tente pas Dieu en vain.

Vers midi, sur un monticule qui dominait la plaine on vit paraître Jolkewski lui-même. Il ôta son chapeau à plumes qu'il tendit à un aide de camp, puis il fit le signe de la croix à l'envers, leva les bras au ciel, et prononça une prière que les Russes ne pouvaient entendre, mais dont ils devinaient le sens : le voïvode priait Dieu de lui donner la victoire. Après quoi, remettant son chapeau, il fit avancer deux fauconneaux qui venaient d'arriver et dont les boulets eurent tôt fait de renverser la palissade. L'infanterie polonaise attaqua en rangs serrés. La Gardie fit donner sa cavalerie qui, d'abord, repoussa les attaquants par une salve de mousqueterie, mais comme elle faisait demi-tour pour recharger, les Polonais l'attaquèrent par derrière. Mise en fuite, elle vint heurter les Russes rangés devant le retranchement de Chouïsky, et les Russes se débandèrent.

La Gardie, passant devant le retranchement, cria à Chouïsky :

— Contre-attaquez, Pâques-Dieu ! Vous avez des troupes fraîches là-dedans.

Mais Chouïsky demeurait barricadé derrière ses rondins.

— Si les Russes ne veulent pas se battre, nous non plus !

Les étrangers se rendaient par centaines ou se cachaient dans les bois.

La Gardie essaya de rameuter quelques obstinés, en trouva peu. Il hésita. Son regard tomba sur Psar.

— Tiens, dit-il en français, il y a encore un Moscovite qui veut se battre. Ce doit être le seul. Il ne nous reste plus qu'à parlementer.

8

Aleksandro n'avait plus rien à faire avec les étrangers : il retourna au retranchement. Dmitry Chouïsky, secoué de tics et de tremblements, ne savait quelle décision prendre :

— Les étrangers vont nous trahir. Nous sommes perdus.

— Il y a encore une chance de gagner en contreattaquant, dit Psar, sans trop y croire, car tous les visages étaient exsangues autour de lui et personne ne pensait plus qu'à survivre jusqu'à la nuit.

À ce moment, on vit Jolkewski, à la tête de quelques cavaliers, se diriger vers La Gardie qui, sortant du bois avec plusieurs des siens, trottait paisiblement à sa rencontre.

Alors chacun comprit que la défaite russe était consommée, et les dos russes se tournèrent d'eux-mêmes vers l'ennemi, et les jambes russes entrèrent en action, et les chevaux russes galopèrent, entrechoquant épaules, croupes et poitrails, et, en quelques instants, de toute l'armée russe il ne resta que des amoncellements d'objets de prix sur lesquels, quelques instants plus tard, se ruèrent les Polonais.

Pendant ce bref interrègne, ces objets demeurèrent seuls, ayant perdu maître et signification, donnant assez bien l'image de la Russie tout entière... Le carrosse armorié de Chouïsky resta là, les brancards levés au ciel, et son sabre à poignée d'or traînant par terre, et sa masse d'armes damasquinée abandonnée sous une roue, et son drapeau princier planté dans le sol. Les canons restèrent là aussi, bouches à feu braquées sur le néant, et les armes précieuses, les kaftans, les cuirasses, les bottes de rechange, la vaisselle plate ciselée, vingt mille roubles en zibelines, que Dmitry Chouïsky venait de recevoir pour payer ses hommes, et enfin les chariots où charger tout cela. Déjà attelés.

La prière de Jolkewski avait été entendue par le dieu Sabaoth.

L'un des quarante mille fuyards russes était le voïvode prince Dmitry Chouïsky, frère du tsar.

N'ayant plus d'autre ambition au monde que de continuer à respirer et à digérer pendant quelques dizaines d'années, il galopait à bride abattue, dépassant la plupart de ses subordonnés grâce à la qualité de son hongre mecklembourgeois, mais talonné par les Psar, le père et le fils qui s'étaient retrouvés dans le retranchement et qui escortaient leur commandant en chef par une habitude militaire de sacrifice que rien ne justifiait plus. Chouïsky montait mal, s'orientait mal. Il se jeta bientôt dans un marécage où aucun cheval ne pouvait galoper. La marche même était si difficile entre les troncs d'arbres morts et les trous d'eau que les Psar descendirent de leurs montures qu'ils guidèrent par la bride, avec de l'eau tantôt aux chevilles, tantôt aux hanches. Des bécassines effrayées s'enfuyaient en zigzag. Le voïvode s'entêta à monter son cheval et à le pousser aussi vite que possible.

— Voïvode, tu le crèveras ! lui cria Psar.

Chouïsky cravacha dc plus belle. L'eau volait en gerbes autour de l'animal pantelant, s'étouffant, s'arrêtant, repartant sous les coups de cravache qui lui ensanglantaient les flancs. D'abord le père et le fils ne virent plus le voïvode, mais ils continuèrent à le suivre au bruit qu'il faisait. Puis, par-devant, le bruit cessa. Derrière retentissaient les coups de grâce et les appels des Polonais poursuivant les vaincus pour les achever un à un :

— J'en ai déjà eu six ! criait l'un.

— J'en suis au onzième, répliquait un autre.

En marchant droit devant eux, les Psar rejoignirent le voïvode. Il se tenait adossé à un arbre et regardait son superbe mecklembourgeois gisant à ses pieds, la tête et le corps dans l'eau et la jambe postérieure gauche battant encore en l'air comme s'il courait... comme s'il courait de moins en moins en vite... et puis cessant de courir pour toujours.

— Donne-moi ton cheval, ordonna le voïvode à Sandro.

Il n'y avait rien au monde à quoi Sandro tînt plus qu'à Soumassachol, ce cheval qu'il tenait pour fée, pour béni de Dieu. Mais il était soldat et c'était le voïvode qui commandait. Il s'avança.

— Non, dit Psar.

— Je vous ferai empaler tous les deux.

— Il nous serait facile de t'en empêcher, voïvode. Si ton corps est jamais trouvé, qui n'attribuera ta mort aux Polonais ?

Chouïsky ne répondit rien.

— Je n'ai pas pitié de toi, reprit Psar. Cependant je ne te tuerai pas, parce que Dieu veut peut-être que ce soit toi qui me tues et je dois lui donner sa chance. Mais je ne te laisserai pas prendre le cheval de mon fils qui, lui, a le droit de vivre, et je ne te donnerai pas le mien non plus parce que tu mérites de mourir. Marche. Si tu es attaqué, nous te défendrons parce que tu es le voïvode que nous a donné le tsar Vassily…

Et il ajouta ces mots blasphématoires :

— *Maudit soit-il !*

« Ce ne sont pas là des mots qui restent sans trace dans le tissu du monde », pensa Sandro avec frayeur.

Ils marchèrent, pataugeant dans l'eau, se heurtant aux souches, s'écorchant aux ronces, mais n'entendant plus de bruits de poursuite : même les plus sanguinaires des Polonais n'avaient pas voulu manquer leur part de butin et étaient retournés au train des équipages.

À la nuit, les trois rescapés sortirent du marécage et trouvèrent un hameau où le voïvode acheta une haridelle de paysan sur laquelle il se hissa.

— Je pense, dit-il avec sarcasme, que nos chemins se séparent ici.

— Non, fit encore Psar. Nous t'escorterons jusqu'à Mojaïsk où sont tes troupes de réserve.

Chouïsky le regarda sans comprendre :

— Tu tiens donc à mourir ?

Psar ne répondit pas.

Ils chevauchèrent par les bois et les prés, buvant l'eau des rivières, mangeant la viande d'un chevreuil qu'abattit Sandro, dormant à la belle étoile, les Psar prenant le quart à tour de rôle, pour garder le voïvode et pour se garder du voïvode. On ne se parlait pas. On n'avait rien à se dire que des choses atroces que chacun savait que les autres savaient. Quelquefois Chouïsky pleurait à grands sanglots baveux : on ne savait pas si c'était de fatigue ou de remords.

Un soir, on arriva devant Mojaïsk. Avant d'atteindre les sentinelles avancées, Psar arrêta le petit cortège :

— Fils, dit-il à Sandro, retourne à Moscou et attends-moi sept jours. Demeure caché. Si je ne reviens pas, va voir le patriarche Guermoguène, dis-lui tout et obéis-lui en tout.

Sandro plissa son jeune front :

— Mais père, s'il me commande de me faire moine ?

— Il ne te commandera pas cela. Il se rappelle trop qu'à ton âge il était un hardi cosaque.

Sandro descendit de cheval, se prosterna devant son père et, à la russe, lui dit non pas « adieu », mais « pardon ».

— Pardonne-moi aussi, mon fils.

Sandro s'éloigna au trot : il contournerait Mojaïsk pour gagner Moscou. Ce soir ou demain, après-demain au plus tard, luirait la nouvelle lune et son père serait sans doute mort. Non pas tué par l'ennemi en un combat honorable, mais supplicié par les bourreaux de Chouïsky.

« Je n'aurais pas agi comme mon père, pensait Sandro en trottant dans le crépuscule. Je ne me serais pas donné un mois pour éprouver la volonté de Dieu. J'aurais prié, réfléchi, je me serais confessé, j'aurais communié et ensuite j'aurais pris ma décision. Je n'aurais pas non plus laissé la vie sauve au voïvode. Et je ne serais pas entré dans Mojaïsk avec lui. Est-ce parce que mon père est plus tartare que moi qu'il préfère que les résolutions lui arrivent plutôt que de les prendre ? »

Aussitôt Sandro parti, Aleksandro était descendu de son beau cheval noir et avait dit :

— Prince, tu ne dois pas te déshonorer devant ce qui reste d'armée. Prends mon cheval et je te suivrai sur ta rosse.

Chouïsky ne comprenait toujours pas. Il l'avoua :

— Je ne comprends pas ce qui se passe dans ton cœur.

— Souvent, je ne le comprends pas moi-même, mais je fais les choses comme elles me semblent devoir être faites.

Ils échangèrent leurs chevaux.

À la première sentinelle qui leur fit des sommations le voïvode révéla qui il était. Dizeniers et centeniers accoururent pour l'escorter. On le croyait mort et le voilà vivant ! Certains osèrent lui poser des questions :

— Et maintenant, prince ? Que nous reste-t-il à faire ?

Il secouait la tête :

— Mendier la miséricorde des Polonais.

Le cortège traversa la ville et Aleksandro, sa haridelle pie entre les jambes, pensait à mille choses qui n'avaient qu'un rapport lointain avec sa situation présente. L'avenir de la Russie, l'avenir de Sandro surtout le préoccupaient : comment vivrait le garçon s'il ne trouvait pas de tsar à servir ? Psar pensait aussi à sa femme, concubine de ce seigneur Khichtch qui la traitait peut-être mieux qu'il ne l'avait fait lui-même. Par moments, cependant, il se demandait, avec plus de curiosité que de crainte, de quelle mort le voïvode le ferait mourir. Que cette mort fût à peu près certaine, il en était presque soulagé : il ne serait pas forcé d'aller jusqu'au bout de la malédiction qu'il avait prononcée contre son souverain.

On arriva au palais du gouverneur. Chouïsky, qui avait les jambes brèves, descendit du cheval noir avec l'aide de ses officiers. Psar sauta de sa rosse.

— Reprends ton cheval, lui dit Dmitry Chouïsky. Et qu'on lui en donne un autre de mes écuries, celui qu'il voudra.

Il prit Psar par le bras et l'entraîna à l'écart :

— Pendant toutes ces journées et ces verstes, comme je chevauchais derrière toi et que je regardais ton dos, je ne vivais que d'un désir : te faire bâtonner à mort ou peut-être bouillir vivant... Je salivais à l'idée des supplices que j'allais t'infliger, toi qui as osé me désobéir et maudire mon frère. Mais quand tu as voulu que je n'entre pas dans Mojaïsk sans honneur, moi qui ai perdu le mien sur le champ de bataille, j'ai compris que tu avais raison de me haïr. Or, tu ne m'as pas tué dans le marais, et, si tu ne m'y avais pas suivi, je n'en serais jamais sorti vivant, puisque je ne sais pas lire les étoiles ; j'aurais fini noyé, ou mort de faim, ou peut-être assassiné par les Polonais.

« Je suis un mauvais voïvode, mais je ne suis pas un mauvais homme. Pas plus mauvais que la plupart en tout cas. Lâche, pour ça oui. C'est par lâcheté que j'ai épousé la fille de Malouta, quand je savais que c'était une mauvaise femme, mais qui pouvait avancer mes affaires auprès du tsar Ivan. C'est par lâcheté que j'ai accepté de commander l'armée, parce que le tsar Vassily avait peur de la confier à un autre. C'est par lâcheté que, cette armée, je l'ai perdue. Tous les tués de Klouchino se tiennent en ce moment devant le Seigneur Dieu et ils m'accusent de leur mort avec raison. Crois-tu que ce soit là un fardeau léger à porter ? Pourquoi y ajouterai-je encore celle d'un homme qui m'a sauvé la vie ? Tu vois, je te parle comme si tu étais mon confesseur, bien que je sache que je ne serai jamais quitte envers la Russie. Mais envers toi, Aleksandro Psar, je veux être quitte. Je te tiens entre mes mains et je te fais grâce. Dis-moi que nous sommes quittes et va servir qui tu voudras, puisque tu as la rage de servir.

Aleksandro regarda longuement le gros petit voïvode aux vêtements déchirés, sans armes, la tête nue, mi-chauve mi-échevelé, la barbe comme un torchon mouillé, l'expression suppliante, les yeux pleins d'eau :

— Nous sommes quittes.

Le voïvode parut un peu soulagé :

— Dieu soit avec toi.

Psar alla choisir à l'écurie le meilleur cheval qu'il put trouver et le fit seller. Le sien, fatigué, suivrait à la longe. Ne voulant pas s'attarder dans Mojaïsk — le voïvode pouvait revenir sur sa décision —, Psar en sortit par la porte de Moscou. Il changea d'allure plusieurs fois, pour bien maîtriser son rouan et, pour finir, le mit à un trot bien cadencé. La nuit tombait.

Aleksandro contournait une colline boisée, toute noire, et découvrait la plaine qui s'étendait au-delà, lorsque cette plaine indistincte, vaporeuse, se teinta soudain de reflets d'étain et que, mince comme un copeau, transparente comme un cristal, la lune nouvelle s'éleva au-dessus de l'horizon à la façon d'un cerf-volant.

9

Sandro connaissait mal Moscou, mais son père ne l'avait pas laissé quitter la capitale sans lui indiquer une de ses retraites secrètes : la maisonnette d'un Tartare qui avait perdu une jambe en combattant sous les ordres d'Aleksandro et partant le vénérait. Sandro atteignit Moscou à l'heure où les streltsi posaient les chaînes au travers des rues ; les cloches sonnaient la fin des vêpres et les vergers emplissaient l'air d'odeurs de fruits blets ; le quartier de Zamoskvorétchié s'apprêtait à dormir.

Sandro pousse la porte discrète qui semble mener à une cave, descend trois degrés et s'arrête, stupéfait : son père, qu'il croit mort ou au fond d'une prison, se tient devant lui dans la pénombre de l'escalier, le sabre nu à la main, différent de lui-même, presque un archange déjà plutôt qu'un homme :

— Tu es arrivé avant moi !

Un soupçon de sourire sur les lèvres cuivrées d'Aleksandro :

— J'ai encore un peu plus d'expérience que toi. Et deux très bons chevaux.

— J'ai aussi un très bon cheval, dit Sandro, vexé pour Soumassachol.

Et puis :

— Père, tu es vivant !

Le père ouvre les volets du soupirail :

— Viens voir.

Sandro regarde. À gauche de la fenêtre, la frange du ciel est encore cramoisie ; à droite, un croissant de lune aiguisé semble avoir crevé l'horizon.

— Je suis vivant et la lune se lève, dit Aleksandro

Psar. Suis-moi : ce soir, nous allons jusqu'au bout de la volonté de Dieu sur moi.

Ils marchèrent longtemps, franchirent le pont sur la Moskva, contournèrent le Kremlin, furent interpellés de temps à autre par des streltsi, auxquels Aleksandro donna le mot de passe, et arrivèrent devant une maison où ils furent admis.

Prokop Féodorytch Lapounov, celui-là même qui avait voulu faire un tsar de Mikhaïl Skopine, se tenait dans sa grande salle. Aussitôt les prières faites et les salutations échangées, il darda sur Psar le regard de ses yeux profondément enfoncés :

— Aleksandro Ivanytch, tu t'étais fait annoncer, mais qui est l'adolescent qui t'accompagne ? Tu sais qu'en nous attaquant à Nabuchodonosor, nous ne jouons pas seulement notre vie, qui n'est pas à nous de toute manière, mais le salut de notre âme.

— Je ne l'ignore pas. Cet adolescent est mon fils Sandro, et c'est par lui que j'ai su quelle démarche tu avais faite auprès du prince Skopine. C'est pourquoi, Prokop Féodorytch, je t'ai choisi.

Un silence. Prokop griffait sa barbe drue.

— Je vois, dit-il enfin. C'est le varlet qui nettoyait de l'argenterie dans la pénombre. As-tu parlé à quiconque de cette visite, mon gaillard ?

— À mon père seul, Prokop Féodorytch, répondit Sandro fermement.

Et il s'inclina avec une grâce encore adolescente mais déjà digne.

— Qu'attends-tu de moi, Aleksandro Ivanytch ? demanda Prokop. Je te connais de réputation, ou plutôt je sais qu'on chuchote bien des choses sur toi.

— Je t'apporte des nouvelles de l'armée.

— Nous les avons déjà. L'armée russe battue sans s'être battue, la pire des hontes. Quant au Filou, il a décidé de remettre le siège devant Moscou avec l'aide de Zaroutsky et, paraît-il, de Sapéga. En sais-tu davantage ?

— Oui : l'armée russe ne se battra pas tant que Dmitry Chouïsky sera voïvode.

— Tu es un homme étrange, Aleksandro Ivanytch.

On sait à peine d'où tu sors, et pourtant deux tsars t'ont écouté et tu as abattu le faux Dmitry de ta main. Que proposes-tu ?

Aleksandro regarda les icônes, se signa et dit :

— Le souverain Vassily Ivanytch Chouïsky ne doit plus régner.

Les grosses mains de Prokop Lapounov se posèrent sur les épaules d'Aleksandro :

— Fort bien. Si un fidèle comme toi en est arrivé devant Dieu aux mêmes conclusions que moi, c'est que le temps est venu d'agir. Vassily ne peut plus régner parce qu'il ne règne plus. C'est comme cela que les choses se passent en matière d'autocratie, et non à l'envers, comme le croient les sots.

10

Le lendemain, la noblesse moscovite se réunit à ciel ouvert devant les portes de l'Arbat, et Prokop Lapounov parla :

— Frères et sœurs, je ne m'adresse pas à vous en mon seul nom. Toute la terre de Riazan qui, comme vous savez, m'obéit, et les gentilshommes qui m'entourent, parmi lesquels Aleksandro Ivanytch Psar, qui a rempli tant de missions pour nos souverains, nous pensons tous mêmement, puissent le Seigneur Jésus-Christ et sa Très Pure Mère nous venir en aide.

« Vassily Ivanytch Chouïsky a pris le pouvoir par cautèle, et vous voyez le résultat de son illégitimité. Des soldats russes meurent pour rien, d'autres ne veulent plus se battre. Nous sommes pressés à droite et à gauche : Sigismond d'un côté, le Filou de l'autre. Parmi nous, la discorde règne : le père meurtrit le fils et le fils le père. Le sang chrétien coule en vain. Allons nous prosterner devant Vassily Ivanytch et, au nom de toute la terre russe, supplions-le de quitter le trône. Mais avant cela, pour que la terre russe soit véritablement une, écrivons aux partisans du Filou :

qu'ils déposent leur tsarik et qu'ils s'allient avec nous pour lutter contre l'envahisseur.

Acclamations. Seul Psar se taisait, ce qui déplut aux autres :

— Aleksandro Ivanytch qui est si plein d'astuce aurait-il une autre proposition ? demanda Prokop.

Aleksandro hocha la tête en silence.

— Nous vivons un temps où le pire doit être le meilleur. Finissons-en.

La proposition fut rédigée par un scribe. Elle était adressée au prince Troubetskoï, le plus grand seigneur à être passé au service du faux Dmitry.

— Qui portera le parchemin aux boyards du Filou ? demanda Prokop.

Un projet se forma aussitôt dans l'esprit de Sandro qui s'entendit répondre :

— Ce sera moi, si mon père le permet.

Aleksandro le laissa partir non sans hésitation pour le camp où servait Sergo : il lui déplaisait que l'oncle et le neveu pussent se revoir, mais, à la veille d'une réconciliation possible entre tous les Russes, il ne se sentait plus en droit d'y mettre obstacle.

Trois jours plus tard, chevauchant à la rencontre du Filou qui, de Kalouga, marchait sur Kolomna, Sandro rencontra l'avant-garde cosaque et déclara qu'il avait un message pour le prince Troubetskoï. On le laissa remonter le convoi : on avait l'habitude des « oiseaux migrateurs ».

Sous un soleil lourd, les fantassins, les cavaliers, les fourgons se succédaient, broyant des tourbillons de poussière sous les pieds, les roues et les sabots. Sandro suivait le bord de la route ou caracolait à travers champ, selon le cas. De temps en temps, il demandait respectueusement à un centenier comment faire pour trouver le prince, mais, pour le moment, il n'avait d'autre intention que de tromper son monde : ce n'était pas encore Troubetskoï qu'il cherchait. Lorsqu'il eut reconnu de loin celui qu'il venait voir, il s'écarta, attendant un moment propice pour l'aborder.

Le soir, on s'arrêta et on dressa le camp. Des feux

de bois s'allumèrent comme des lucioles. Des tentes se déployèrent, des couvertures se déroulèrent au sol, des odeurs de rôti montèrent vers les étoiles, des chansons retentirent çà et là, et des cliquètements de dés agités dans des cornets. Dans la nuit d'été, la lune, qui grossissait de jour en jour, s'éleva victorieusement.

Alors Sandro approcha d'un paladin couché dans l'herbe, la nuque posée sur les deux mains réunies, les yeux grands ouverts et les lèvres remuant doucement dans sa barbe blonde.

En pleine prière, Sergo sentit une présence. Il tourna les yeux, se mit sur son séant :

— Sandro, est-ce toi ? Si grandi, si forci ? Eh bien, embrasse ton oncle !

Sandro ne bougea pas.

— Mon père dit que je n'ai plus d'oncle. Que tu es un traître.

— Alors que viens-tu faire ici ?

— Savoir si je pense comme lui.

Qu'un fils osât penser différemment de son père était choquant, mais Sergo se savait loyal. Il soupira et ferma les yeux un instant. Il était las de cette Russie où l'on passait pour traître aux yeux de son propre frère alors qu'on ne respirait que fidélité.

— Et comment le sauras-tu ?

— Je le saurai quand j'aurai compris pourquoi tu te bats pour le Filou. Penses-tu vraiment qu'il soit le vrai Dmitry ?

— Il n'est ni le vrai ni même le faux, et je ne me bats pas pour lui. Je sers la tsarine Marina.

La face de Sandro s'éclaira :

— Alors, tu ne souhaites pas que le Filou règne sur la Russie ?

— Dieu nous en préserve !

— Voilà ce que mon père ne sait pas, et c'est pourquoi, je pense, il t'a renié. Mais je lui apprendrai la vérité et nous formerons de nouveau une vraie famille. En attendant, je puis donc te dire pourquoi je suis ici.

Sandro s'assit près de son oncle :

— La noblesse de Moscou a décidé qu'aucun faux

tsar ne régnerait plus sur la Russie. Elle va demander à Vassily Chouïsky de quitter le trône, et vous autres, de votre côté, vous devez déposer le Filou. Après nous nous réunirons et nous choisirons un vrai tsar : le Grand Tsar Blanc, qui boutera les Polonais hors de Russie. Dis-moi où je trouverai le prince Troubetskoï pour lui remettre cette lettre ?

Sandro tira de son kaftan le parchemin roulé.

Un flot d'images traversa la tête de Sergo. Les Russes du Filou se révoltant contre lui, Zaroutsky se mettant de leur côté avec ses cosaques, exterminant les Polonais de Sapéga, parvenant jusqu'à la tente tsarienne... Qu'adviendrait-il de Marina ? Il la vit aux mains de la canaille qui, pour le moment, l'acclamait. Elle, la femme de Dmitry confiée à lui, Sergo. Pouvait-il permettre cela ? Si ce parchemin était arrivé providentiellement à sa portée, n'était-ce pas un signe divin lui indiquant ce qu'il devait faire ?

Si fort que Sergo détestât mentir, il répondit calmement, et d'abord pour gagner du temps :

— Donne-moi la lettre. Je la remettrai au prince moi-même. As-tu mangé ? Où as-tu laissé ton cheval ? L'as-tu nourri ?

— Il paît près du sapin, là-bas. Mais un peu d'avoine ne serait pas de refus. Et moi-même je n'ai rien mangé de la journée qu'un morceau de pain.

— Eh bien, on va s'occuper de tout cela, dit Sergo avec un sourire engageant qu'il détestait lui-même. Bois-tu déjà de la vodka ?

Se levant, il fourra le parchemin roulé dans son kaftan. Il avait horreur de tromper si adroitement ce neveu qu'il aimait ! Mais, lorsqu'il lui eut trouvé de l'avoine, un reste de gigot, une bouteille de kvas et qu'il l'eut installé pour dormir au pied d'un arbre, il constata que sa décision s'était prise en lui : il ne pouvait assumer le risque d'une révolte qui mettrait en danger la tsarine Marina. Il se rendit à la tente tsarienne.

Dmitry et Marina ne dormaient pas. Mi-couchés mi-assis dans leurs draps, ils jouaient aux échecs à la lueur d'une bougie : c'était Marina qui donnait des leçons à son mari ; il ne restait que quatre pièces sur l'échiquier.

— Attention, disait Marina, quand la situation est désespérée, il te reste encore une chance. C'est que ton adversaire se détruise lui-même par inattention : cela s'appelle un pat. Il faut l'y forcer.

Sergo les regarda. Cette femme à qui il allait sacrifier son honneur partageait la couche de ce fripon maigrelet aux oreilles pointues, sur le visage odieux duquel pesait le masque d'une défaite certaine.

— Tsarine, dit-il — il affectait de ne jamais s'adresser au tsarik —, j'ai ici une lettre dont tu voudras sans doute prendre connaissance.

Il tendit le rouleau. La manche large de Marina découvrit un beau bras. Elle brisa le sceau, déroula le parchemin, l'étala sur le drap. Dmitry se pencha aussi sur la feuille, leurs cheveux s'emmêlèrent.

Ayant lu, Dmitry donna un coup de poing sur la feuille :

— Avant tout, il faut que le messager soit pendu ! Sergo, donne des ordres.

Depuis qu'il régnait sans l'aide de Rojinski, Dmitry avait découvert la joie de pendre et il ne s'en privait pas.

Sergo eut à peine le temps de se demander comment il sauverait son neveu. Marina mettait déjà la main sur le poignet de son mari :

— Non, Dmitry. (Elle l'appelait Dmitry !) Il y a mieux à faire. Ne vois-tu pas que la noblesse de Moscou va te débarrasser de Vassily sans que tu aies rien à faire ? Ce messager, il faut le renvoyer à ses maîtres avec...

Le lendemain matin, le soleil n'était pas encore levé et une abondante rosée trempait l'herbe, lorsque Sergo réveilla son neveu :

— Voici la réponse du prince.

Sandro secoua la tête pour mieux se réveiller :

— Sais-tu ce qu'il dit, le prince ?

— Je pense qu'il refuse.

— Pourquoi ?

Sergo haussa l'épaule :

— Affaires de princes, trop compliquées pour nous.

11

La réponse de Troubetskoï fut ouverte en présence des conspirateurs groupés autour de Prokop Lapounov et Psar.

Le prince Dmitry Timoféiévitch Troubetskoï à tous les boyards et nobles de Moscou, salut.
Détrônez Vassily et aussitôt nous destituons Dmitry.

Prokop se signa largement :
— La Russie est sauvée.
Aucun des conspirateurs ne connaissait l'héraldique et ne remarqua que les armes mal imprimées sur la cire du sceau n'étaient pas celles des Troubetskoï.
Les conspirateurs demandèrent audience au tsar. De ses yeux rouges qui n'exprimaient qu'une grande fatigue, il cueillit un à un les visages de ses visiteurs, s'arrêtant un instant sur celui de Psar, qu'il tenait pour le fidèle des fidèles.
— Eh bien, messeigneurs ? demanda-t-il d'une voix lasse.
Les conspirateurs n'avaient pas prévu lequel d'entre eux parlerait, et un mélange de respect pour la fonction du tsar et de commisération pour l'homme les fit hésiter. Aleksandro les regarda avec étonnement. Avaient-ils violé l'inviolable pour broncher devant la dernière étape, la plus aisée ?
— Je ne suis ni le plus noble ni le plus savant d'entre vous, fit-il, loin de là, mais au moins je sais pourquoi je suis venu ici. Serait-ce pour rien qu'au péril de notre âme nous trahissons nos allégeances ? Souverain, la Russie n'en peut plus. Faut-il qu'à cause de toi le sang chrétien coule encore longtemps ? Rien de bon ne se fait dans ton empire. Par ta faute, notre terre est divisée, ruinée, vidée. Tu n'es pas devenu tsar par le choix du pays, tu as fait périr maints innocents,

et jusqu'à ton cousin Skopine, notre sauveur. Aie pitié de notre abaissement. Dépose ton sceptre, descends du trône, et nous aviserons par d'autres moyens.

Il parlait d'une voix sourde et ne quittait pas le tsar des yeux.

Le teint couperosé de Vassily rougissait à vue d'œil :

— Qui te permet, fils de chienne, de me dire ce que même mes boyards ne me disent pas ?

Cet homme médiocre mais brave tira un poignard de sa robe de brocart.

Le large Prokop arrêta le tsar par le bras.

— Vassily Ivanytch, pas de jeux de mains ou, avec l'aide du Seigneur et de sa Très Pure Mère, je t'écraserai entre les deux miennes. Quant à nous, sortons et réunissons le peuple.

Ils quittèrent le Térem sans que Vassily osât ordonner à sa garde de les massacrer sur place : il craignait de n'être pas obéi.

Le tocsin sonna.

Montant sur le Lieu-haut qui dominait la place Rouge, Lapounov invita le peuple orthodoxe à se rendre dans la prairie au-delà de la porte de Serpoukhov. La place Rouge, dit-il, n'était pas assez vaste pour contenir tous les Moscovites : or, il ne fallait pas répéter l'erreur qui avait porté Vassily au pouvoir par la volonté d'une fraction de la population.

Les manœuvres, les boutiquiers, les artisans, les clercs, les streltsi, les nobles, les boyards, hommes et femmes mélangés, piétinèrent l'herbe verte. Le patriarche Guermoguène arriva, et tous tombèrent à genoux devant lui. Il invoqua la bénédiction du Seigneur Dieu sur cette assemblée :

— Fais, Seigneur, que ton peuple n'ait aujourd'hui qu'une seule volonté.

Sachant que le Filou serait déposé dès que le tsar aurait quitté la place, les Moscovites ne souhaitaient qu'une chose : qu'après quatre ans d'un règne malheureux Vassily abdiquât. Pas une voix ne s'éleva pour le défendre. Lorsque Lapounov et ses amis eurent fini de prononcer leurs discours, un grondement unanime monta de la foule :

— Qu'il s'en aille.

Les mandataires du peuple rentrèrent dans le Kremlin et se rendirent dans le Térem aux murs rouge sang, coiffé de son toit à damier rouge et blanc et gardé par sa tour jaune d'œuf. Gardes et serviteurs s'étaient déjà enfuis, abandonnant le souverain déchu.

Les mandataires franchirent la grille d'or ornée d'oiseaux et de poissons fantastiques, ils entrèrent dans le vestibule que nul ne gardait plus que deux lions de porphyre à la gueule ouverte sous une perruque dorée, accroupis de part et d'autre de l'escalier d'honneur. Gravement, pesamment, sachant qu'il leur restait à achever la besogne malpropre qu'ils avaient entreprise, Lapounov, Psar et leurs amis gravirent les marches, passant sous des arcades bleues, vertes, mauves, décorées de volutes florales. Ils traversèrent l'antichambre du tsar aux deux poêles géants en céramique blanche, jaune et bleue, au plafond voûté sur lequel étaient représentés des séraphins aux six ailes, la salle du conseil, couleur de crépuscule, avec, sur ses voûtes, d'étranges rosaces bleu sourd, vert d'émail et rose soutenu, le cabinet aux aigles bicéphales en culs-de-lampe, et entrèrent dans la chambre. Là aussi, des aigles bicéphales semblaient supporter la pesée des voûtes, tandis que des volutes bleutées couvraient les murs entre les fenêtres losangées de bleu.

Pas de tsar.

Les conspirateurs s'entre-regardèrent. Un hiéromoine au visage mince comme une faucille les accompagnait. Il poussa la porte qui conduisait à l'oratoire. Le tsar et la tsarine se tenaient là, environnés d'une multitude de saints, d'archanges, de martyrs et de confesseurs, ailés, auréolés, la seule garde qui leur restât — mais les anges et les saints ne gardent pas les faux tsars.

— Vassily Ivanytch, dit Lapounov, voilà, c'est fini. Il faut maintenant venir avec nous.

Vassily Chouïsky regarda sa femme. L'un après l'autre, les tsars lui avaient interdit de se marier pour qu'il ne perpétuât pas son sang, le plus noble de la Russie, si bien qu'il n'avait pris femme qu'à plus de cinquante ans, une fois devenu tsar lui-même.

— Maria Pétrovna viendra séparément, précisa Prokop.

— Est-ce la dernière fois que nous nous voyons ? demanda naïvement la tsarine.

Prokop confirma :

— Oui.

— Vassily, s'écria-t-elle, que vont-ils faire de moi ?

Prokop répondit :

— Tu seras nonne au couvent de l'Ascension.

— Et moi ? demanda le tsar qui n'était plus tsar.

— Moine chez nous, au monastère Tchoudov, grimaça le hiéromoine décharné.

— Je refuse !

— Il n'importe pas, dit Lapounov.

On laissa les époux s'embrasser une dernière fois, et puis un groupe impénétrable se forma autour de Vassily.

On sortit de l'oratoire, on traversa en sens inverse la chambre bleutée, le cabinet rose, la salle du conseil aux rosaces, l'antichambre aux séraphins, on descendit l'escalier, on repassa devant les lions, on franchit la grille aux animaux fantastiques.

— Je n'ai peut-être jamais été un vrai tsar, mais je ne serai jamais un vrai moine, dit Vassily.

Personne ne lui répondit.

Un carrosse fermé l'attendait, qui ne s'arrêta qu'au monastère de Tchoudov. On entra dans la lugubre chapelle du monastère. Les cierges allumés ne dissolvaient pas l'ombre accumulée. Un jeune moine, portant sur ses bras écartés une pile de vêtements longs et noirs, traversa la nef.

À cette vue, Vassily frissonna et dit :

— Je ne veux pas.

Les conspirateurs se tenaient à sa droite et à sa gauche, le visage clos sur leur certitude : il fallait tonsurer Vassily pour qu'il ne remontât jamais sur le trône, comme on châtre un mâle pour qu'il n'engendre point.

Des chants s'élevèrent, psalmodiés par des moines invisibles :

— *Ô Christ Sauveur, reçois avec bonne grâce celui qui se réfugie dans ton amour des hommes et s'approche aujourd'hui de ton habit sacré dans d'heureuses dispositions de l'âme. À ce serviteur fidèle qui vient à toi, accorde cet habit divin pour que sa vie soit entièrement transformée et refaite. « Vous qui me suivez, dit le Seigneur, renoncez avec zèle à vos inclinations mondaines, aux parents qui vous ont engendrés, à vos enfants et à vos femmes, à vos frères et à vos amis, à votre fortune et à vos maisons, à votre parentèle et à vos serviteurs, et accédez à la dignité de mes apôtres. »*

Le hiéromoine au visage en faucille avait revêtu ses habits sacerdotaux. Il surgit par la porte Royale. Lapounov pesa sur les épaules de Vassily qui, malgré sa résistance, dut s'agenouiller :

— *Pourquoi,* psalmodia le hiéromoine, les yeux flamboyants sous son mortier noir, *pourquoi, frère, es-tu venu t'agenouiller devant ce saint autel et cette sainte assemblée ?*

— On m'y a forcé, pope, tu le sais bien, répondit Vassily avec mépris.

Les cierges crépitaient, crachant leur excès de cire fondue sur les candélabres d'argent.

— Quand on baptise un petit enfant, dit le hiéromoine, le parrain prononce les réponses à sa place. Qu'il en soit de même ici.

Il tendait un livre noir.

— Je ne sais pas lire, dit Prokop Lapounov.

Aleksandro Psar avait décidé d'aller jusqu'au bout :

— Je lirai.

Il prit le livre des mains livides du hiéromoine qui répéta :

— *Pourquoi, frère, es-tu venu t'agenouiller devant ce saint autel et cette sainte assemblée ?*

— *Je désire la vie ascétique,* déchiffra Aleksandro.

— Je ne la désire pas du tout, dit Vassily.

— *Veux-tu mériter l'Habit angélique et être compté parmi ceux qui vivent comme moines ?*

— *Oui, que Dieu me vienne en aide,* lut Aleksandro.

— Non, que Dieu me vienne en aide ! cria Vassily. (Pour la première fois de sa vie, il avait peur.) Oui, qu'il y vienne, qu'il y vienne !

— *Tu as choisi un labeur véritablement bon et béni, pourvu qu'il soit mené à bien. Est-ce de ton propre chef que tu viens au Seigneur ?*

— Non, vous le savez tous.

— *Oui, avec l'aide de Dieu.*

— *Ce n'est pas par nécessité ni par contrainte ?*

— *Non, révérend père.*

— Je suis contraint, et je refuse.

— *Renonces-tu au monde et aux choses qui sont dans le monde, conformément au commandement du Seigneur ?*

Aleksandro :

— *Oui, avec l'aide de Dieu, révérend père.*

Vassily :

— Je ne renonce à rien, fils de Satan, sois-tu damné dans ce monde et dans l'autre !

Les réponses s'entrechoquaient. Le hiéromoine poursuivait son interrogatoire avec délectation :

— *Demeureras-tu dans le monastère et la vie ascétique jusqu'à ton dernier soupir ?... Demeureras-tu jusqu'à la mort dans l'obéissance de ton supérieur et de toute la fraternité ?... Endureras-tu la souffrance et la pauvreté qu'entraîne la vie monastique, pour l'amour du Royaume céleste ?... Demeureras-tu dans la chasteté, la sobriété et la piété ?*

Et Aleksandro, d'une voix de plus en plus sourde, débitait : *Oui, avec l'aide de Dieu,* tandis que Vassily se débattait :

— Non, non ! Avec l'aide de Dieu, je n'y demeurerai point !

Ensuite, le hiéromoine donna lecture de l'Instruction.

— *Contemple, mon enfant, quelles promesses te sont faites par notre Sauveur le Christ. Les anges, invisiblement présents, prennent note de ta profession dont tu rendras compte au jour de la seconde venue du Seigneur Jésus-Christ. Sache qu'à partir d'aujourd'hui tu es crucifié et mort au monde. Tu dois avoir faim et soif, être nu, souffrir reproches et moqueries et devenir la proie de bien d'autres douleurs par lesquelles se distingue la vie en Dieu. En aucun cas ne regarde en arrière, de crainte d'être transformé en colonne de sel comme la femme de Lot ou de ressembler au chien qui retourne à sa vomissure. Les comptes que tu rendras devant le redoutable et infaillible tribunal du Christ seront plus lourds que précédemment, puisque tu jouis aujourd'hui d'une plus grande grâce. Acceptes-tu de tenir ces promesses jusqu'à la fin de ta vie, par la grâce du Christ ?*

— *Oui, avec l'aide de Dieu.*

— Je n'ai rien promis et ne tiendrai rien !

Le hiéromoine prononça une prière d'accueil dans l'ordre monastique, fit le signe de la croix sur le front de Vassily, pria pour son bonheur futur, posa la main sur l'Évangile :

— *Assure-toi que personne ne te force à venir vers cet Habit. Assure-toi que tu es ferme dans ton désir de te fiancer au grand Habit angélique.*

Aleksandro :

— *Oui, révérend père, je suis ferme.*

Vassily :

— Je repousse cet habit de toutes mes forces.

Par trois fois, le hiéromoine commanda rituellement à Vassily :

— *Prends ces ciseaux et donne-les-moi.*

Vassily ne bougea pas. Aleksandro prit les ciseaux que lui tendait un acolyte et les remit au hiéromoine. Lapounov empoigna Vassily sous les aisselles. Lui tournait sa tête de côté et d'autre pour échapper aux ciseaux que le hiéromoine brandissait en s'approchant à pas menus.

— *Notre frère Vassily reçoit la tonsure au Nom du Père, du Fils et du Saint-Esprit*, prononçait-il, coupant les cheveux de Vassily en forme de croix.

Les mèches crissantes tombaient sur le tapis.

Le chœur chanta *Amen* par trois fois.

Des moines apportaient le Grand Schème. Vassily leur donna des coups de poing et des coups de pied ; ils lui passèrent tout de même l'*imation*, longue soutane noire à manches étroites, tandis que le hiéromoine psalmodiait :

— *Notre frère Barsanuphe revêt le Grand Habit Angélique, tunique de la vertu et de la joie, au Nom du Père, du Fils et du Saint-Esprit.*

Ainsi Vassily apprit-il quel serait son nom à partir de maintenant.

Alors ils lui mirent de force le *pallion*, ample soutanelle à manches larges, « robe d'incorruptibilité et de modestie ».

Puis ils le coiffèrent malgré lui du « casque de l'espérance du salut », le « *koukoulion* d'innocence », mortier décoré d'un voile noir à trois pans marqué cinq fois d'une croix à huit branches, d'une tête de mort, de deux os entrecroisés, d'une lance et d'un roseau supportant une éponge.

Puis ils lui attachèrent l'*analavos*, tablier de cuir noir rappelant que les animaux et les hommes sont voués à la mort et portant les mêmes signes du supplice brodés en rouge, tandis que le hiéromoine psalmodiait qu'au Nom du Père, du Fils et du Saint-Esprit le frère Barsanuphe prenait sa croix sur ses épaules pour suivre Notre Seigneur Jésus-Christ.

Vassily résistait toujours ; les moines ne lui en bouclèrent pas moins autour des reins la ceinture de cuir symbolisant « la continence et la mortification ».

Et enfin, lui soulevant les pieds un à un, ils le chaussèrent de sandales « pour le préparer à l'Évangile de la paix ».

Le chœur chantait :

— *Mon âme se réjouira dans le Seigneur, car il m'a revêtu du vêtement du salut et il m'a habillé de la tunique de la joie. Il m'a couronné comme un marié et comme une mariée il m'a orné.*

Quand ce fut fini, Lapounov relâcha Vassily, qui se tint au milieu de la chapelle dans ses nouveaux vêtements noirs, illustrés de rouge, les bras écartés, sanglotant « Je ne veux pas, je ne veux pas » comme un enfant.

— Voilà, dit le hiéromoine d'un air triomphant en rendant les ciseaux à l'acolyte. Le ci-devant tsar Vassily a revêtu le Grand Schème.

À cet instant, une haute figure sortit du sanctuaire par la porte sud. C'était le patriarche Guermoguène qui avait assisté à la cérémonie du fond du sanctuaire. Tous tombèrent à genoux sauf Vassily qui demeura là, épouvantail foudroyé sur place, pleurant son empire, sa femme, ses richesses et sa vie tant de fois risquée et sauvée pour en arriver à cette prison sans murs où il était enfermé.

— Vassily, dit le patriarche, tu n'es plus tsar et il a fallu prendre des précautions pour que tu ne le redeviennes jamais. Mais tu n'as pas prononcé tes vœux et tu n'as pas revêtu le Grand Schème volontairement. Qui est celui qui a parlé pour toi ?

— Moi, Aleksandro Psar.

— C'est donc toi, Aleksandro Psar, qui t'es engagé envers Notre Seigneur. C'est toi qui es le moine Barsanuphe.

LIVRE V

LA LIE DU FOND

1

— Tu as renoncé à ta propre vie.
— J'y ai renoncé.
— Tu ne t'appartiens plus, mais à Dieu.
— Je ne m'appartiens plus, mais à Dieu.
— Acceptes-tu cela dans la moelle de tes os ?
— Je l'accepte.
— En éprouves-tu du regret ?
— Moins que de soulagement. Il y a longtemps que ma vie m'était à charge.
— Pourquoi ?
— Un cheval fait pour galoper par la vaste plaine n'est-il pas malheureux entravé ? Je suis un homme du tsar et n'ai pas de tsar à servir.
— Maintenant tu serviras le tsar des tsars.
— C'est ainsi que je l'entends.
— Tu aurais dû te confesser avant de prononcer tes vœux. Nous ferons les choses à l'envers. Il n'importe. T'en remets-tu à moi du salut de ton âme ?
— Tu es le patriarche de tous les Russes. Mon salut, tu en es responsable, pourvu que j'y consente.

Guermoguène aspira l'air imprégné d'encens. Son visage ourlé d'une barbe raide sembla se vider de cette vie-ci et s'emplir de l'autre : c'était une fenêtre par laquelle les deux mondes communiquaient.

— À genoux.

Aleksandro s'agenouilla et les icônes qui l'entouraient se haussèrent d'un cran au-dessus de lui, le dominant d'autant plus, l'encerclant, le mitraillant de leur grenaille d'or. Guermoguène récita la prière d'avant la confession, celle qui se termine par *ce que vous lierez sur la terre sera lié dans le ciel, ce que vous délierez sur la terre sera délié dans le ciel.*

— Maintenant, tu dois confesser à Dieu tous tes péchés depuis ta naissance, ceux que tu as déjà confessés et les autres, comme au moment de mourir, car tu es véritablement occupé à mourir à la vie terrestre.

— Comment me souviendrai-je ? J'en ai trop commis.

— Ceux que tu te rappelles. Et que Dieu, qui se les rappelle tous, te pardonne aussi les autres. Mais prends garde de rien celer. Creuse ta mémoire : elle te révélera plus de noirceur que tu n'en soupçonnes.

Aleksandro ne savait où commencer. Guermoguène l'aida, lui rappelant les dix commandements auxquels il aurait pu manquer, les sept péchés qu'il aurait pu commettre, les trois vertus qu'il aurait dû pratiquer.

Né simple cosaque, le patriarche avait accédé à l'élévation spirituelle par des exercices constants, une ascèse contraignante. Il préférait l'esprit à la lettre mais il croyait que, sans la lettre, l'esprit ne fonctionne pas. Tout, dans la religion, était pour lui d'une importance cruciale : la pureté et la charité, les sacrements et les sacrifices, les œuvres et les prières, l'exécution exacte, à point nommé, des signes de croix, des baisements et des prosternations. Il haïssait le laisser-aller pis que le crime et croyait que le péché est de l'essence de la négligence. « Veille », pour lui, était la prescription suprême, et, la prenant dans toutes les acceptions possibles, il avait l'œil écarquillé de l'insomniaque volontaire. C'est sous ce regard térébrant que le serf de Dieu Aleksandro mit son âme à nu, la brossa, la racla, la retourna, en inspecta les anfractuosités, en dénonça les excès et les manques, les duretés et les mollesses, tout ce qui faisait qu'en elle l'image de Dieu n'était pas devenue une ressemblance parfaite. Par compassion, le vieillard l'interrogeait impitoyablement, le trayait de son mal comme on trait un serpent de son venin.

La faiblesse principale d'Aleksandro avait été la luxure, et il demanda s'il devait donner des détails, au risque de profaner cette église de Dieu.

— L'église de Dieu en a entendu d'autres. Tu as forniqué ?

— Oui.

— As-tu commis l'adultère ?

— Oui.

— Avec une femme ?

— Plusieurs. Quelquefois plusieurs en même temps.

— As-tu péché contre la nature ?

— Oui.

— C'est là le plus grave.

Aleksandro osa questionner :

— Pourquoi ?

— Parce que c'est un blasphème de verser la plus noble des liqueurs dans le plus ignoble des récipients.

Et la confession reprit sur d'autres points, tirant au clair les secrets de toute une vie, cataloguant les échecs, établissant les bilans. À mesure qu'il se vidait de ses péchés, Aleksandro épuisé sentait une mutation s'opérer en lui. Les loques du vieil homme tombaient en poudre autour de son âme qui revêtait pièce à pièce le Grand Schème noir de la mort terrestre brodé du rouge de la vie éternelle. Tout en parlant d'une bouche de plus en plus sèche, il s'inquiétait en lui-même de savoir si, à l'issue de ce rite, il vivrait cloîtré dans une cellule, partageant son temps entre la prière solitaire et les offices collectifs, si Guermoguène lui imposerait la prêtrise, si une vie de privations suffirait à nettoyer la boue dans laquelle il s'était complu jusque-là — et, en même temps, il entrait dans le bonheur absolu de l'obéissance et du renoncement. La prière que, tous les soirs de sa vie, dans son lit, à la chasse, au bivouac, entouré de femmes, il avait répétée avant de s'endormir, *Entre tes mains, Seigneur, je remets mon souffle*, il se réjouissait de la pratiquer enfin pour de vrai.

— N'as-tu plus rien à ajouter ? demanda le patriarche au bout de quatre heures de questions.

— Rien, répondit Aleksandro qui ne sentait plus ses genoux sous lui.

L'étole rugueuse s'abattit sur la tête du pénitent comme une cataracte de pureté. À travers l'étoffe, il sentit des doigts musclés imprimer sur son crâne le sceau du Père, du Fils et du Saint Esprit. Il se releva, titubant. Guermoguène le considérait de ses yeux écarquillés :

— Qu'éprouves-tu à cette heure ?

— Je me sens comme un nouveau-né, répondit Aleksandro, regardant autour de lui d'un œil neuf.

Les icônes semblaient s'être rapprochées de lui, comme une famille heureuse de l'accueillir. Il demanda timidement :

— Quand dois-je prendre l'habit ?

— Tu ne le prendras pas. Tu resteras dans le monde où personne ne saura que tu es moine. Tu ne changeras même pas de prénom. Simplement, tu ne consommeras pas de viande et te garderas de tout commerce charnel. Pour le reste, tu continueras tes fonctions auprès des boyards. Tu t'informeras pour le compte du Seigneur Dieu de ce qu'ils font et de ce qu'ils méditent.

— Le Seigneur Dieu ne sait-il pas tout ?

— Lui, oui, mais Notre Humilité a besoin d'être renseignée.

Deux sentiments contradictoires s'émurent dans l'âme d'Aleksandro : l'homme nouveau, qui ne souhaitait plus que l'apaisement de l'esprit dans l'attente du Jugement, était au désespoir à l'idée de se voir de nouveau exposé aux tentations du monde ; le peu qui restait en lui du vieil homme vibrait pitoyablement à l'idée de ces mêmes tentations, et il se dit avec résignation :

« Pour avoir changé de destin, je n'ai pas changé de métier. »

Aleksandro rentra chez lui, fit venir Sandro :

— Mon fils, je ne t'ai pas caché le défi que j'ai lancé à Dieu, je ne t'en cacherai point le résultat. J'ai prononcé les vœux du moine et je porte sur mes épaules un Grand Schème invisible. J'obéis au patriarche

Guermoguène et tu me verras, sur son ordre, exécuter des missions déshonorantes. Quoi que je sois conduit à faire, ne doute jamais que j'agis par amour de la Russie et dans l'attente du Grand Tsar Blanc. Cependant...

Il détacha de sa ceinture le kandjar à poignée d'ivoire qu'il y portait :

— Puisque je suis clerc maintenant, encore qu'il n'y paraisse pas, je n'ai plus ni droit ni besoin de porter une arme : je risquerais de m'en servir.

« Un jour, le tsar Boris nous a donné une mission, à moi et à celui que tu appelles ton oncle. Pour la remplir, il nous a mis dans la main deux kandjars : à moi, l'aîné, un kandjar à poignée d'argent ; à Sergo, le cadet, un kandjar à poignée d'ivoire. Il s'est trouvé par la suite que nous les avons échangés. À toi, maintenant, de porter celui-ci. Je veux croire que tu ne l'emploieras jamais qu'avec honneur.

Retenant à peine ses larmes, Sandro ceignit le kandjar dont son père se dépouillait :

— Père, je te le jure au nom de Notre Seigneur Jésus-Christ.

2

On savait parmi les boyards que Psar était doué pour les missions délicates et ce fut naturellement à lui qu'on demanda d'aller annoncer aux Russes du Filou que Moscou avait tenu parole et qu'il leur appartenait maintenant de faire de même.

Il prit la route dans un état d'esprit qu'il ne se connaissait pas. L'idée que son frère et lui pussent se retrouver dans le même camp aurait dû le séduire et l'angoisser à la fois, d'autant plus que son fils ne lui avait pas caché ses entretiens avec l'oncle Sergo ; mais aujourd'hui une telle lumière l'éclairait de l'intérieur qu'il ne pouvait que répéter à Dieu : « Que ta volonté soit faite en toutes choses ! » à chaque pas de son rouan, et la sérénité se répandait en lui.

L'armée du Filou, progressant par petites étapes, était venue s'implanter à Kolomna, d'où elle menaçait Moscou presque aussi efficacement que de Touchino. Une sentinelle interpella Aleksandro du haut des remparts.

— Qui es-tu, l'homme, et que cherches-tu ?

— Je viens de Moscou et je cherche le prince Troubetskoï, répondit Aleksandro, les mains en porte-voix, pensant que le secret en cette affaire ne servait à rien et qu'il valait mieux dévoiler la conspiration pour forcer les conspirateurs à agir vite.

— Attends ici.

Il attendit, et vit bientôt dix, vingt, trente têtes coiffées de bonnets de fourrure apparaître entre les créneaux. Il en reconnaissait la plupart : c'étaient les « oiseaux migrateurs » moscovites restés, pour le moment, au service du Filou, ceux-là mêmes qui devaient faire partie de la conspiration ; mais leur accueil était surprenant : ils riaient à gorge déployée en se montrant Aleksandro du doigt, comme s'il avait eu la tête enfarinée ou fût monté sens devant derrière sur son cheval. Leurs yeux se plissaient, leurs glottes béaient, leurs mains palpaient leurs gros ventres, tandis que leurs éclats de rire étaient répercutés par les tours et les hourds. Le rouan s'impatientait comme s'il croyait qu'on se moquait de lui. Enfin Troubetskoï parut :

— Qu'est-ce qui t'amène chez nous, ami Psar ? Viens-tu servir le tsar Dmitry ?

Rires.

— Vous nous aviez promis de déposer votre tsarik quand nous aurions déposé Vassily Ivanytch, répondit Aleksandro, essayant de calmer son cheval. Pour nous, c'est chose faite. À votre tour.

Les rires redoublèrent. Sur le conseil de Marina, Dmitry avait mis ses partisans au courant de la supercherie.

— Eh bien, honte sur vous autres, qui êtes infidèles à votre serment, répliqua Troubetskoï. Nous,

nous respectons fidèlement le nôtre et nous servons loyalement notre souverain, le tsar Dmitry Ivanytch.

Sur quoi les mains sortirent des poches et des escarcelles, et une grêle de prunes, de tomates et d'œufs s'abattit sur Aleksandro. Il dut s'enfuir au galop, couvert de traînées gluantes, rouges, jaunes, verdâtres, de toute une compote gélatineuse dégoulinant sur la face et les vêtements du cavalier, sur la robe et le harnais de la monture.

*

Le surlendemain :

— Eh bien, demanda Guermoguène, qu'ont décidé les boyards quand tu leur as apporté la réponse des autres ?

C'était la nuit, et Aleksandro s'était introduit dans le palais du patriarche par une porte dérobée.

— Monseigneur, les avis des boyards sont partagés, sauf sur un point : il faut un tsar à la Russie, aucune autre solution n'est à envisager. On a parlé du prince Mstislavsky, à cause de sa haute naissance, mais il a refusé : il pense qu'il serait périlleux d'élever une famille russe au-dessus des autres, qui en seraient jalouses. On a parlé de Mikhaïl Romanov, mais on a trouvé qu'il était trop jeune : il nous faut un tsar fort, capable de chasser les Polonais et surtout d'écraser le Filou, qui prétend dépouiller les boyards. Certains étaient d'avis de rendre la couronne à Vassily. Mais aucune proposition ne plaisait à tous. Alors le prince Mstislavsky a conclu que, Jolkewski étant aux portes de Moscou, il n'y avait qu'une issue, celle que défend le métropolite Filarète : demander au roi Sigismond de nous donner son fils Vladislav. Il est jeune aussi, mais on le sait brave et vertueux, et qui mieux que lui ferait la paix de la Russie avec la Pologne ? Les boyards m'envoient à Jolkewski. Je suis venu te consulter.

Le patriarche se leva de son fauteuil et, précédé de l'ombre que les flambeaux projetaient en avant de lui, se dirigea vers les icônes. Il s'arrêta devant l'image d'or du Sauveur, à laquelle une veilleuse rouge donnait les reflets du cuivre, et l'image d'argent de la Mère de Dieu, sur laquelle une veilleuse bleue mettait des paillettes lunaires. Il ouvrit son âme toute grande, comme il ouvrait ses yeux et pria pour que la volonté de Dieu se fît connaître à lui. Au bout d'un long moment, il revint à Psar, le cœur lourd, car il n'avait pas entendu de réponse claire :

— Oui, dit-il, oui, il faut sans doute que ce soit Vladislav. À condition qu'il se fasse baptiser dans la religion de nos pères. Par immersion, bien sûr, pas par aspersion.

*

Le hetman Jolkewski, avec son urbanité coutumière, se leva pour recevoir Psar :

— Je suis heureux de voir un émissaire de la noblesse de Moscou et je suis persuadé que la bonne entente régnera entre vos amis et mon souverain.

Il se rassit sur son tambour.

— Voïvode, dit Psar, je dois d'abord te remettre de la part du boyard Mstislavsky ce panier de cerises et cet autre de pastèques, que je te recommande : elles sont excellentes. Ne m'en veuille pas, je les ai goûtées en route.

Il se sentait plus à l'aise en face de ce soldat étranger qui l'avait battu que parmi les boyards russes qui, le gros Mstislavsky en tête, ne songeaient qu'à leurs intérêts.

— Ensuite, les boyards t'adressent une prière. Le Filou qui se fait passer pour le tsar Dmitry est aidé par un Lithuanien du nom de Sapéga, qui a déjà commencé à piller et à brûler les environs de Moscou. Puisque le peuple russe va accepter comme tsar Vladislav — pourvu, naturellement, qu'il se fasse orthodoxe —, ne pourrais-tu pas commander à Sapéga de cesser de tels agissements ?

Jolkewski croisa élégamment les jambes.

— Vous remercierez le noble boyard pour ses cadeaux. Je suis gourmand de cerises et friand de pastèques. Je supplierai le seigneur Sapéga de se tenir tranquille pour le moment. L'intention du roi, vous ne l'ignorez pas, est d'accorder à Moscou tous les secours qu'elle lui demandera, si, de son côté, elle se montre soumise à ses volontés. La religion et les coutumes russes seront respectées par le tsar Vladislav, c'est promis. Quant à sa religion à lui, c'est une question spirituelle et privée de laquelle il serait indécent de se mêler.

Sur quoi il offrit des cerises à Psar et en introduisit délicatement une entre ses lèvres.

— Voïvode, reprit Psar, les boyards ont grande confiance en ton honneur de soldat et souhaiteraient que tu leur écrivisses une lettre pour leur donner assurance des intentions du roi.

Jolkewski recroisa les jambes et cracha un noyau dans son poing.

— Pas plus que vous, seigneur, je ne suis un homme d'encre et de papier. À quoi bon des écritures? Ne vaudrait-il pas mieux nous rencontrer d'homme à hommes? Le soi-disant Dmitry me sollicite de son côté et me propose des cadeaux que je décline, n'ayant pas mandat pour en recevoir, mais je ne peux non plus négliger indéfiniment ses ouvertures si nous ne progressons pas de notre côté. Vous souhaitez la protection du roi: demandez-la officiellement, elle vous est acquise d'avance. Je propose que nous nous rencontrions, vos boyards et moi, en face du monastère Dévitchy, après-demain vingt-cinquième de juillet, deux heures après le lever du soleil.

*

Après trois semaines de négociations, le 17 août 1610 un accord fut conclu, dont, la nuit même, Psar rendit compte au patriarche.

Trois boyards et deux secrétaires déclaraient avoir reçu pouvoir de toute la terre russe: aussi bien du patriarche et de son clergé, métropolites, archevêques, évêques, archimandrites, prieurs et de toute la sainte congrégation, que des boyards et de toutes les classes séculières, maréchaux, panetiers, gentilshommes, estafiers, varlets, nobles des villes, officiers, fonctionnaires, écuyers, négociants, marchands, soldats, cosaques, canonniers, militaires et civils de tout grade. La Russie prenait l'engagement d'envoyer au roi de Pologne-Lithuanie des ambassadeurs chargés de lui demander son fils Vladislav pour tsar. Vladislav promettrait de se faire couronner par le patriarche, de respecter, décorer et protéger les églises et les monastères, de vénérer icônes et reliques, de ne rien modifier au clergé orthodoxe, de ne rien faire pour amener les Russes à la foi latine. Tous les postes de gouvernement seraient réservés aux Russes, il n'y aurait pas de déplacements de populations, la législation russe demeurerait en vigueur, nul ne serait puni sans jugement, les boyards conserveraient leur influence politique, les prisonniers seraient échangés sans rançon, Jolkewski insisterait près du roi pour que le siège de Smolensk fût levé, Polonais et Russes lutteraient de concert contre le Filou, Marina perdrait son titre de tsarine et serait reconduite en Pologne aux frais des Polonais.

— C'est tout ? demanda Guermoguène.

— Il est dit aussi que les Russes souhaiteraient que Vladislav adoptât la foi orthodoxe, répondit Psar en baissant la tête.

— Souhaiteraient ?

— Oui.

Le patriarche se signa en soupirant jusqu'au fond des entrailles :

— Les boyards ont tout vendu et n'ont rien acheté. Espérons que Vladislav lui-même comprendra qu'un latin ne peut pas régner sur nous : ne dit-on pas que le roi de Navarre s'est récemment converti au catholicisme romain pour régner sur la France ?... Mais je crains bien que le martyre de la Russie ne commence à peine.

*

On prêta serment à l'accord qui avait été conclu, comme si on pouvait prêter serment à autre chose qu'à un homme de chair et d'os. Le hetman Jolkewski et ses généraux jurèrent au nom du roi. Le peuple moscovite, persuadé que la conversion de Vladislav était acquise, jura au nom de la Russie : pendant des journées entières, on défila devant le lutrin sur lequel reposaient l'Évangile et la Croix, cependant que les cloches d'Ivan le Grand carillonnaient leur mensonge du lever au coucher du soleil.

Après quoi, les boyards donnèrent fête sur fête pour Jolkewski et le supplièrent d'entrer dans Moscou avec son armée, pour garder la capitale contre le Filou et sa racaille qui ne respecterait sûrement pas leurs possessions.

Jolkewski sourit et refusa, se rappelant les massacres de Polonais lors du renversement du premier faux Dmitry et craignant d'enfermer une petite armée dans une grande ville. Mais il ne put résister longtemps à la pression de cette armée même. Moscou était le fruit convoité, la perle de l'Orient, le butin le plus noble. Combien de généraux polonais ou lithuaniens avaient rêvé de la posséder, et voilà qu'elle s'offrait ! On n'interdit pas Jérusalem aux croisés. Jolkewski se promit seulement de rester lui-même aussi peu de temps que possible dans la souricière, et ordonna le mouvement.

Les sabots ferrés des chevaux claquaient sur les pavés de bois, les plumets se balançaient devant les fenêtres des térems, les culottes de peau ajustées horrifiaient les Russes qui se pressaient de part et d'autre des rues. Hommes et femmes se regardaient en silence, se demandant comment l'autre sexe réagirait devant l'occupant. Les Polonais, tortillant leurs moustaches, se dressaient sur leurs étriers sans oublier un instant qu'ils avaient battu l'armée russe et que Moscou s'était livrée à eux comme une catin. De temps en temps, ils faisaient sonner timbales et trompettes et riaient de l'air offensé que prenaient les Russes qui, pour tout instrument, ne connaissaient que les cloches d'église.

Du haut des fenêtres du palais du Patriarche faisant face à la cathédrale de la Dormition, Guermoguène et Aleksandro regardaient cette armée étrangère investir rue à rue la forteresse sacrée du Kremlin et il leur vint à tous deux le même regret poignant : sous Ivan le Terrible, la Russie avait souffert, mais pour croître, pour s'endurcir, pour devenir elle-même. Voilà que, sans lui, elle se laissait piétiner à plaisir.

3

Sapéga s'était à peine rallié au Filou qu'il négociait déjà son ralliement à Jolkewski. Le hetman eut gain de cause et le départ de Sapéga transforma d'un jour à l'autre la situation de Dmitry. Hier encore, de Kolomna, il assiégeait la capitale, et voici qu'aujourd'hui ses effectifs avaient fondu de moitié, car de plus en plus de Russes couraient à Moscou faire leur paix et prêter serment à Vladislav.

— Que vais-je faire ? Pourquoi ma mère m'a-t-elle mis au monde ? se lamentait le tsarik en se tordant les mains.

Marina était enceinte et partagée entre l'horreur de receler dans son ventre l'enfant d'un petit tailleur — Danoucha lui disait sans ambages : « J'ai beau n'être qu'une hobereaute, je n'aurais jamais porté pareille engeance de plein gré » — et l'honneur de nourrir des fibres de son sang un futur tsar, dont elle niait presque qu'il eût un père.

— Tu as encore les Tartares d'Ourmamet, tu as encore Zaroutsky et ses cosaques, répliquait la tsarine d'un ton hargneux. C'est un homme, lui. Il ne désespère pas. N'est-ce pas, Zaroutsky, que tu ne désespères pas ? ajoutait-elle en lui effleurant la main.

En effet, avec sa touffe de cheveux couronnant insolemment son crâne rasé, sa cicatrice, ses bijoux et son poitrail d'aurochs, Zaroutsky semblait l'image de la constance cosaque : il ne se connaissait pas de maître, mais il ne trahirait pas la parole qu'il avait donnée à cet homme ni, surtout peut-être, à cette femme, sur laquelle il posait de plus en plus souvent ses yeux couverts d'un voile laiteux.

Sergo entra dans l'isba où quelques tapis, quelques serviettes brodées autour des icônes, quelques coupes d'argent sur les étagères, disaient encore qu'on était chez l'autocrate de l'empire russe :

— Des seigneurs polonais veulent te voir.

Dmitry jeta à Sergo un regard presque craintif. Une transformation s'opérait en lui comme si lui aussi était enceint. Tantôt il éprouvait pour Marina un appétit bestial, se délectant d'humilier non seulement la comtesse Mnichek et une tsarine ointe, mais aussi la femelle d'où sortirait un futur tsar issu — miracle ! — de Bogdanka, le fils du tailleur ; tantôt il avait peur d'elle, de ses humeurs, de ses sarcasmes, d'un noyau de dureté qui semblait croître en elle : il était arrivé à Marina de le frapper au visage de sa main incrustée de bagues, et alors il ne faisait qu'essuyer ses larmes avec sa manche, alors qu'au lit il aimait la rudoyer et la salir.

— Eh bien, fit-elle, toujours impatiente d'avoir des nouvelles de Pologne, qu'ils entrent, bien sûr !

Deux emplumés entrèrent. Les Russes ne comprenaient pas toutes ces plumes ; eux attachaient des queues d'animaux au harnachement de leurs chevaux : voilà qui était coquet et plaisant à l'œil. Les emplumés affectèrent de ne pas voir Marina et se tournèrent vers le tsarik.

— L'illustrissime seigneur hetman Jolkewski, commença l'un d'eux avec un moulinet d'aigrette sur la droite, nous envoie faire à Votre Grâce une proposition de la part de Sa Majesté.

— Moscou s'étant déjà rendue à Sa Majesté, poursuivit l'autre, avec une révolution de panache sur la gauche, Votre Grâce ne doit plus espérer la conquérir.

Dmitry regarda Marina : Moscou rendue ?

Les Polonais poursuivaient :

— Dans ces conditions, Sa Majesté, désireuse de

régler le conflit avec le moins de pertes possible, vous offre comme dédommagement (moulinet à droite) la ville de Grodno...

— Ou celle de Sambor, fief de votre beau-père (révolution à gauche), selon votre bon plaisir.

L'exercice du pouvoir avait appris à Bogdanka le tailleur un certain respect de lui-même. Carré dans le fauteuil de bois peint qui lui servait de trône, un poing sur la hanche, il répliqua :

— Je préférerais être journalier chez un moujik que de recevoir des aumônes de Sa Majesté.

Et Marina ajouta en ricanant :

— J'ai une autre idée : que Sigismond donne Cracovie au tsar et le tsar, par pitié, lui laissera Varsovie. Sergo, montre la porte aux illustrissimes.

Mais, lorsque les illustrissimes furent sortis, Dmitry, comprenant que les Russes et les Polonais étaient en train de se réconcilier à ses dépens, fit mine de s'arracher des mèches entières de cheveux :

— Je vais tout abandonner, je vais retourner à Starodoub pour y tailler des kaftans. Tu coudras les boutons, Marinouchka, tu passepoileras les boutonnières.

— Non. Nous retournerons à Kalouga et nous lèverons de nouvelles troupes. J'ai un fils maintenant à qui je dois léguer mes droits. Zaroutsky ne nous abandonnera pas.

Et le regard de Marina, plein de prière et de provocation, cherchait le regard de l'ataman ; puis elle baissait les yeux sur son ventre, comme pour s'excuser d'être enceinte. « Mais plus pour longtemps », disaient-ils, en se posant de nouveau sur la face farouche du cosaque. Quant à Dmitry, qu'elle trouvait compromettant, elle ne le regardait presque jamais, comme un vêtement qu'elle se fût apprêtée à jeter.

Les yeux voilés du cosaque ne cillaient pas.

4

Le métropolite Filarète Romanov était un prélat d'une autre espèce que le patriarche Guermoguène. Le cosaque foudroyé par la grâce avait gravi à la force du poignet les échelons du salut ascétique proposé par saint Jean Climaque ; le grand seigneur condamné malgré lui à la prêtrise servait son pays sous le froc parce qu'il lui était interdit de le faire sous la cotte de mailles. Filarète aurait pu, aurait dû s'aigrir, se révolter, mais son tempérament le portait à tirer parti des circonstances. Il avait accepté de n'être plus le mari de sa femme ni le père de son fils, accepté de renoncer à toutes les chances jadis offertes à son corps aguerri et dispos, accepté de ne plus être qu'intelligence et esprit. Cet homme ouvert ne craignait pas les étrangers ; ce latiniste ne damnait pas les catholiques romains ; il prit volontiers la tête de l'ambassade russe auprès de Sigismond.

La conférence s'ouvrit sous les remparts assiégés de Smolensk — la canonnade était si violente que, par instants, les orateurs étaient obligés d'élever la voix —, et les Polonais commencèrent par couvrir leurs interlocuteurs de fleurs d'éloquence, mais il apparut dès l'abord à Filarète que les positions des deux partis n'étaient pas conciliables.

Sigismond ne voulait qu'une seule chose : que les ambassadeurs donnassent à Smolensk l'ordre de se rendre ; les Russes, ceux du moins qui étaient fidèles à l'esprit de leur serment, n'en voulaient qu'une autre : que Vladislav se fît orthodoxe avant de devenir tsar. « Nous n'avons pas reçu mission de commander aux armées en général ni à Smolensk en particulier », déclaraient les Russes. « La religion de chacun est une question de conscience », répliquaient les Polonais. De cette contradiction, le métropolite ne ressentait aucune amertume : il était naturel que chacun cherchât l'avantage de son pays ; ce qui, en revanche, l'assombrissait, c'était l'attitude d'une bonne moitié des ambassadeurs russes : ceux-là mêmes qui, sous un tsar comme Ivan, auraient joyeusement donné leur vie pour leur patrie et leur religion, étaient prêts, dans la débâcle actuelle, à vendre la Russie pour protéger leurs intérêts propres.

On était dans une impasse, quand Jolkewski arriva. Ce chef de guerre rusé, ce diplomate astucieux avait réalisé le rêve séculaire de la Pologne : s'emparer de Moscou. Il ne prétendait pas pour autant se laisser enfermer dans cette gloire temporaire qui inspirait de mauvais pressentiments à l'homme de terrain qu'il était. Laissant à la tête de l'armée l'ambassadeur Gonsevski, homme bouffi d'illusions et de vanités, il amenait au roi le plus illustre des prisonniers, livré par les boyards : le tsar Vassily Chouïsky lui-même. Filarète ne devait rien à Chouïsky, mais son cœur se serra de voir captif le dernier porteur de la Tiare de Monomaque.

On voulut faire agenouiller le tsar de Russie devant le roi des Polonais. Vassily, en vêtements séculiers, s'y refusa avec dignité :

— Il ne sied pas qu'un tsar s'humilie devant le roi comme un esclave. Les voies de Dieu m'ont fait votre prisonnier, mais ce ne sont pas vos bras qui m'ont vaincu : des serviteurs félons m'ont livré à vous ; cela ne vous donne pas de droits sur moi.

Et les yeux rouges d'où suintait une larme parcoururent la salle sans frémir.

À la première occasion, Filarète aborda Jolkewski :

— Seigneur hetman, nous vous attendions avec impatience. N'êtes-vous pas celui avec qui nous avons signé un accord ? Il n'y est rien dit de la reddition de Smolensk, sauf que vous étiez pour la levée du siège aussitôt que nous aurions envoyé une ambassade au roi.

Le Jolkewski de Smolensk n'était plus le Jolkewski de Moscou :

— Monseigneur, je partage vos souhaits et vos inquiétudes. Mais qui suis-je pour dicter sa conduite au roi ? Au demeurant, nous sommes d'accord, n'est-ce pas, pour que le prince Vladislav soit souverain de Russie, et voilà qui me donne une idée : pourquoi ne pas lui livrer dès maintenant une ville qui sera la sienne de toute manière ?

— C'est que vos ministres exigent que, une fois la ville rendue, la garnison prête serment non pas au tsar de Russie mais au roi de Pologne.

Jolkewski joua la naïveté :

— Quelle différence, puisque l'un est le fils de l'autre ?

Le prélat ne croyait pas à la naïveté des grands chefs de guerre. Il s'en tenait aux termes de l'accord que Jolkewski avait signé. Jolkewski sourit avec indulgence :

— Vous devriez savoir, monseigneur, que les accords ne valent que tant que les situations ne changent pas. Par exemple, n'est-il pas dit dans cet accord que les Polonais n'ont accès à aucune ville russe ? Et pourtant ce sont vos boyards eux-mêmes qui nous ont supplié d'occuper votre capitale ! Tenant Moscou, n'est-il pas dérisoire de nous refuser Smolensk ? Du moins laissez-nous y loger une petite garnison, une toute petite... La prestation de serment peut attendre.

Filarète savait qu'il n'en tirerait rien de plus. Il réunit son ambassade :

— Que vous en semble ? Je vous dirai ce qu'il m'en semble à moi. À aucun prix nous ne devons laisser des gens du roi entrer dans Smolensk, sous peine de perdre la ville à tout jamais. Il vaut mieux que Sigismond se parjure et la prenne d'assaut : du moins ne sera-ce pas notre faute.

Il consulta les gentilshommes de la province qui répondirent :

— Nos mères, nos femmes, nos enfants sont dans Smolensk. Plutôt les voir périr que d'y laisser entrer un seul étranger.

Filarète augura bien d'une telle fermeté du peuple, mais il ne rencontra pas la même parmi ses collègues ambassadeurs. Les premiers gels venaient, les premières neiges tombaient, et l'ambassade commençait à se diviser. Vingt-sept gentilshommes acceptèrent une commission du roi de Pologne-Lithuanie : ils retourneraient à Moscou, expliqueraient la situation aux boyards, et reviendraient avec des ordres exprès pour la capitulation de Smolensk.

Filarète les apostropha :

— N'avez-vous pas de honte ? Est-ce que par hasard vous n'auriez pas reçu du patriarche, des boyards et du peuple une mission sacrée ? Cette mission ne vous a-t-elle pas été confiée en la cathédrale de la Dormition, devant la Très sainte icône de la Mère de Dieu de Vladimir, qui a toujours protégé notre peuple ? Craignez Dieu et sa justice : nous sommes responsables devant la terre russe. Jamais la Russie n'a été aussi abaissée. Est-ce le moment de l'abandonner ?

— Nous devons porter les lettres du roi à Moscou, répondirent d'un air obtus ceux qui s'étaient vendus à Sigismond. Tels sont nos ordres. Pouvons-nous désobéir au père de notre futur tsar ?

Filarète regarda s'éloigner leurs traîneaux. Il rentra dans son isba pour écrire au patriarche une lettre qui, par messager spécial, lui parviendrait avant que le convoi des traîtres n'atteignît Moscou.

Monseigneur, je dois dire à Ta Sainteté que nos affaires ici vont au plus mal. Non seulement la moitié des ambassadeurs ont accepté des cadeaux du roi et viennent de se mettre en route pour Moscou, mais il me devient de plus en plus clair que le roi n'a pas l'intention de se séparer de son fils à notre profit et ne l'a jamais eue. Il ne fait que nous amuser le temps de nous désarmer. Il se propose de prendre le pouvoir lui-même et de transformer notre pays orthodoxe en province du sien. Il t'appartient, en l'absence de tsar, de veiller que de tels desseins ne se réalisent point.

5

— Notre peuple est perfide, seigneur Gonsevski. Il accueille le tien avec l'amitié aux lèvres mais une pierre cachée dans son sein. Tu dois prendre toutes les précautions possibles pour éviter les provocations.

Gonsevski se gonfla d'air.

— Je les prends, seigneur Psar, je les prends. Cet arien qui avait tiré un coup de mousquet sur une icône de la Mère de Dieu surmontant un portail, ne lui ai-je pas fait couper ses bras et ses jambes qu'on a cloués aux vantaux, et n'ai-je point fait brûler son torse encore vivant aux pieds de la Dame offensée ?

— Il ne s'agit pas seulement de punir les Polonais en goguette. Il faut, seigneur Gonsevski, te méfier de nos Russes qui ne cherchent qu'une occasion de se révolter contre vous autres. Plus le temps passe, plus Vladislav tarde, moins le peuple comprend quel jeu vous jouez parmi nous.

Gonsevski s'étala dans son fauteuil :

— Eh bien, que dois-je faire selon toi ? Je me suis toujours bien trouvé de tes conseils.

Psar fit quelques pas dans la grande salle du palais à Facettes où Gonsevski, en toute simplicité, s'était venu loger.

— Seigneur, tu connais mes sentiments. Je suis Russe, mais je crois que seule la Pologne peut sauver la Russie. Ce ne sont pas les domaines que tu m'as généreusement offerts près de Toula et de Mojaïsk, et dont j'aspire à profiter aussitôt le Filou mort et la guerre finie, non, ce ne sont pas ces domaines qui me font parler comme je le fais. Je peux te le dire, la main sur le cœur : je crois en ton souverain et en son fils. Nous autres Russes, nous sommes arriérés et brutaux, de vrais ours, de vrais pourceaux, et nous avons besoin de vous pour apprendre à vivre.

— Tu prêches un convaincu, répondit Gonsevski

en allongeant les jambes pour admirer le galbe de ses mollets.

— Tu as bien compris, n'est-ce pas, que les gros boyards, Mstislavsky en tête, avec leurs pelisses de brocart et leurs bonnets de zibeline d'une demi-sajène de haut, ne voient en toi que le protecteur de leurs richesses contre la canaille rassemblée autour du Filou ? Quant au patriarche Guermoguène, il préfère l'ordre au désordre, mais il te méprise parce que tu communies sous une seule espèce. Tu ne dois faire confiance à aucun de ceux-là.

— T'imagines-tu que je sois un sot ?

— Non, mais tu dois savoir que le pire, c'est le peuple : nos moujiks sont si ignorants qu'il suffirait d'un bruit, d'une rumeur, pour que les rôtisseurs vous pourfendent avec leurs broches, que les cordonniers vous poignardent avec leurs alênes. Et comme ils seraient à cent contre un...

— Que faudrait-il faire à ton avis ? demanda Gonsevski en faisant signe au barbier qui s'approchait timidement avec un fer à friser la moustache.

Psar affecta de réfléchir.

— À ta place, je prendrais deux mesures. D'une part, j'instaurerais, pour les Moscovites, le couvre-feu. D'autre part, je ferais établir des listes d'ennemis du roi : comme cela, à la moindre émeute, tu saurais qui faire arrêter.

— Fort bien, fit Gonsevski, en tendant au barbier son museau parfumé. Les listes, tu t'en chargeras. En outre, j'enlèverai l'artillerie russe des remparts extérieurs et je la concentrerai dans Kitaïgorod et le Kremlin que je tiens comme ça ! dans mes deux mains.

Il referma les poings.

*

Cette nuit là, Psar trouva le patriarche occupé à lire et relire deux lettres. L'une était celle que le métropolite Filarète lui avait fait tenir. L'autre venait du pieux Prokop Lapounov, qui écrivait :

Monseigneur, nous avons respecté ton jugement et nous avons prêté serment à Vladislav à la Transfiguration, mais voilà que la Nativité approche et que ce nouveau David, dont nous avons un si pressant besoin, ne nous est pas encore apparu. Quel est le sentiment de Ta Sainteté ? Ne serions-nous pas déliés de notre serment par l'absence de son objet ? J'ai déjà écrit dans ce sens à tous ceux de Kalouga, de Toula, de Mikhaïlov, de la terre de Séversk et de celle d'Ukraine pour leur suggérer d'en prêter un autre : celui d'accourir au secours de la terre russe et de se battre pour elle jusqu'à la mort.

Guermoguène se tenait redressé dans son fauteuil. Jamais il n'avait senti à ce point la vocation bicéphale de la terre russe, à qui il faut en permanence un tsar et un patriarche. Or, le tsar manquait.

— J'ai fait ce que tu m'as ordonné, dit Psar. J'ai sûrement outrepassé ma conscience et peut-être ta pensée. Je n'ai pas seulement gagné la confiance de Gonsevski. Je lui ai suggéré des mesures qui feront haïr les Polonais encore plus qu'ils ne le sont déjà.

— Tu n'as pas outrepassé ma pensée, tu l'as devancée, répondit Guermoguène, les yeux grands ouverts sur le destin du pays. Je n'aurais pas dû donner ma bénédiction à l'entreprise diabolique qui consiste à faire régner un hérétique sur la Russie. Heureusement, Dieu est miséricordieux : il a refusé d'entendre mes prières stupides et impies. Ma conviction est faite maintenant : ce n'est pas Vladislav qui prétend être notre souverain : c'est son père Sigismond. Nous avons été fous d'ouvrir nos portes aux Polonais : il faut prier le Seigneur pour qu'il nous pardonne notre folie et nous aide à les chasser.

— Que veux-tu de moi, très saint père ?

— Poursuis ce que tu as commencé. Demeure le confident des Polonais et des boyards qui se sont livrés à eux. Instruis-moi : j'instruirai la Russie.

— Les Russes m'auront en horreur.

— Ce sera ta croix.

Aleksandro laissa tomber sa tête sur sa poitrine. Il

se sentait accablé. Au bout d'un moment, il releva le front :

— Et si on veut que je fasse couler du sang russe ?

Le patriarche se leva :

— Ce que je te demande est presque au-delà de ce que peut l'homme. Ton âme purifiée n'aspire qu'au bien et à la lumière, et moi je te rejette vers la boue et les ténèbres qui ont toujours été ton lot. Mais c'est que le monde forme un mélange qu'il est interdit de démêler avant le dernier jour. Il faut quelquefois faire le mal à bon escient pour éviter que ne soit fait un mal pire. Tu seras le Bon Escient de Dieu.

Aleksandro se prosterna :

— J'ai prononcé mes vœux et je te dois obéissance. Je te demanderai seulement une faveur.

En s'agenouillant, il avait découvert un garçon robuste et carré qui se tenait derrière lui :

— Celui-ci est mon fils, qui m'a demandé la permission de verser son sang pour toi et pour la Russie. Donne-lui toutes les missions périlleuses, n'épargne point sa vie, mais épargne son âme éternelle. Il faut bien que l'un de nous autres Psar aboutisse dans le sein du Christ.

À côté de son père, Sandro vint s'agenouiller. Guermoguène le regarda longuement, se pencha, lui enserra les joues entre ses mains plates et rigides comme entre deux planches, le regarda encore, les yeux tout près des yeux, sembla aspirer en lui-même toute la vie, tout le destin du garçon, et enfin le relâcha :

— Eh, il faut aussi des purs, conclut-il, comme surpris par une évidence qui n'était pas entièrement la bienvenue.

Et puis :

— Relève-toi : tu seras mon *malek*, mon *anghélos*, l'archange Raphaël de la sainte Russie.

*

Deux jours après, arrivèrent les ambassadeurs russes chargés de mission par Sigismond. Les boyards renâclèrent devant tant d'outrecuidance : livrer Smolensk non pas même à Vladislav mais au roi, à l'ennemi héréditaire ? Mstislavsky roula ses gros yeux :

— Cela ne me plaît point.

— Que veux-tu, lui répliqua Saltykov, l'Histoire est contre nous. Il est trop tard pour remonter la pente. La Russie indépendante aura été un rêve des grands-princes de Moscou, mais il y aurait du ridicule à s'y entêter puisque ces grands-princes ne sont plus là. Veux-tu revenir à la Russie de saint Vladimir ou d'Ivan le Terrible ? Ces temps-là sont passés, mon bon, comme est passé celui des apanages : il faut être de son époque. L'important, ce n'est plus que la Russie soit grande, c'est d'en préserver l'équilibre, ce qui nous incombe. Si nous ne nous attablons pas avec les Polonais, c'est le Filou qui finira par nous manger.

— Je comprends ce que tu veux dire, répondit en se curant le nez Mstislavsky, qui ne comprenait pas grand-chose.

Et les boyards rédigèrent la réponse que souhaitait le roi : reddition de Smolensk sans conditions.

Encore fallait-il que le patriarche la signât. On devinait que cela ne se passerait pas sans mal. Mstislavsky, le plus grand seigneur, Saltykov, le plus vénal, Andronov, le plus sanguinaire, Psar, qui passait pour le plus cynique, furent délégués pour soumettre l'épître à Sa Sainteté, sans laquelle rien ne pouvait se faire.

— *Nous sollicitons à nouveau de Votre Majesté l'envoi de Votre fils Vladislav...* lut le patriarche. *Pour le reste nous nous en remettons entièrement à votre volonté souveraine...*

Il jeta le parchemin à terre.

— Qu'est-ce à dire ? Quelle volonté souveraine ? Comment pouvons-nous nous en remettre à un hérétique ?

Les quatre hommes s'entre-regardèrent. Ils n'avaient pas été envoyés pour faire preuve de douceur.

— Il va falloir lui rogner les ailes tout de suite, murmura l'énorme Mstislavsky à l'oreille de Saltykov. Fais-le, toi. Pour moi, c'est gênant.

Psar l'entendit :

— Pour moi, rien n'est gênant. Écoute, Ta Sainteté ! Ton affaire est de t'occuper des choses d'Église. Les séculières, tu n'as pas à t'en mêler. Depuis que le monde est monde, ce ne sont pas les popes qui règlent les affaires d'État.

Les trois autres frémirent devant tant d'effronterie, mais le patriarche, tournant vers Psar le regard de ses yeux pétrifiés :

— Je me mêle de ce qui me regarde : la sauvegarde de la religion de nos pères. Écrivez au roi que le prince doit se faire orthodoxe et je signerai votre lettre. Omettez cette clause, et Notre Humilité vous excommuniera tous tant que vous êtes. Mais je ne m'en tiendrai pas là. J'écrirai à toutes les villes en invitant les Russes à marcher sur Moscou, quand même ils auraient prêté serment à Vladislav.

— Ce serait, à ce qu'on m'a expliqué, faire le jeu du Filou, remarqua Mstislavsky en louchant sur Saltykov.

— Qu'y a-t-il de pis que la guerre civile ? demanda Saltykov, pour qui, sous Sigismond, tous les espoirs étaient permis.

— Prends garde à toi, Guermoguène : tu n'es pas intouchable, menaça Andronov, qui prospérait comme maître des basses œuvres de Gonsevski, le maître polonais de Moscou.

— Je suis un simple cosaque, répliqua Guermoguène. Dieu a fait de moi un évêque et le gardien de la sainte Russie. Je lui en suis comptable. Croyez-vous que j'aille danser au son de vos flûtiaux ?

Psar s'avança :

— Que nous amuses-tu de flûtiaux ? Signe.

Le parchemin strié de lignes noires semblait écraser la table de chêne comme s'il pesait de tout le poids du destin russe.

Andronov ne croyait à rien, ne respectait rien. Il tira son poignard :

— Signe !

Guermoguène tourna les orbites vers lui, posa la main sur sa croix pectorale :

— Ton couteau est moins fort que la croix dont je suis armé.

Andronov n'osait, Psar ne pouvait aller plus loin. Il ne restait plus qu'à battre en retraite. Les quatre se bousculèrent dans la porte, à qui sortirait le premier.

— Qu'allons-nous faire ? demanda Saltykov dans l'escalier.

— Imiter sa signature, dit Psar.

— Eh bien, imite-la, souffla Mstislavsky, s'arrêtant dans le vestibule du palais. Pour moi, c'est gênant.

Psar ne voulait pas se damner. Il mentit :

— Je ne sais pas écrire.

On posa le parchemin sur une table de marbre et ce fut Andronov qui, tirant son écritoire, traça insolemment « Guermoguène » au bas du document.

Le lendemain, le patriarche parut devant le peuple dans la cathédrale de la Dormition :

— Chrétiens orthodoxes, nous avons été trompés. Le roi Sigismond ne nous a pas envoyé son fils. Il n'a pas levé le siège de Smolensk. Il a fait occuper Moscou. Tout indique que c'est pour asservir notre pays et pervertir notre religion. Quant à ceux qui ont ouvert nos portes aux étrangers, honte sur eux, honte et malédiction ! Croient-ils que ce n'est rien de prononcer un serment caduc de plus ? À combien de faux tsars n'avons-nous pas juré fidélité ? À Boris, à Dmitry, à Vassily, à Vladislav... Combien de fois encore devrons-nous souiller nos lèvres ? Je sais que les traîtres rendront des comptes dans l'autre monde ; j'espère qu'ils en rendront ici-bas.

Des visages menaçants se tournèrent vers Aleksandro, qui écoutait au pied d'une colonne. Si l'on n'avait pas été dans une église, on l'aurait écharpé. Il sortit précipitamment et se rendit chez Gonsevski, qui s'affola :

— Que faut-il faire maintenant ?

— Garder Guermoguène à vue. Surtout, l'empêcher d'ameuter les autres villes.

— Ce sera fait. Reste avec moi ce soir pour organiser le tout.

Un escadron de lanciers encercla le palais du

patriarche et Psar assura à Gonsevski que maintenant on était tranquille. Le soir même, par des ruelles et des venelles où les Polonais ne se hasardaient pas, Sandro gagna les approches de la Dormition.

Il pénétra dans la nef. Les voûtes étaient invisibles. Par les fenêtres haut placées, il distingua au ciel un semis d'étoiles dont la clarté rasait les piliers ronds couverts de fresques. Il tomba à genoux :

— Seigneur mon Dieu, fais que ce semis lève un jour sur la Russie !

Alors il vit des nimbes dorés palpiter dans la pénombre, et cela parut de bon augure à son jeune cœur ouvert aux signes. Malgré les apparences, les saints russes veillaient sur leur terre. Il se glissa jusqu'au trône de Monomaque, où le Terrible s'était tenu pour prier interminablement, passa sous une bannière dont la frange de fils d'or lui chatouilla la tête, s'engagea dans une niche, appuya sur une poignée dissimulée dans la paroi… Une icône représentant saint Serguéï pivota. Sandro se faufila dans l'ouverture. Sur des marches descendantes un soupirail grillé, à moitié bouché par la neige, laissait tomber une ombre de clarté.

L'escalier conduisait à un souterrain, lequel conduisait à un escalier ascendant. En haut, une porte. Sandro frappa.

— Entre.

Le patriarche veillait à sa table, éclairée par une éclisse de bouleau posée en diagonale sur un support en argent ciselé. Le masque blafard et barbu du patriarche luisait d'un éclat mat. Un long silence. Enfin :

— « Quiconque endurera jusqu'à la fin sera sauvé », dit Guermoguène. Et aussi « Quiconque perdra sa vie la sauvera ». Sais-tu cela, enfant ?

— Monseigneur, répondit Sandro à genoux, avec une fière humilité, tu n'as pas besoin de me prêcher : je suis à toi.

Le patriarche prit trois rouleaux de papier sur sa table :

— Le premier est pour l'ataman Zaroutsky à

Kalouga. Le deuxième pour Prokop Lapounov à Riazan. Le troisième pour Mikhaïl Romanov à Kostroma. En mains propres et dans le secret. Que le Seigneur Dieu et saint Serguéï t'accompagnent.

6

C'était la fin de la Russie, qui s'en allait par morceaux, comme un cadavre décomposé.

Le faux Dmitry, qui se prétendait encore le tsar de Russie, n'avait presque plus de vrais Russes pour le servir. Troubetskoï en tête, tous ses boyards l'avaient abandonné. Alors il s'était replié à Kalouga dont la période de prospérité n'avait guère duré : il n'y avait plus en ville, outre les quelques habitants restés sur place, que les cosaques de Zaroutsky et les Tartares du vieil Ourmamet qui, vagabondant par les villages, se considéraient avec l'aménité de meutes de chiens se disputant un monceau d'os sanglants. À mesure que le dénouement approchait — il ne pouvait être que terrible —, Sergo avait de plus en plus pitié de Danoucha, qui allait se perdre dans un pays qui n'était pas le sien :

— Nous, je comprends que le Seigneur Dieu nous punisse d'avoir laissé la Russie se mourir, parce que nous ne l'aimions pas comme nous devions. Mais toi, ma colombe d'ailleurs, comme il est triste que tu viennes périr pour rien parmi nous !

— Ce n'est pas pour rien, puisque je t'aime. Crois-tu qu'il ne me serait pas plus triste de vivre sans toi que de mourir avec toi ? Si je ne suis pas ta femme devant les hommes, je la suis devant Dieu, et ton pays ne peut pas mourir sans que je ne meure aussi.

Les proches du tsarik se déchiraient les uns les autres. Il y avait déjà eu tant de trahisons que la fidélité ne paraissait plus vraisemblable ; chacun prenait sans cesse Dmitry à part pour lui dénoncer tel autre de ses serviteurs. Et le masque du malheur modelait de plus en plus manifestement les traits jaunis du visage que le tsarik portait de plus en plus penché sur l'épaule gauche. Ce n'était que dans l'intimité de Marina qu'il cherchait encore du réconfort, sans guère en trouver : ne songeant plus qu'à nourrir la vie seconde qui croissait en elle, elle le repoussait, sarcastique, presque acariâtre. Alors il sortait de l'isba, errait dans la neige, tirait sur ses cheveux noirs et gémissait « Pourquoi suis-je venu au monde ? », ou bien il s'enivrait et rêvait des mauvais traitements qu'il ferait subir à ses ennemis si jamais il triomphait d'eux, ce qui paraissait de moins en moins probable.

C'était la nuit. On frappa à la porte de la chambre que maintenant les deux couples partageaient, pour plus de sécurité, et Sergo, pressant dans sa main son kandjar à poignée d'argent, jaillit hors du lit.

— Qui est là ?

— Kassim, fils d'Ourmamet. Moi dois voir tsar. Vite.

Sergo refusait de servir le faux Dmitry : il prétendait n'appartenir qu'à Marina. Mais plus la domesticité fondait, plus il devenait difficile de distinguer entre les services, et il dut traverser la chambre pieds nus pour aller secouer par l'épaule l'amant de sa souveraine. Le visage triangulaire aux cheveux emmêlés surgit dans l'ombre au-dessus du drap :

— Quoi ? Qu'est-ce ?

— Kassim, fils d'Ourmamet, est pressé de te voir.

— Fais-le entrer. Celui-là m'est fidèle. Allume une bougie.

Marina s'était réveillée aussi et, son ventre basculant d'un côté, se haussait sur un coude. Sergo déverrouilla la porte. Le jeune Tartare sembla rouler jusqu'au lit au pied duquel il s'agenouilla, posant le menton sur la couverture. Les trois têtes se touchaient presque dans la flaque de lumière tombant de la bougie que Sergo tenait au-dessus d'elles.

Kassim, le nez court mais busqué, les yeux étroitement fendus derrière les pommettes charnues, chuchotait, le souffle court :

— Souverain, tu sais ma père Ourmamet. Tu sais

ma père Ourmamet allé voir diable Jolkewski. Tu sais ma père elle revenu et dire maintenant elle détester diable Jolkewski et elle servir seulement toi, souverain.

— Eh bien ?

— Eh bien, elle pas vrai, elle mentir comme cent mille diables. Elle, ma père, dire à moi ce soir : Kassim, ma père dire, Kassim, toi ami tsar Dmitry, toi couper la tête tsar Dmitry, porter Jolkewski, elle très content. Moi venir ici tout de suite.

Un sourire mauvais déforma les traits du tsarik.

— Nous verrons qui sera le plus content, murmura-t-il. Merci, Kassim. Quand je régnerai à Moscou, tu régneras à Kazan.

Mais le haut front de Marina était soucieux :

— Comment se fait-il, Kassim, que tu préfères le tsar à ton propre père ?

Kassim poussa un gloussement :

— Toi, souveraine, réfléchir là (il montrait sa propre tête). Ma père Ourmamet, lui khan pour ma peuple. Après ma père Ourmamet crever, khan pour ma peuple moi, Kassim.

— C'est bien. Va, Kassim, dit le tsarik, ses lèvres se plissant voluptueusement en courbes et contre-courbes.

Il n'avait jamais tué de sa main et venait de trouver ce moyen de se montrer qu'il était encore le maître. Dès que Kassim fut sorti :

— Veux-tu en être, Sergo ? proposa-t-il, comme on offre de la confiture de framboise.

Sergo ne répondit même pas. Longtemps, le tsarik et Marina chuchotèrent au fond du grand lit.

Le lendemain, le tsarik déclara que tout allait le mieux du monde, qu'il voulait se distraire, qu'il chasserait à courre. Comme il montait mal, cela fit sourire certains, mais sous cape. On lui prépara un cheval des plus doux, il vérifia le fil de son couteau de chasse et partit le long de l'Oka avec une meute et les deux gentilshommes russes qui lui restaient, plus quelques valets de chiens.

Marina s'enferma dans sa chambre. Sergo et Danoucha vaquèrent aux soins du ménage : elle en était à s'abîmer les ongles en récurant les chaudrons, lui à couper le bois pour le poêle. Ils ne se parlaient pas, ils devinaient que la même angoisse pesait sur eux. Sergo priait, sans savoir que demander. Il répétait seulement « Seigneur, fais miséricorde » et, quand parfois il s'interrogeait pour savoir « à qui ? », il ne répondait rien.

Vers midi, un valet arriva au galop : le tsar avait débusqué un élan et priait le khan Ourmamet de lui faire le plaisir de le rejoindre. Ourmamet sourit finement dans la barbe qui lui pendait au menton comme un chiffon dédoublé. Il ne souhaitait qu'inspirer confiance à Dmitry jusqu'à un moment favorable et enfourcha son petit cheval gris au poil touffu :

— Le tsar elle appeler Ourmamet, Ourmamet elle courir vite.

Deux heures plus tard, Dmitry rentra à Kalouga au galop, suivi de ses hommes et de ses chiens. Tête nue, se laissant gauchement secouer par son cheval, les épaules en avant, les coudes écartés, il criait :

— Ourmamet a voulu me tuer ! Rattrapez-le !

Tartares et cosaques se mirent en chasse, mais ne retrouvèrent pas Ourmamet. Kassim prenait déjà le commandement de sa tribu. On commença à murmurer. Les hommes se rassemblaient devant l'isba tsarienne et tapotaient leurs fourreaux.

— Tu dois aller leur parler, dit Marina.

Dmitry parut sur le perron. Zaroutsky était là, son diamant à l'oreille, fumant son brûle-gueule de cosaque dans le soir qui tombait.

— Que penses-tu de tout cela ? lui demanda gauchement le tsarik.

Zaroutsky le toisa avec surprise et, tirant sur sa pipe, bougonna :

— Un Tartare de plus ou de moins, ça ne vaut pas un œuf gobé.

À cet instant, une clameur se fit entendre. Les hommes s'écartaient. Un petit cheval gris, couvert d'écume, arrivait au trot, les étriers ballants. À la hauteur de l'isba d'Ourmamet, il tourna à gauche et entra dans la cour.

Un homme s'avança. C'était le prince tartare Piotr Ouroussov. Il s'arrêta au pied du perron et, la main sur son kandjar, cracha à terre aux pieds du tsarik :

— Tu te fais appeler Dmitry. Je ne sais pas si tu es Dmitry, mais tu es un assassin.

Ses yeux jaunes ne lâchaient pas les yeux noirs de Dmitry. À côté du guerrier des steppes, le gringalet faisait piètre figure, mais il sut risquer le tout pour le tout :

— Piotr, Ourmamet était ton frère de race : cela t'égare. Tu oublies le respect que tu dois à Notre Majesté. Qu'on se saisisse de lui et que...

Un instant l'armée du Filou vacilla. Si Dmitry avait supporté l'insulte, tous se seraient jetés sur lui pour le mettre en pièces. S'il avait exigé la mort d'Ouroussov, les Tartares et les cosaques en seraient venus aux mains. Il le sentit. Il acheva :

— ... et qu'on le mette en prison.

Son ordre fut exécuté. Il rentra dans l'isba :

— Je les ai matés.

Marina le regarda ironiquement :

— Jusqu'à la prochaine fois.

Il s'approcha d'elle.

— Marina, Marinouchka, il y a eu des jours où tu avais pitié de moi. Pourquoi plus maintenant ?

Elle chercha honnêtement la réponse :

— Parce que tu es perdu. Moi, je n'aime que les gagnants.

— Selon toi, il faut gagner ou mourir ?

— Oui, quand on est né comme je le suis.

— Mais quand on ne l'est pas ?

Elle lui dit avec douceur :

— Il ne faut pas jouer avec ceux qui le sont.

Il comprit que cette douceur était une dureté et répondit tristement, car l'espoir tendre d'avoir un enfant l'agitait du dedans, presque comme une femme :

— Tu ne devrais pas parler ainsi, toi qui as la vie en toi.

Elle était à bout de douceur :

— Qu'est-ce que la vie, répliqua-t-elle, si elle n'est pas un triomphe ?

Ce soir-là, elle s'endormit tôt, quand les lumières étaient encore allumées, et il s'approcha d'elle pour la regarder. Pour les regarder.

« Il y a en cette femme quelque chose qui est sorti de moi, pensait-il. Quelque chose qui deviendra peut-être un tsar, mais que ne donnerais-je pour que ce ne soit qu'un petit-fils ou une petite-fille de tailleur, une petite bête caressante, qui ne demanderait pas de triomphe à la vie, mais à qui la vie même suffirait comme elle aurait dû me suffire ? »

Il repensa avec nostalgie à l'isba nauséabonde où son père cousait, assis sur la table, et aux petits moulins qu'au printemps il posait, lui, sur les caniveaux. Il était adroit pour les fabriquer, ces petits moulins, il en vendait à ses camarades pour un œuf, une carotte, une noix. Il aurait aimé apprendre à son fils à faire les mêmes moulins que lui.

Il contourna le lit et se coucha.

Dès le lendemain, il sentit que l'hostilité des Tartares s'était durcie à son égard. L'assassinat du vieil Ourmamet dont le corps servait maintenant de pâture aux poissons de l'Oka ne pouvait être prouvé, mais la captivité d'Ouroussov pesait sur le camp.

— C'était une bonne idée de l'enfermer, disait Marina. Il va falloir en trouver une autre pour le libérer.

Elle supportait de plus en plus mal qu'un mâle quelconque, qui avait fait son office auprès d'elle, prétendît en outre régner, et c'était vrai que son ventre plein lui donnait une autorité qu'impollue elle n'avait pas eue. Une petite victoire remportée par un groupe de Tartares sur un élément avancé de Moscovites servit de prétexte :

— Quelle récompense souhaitez-vous, mes amis ? demanda Marina.

Les Tartares répondirent d'une seule voix :

— Tu nous libères le khan Piotr Ouroussov.

— Accordé, dit la tsarine.

— Accordé, dit le tsarik.

Il y eut grande fête, ce soir-là, dans l'isba tsarienne. Le monarque festoyait avec son insulteur pardonné, et Marina, suivant à la lettre l'usage russe, apportait à boire à ses invités et leur tendait les lèvres pour un baiser. Zaroutsky s'y attarda plus que l'étiquette ne l'exigeait. Ouroussov était l'hôte d'honneur. Il portait une tunique blanchâtre, répandait une odeur de beurre rance, et souriait de toutes ses dents en se prélassant sur les coussins brodés par Danoucha. Sergo servait tout le monde sauf Dmitry, qui se servait lui-même, copieusement. On but force hydromel à la destruction des Moscovites, à l'écrasement des Polonais, à Dmitry sur le trône des Rurikides, des Vasa et des Jagellon, on chantait, on s'embrassait, on s'endormait, ce fut une belle soirée. Marina buvait peu, eu égard à sa condition, et un sourire ironique se tordait sur ses lèvres comme un orvet. Bien avant la fin, elle se retira dans son lit à la polonaise.

— Demain, proposa Dmitry, nous allons nous promener à quelques-uns de l'autre côté de l'Oka. Elle est bien gelée maintenant, et nous la traverserons sans encombre. Nous boirons, nous chanterons, nous montrerons à nos ennemis que nous sommes encore forts.

— Je brigue l'honneur de t'accompagner, dit Piotr Ouroussov. Et, si tu le veux bien mon jeune frère viendra avec nous. Il est temps qu'il apprenne à vivre.

Dmitry plaqua sa bouche mouillée sur la joue d'Ouroussov :

— Tes frères sont mes frères, mon frère. Viens avec qui tu veux.

Le lever fut difficile, mais à tout mal il y a remède : un coup de bière, du jus de malossol, un petit verre de vodka eurent raison de tous les maux de tête, de toutes les brûlures d'estomac, et la matinée n'était pas encore achevée que le train du tsar fut prêt à partir. Dmitry s'était installé dans un traîneau doublé de velours grenat, avec des patins dorés, attelé à trois chevaux, celui du milieu ayant pour joug une douga constellée de rubis, le tout volé à Kolomna. Sans rancune, il demanda à Sergo s'il voulait être de la promenade, mais Sergo, demeurant sur le seuil maculé de neige, secoua la tête. Entouré d'une petite escorte de favoris, Dmitry commanda :

— Marche-marche !

Les cavaliers piquèrent des éperons, le cocher fit claquer son fouet, la troïka s'envola, tandis que la neige brassée par les sabots remontait du sol vers le ciel. Zaroutsky avait préféré rester au camp. Il piétinait dans la neige, fumant son calumet d'un air sagace. Il faisait jour, mais le ciel paraissait noir.

*

La troïka volait. Aux virages, elle était déportée tantôt sur la droite, tantôt sur la gauche, et semblait presque décoller du sol. Dmitry, qui avait recommencé à boire depuis qu'il n'avait plus mal à la tête, songeait que le vol de la troïka, toute tintinnabulante de grelots de Valdaï, ressemblait à son destin. Il était emporté il ne savait où, il manquait à chaque instant verser et se rompre le cou, mais cela ne lui importait pas vraiment : il était au chaud sous sa couverture de zibeline légère, soyeuse, et il songeait avec attendrissement aux centaines de petites bêtes qui étaient mortes pour lui procurer, ne fût-ce qu'une heure, ce bien-être. Il les caressait tendrement du bout des doigts, tandis que le vent lui tailladait le visage : « Au moins vous, disait-il, vous êtes douces pour moi. » Il se prenait à rêver sur la façon d'un paletot de zibeline qu'il confectionnerait lui-même pour Marina si jamais il en avait le loisir, il s'endormait, il se réveillait, il buvait à la santé des Tartares, se retournant de temps en temps avec un clin d'œil vers les frères Ouroussov qui chevauchaient derrière lui, tandis que les deux derniers Russes qui lui restaient le précédaient. C'était délicieux de boire du vin de Cahors ou de Crète, qui brûlait les lèvres, alors qu'on était perdu au cœur des neiges, entre Oka et Volga :

« C'est vrai qu'avec tous mes malheurs je ne suis pas un si mauvais tsar que ça ! Je bois du vin étranger, je vais avoir un héritier, j'ai dompté l'indomptable Marina et, s'il est vrai que j'ai eu quelques revers, voyez comme j'ai adroitement manœuvré entre cosaques et Tartares. Et pourtant je ne suis pas né ni n'ai étudié pour exercer ces fonctions-là ! »

Devant lui, au-delà des chevaux, les dos des deux gentilshommes russes, zébrés de neige, étaient à peine visibles. Les chevaux ondulaient sous les flocons qui pleuvaient sur eux. Plus près, le dos du cocher ressemblait à une montagne, le bonnet et les épaules portant une cargaison de neiges éternelles.

— Heï ! cria Dmitry. On s'arrête. Le tsar veut offrir à boire.

Le vent qui vrombissait de tout côté sembla se taire d'un coup, tandis que les patins grésillaient et hurlaient.

— Débouche, cocher.

Une caisse de vin reposait dans le fond du traîneau, à portée de main du cocher, qui se retourna à demi pour saisir une bouteille. À ce moment, Piotr Ouroussov tira son sabre et en frappa Dmitry à la tête, mais, déviée par l'épais bonnet de martre, la lame retomba sur la clavicule qu'elle entailla à peine. Alors le frère cadet, se penchant de côté et poussant un long sifflement, lança son sabre à l'horizontale et trancha la tête du tsarik entre les vertèbres, d'un seul coup. Son aîné lui sourit : « Pour un béjaune, tu promets ! »

Les deux gentilshommes russes s'enfuirent. Les Ouroussov et leur suite disparurent à leur tour, pour regagner leur Tartarie sauvage. La nuit s'était faite quand les Russes revinrent au galop à Kalouga, après s'être fait quelques petites entailles :

— Nous l'avons défendu farouchement ! Ils nous ont passé sur le corps.

Redressée au milieu de l'isba, Marina les regardait avec mépris, ronde de sa grossesse et haute de son ambition.

La mort de cet homme à qui l'avait liée une intimité qu'elle considérait elle-même comme honteuse la laissait moins puissante mais plus libre. Elle pouvait ne plus se dire la femme du Dmitry perdant mais la veuve de l'autre Dmitry qui, en son temps, avait gagné, et surtout elle demeurait tsarine en son propre nom. D'un coup, elle arracha de son cœur les faiblesses qu'elle avait pu y nourrir pour l'effronté petit tailleur. Pas question pour elle de se laisser aller à souffrir comme une mercière qui aurait perdu son bon ami. Peut-être pouvait-elle encore retourner la situation à son avantage.

— Un traîneau ! commanda-t-elle. Nous allons le chercher. Sergo, viens.

Elle eût bien galopé à califourchon, mais son état l'interdisait. On trouva la somptueuse troïka sur le flanc, bloquée dans un fourré. Le cocher avait fui. Les trois chevaux tremblaient en poussant des reniflements angoissés. Éclairée par le flambeau que tenait Sergo, Marina s'avança péniblement, de la neige jusqu'au genou. Danoucha la soutenait.

Le corps, vidé de son sang, était renversé sur les coussins et quelqu'un avait déjà volé la couverture de zibeline. Marina regarda froidement le cou tronçonné, avec ses conduits cartilagineux serpentant les uns autour des autres, couverts de sang caillé et glacé. Jamais plus le petit tailleur ne se demanderait pourquoi il était venu au monde. À supposer qu'il y eût eu une raison, il la connaissait maintenant.

— Tout cela, dit Marina avec lassitude, ne peut servir à rien. Où est la tête ?

On la chercha.

— Là, dit Danoucha.

Elle avait volé à bonne distance et les caillots de sang lui faisaient la barbe qu'elle n'avait jamais portée.

— Soulève, dit Marina à Sergo.

Sergo souleva.

— Plus haut, pour que je la voie.

Elle la regarda longuement. Ces lèvres avaient dévoré les siennes, ce front lui avait écrasé le ventre. Le masque de la mauvaise étoile qui, pendant toute une vie, avait percé sous les chairs et les peaux, était parachevé.

— Donne-moi ça, dit Marina.

Elle enveloppa la tête dans son châle et la porta

jusqu'au traîneau. Elle avait une dernière chance de s'imposer au peuple russe comme sa tsarine : cette tête était cette chance.

Sur le chemin du retour, elle ne dit rien, mais dès qu'on fut à portée de voix de Kalouga, elle se mit à pousser des cris, les faisant monter de son ventre, vibrer dans sa poitrine, palpiter dans sa gorge, s'exhaler comme des vomissements.

— Dmitry ! sanglotait-elle. Mon tsar, mon mari, mon amour que je ne me lassais pas de regarder !

Sergo l'accompagnait, se demandant si, dans le secret de la retraite, elle avait autant pleuré le premier faux Dmitry, qu'elle avait pourtant aimé, si peu que ce fût. Non, sans doute. Fallait-il pour autant l'accuser aujourd'hui de fausseté ? Comme cela eût été léger ! Sans doute, dans sa bouche, le mot *amour* était-il excessif, et peut-être puisait-elle dans les souvenirs de l'autre douleur de quoi illustrer celle-ci, mais il était vrai aussi qu'elle avait perdu un mari près duquel elle avait vécu deux ans et demi et qui lui avait rendu une raison de vivre : comment n'eût-elle pas trouvé quelques larmes pour lui ? Sans compter que c'était le père de ce qu'elle portait en elle.

Kalouga était illuminée, ni comme pour une fête ni comme pour un deuil mais comme pour la fin d'un monde. De tout côté couraient des hommes piétinant la neige et agitant des flambeaux. Les femmes, qui, depuis quelque temps, se cachaient par crainte de la soldatesque de moins en moins disciplinée, étaient descendues de leurs térems. Les cosaques marchaient la main sur la poignée du sabre, les Tartares marmottaient entre eux dans leur langue. Une église sonnait le glas, une autre le tocsin. Le ciel s'était découvert et la lune avait des reflets sanglants, comme certaines oranges. Le traîneau qui transportait Marina déboucha sur la place. Les naseaux des chevaux fumaient. Tout le monde accourut comme pour entendre un oracle.

Marina monta sur le siège du traîneau. Avec ses cheveux foncés, son front clair, la rotondité de sa grossesse et le châle sanglant qu'elle tenait entre ses mains, elle ressemblait elle-même à la lune fatale de ce soir-là. Pour la première fois depuis qu'elle était sacrée, elle allait jouer son rôle de tsarine et non pas de femme d'un tsar plus ou moins faux. Elle devait frapper un grand coup, faire un geste digne d'un souverain.

— Amis, cria-t-elle.

Elle avait un fort accent polonais, mais il n'y avait presque pas de Russes pour l'entendre et les cosaques n'en seraient pas gênés.

— Amis, reprit-elle, voici des mois et des années que vous vous êtes armés pour rendre à la Russie son tsar légitime. Vous avez partagé ses revers et ses succès, vous avez profité de ses largesses, vous avez versé votre sang pour lui... Et regardez où il est maintenant ! Il a versé le sien pour vous.

Saisissant la tête de Dmitry par les cheveux, elle l'éleva au-dessus de la sienne.

— Mon tsar ! sanglota-t-elle. Mon clair faucon ! Mon cher cœur ! Pourquoi nous as-tu abandonnés, orphelins que nous sommes ?

Sous les yeux apeurés de la foule, elle baisa les lèvres ensanglantées et un peu de sang noir colla aux siennes.

— Orphelins, oui, mes enfants, mais pas complètement. Vous avez perdu votre tsar, mais il vous reste votre tsarine couronnée et sacrée au Kremlin, et il me reste à moi un enfant du tsar dans mon ventre, un viatique pour toute la vie, notre maître à venir, notre futur Grand Tsar Blanc dont le cœur bat ici, sous mon cœur.

Elle déchira sa robe et, entre ses mains qui la tenaient ouverte, ses seins blancs pointèrent sous la lune. Alors, sur un ton plus bas, mais impératif et pressant :

— Vous savez, martela-t-elle, que le traître et usurpateur Vassily a perdu le trône qu'il s'était arrogé par dol. Vous savez que les boyards qui font la loi à Moscou n'ont pas l'assentiment du peuple et tremblent à l'idée du juste châtiment qui les attend. Vous savez que Moscou regorge de richesses et qu'il vous suffira d'un dernier effort pour vous en emparer. La semaine prochaine, nous coucherons au Kremlin !

« Mais avant de courir à la victoire, il vous reste un devoir sacré à remplir. On vous a tué votre tsar : vous devez le venger. Moi, la tsarine Marina, j'ordonne que les coupables soient punis avec la dernière rigueur. Ce sont les Tartares qui ont décapité Dmitry : décapitez les Tartares.

Des centaines de sabres jaillirent aussitôt de leurs fourreaux. Debout sur son traîneau, un sourire se jouant sur ses lèvres sanglantes, Marina vit que, cette fois, on lui obéissait sans barguigner. Les têtes volaient autour d'elle et des cataractes de sang jaillissaient des troncs renversés à terre. Kassim fut l'un des premiers à périr. On entendait « Tue ! Tue ! » et des cris de douleur et des grondements et des chutes et des fuites et des poursuites et des entrechoquements d'armes et de corps lancés les uns contre les autres. Lentement, comme à regret, Marina referma sa robe.

7

Aussitôt que Sapéga apprit par ses espions la mort du Filou, il vint tenter de prendre Kalouga, qu'il avait défendue quelques mois plus tôt. Mais il se heurta à une résistance farouche encore que divisée : les habitants de la ville se battaient pour quiconque serait accepté comme tsar à Moscou et les cosaques de Zaroutsky se battaient pour Marina. Il n'y avait aucune chance pour que les uns ou les autres se ralliassent au roi de Pologne.

Marina avait été prise par les premières douleurs de l'enfantement, et, soudain, le courage lui manquait. Peut-être avait-elle outrepassé ses forces en ordonnant le massacre de la veille. Elle ne voulait plus régner, elle ne voulait pas accoucher, elle voulait rentrer à Sambor. Le peuple de Kalouga ne lui avait jamais été profondément favorable; quant à Zaroutsky, elle sentait bien qu'il n'attendait que sa délivrance pour se jeter sur elle. Non que cela lui déplût, mais elle avait peur de cet homme sans éducation qui, l'autre soir, avait tué une bonne vingtaine de Tartares; comme elle s'était récriée avec un semblant d'horreur: «Vingt? De ta main?», il avait froncé le sourcil, mécontent: «Je croyais te faire plaisir.» Et cet enfant qu'elle attendait, elle n'en attendait plus aucun bien: ou il serait mort-né, ou il la tuerait en naissant, ou il ressemblerait par trop au petit tailleur, ou il ne lui ressemblerait pas du tout, ou ce serait une fille.

Elle appela Sergo:

— Porte cette lettre au seigneur Sapéga. Attention: ne te fais pas prendre.

Elle retomba sur son lit trempé de sueur.

Sergo sortit à pied de Kalouga. C'était le soir de Noël. Les étoiles souriaient entre les branches des arbres. Mille six cent dix ans plus tôt, le Sauveur du monde était né, mais, pour un Russe, il fallait une foi solide pour y croire encore. Cependant Sergo ne pouvait concevoir un monde d'où la croix du Christ fût absente: il lui semblait en reconnaître un reflet dans chaque cristal de neige, et, comme des larmes mouillaient ses paupières, dans chaque astre rendu cruciforme au ciel.

Le danger était de se faire prendre par les sentinelles de Zaroutsky, mais Sergo connaissait leurs emplacements et elles s'inquiétaient de ce qui pouvait entrer, non de ce qui sortait: il n'eut pas de mal à les éviter. À la première sentinelle polonaise, il déclara qu'il voulait voir le voïvode et un dizenier le conduisit à la tente armoriée où Sapéga était en train de vider quelques flacons.

— Un Russe! s'écria le géant. Sois le bienvenu. Pour moi, c'est le 3 janvier, et je n'ai pas encore fini de fêter la Nouvelle Année, mais pour toi, ce doit encore être la Noël, et, bien que vous autres mécréants n'ayez pas de messe de minuit, c'est tout de même une occasion pour boire un coup.

Sergo ne refusa pas un verre de vodka et tendit son pli.

— Encore la comtesse Mnichek ! s'écria Sapéga au vu des armes empreintes sur le sceau. Mais que se passe-t-il ? Elle n'utilise plus l'aigle bicéphale ?

Il rompit le cachet et lut :

Pour l'amour de Dieu, sauvez-moi. Il ne me reste pas deux semaines à vivre. Vous êtes fort, sauvez-moi, sauvez-moi, sauvez-moi. Dieu vous récompensera !

— Eh bien, fit Sapéga, en claquant sa cuisse de géant, la petite comtesse semble moins combative que la dernière fois ! Elle ne me parle même plus de mon honneur de gentilhomme. Un peu d'hystérie peut-être ? Il paraît que cela arrive aux femelles en gésine. Mais que veut-elle que je fasse pour elle ? Dis-lui que si Kalouga se rend ou si elle-même parvient à s'échapper, je la renverrai avec plaisir chez son tatouch. Et, tant que tu y seras, conseille-lui de ne pas enfanter de fils vivant : cela compliquerait la situation.

À l'aube, Sergo reprit la direction de Kalouga. Dans les brumes neigeuses suspendues aux arbres, il distingua la figure d'un cavalier qui, monté sur un alezan doré à crinière blanche, semblant sortir d'un vieux conte, s'avançait entre les lignes polonaises et les lignes russes. Il lui coupa le chemin et, soudain, éclaboussé par le premier rayon de soleil, il reconnut son neveu :

— Sandro !

Sandro sauta à terre. Ils s'embrassèrent.

— Que fais-tu ici, mon neveu ?

Sandro expliqua, sans méfiance. Pour lui, la loyauté était encore une affaire simple. Jamais il n'aurait deviné que, par fidélité à Marina, son oncle eût pu le trahir, comme il l'avait déjà fait.

— Cette fois, c'est une lettre pour Zaroutsky ? répéta Sergo.

— À lui remettre sans que le tsarik le sache.

— Ne t'inquiète pas : il n'y a plus de tsarik.

L'oncle mit le neveu au courant, et, comme ils avaient franchi les remparts de terre, Sandro découvrit des amas de cadavres décapités et des amoncellements de têtes sans troncs, aux yeux bridés. Il y en avait deux cents au moins. Soumassachol posait les sabots précautionneusement pour ne pas marcher sur un corps d'homme.

— Vous ne les enterrez même pas ? demanda Sandro horrifié.

— La terre est dure, le gel empêche la contagion et, pour la plupart, ce n'étaient pas des chrétiens.

— Mais sur quoi comptez-vous pour les faire disparaître avant le printemps ?

— Les corbeaux aiment la viande musulmane autant que la nôtre.

En effet, des vols d'oiseaux effrayants, noirs et gris, se soulevaient par nappes croassantes au-dessus des charognes.

La maison tsarienne était sens dessus dessous. La tsarine accouchait, Danoucha portait des chaudrons d'eau chaude, un respect religieux prévalait, les cosaques eux-mêmes déambulaient sans jurer ni fumer, sachant qu'un double mystère était peut-être en train de se dérouler : la naissance d'un être humain, la naissance d'un tsar. Sergo et Sandro s'arrêtèrent sur le seuil, se demandant l'un et l'autre ce qu'il fallait attendre pour la Russie d'un pareil événement. Un cri retentit à l'intérieur : impossible de savoir s'il exprimait la douleur ou le triomphe. Zaroutsky parut sur le seuil :

— Gloire à toi, Seigneur, gloire à toi, répétait-il en se signant, rouge, suant, fébrile, comme s'il avait été le père. Rendez tous gloire à Dieu ! jeta-t-il à l'assistance qui attendait. Il nous a donné un tsar : Ivan Dmitritch. Eh bien ! qu'attendez-vous pour aller d'abord à l'église et ensuite vous saouler ? Que les cloches sonnent ! Que les cosaques chantent ! Victoire ! Joie ! Hosanna !

Mais le peuple ne semblait pas partager son enthousiasme. À peine si un ou deux cris rauques se firent entendre, si le battant d'une cloche solitaire égrena quelques coups sous le ciel couvert de nuages. La Russie ne semblait point vouloir de ce tsar-là.

*

Couchée au fond de son lit, la mère regardait l'enfant que Danoucha lui présentait.

Marina était épuisée, mais elle ne souffrait presque plus. Il lui semblait étrange d'avoir dû en passer par où en passent les autres femmes : elle se savait si supérieure à elles pour tant de choses — or elle avait dû accoucher de la même manière douloureuse et repoussante. Elle ne demandait qu'une seule chose : oublier le plus vite possible. Pour le reste, elle était plutôt contente d'elle-même. Il serait facile d'unir ces nigauds de Moskals autour d'un petit enfant innocent, qui n'aurait aucun moyen de nuire à sa propre cause, plus facile en tout cas qu'autour d'un poltron qui aurait été mieux à coudre des caleçons ou même de son prédécesseur, un héros qui voulait tout réformer dans son pays. À l'enfant, Marina ne jeta qu'un regard distrait : elle le trouva laid comme tous les enfants. Pas grave : on le montrerait au peuple le moins possible. C'était Marina qui se montrerait au peuple.

— Souveraine, Sergo demande à te parler.

Marina frémit. Quelle honte d'avoir envoyé cet appel au secours à Sapéga ! Comment se faisait-il qu'hier elle eût rêvé si passionnément à sa chambre de Sambor, alors qu'aujourd'hui il lui tardait déjà d'être guérie pour se remettre en campagne ? Elle fut tentée de renvoyer le messager à plus tard, mais elle se fût méprisée. D'ailleurs mieux valait savoir tout de suite à quoi s'en tenir. Elle cligna des yeux pour dire « Qu'il entre ».

Sergo félicita la tsarine sur l'heureux succès de son travail et lui transmit le message de Sapéga.

— Pour rien au monde, dit Marina, mon fils ni moi nous n'abandonnerons le peuple russe, qui est pourtant si coupable à mon égard.

Sergo se retirait, quand l'enfant dans les bras de Danoucha silencieuse arrêta son regard attendri. Si eux s'étaient mariés, ils auraient pu avoir un enfant aussi touchant que le petit Ivan Dmitritch.

— Dommage qu'il ait les doigts si poilus, chuchota Sergo en les lui caressant. Encore une chance que ce soit un garçon.

— Tu es un sot, répondit Danoucha sur le même ton : ces poils-là tombent au bout de trois jours.

Et ils se penchèrent ensemble sur l'enfançon comme s'il était sorti d'eux. L'idée même que ce pût être là le Grand Tsar Blanc n'effleura pas Sergo.

Zaroutsky entra, sans heurter à la porte, comme chez lui. Il tenait le message que Sandro venait de lui remettre. Marina eut à peine le temps de chuchoter à Sergo « Qu'il ne sache rien ! » et Sergo celui de s'incliner pour montrer qu'il avait compris.

— Marinka, dit Zaroutsky sans se préoccuper de la santé de l'accouchée, le patriarche de Russie m'écrit, à moi, pauvre chef de brigands, et même poliment. Il en appelle à toute la terre russe pour défendre notre foi et chasser les Polonais. En m'écrivant, il ne savait pas que le pauvre Dmitrouchka avait fait un saut dans la caisse, mais cela ne fait que rendre les choses plus aisées : sa mort me délie de mon serment. Qu'en penses-tu ? Serait-il bon pour nous autres cosaques d'aller émousser nos sabres sur les crânes de tes compatriotes ? Qui sait, Moscou la Blanche est peut-être à notre portée comme tu le disais ? Viendras-tu avec moi, Marina ? Et, dans la circonstance, peut-être même que ce marmot peut avoir son utilité, du moins pour un certain temps ?

Marina jeta sur Zaroutsky un regard langoureux. Sa carrure, sa cicatrice et la touffe de poils entre ses oreilles la rendaient rêveuse depuis longtemps. De toute manière, il lui fallait une armée.

— Nous pouvons tous avoir notre utilité, murmura-t-elle d'une voix lasse. Du moins pour un certain temps.

8

Sandro avait porté son premier message. Il lui en restait deux. Il reprit la route, ou plutôt des sentiers à peine tracés dans la forêt apparemment impénétrable. Se guidant sur le soleil, la lune, les étoiles, les mousses, les cours d'eau, interrogeant les rares paysans qu'il croisait, faisant des trous dans la neige pour y dormir, dans la glace pour y pêcher, il vivait de la terre russe, avec l'impression de n'en être qu'une parcelle volante, qu'un arbre vagabond. Il était chrétien, mais depuis quelques générations seulement : au-delà, il se nourrissait de tous les sucs païens, musulmans, chamaniques dont il était l'héritier. Il ne craignait ni les *roussalki* des eaux ni les *léchié* des bois et des marais, c'étaient ses sœurs et ses frères, et une grande certitude naissait en lui : Dieu n'avait pas créé cette terre pour la détruire. Le moment viendrait où tous les Russes se soulèveraient, rejetteraient l'étranger et vivraient de nouveau une vie valant d'être vécue.

Un jour, comme Sandro passait sous des arbres qui formaient des arches par-dessus son chemin, un homme se laissa tomber en croupe derrière lui et le précipita au sol. Trois autres sautèrent aussi à bas des branches et lui immobilisèrent bras et jambes. Le chef pressa un couteau contre sa gorge :

— Es-tu un Polaque ?

— Non, je suis Russe. Et vous, qui êtes-vous ?

— Nous ?

Ils rirent.

— Nous ne savons plus qui nous sommes.

C'étaient d'anciens paysans, chassés de leurs terres et vivant de brigandage. Mais ils ne s'attaquaient qu'aux Polonais ou aux Russes qui s'étaient mis au service des envahisseurs, à qui ils se vantaient de faire subir les pires supplices, n'épargnant même pas leurs enfants.

— Vous feriez mieux de venir avec moi à Riazan. Je vais chez le seigneur Prokop Lapounov qui lève une armée contre les Polonais.

— Eh bien, voilà une bonne nouvelle, dit le chef. J'ai entendu parler de ce Lapounov : c'est quelqu'un qui sait ce qu'il veut.

— Les cosaques aussi seront avec nous, poursuivit Sandro. L'ataman Zaroutsky l'a promis.

— J'aime moins les cosaques, fit un paysan.

— Contre les Polonais, j'irais même avec le diable, répliqua le chef. Que vous en semble, les gars ? Je suis d'avis que nous suivions ce garnement jusqu'à Riazan.

— Va pour Riazan, firent les brigands.

Ce fut ainsi que Sandro se présenta à Prokop Lapounov avec une douzaine de recrues.

Lapounov lut la réponse que le patriarche faisait à sa lettre et s'en réjouit. Le serment prêté à Vladislav, expliquait Guermoguène, n'était pas valable puisque le prince ne s'était pas converti à l'orthodoxie et n'était pas venu prendre possession de son empire : les Russes devaient s'unir pour libérer la patrie.

— Avec la bénédiction de Sa Sainteté, s'écria Prokop, rien ne nous résistera, et, contre les Philistins, la Russie se montrera le véritable Israël. Tu es jeune, Sandro Psar, mais tu as l'air résistant. Veux-tu servir dans mon armée ?

— Ce serait avec plaisir, Prokop Féodorytch, sauf que j'ai d'autres courses à faire pour Sa Sainteté.

— Fais-les donc, avec l'aide de Dieu.

Ainsi, tandis que les armes commençaient à bruire dans Riazan et les copies de la lettre du patriarche à se multiplier par tout le pays, Sandro s'enfonça de nouveau dans le mystère de la terre russe, pour gagner là-bas, dans le Nord, la lointaine Kostroma afin d'y porter sa troisième lettre. Maintenant, il lui fallait toute son expérience de cavalier pour ne pas hâter Soumassachol, car il pensait que chaque pas le rapprochait du seigneur Khichtch et de sa mère, si elle était encore en vie.

*

Lorsqu'enfin, au plus profond de l'hiver, Sandro atteignit les terres où il avait passé son enfance, il arrêta son cheval sur un escarpement de la rive droite et, dans la plaine glacée, ses yeux perçants découvrirent, contre le ciel bleu pâle, d'un côté les coupoles dorées de Kostroma, de l'autre les bulbes du monastère de saint Ipaty. La tentation était forte de faire d'abord un détour par Psarskoïé, mais Sandro résista : la région, il le savait, était infestée par les Polonais de Lissowski, et il ne pouvait tomber entre leurs mains avant d'avoir remis à Mikhaïl Romanov la lettre du patriarche.

Il n'approcha du monastère qu'à la brune. Au premier moine qu'il aperçut dans le potager, il demanda :

— Les Polonais ? Où ?

Ils avaient occupé le monastère, l'utilisant comme une forteresse, puis ils l'avaient quitté pour s'installer à Kostroma, ensuite ils avaient été chassés de Kostroma et s'étaient réfugiés dans les forêts, d'où ils écumaient la région. Le moine baissa la voix :

— Nous appelons Lissowski « le tsar Hérode », car lui aussi cherche toujours l'enfant-tsar. Et il en a déjà massacré, des innocents ! Mais grâces soient rendues à Dieu, il n'a pas découvert celui qui est notre espoir.

— Où est Mikhaïl Féodorytch ?

— De nouveau parmi nous, avec sa sainte mère. Nous avons des guetteurs. Au premier relent polonais, la mère et le fils se sauvent. En ce moment, Sandro Aleksandrytch, ils doivent être à vêpres.

Sandro Aleksandrytch ! L'usage respectueux du patronyme montrait que Sandro n'avait plus l'air d'un enfant, mais d'un jeune seigneur. Et c'était vrai : lui, qui était parti presque aussi innocent que Mikhaïl, avait déjà risqué sa vie et s'était souillé de sang humain.

À l'église, Sandro vit que Mikhaïl et sa mère se tenaient côte à côte au milieu de la nef, lui à droite, du côté des hommes, elle à gauche, du côté des femmes. Leurs deux prières s'élevaient parallèlement vers le ciel, et il sembla à Sandro qu'il les entendait l'une et l'autre, la mère priant pour que le calice s'éloignât et le fils pour que la volonté de Dieu fût faite.

Vêpres terminées, Mikhaïl se jeta dans les bras de son ami :

— Je ne te reconnais presque pas, Sandro. C'est comme si tu étais un autre et pourtant le même.

— Je suis surtout le même et un peu un autre.

Ils rentrèrent tous les trois dans ce qui servait de palais aux Romanov et s'assirent sous la Vierge de la Tendresse, protectrice de la famille. Alors Sandro tira de son vêtement le rouleau scellé du sceau du patriarche et le remit à Mikhaïl. Mikhaïl se signa, ouvrit et se mit à lire. Ses lèvres remuaient à peine.

— Tu ne lis pas à haute voix ? demanda la mère.

Et lui :

— Non, mère, avec ta permission.

Elle le regarda avec une crainte sacrée.

Lorsqu'il eut fini, il dit à Sandro :

— Je te rendrai ma réponse demain.

Il n'avait pas quinze ans et il parlait avec une étrange circonspection.

Le soir, après souper, les deux garçons sortirent ensemble pour se promener dans l'enclos du monastère. Par les fenêtres de la cathédrale, on entendait les chants assourdis des moines qui ne se lassaient jamais de prier.

— Demain, dit Sandro calmement, j'irai à Psarskoïé et je tuerai Khichtch.

— Ne fais pas cela.

— Il y va de mon honneur, Michka ! Tu crois que c'est lui qui me tuera ? Je suis rusé et rapide et je tire bien à l'arc.

— C'est autre chose.

— Tu ne vas tout de même pas me dire qu'il faut pardonner à ses ennemis ? Moi, je pardonne à qui me demande pardon, pas à qui violente ma mère. Jésus-Christ n'a pas imposé cela. Sa mère, il l'a confiée à saint Jean et personne ne lui a fait de mal. Si on avait touché à la Mère de Dieu, crois-tu qu'il aurait laissé faire ? Même le Saint Esprit, il ne permet pas qu'on l'insulte. Alors ? Me reprocheras-tu d'avoir tué des Polonais à la Trinité-saint-Serguéï ?

— Ce n'est pas la même chose de tuer les ennemis qui occupent notre terre ou de se venger chacun pour soi. La terre est sacrée.

— Et la mère.

— Oui, mais tu ne peux pas faire que ce qui a été fait ne l'ait pas été. Si tu rencontres Khichtch, n'hésite pas, tue-le, parce que c'est un étranger et qu'il n'a rien à faire chez nous, mais ne le tue pas avec colère. Ce n'est pas le meurtre qui est mauvais, c'est la colère.

— Michka, dit Sandro, je ne suis pas d'accord avec toi. La colère a du bon. Crois-tu que Jésus-Christ n'ait pas été en colère quand il a chassé les marchands du temple à coups de knout ?

Mikhaïl sourit d'un sourire que Sandro ne lui connaissait pas, un sourire de puissance et d'impuissance à la fois, au-delà de l'une et de l'autre.

— Avant tout, n'oublie pas : j'ai besoin de toi pour porter ma réponse au patriarche.

Sandro regarda son ami avec ressentiment, mais ne trouva pas la force de lui désobéir : il y avait quelque chose de doucement irréfragable dans la volonté de l'adolescent, qu'on aurait dite surhumaine.

— C'est bon, dit-il, mais je reviendrai dès que je pourrai et alors malheur à Khichtch : je lui expulserai les tripes !

Les deux garçons passèrent la nuit dans la même chambre et, chaque fois que Sandro se réveilla, il vit Mikhaïl en prière, tantôt debout, tantôt prosterné.

Au matin, Mikhaïl emmena son ami dans la cathédrale et ils se tinrent devant la double porte de cuivre offerte au monastère par Boris Godounov. Dans le cintre on voyait, tracés à l'or et au mercure sur une laque noire, l'Annonciation, plus bas la prédiction d'Isaïe sur la vierge qui enfantera, Jacob voyant dans son sommeil les anges monter et descendre, quatre prophètes prédisant le salut du monde…

— J'aime cette porte, dit Mikhaïl, parce qu'on y

voit des promesses tenues. Le vrai tsar est celui qui tient ses promesses.

D'une poche, il tira le rouleau de Guermoguène, en lut un passage à haute voix :

— *Sans souverain l'État russe ne peut pas tenir, il n'y a personne pour s'en inquiéter ni vaquer aux besoins des hommes de Dieu ; sans souverain, l'État russe est ruiné de fond en comble ; sans souverain, rien n'assure la structure de l'État que les intrigues des filous divisent en factions nombreuses, si bien que la filouterie croît et se multiplie...* Le patriarche m'écrit, conclut-il, pour me persuader d'être tsar, et je le serai, si Dieu le veut. Mais je ne le serai pas contre la terre russe. Le patriarche ne peut pas plus disposer du trône que les boyards, les soldats, les négociants ou les paysans. Il faut que la terre russe dispose d'elle-même. Tu diras cela à Sa Sainteté.

— Il n'y aura pas de réponse signée ? s'étonna Sandro.

— Ma réponse est ma signature, répondit Mikhaïl.

9

Le soulèvement fut spontané et immense.

Les lettres que d'autres messagers, imitant Sandro, portaient de ville en ville, faisaient, en plein hiver, vrombir cette ruche, la Russie. Tout un réseau d'épîtres la couvrait comme autant d'escarbilles : Toula écrivait à Kolomna, Kolomna à Kostroma, Kostroma à Nijny, Nijny à Iaroslavl, Iaroslavl à Mourom, Mourom à Vladimir. Les lettres les plus prisées étaient celles de Moscou qui appelait au secours ses sœurs cadettes :

C'est ici que se trouve l'image de la Mère de Dieu, la protectrice des chrétiens, que l'évangéliste Luc lui-même a peinte. C'est ici que sont préservés nos grands luminaires et protecteurs : Piotr, Alekséï et Iona, les thaumaturges. Croyez en cette lettre que nous vous envoyons : peu nombreux sont ceux qui suivent les traces des traîtres Saltykov, Andronov et Psar. Nous avons avec nous le premier hiérarque de l'Église une, catholique et apostolique, le saint patriarche Guermoguène, pasteur irréprochable, qui n'hésite pas à risquer sa vie pour la foi chrétienne. Pour l'amour de Dieu, créons une union ferme entre nous. Envoyez une copie de notre lettre à Novgorod, à Pskov et à Vologda et donnez-leur votre opinion, afin que tous sachent que la terre entière doit se dresser pour la vraie foi chrétienne.

C'est ainsi que Sandro, rentrant à Moscou, traversait des régions déjà secouées par ces appels à l'aide. Des hordes de paysans, las de l'oppression polonaise, surgissaient des villages et des bois, cherchant à rejoindre l'armée de Lapounov, celle du prince Troubetskoï qui, naguère, servait le faux Dmitry, ou, pour les vraies têtes brûlées, les cosaques de Zaroutsky. Toute une Russie se mettait en marche. Des faux, des fourches, des cognées luisaient de plus en plus souvent au débouché des forêts. Les nobles Polonais qui avaient reçu des domaines russes les fortifiaient et s'y claquemuraient, espérant que la marée de la colère indigène les contournerait avant de s'épuiser devant Moscou. Pour les moins bien défendus, il n'y avait pas de pitié : tantôt on leur bourrait le fondement de poudre et on en faisait des feux d'artifice, tantôt on les fourrait dans des trous percés dans la glace :

— Vous avez mangé tous nos biens : buvez pour les faire passer.

Lorsque Sandro arriva à Moscou, la capitale elle aussi grondait, parce que Gonsevski avait décidé d'interdire aux Russes de conserver des armes chez eux, et que, comme on avait trouvé des mousquets sous un chargement de grain transporté par des cochers de fiacre, il avait décidé d'en faire un exemple.

En présence de Sandro consterné, Psar lui dit, sans trahir aucune émotion :

— Tu as raison. Tu ne peux pas les laisser vivre.

Gonsevski les fit « asseoir sous la glace », c'est-à-dire noyer dans la Moskva gelée.

Sur d'autres points, le Polonais écoutait moins volontiers les avis de Psar, qui lui conseillait de laisser quelque liberté au patriarche pour éviter d'irriter le peuple.

— Le peuple n'a qu'à faire un effort pour comprendre que son patriarche est un mutin excommunié ! répliquait Gonsevski.

Pour empêcher le mutin excommunié d'écrire et d'expédier les brûlots qui rappelaient la Russie à son destin, Gonsevski supprima au patriarche ses secrétaires et ses domestiques, il le priva de plumes, de papier, d'encre. Il ne lui interdit cependant pas de recevoir des pèlerins, et, comme eux se lamentaient sur le dénuement où ils le trouvaient, le prélat prisonnier leur répondait :

— Les Polonais croient m'avoir tout pris, mais ils ne m'ont rien pris du tout : ni le Seigneur Jésus-Christ, ni sa Très Pure Mère, ni les saints thaumaturges de Moscou. Prions-les ensemble pour qu'ils nous secourent contre nos ennemis.

Parmi les Moscovites, le mécontentement croissait. Toujours pas de Vladislav ! « Voilà un an que ce vieux chien de Sigismond ne laisse pas son chiot venir chez nous ! » grommelaient les uns. « Vladislav ferait bien de se dépêcher, renchérissaient les autres : une fiancée comme notre Russie ne manquera pas longtemps de soupirants. » Pour les Polonais, les marchands russes doublaient leurs prix, et les Polonais refusaient de payer, sous prétexte que les uns et les autres étaient censés servir le même maître. Les bagarres éclataient. Grimpant sur le Lieu-Haut, Gonsevski faisait des discours ampoulés et maladroits :

— Ne comptez pas, mes chers amis, sur votre multitude : nous ne sommes que six milliers tandis que vous devez bien être sept cent mille, mais la victoire ne repose pas sur la quantité. Dieu secourt aussi les petits nombres, vous l'avez éprouvé plus d'une fois. Vos régiments n'ont-ils pas détalé devant les escouades que nous leur opposions ? Si vous commencez à verser le sang, Dieu ne vous donnera pas la victoire, mais à nous, car notre cause est juste : nous nous battons pour notre souverain.

Il n'intimidait pas les foules. On lui répondait :

— Vous autres, vous ne valez pas un crachat. Nous n'avons besoin ni d'armes ni de bâtons : nous vous assommerons à coups de bonnets !

La nouvelle du soulèvement des provinces inquiéta les Polonais. Ils réclamèrent des réserves d'approvisionnement. « Poudre et plomb pour toutes réserves », grognèrent les Moscovites. Saltykov et Andronov recommandaient la sévérité, Psar conseillait la modération, sachant que tout signe de faiblesse ne ferait qu'exciter les Russes.

Il faillit y avoir un incident le dimanche des Rameaux. Ce jour-là, traditionnellement, le patriarche traversait Moscou sur un cheval déguisé en âne, que le tsar conduisait par la bride. Mais il n'y avait pas de tsar et Gonsevski craignait à la fois qu'en apercevant le patriarche le peuple ne voulût le libérer et qu'il n'y eût une émeute au cas où la fête n'aurait pas lieu... Psar trouva la solution :

— Mets tes plus beaux habits, seigneur Gonsevski, et conduis toi-même l'âne du patriarche. Ce sera un honneur pour lui, un honneur pour toi, et certainement un honneur pour l'âne, encore que je doute qu'il y soit sensible.

Gonsevski jugea l'idée bonne, se vêtit de velours et de taffetas, se para de perles et de diamants, mit même un peu de poudre et de rouge et se transforma en ânier. La journée se déroula pacifiquement et la confiance de Gonsevski en Psar crût encore, tandis que le peuple riait à gorge déployée du Polaque qui se pavanait à côté du baudet.

Le lendemain lundi, trois colonnes marchant sur Moscou furent signalées, tandis que, pour inaugurer la semaine sainte, on chantait dans toutes les églises : *Voici que l'époux s'avance au cœur de la nuit : bienheureux le serviteur qu'il trouvera veillant.* Le mardi, ce fut l'insurrection, tandis que les libérateurs envahissaient les faubourgs et menaçaient les quartiers externes de Skorodom et de Belgorod. Gonsevski fit distribuer des serviettes blanches aux Russes qui reconnaissaient sa domination, sabra tous les autres Russes qu'il put trouver et s'enferma avec ses Polonais dans les citadelles de Kitaïgorod et du Kremlin, sises de part et d'autre de la place Rouge.

— Et le reste de la ville ? demanda-t-il.

La vieille Moscou était un labyrinthe favorable aux émeutiers : la cavalerie polonaise ne pouvait s'y déployer. Psar s'empressa de donner le premier la réponse inévitable :

— Tu dois la brûler.

Des boutefeux furent distribués. Saltykov, pour montrer l'exemple, mit le feu à sa propre maison. De tout côté, les Polonais couraient avec des torches résineuses, de l'étoupe, de l'amadou. Il faisait humide et la ville condamnée résista longtemps. Mais enfin le vent s'éleva et le feu prit. Les attaquants, se trouvant sous le vent, reculèrent ; les Polonais les fusillaient à travers le rideau de fumée qui roulait vers eux. Le soir tomba, on ne s'en aperçut pas : en plein minuit l'incendie permettait encore de distinguer une épingle. Aleksandro Psar se tenait au sommet de la tour Beklémichev et regardait brûler sa ville : là-bas, tout au fond, brûlait aussi la maison dont Ivan le Terrible avait fait cadeau à la famille Psar et où Aleksandro avait passé son enfance. Les milliers de cadavres de la veille n'avaient pas été enlevés, une odeur de viande grillée montait dans l'air. On chantait toujours la venue de l'époux et la vigile du serviteur.

La nuit suivante fut encore plus claire : Gonsevski avait fait traverser la Moskva glacée à ses incendiaires, et ils mettaient le feu au Zamoskvorétchié, quartier entièrement construit en bois qui flamba d'un coup. Même de l'autre côté du fleuve, on entendait les vrombissements effroyables des flammes. C'était le Mercredi saint, jour où les orthodoxes vont à l'église se faire oindre d'huile bénite, mais beaucoup se passèrent d'onction cette année-là : la plupart des églises n'étaient plus que cendres encore chaudes.

Le jeudi, les Polonais incendièrent à nouveau ce qui tenait encore debout et passèrent la journée à piller les décombres. Ils partaient vêtus d'une cotte de serge et revenaient parés de velours. Ils chargeaient leurs fusils de perles et tiraient sur les Moscovites qui n'arboraient pas une serviette blanche autour de la taille. Le soir, ils firent un grand banquet et s'astreignirent à vider les tonneaux de vodka, de vin et d'hydromel qu'ils avaient découverts dans les caves des boyards. Les Russes à serviette blanche furent invités, et le moine Barsanuphe eut du mal à respecter sans se faire remarquer l'interdiction de manger de la viande. Bien des femmes et des enfants moscovites furent perdus et gagnés aux dés cette nuit-là.

Cependant, dans les églises du Kremlin, les Russes suivaient l'office de la Passion du Christ, les prêtres psalmodiaient les douze extraits des évangiles qui racontent la Cène, la flagellation, la montée au calvaire, la crucifixion, et, dans chacune de ces églises, Ponce Pilate répétait sans fin *Qu'est-ce que la Vérité?* et *Voici l'Homme.*

Le Vendredi saint, l'incendie était consommé: on ne voyait plus que des cheminées de briques surgissant d'un tapis de scories, des murs éboulés et noircis, des soupiraux béants sur des caves à ciel ouvert, et, çà et là, un monceau de charbons rougeoyant encore sous les halètements du vent. Dans les rares églises épargnées, les chantres psalmodiaient la prophétie d'Ézéchiel sur la résurrection de la chair: *Vous, ossements desséchés, oyez la parole du Seigneur...*

Le Samedi saint, les Moscovites jeûnèrent. La nuit ils firent des processions autour des églises en chantant des centaines et des milliers de fois *Le Christ est ressuscité des morts, par la mort écrasant la mort, aux peuples des tombeaux donnant la vie.* Leurs bannières lourdement brodées claquaient dans le vent printanier, leurs cierges incendiaient la nuit à leur tour. «Ils nous empêchent de dormir!» grognaient les

Polonais, mais Gonsevski n'était pas inhumain : il donna l'ordre de ne pas inquiéter les fidèles.

Le dimanche et le lundi de Pâques furent paisibles, comme il convient.

Le mardi, les libérateurs reprirent leur marche en avant et vinrent camper sous les portes mêmes de la capitale. Le siège commença : escarmouches, sorties, embuscades. Des troupes de chiens trottinaient en se pourléchant dans la puanteur qui augmentait de jour en jour : avril fut chaud cette année-là.

10

Aleksandro avait fait ses Pâques dans un état de stupeur. Il avait cru que devenir moine serait pénible mais simplifierait, unifierait sa vie. Au contraire : respectant ses vœux, il ne mangeait pas de viande et ne touchait pas aux femmes et ces deux formes de chair ne lui manquaient pas, mais à cet homme qui avait toujours abordé la religion avec candeur, elle apparaissait soudain dans toute sa complexité. Lui, moine initié au Grand Schème, il ne savait plus d'où venait le Mal dans le monde ni si l'enfer et le paradis avaient réponse à tout ; il ignorait si, en obéissant au patriarche, il était en train de se sauver ou de se perdre.

Une seule chose était claire pour lui : il n'avait jamais rempli de mission qui lui répugnât davantage ni dont il attendît moins de fruit. Sans doute, il n'était pas mauvais qu'un Russe fidèle fût en position de conseiller l'ennemi et permît au patriarche de communiquer encore avec le monde, mais en quoi cela changerait-il l'issue apocalyptique du conflit ? Et, pour le moment, Aleksandro ne pouvait plus paraître dans les rues de Kitaïgorod ou du Kremlin sans se faire huer par quiconque ne portait pas de serviette blanche à la taille, et parfois par ceux qui en portaient. Au moins aurait-il voulu épargner le spectacle de cette honte à Sandro, mais le patriarche insistait pour que ce messager sûr entre tous demeurât à sa disposition et le fils voyait le père devenir, aux yeux du peuple, le principal suppôt de l'étranger. Les hommes crachaient par terre à sa vue et les bonnes femmes menaçaient leurs enfants : « Si tu n'es pas sage, je te donnerai à Psar. » Le moine clandestin passait, silencieux sous les insultes, trouvant dans sa vocation nouvelle l'humilité de ne pas riposter.

— Que penses-tu, lui demanda Gonsevski, de l'idée que voici ? Les Russes qui nous assiègent vénèrent le patriarche, or le patriarche est entre nos mains. Il suffirait qu'il les renvoyât dans leurs foyers pour qu'ils y rentrent. Nous pourrions faire pression sur lui.

— Qui a peur du loup ne va pas au bois. On peut essayer.

— Prends Saltykov avec toi, et ne ménagez pas le vieux grigou.

Guermoguène les reçut debout :

— Que voulez-vous de moi, vous qui servez l'étranger ?

— Saint père, répondit Psar, ce que nous voulons est simple et tu as tout intérêt à nous l'accorder.

— Tu as la manie d'écrire des lettres, fit Saltykov. Eh bien, tu vas en écrire une à Lapounov pour lui ordonner de se retirer avec ses hommes.

— Je ne lui écrirai rien de tel.

Psar avança d'un pas.

— Peut-être nous auras-tu mal compris. Nous sommes prêts à tout pour le service de notre souverain le tsar Vladislav, et, si tu ne nous obéis pas, tu mourras de male mort.

Le patriarche le regarda de ses yeux fixes. Il savait que Psar parlait pour Gonsevski.

— Voilà une bonne nouvelle : je conquerrai donc la couronne du martyre. J'y ai longtemps aspiré.

Gonsevski fut déçu. Ce n'était pas un chef de guerre, il espérait toujours sauver la situation par un biais plutôt que par les armes :

— Ah ! il a toujours aspiré au martyre ? Eh bien,

nous allons le brûler sur la place Rouge! Ce serait une excellente idée pour élargir les idées des Russes et les faire rentrer au bercail.

— Je ne crois pas que ce soit une si bonne idée que cela, répondit Psar. Il y aurait là de quoi faire enlever la serviette blanche à ceux qui la portent.

— Alors que vais-je faire du vieux fou?

— Enferme-le dans un monastère. Du moins ce sera conforme à l'usage.

— Et les Russes supporteront de rester sans patriarche?

— Tu n'as qu'à remettre sur son trône Ignaty que le tsar Vassily avait emprisonné.

— Excellent! Je ferai monter Ignaty sur le trône de Guermoguène et je fourrerai Guermoguène dans la cellule d'Ignaty.

Psar avait apparemment sauvé la vie du patriarche, mais, en même temps, il avait perdu tout contact avec lui.

*

En juin, Sapéga approcha de Moscou, et, bien qu'il fût mandaté par le roi, il fit d'abord des ouvertures à Lapounov: si la Russie versait deux ou même un seul trimestre d'avance à ses troupes, il se mettrait du côté des Russes. Lapounov ne voulut rien entendre: il avait déjà assez de mal à maintenir des relations suivies avec Troubetskoï et Zaroutsky et ne se souciait pas d'embaucher un larron de plus. Alors Sapéga se résigna à faire son devoir, et, comme le ravitaillement commençait à manquer à Kitaïgorod et au Kremlin, Gonsevski imagina de l'envoyer fourrager dans le pays.

C'est alors qu'il sembla à Aleksandro que Gonsevski lui témoignait moins de confiance, comme s'il détenait un secret et craignait de le trahir. Peut-être y avait-il là, pour l'espion du patriarche, une occasion de retrouver une utilité.

— Je ne te vois plus, seigneur Gonsevski. Il importe pourtant que nous travaillions ensemble comme les doigts d'une seule main. Ne viendras-tu point chez moi ce soir boire à la santé du bon roi Sigismond ? Ou bien aurais-tu peur de t'aventurer chez un de ses sujets russes ?

Gonsevski mit son poing droit sur sa hanche et avança le mollet gauche :

— Peur ? Comment épelles-tu ce mot-là ?

Ils s'attablèrent au coucher du soleil. Les petites fenêtres du logement que Psar s'était attribué au palais Sitsky s'assombrirent peu à peu ; les pirogui russes succédèrent sur la table aux bigos polonais, excellente occasion pour Aleksandro de se lamenter sur le siège qui s'éternisait, de s'angoisser de la disette qui menaçait déjà ; et, pendant ce temps, Sandro ne cessa de remplir les coupes, à moitié pour son père, à ras bord pour le Polonais. Le maître de Moscou dégrafa d'abord son pourpoint, puis ôta sa fraise, découvrant un cou rouge de dindon, déboucla sa ceinture, desserra enfin ses aiguillettes. Vers la minuit, il en était à embrasser Psar sur la bouche :

— Tu aurais été digne de naître Polonais, mon compain...

Sur quoi Psar, le tenant enlacé du bras droit, lui versait de la main gauche de la vodka au genièvre, tout en poursuivant de sinistres prédictions. Enfin, à mi-voix et tout gloussant de jouissance à l'idée du mauvais tour qu'il allait jouer, Gonsevski commença à se trahir :

— Tu as tort de te faire de la bile noire, ami de mon cœur ! Le seigneur Gonsevski n'est pas le dernier des sots. Sapéga m'a donné un moyen infaillible pour battre les Moskals.

— Sapéga ? Tu as confiance en ce chef de bande ?

— Oui, parce que, d'après lui, le torchon brûle entre les hommes de Lapounov et ceux de Zaroutsky : il n'y a qu'à les dresser les uns contre les autres, et nous sommes sauvés.

— Et Troubetskoï ?

— Troubetskoï ne reconnaîtrait pas son derrière d'une motte de beurre : il fait ce que lui disent les autres, à tour de rôle. Le seul vraiment dangereux, c'est Prokop Lapounov.

— Alors il faut nous en débarrasser ?

— C'est comme si c'était fait. Prokop est orgueilleux, colérique, de petite naissance, il insulte quiconque a servi le Filou, il vexe, il spolie, il ne parle que de religion sans être pope. Sais-tu ce qu'il a fait la semaine dernière ? Noyé vingt-huit cosaques sous prétexte qu'ils avaient pillé un peu plus que d'ordinaire. J'attendais justement une occasion de ce genre pour lui jouer un tour de ma façon.

— Dans ce cas, je ne donne pas cher de sa peau !

Aleksandro fixait sur Gonsevski un regard vitreux. Le Polonais se mit à rire.

— Je vois bien, mon cher camarade, que tu es complètement aviné. Il vous reste encore, à vous autres Russes, à apprendre à boire en vrais sujets du roi. Ne t'inquiète pas, nous vous donnerons des leçons.

— C'est vrai que j'ai peut-être bu quelques coups de trop. Quelle importance ? Demain je ne me souviendrai de rien.

Gonsevski passa le dos de la main sur son front en sueur et la secoua pour en faire tomber les gouttelettes qui brillèrent à la lueur des bougies. Il se rapprocha encore de Psar.

— Vois-tu, mon compain, Prokop Lapounov ne cesse d'écrire à toutes les villes de Russie pour les exciter contre nous et leur demander des renforts. Ces lettres, nous en avons saisi, et il n'a pas été difficile à mon secrétaire d'en faire une fausse en imitant l'écriture et le ton. Pour le contenu, je te dirai sans fausse modestie qu'il est de moi.

— Que dit cette lettre ? Mort aux Polonais ?

— Tu n'y es pas du tout. Elle dit... Laisse-moi me rappeler, je ne suis pas mécontent de certaines tournures... (Gonsevski prit son front à deux mains et pressa dessus comme sur une outre.) *Les cosaques sont les ennemis et les destructeurs de l'État russe, il sied de les prendre et de les noyer où qu'on les rencontre.* Que dis-tu de ça ? Ou encore : *Quand, avec l'aide de Dieu, l'État russe aura retrouvé la paix, alors nous exterminerons ce peuple de méchants.* Pas mal trouvé, hein ?

— Illustrissime seigneur, cela est digne de ton génie. Et que comptes-tu faire de cette lettre ?

— Ne m'appelle plus illustrissime seigneur ! Appelle-moi Aleksandr, et je t'appellerai Aleksandro, puisque nous portons le prénom du même saint, encore que le tien soit schismatique...

Gonsevski en pleurait d'attendrissement dans son assiette. Psar lui caressait l'épaule :

— Je te remercie de ce privilège. Dis-moi donc, Aleksandr, ce que tu comptes faire...

— Je ne compte plus : c'est déjà fait. Nous avions capturé un nigaud de cosaque, et alors...

Maintenant Gonsevski s'étouffait de rire, postillonnant dans toutes les directions :

— Et alors, nous l'avons échangé contre un des nôtres, mais en attendant nous lui avons donné cette lettre, pour qu'il la montrât à ses camarades. Nous étions censés l'avoir saisie sur un autre prisonnier, un homme de Lapounov : comprends-tu ?

— Quand avez-vous relâché le cosaque ? demanda Psar en maîtrisant son impatience.

— Il y a trois jours.

— Aleksandr, pardonne à la vessie d'Aleksandro. Je viens te rejoindre dans un instant.

Psar sortit en titubant. Son fils le suivit.

— Tu as entendu ?

— Tout.

— Va prévenir Lapounov. Ne reviens pas. Adieu, mon fils.

Sandro partit en courant dans la nuit étoilée de juillet. Au bout de quelques pas, il s'arrêta : reverrait-il jamais son père ? Il se retourna. La large stature si connue, tant aimée, se profilait devant la porte.

— Et toi, mon père ? appela-t-il.

— Moi, je suis moine. Et peut-être enfin justifié.

11

Sergo avait obtenu de Marina la permission de participer aux combats sous les ordres de Lapounov, et elle la lui avait donnée avec soulagement : Zaroutsky la traitait ouvertement comme sa maîtresse et chaque regard du fidèle Sergo lui était comme un reproche. Elle ne cachait pas son dessein de faire du petit Ivan le futur tsar de Russie, et, cela aussi, elle sentait que Sergo le désapprouvait.

En son absence, il était plus facile à la veuve des deux faux Dmitry de s'abandonner à ses nouvelles amours, qui la plongeaient dans des émotions contradictoires qu'elle n'arrivait ni à sonder ni à définir : Zaroutsky, homme sans principes ni préjugés, lui paraissait aussi libre que seuls peuvent l'être un animal ou un dieu : le mot *cosaque* ne signifie-t-il pas « homme libre » ? Les souvenirs mythologiques affluaient en elle : tantôt il était le cygne et elle Léda, tantôt son approche la transformait en génisse Io, tantôt il devenait le taureau blanc qui enlève Europe, et dans Europe elle se reconnaissait pleinement, car elle avait toujours voulu chevaucher les forces obscures de l'Eurasie. « Mon Jupiter », l'appelait-elle souvent, et parfois « Mon Zeus ». L'aurochs cosaque se moquait bien des noms qu'elle lui donnait.

Rendu pour un temps à lui-même, Sergo avait été de tous les engagements contre les Polonais. Il avait escaladé de nuit les murailles de Kitaïgorod et été repoussé par la mousquetade polonaise. Embusqué derrière une cheminée ou aux fenêtres d'une église, il avait fait le coup de feu dans les ruines de Moscou. Il commanda aussi l'attaque contre la dernière tour de la ville qui, hors du Kremlin et de Kitaïgorod, résistât encore aux Russes.

Protégée d'un côté par la Moskva, cette tour de bois était si haute que les quelque trois cents fantassins qui l'occupaient avaient beau jeu de se défendre.

Un transfuge déclara que le rez-de-chaussée était plein de grenades et d'autres machines incendiaires.

— Visez les meurtrières avec des flèches enflammées ! commanda Sergo.

Les flèches volèrent, se heurtant aux ébrasements des meurtrières et retombant sans effet.

— Continuez ! Visez mieux ! Une seule flèche au but devrait suffire.

Soudain, une salve d'explosions retentit, et les murs de bois s'enflammèrent. Les Polonais, réfugiés au quatrième étage, lancèrent des cordes et voulurent descendre du côté de la Moskva. On les tirait comme des oiseaux dans les arbres. S'ils atteignaient le sol, on les achevait au couteau. Certains, plutôt que de tomber aux mains des Russes, brûlaient sur place. Des pans de mur carbonisés s'écroulaient, se fracassaient à terre. Quelques Polonais, méprisant la mort, tiraillaient encore. Quand il n'y en eut plus que deux, ils se frayèrent un chemin à travers les flammes et sortirent de l'enfer, ivres de fumée, les cheveux et les sourcils brûlés, les vêtements en lambeaux, noirs comme des diables. Des streltsi voulurent se jeter sur eux, mais Sergo cria :

— Halte !

Et, aux Polonais :

— Qui êtes-vous, hommes de cœur ?

— Le lieutenant Péniojek et son adjoint, répondit l'un en s'efforçant de ne pas tousser.

Sergo les salua :

— Vous êtes libres.

Péniojek répliqua :

— Ne vous moquez pas. Nous vous serions déjà reconnaissants si vous nous laissiez en vie.

— Et plus encore si vous nous échangiez contre des prisonniers russes, fit l'adjoint.

— Nous avons des braves parmi nous, mais je doute qu'il y en ait qui soient dignes d'être échangés contre des hommes comme vous. Je vous le répète : vous êtes libres.

Et, le temps que les Polonais s'éloignassent en direction du Kremlin, Sergo Psar surveilla ses hommes, de crainte que l'un d'entre eux ne leur dardât un trait dans le dos. Puis, ayant commandé que l'on prît possession de la tour qui achevait de craquer et de se calciner, il s'éloigna de quelques pas et considéra les murailles rouges du Kremlin : elles se dressaient à cent cinquante sajènes de lui et, au-delà, par-dessus les oriflammes polonaises, il voyait surgir le clocher blanc d'Ivan le Grand. Il fit le signe de la croix :

— Seigneur mon Dieu, tu t'es donc rappelé que tu aimes ta Russie ! Il nous reste à prendre Kitaïgorod et le Kremlin, et Moscou sera libre.

Il retourna au poste de commandement de Lapounov à qui il rendit compte de ce qu'il avait fait. Prokop paraissait soucieux. Il haussa une épaule :

— Je te complimente d'avoir pris la tour ; je ne te complimente pas d'avoir gracié ces deux Amalécites qui reprendront les armes contre nous. Tu seras responsable devant Dieu des Russes qu'ils tueront. Tiens, j'avais envie de te faire cadeau des domaines du traître Saltykov. Après cette bourde, tu attendras.

— Je n'ai que faire des domaines du traître Saltykov, Prokop Féodorytch. Je me bats pour notre mère la Russie.

— Je sais, je sais, mais il vaut mieux que les domaines appartiennent aux honnêtes gens qu'aux fripons. Zaroutsky les distribue à ses cosaques, et qu'est-ce que les cosaques en feront une fois qu'ils les auront pillés ? Quelquefois je me demande si nous n'aurions pas meilleure chance de battre la Pologne sans ces Philistins-là. Figure-toi qu'ils prétendent me faire comparaître devant leur synedrion pour répondre de je ne sais quelles accusations.

— N'y va pas, conseilla Sergo.

— Je n'irai point, fit Lapounov.

Cette après-midi-là, de nouveaux émissaires cosaques vinrent voir le voïvode :

— Prokop Féodorytch, on a trouvé une lettre de ta main, où tu dis du mal de nous. Tu devrais venir t'en expliquer, sinon nous ne garantissons rien.

— Je n'ai jamais dit autant de mal de vous que j'en pense, répliqua Prokop. Je n'ai pas à me rendre à vos convocations. Nous avons une Douma commune : adressez-vous à elle.

Ce jour-là, il n'y eut pas d'autre incident. Le lendemain, à l'aube, deux grands personnages se présentèrent : Tolstoï et Potiomkine :

— Nous te protégerons, Prokop, si les choses en viennent là. Tu dois te justifier, sinon les cosaques se soulèveront contre nous, passeront peut-être aux Polonais : tu les connais.

Lapounov soupira :

— J'irai donc.

— Je viendrai avec toi, dit Sergo.

Lapounov hésita :

— Non, pas toi. Tu t'es assez battu hier. Rjevsky m'accompagnera.

Ils sortirent de la tente. Au loin, un jeune garçon galopait vers les lignes russes en gesticulant.

— Encore un qui veut se rallier, dit Lapounov. Ceux-là ne manquent point, depuis que nous tenons le bon bout.

Aux cris du garçon personne ne prit garde.

Lapounov arriva au camp cosaque.

— Où est l'ataman ? demanda-t-il en s'arrêtant au milieu des tentes.

Zaroutsky n'était pas fâché de se voir débarrassé d'un rival, mais il avait jugé plus habile de ne pas se montrer. Un autre ataman le remplaçait, entouré d'une vingtaine de cosaques au visage fermé.

— Prokop Lapounov, c'est bien toi qui as fait noyer vingt-huit des nôtres ?

— Vingt-huit brigands. Tant pis pour vous si vous en avez tant parmi vous.

— Et ceci : est-ce toi qui l'as écrit ?

L'ataman tendait, sans le lâcher, un parchemin maculé. Prokop se pencha et lut au hasard : *Les cosaques sont les ennemis de l'État russe... Nous exterminerons ce peuple de méchants...*

— L'écriture ressemble à la mienne, mais je ne suis pas un niquedouille pour écrire pareilles choses. C'est l'œuvre de mes ennemis. Et des vôtres.

— C'est nous que tu prends pour des niquedouilles ! répliqua l'ataman.

Pour lui, la cause était entendue. Les cosaques tirèrent leurs sabres de leurs fourreaux.

— Prends garde à toi, cria Rjevsky au voïvode.

Et, aux cosaques :

— Prokop est innocent !

Tolstoï et Potiomkine se rejetèrent en arrière. Les sabres sifflaient et chuintaient. Lapounov et Rjevsky furent hachés en morceaux.

12

L'Histoire avait déjà une fois rejeté Filarète Romanov sur le rivage en faisant de lui un moine. Il s'était replongé dans le courant en devenant chef de l'ambassade russe auprès du roi de Pologne. Mais la vie s'apprêtait de nouveau à en faire une épave échouée. Sous les remparts de Smolensk, de plus en plus minés, sapés, crevassés, il menait un combat diplomatique d'arrière-garde auquel il ne croyait plus guère. Il n'imaginait pas cependant jusqu'où irait l'impudence de Sigismond.

La lettre rapportée de Moscou enjoignait aux ambassadeurs de passer par toutes les volontés du roi et de lui livrer Smolensk, mais la signature du patriarche était un faux manifeste, et Filarète essaya d'expliquer aux Polonais ce que l'autorité du patriarche signifiait pour les Russes :

— Voici l'usage que nous avons respecté de tout temps : quelles que fussent les affaires concernant l'État que nos grands souverains s'apprêtaient à traiter, ils consultaient le patriarche, les métropolites et les archevêques et ne prenaient aucune décision sans leur avis. Nos souverains rendaient de grands honneurs au patriarche : ils allaient à sa rencontre et le reconduisaient, et leurs places étaient au même rang. Aujourd'hui, pour nos péchés, nous n'avons plus de souverain, mais le patriarche conserve son autorité sur nous et on ne peut pas débattre d'une pareille affaire sans son aveu. Comme les écrits du patriarche ne valent rien sans ceux des boyards, ceux des boyards ne valent rien sans ceux du patriarche. Il faut agir d'après l'avis général de tous les hommes et non pas des seuls boyards.

Mais les Polonais ne voulaient rien comprendre à ces considérations morales. Pour eux, tout n'était que convenance politique. Quand les ambassadeurs leur rappelaient leurs promesses passées, ils criaient grossièrement :

— Vous mentez !

Filarète répondait avec une dignité désabusée :

— Si nous mentons, demandez à Sa Majesté le roi de nous renvoyer et réclamez à Moscou d'autres ambassadeurs, plus véridiques que nous.

Et, comme les délégués polonais et lithuaniens criaillaient avec indignation que les Russes devaient prêter serment à Sigismond, il finit par leur dire :

— Je vous le promets de par Dieu, fallût-il en mourir : sans un rescrit du patriarche, je ne ferai point prêter serment au roi. Le très saint patriarche lie et pardonne par la grâce du Saint Esprit, et Dieu même ne déliera pas ce qui est lié par lui.

Le chancelier rendit compte au roi. Sigismond tordit sa barbiche :

— Eh bien, nous n'avons été que trop patients avec ces hutins : je ne vois pas d'autre issue que de les faire arrêter et transporter en Pologne.

— Sire, balbutia le chancelier, mais le droit des gens... Ces hommes sont les représentants d'une puissance souveraine...

— Dont je serai bientôt le souverain, dit Sigismond.

Comme s'il était conscient de la gravité de la violation dont il se rendait coupable, il en exagéra la brutalité. D'un jour à l'autre, les ambassadeurs naguère honorés et fêtés furent mis aux fers. Un bateau les attendait sur le Dniepr :

— Embarquez !

Leurs valets chargèrent leurs effets, mais les commissaires qui les accompagnaient confisquèrent ce qui leur plaisait et firent jeter à l'eau ce qui n'avait pas de valeur. Quant aux valets, on les égorgea pour ne pas s'en encombrer, et Filarète, dressé sur la poupe qui s'éloignait, ne put qu'absoudre leurs cadavres alignés sur le sable.

N'espérant plus de solution pacifique au siège de Smolensk, Sigismond ordonna un assaut général, et la ville, qui avait tenu vingt et un mois, fut incendiée et tomba. Plutôt que de se livrer aux Polonais, beaucoup de Russes se jetèrent dans les flammes ; le commandant de la place finit par se rendre et le roi aux yeux de teckel triste, s'imaginant que la ville contenait des trésors, le fit torturer, mais en vain.

Seize jours après la prise, on entendit des gémissements provenant des ruines. On déblaya et on découvrit, dans une cavité qui s'était formée sous les décombres, un jeune homme et une jeune fille. La jeune fille expira aussitôt qu'elle vit la lumière. Le jeune homme trouva encore la force de demander un bain et de la vodka. Les Polonais commencèrent par lui donner de la vodka et il mourut sans avoir pris de bain.

Sigismond aurait pu marcher sur Moscou : Lapounov mort, ni Troubetskoï ni Zaroutsky n'étaient capables de prendre la capitale, mais le roi voulut d'abord se montrer en vainqueur à son peuple. Tous les villages qu'il traversa lui avaient dressé des arcs de triomphe ; Vilno, Cracovie étaient en fête ; Varsovie jubila. La sirène héraldique apparaissait à toutes les fenêtres, le Sénat et la Diète congratulaient le monarque vainqueur monté sur un palefroi blanc, derrière qui l'on conduisait, dans des calèches découvertes, les prisonniers de marque : le tsar Vassily, qui jetait de côté et d'autre des regards de renard pris au piège, ses deux frères Dmitry et Ivan, livrés par Gonsevski, le commandant de la place de Smolensk et tous les ambassadeurs russes entourant le métropolite Filarète. Ils furent amenés dans la salle du trône où Sigismond prit place, après quoi le hetman Jolkewski prononça un discours éloquent :

— Le voici donc, ce tsar de Russie, l'héritier des souverains moscovites dont la puissance fut si longtemps redoutable pour la couronne polonaise. Voici ses frères qui, il y a peu, gouvernaient une armée de soixante mille hommes, des principautés, des provinces, une multitude de sujets, des villes, des forteresses, des trésors innombrables, et voici que, par la volonté de Dieu et la grâce qu'il a accordée à Votre Majesté, comme par le courage et la valeur de notre armée, ils se tiennent ici comme de piteux prisonniers, privés de tout, réduits à rien, et que, tombant à terre, ils implorent votre pitié et votre miséricorde.

Le tsar Vassily, tenant son bonnet d'une main, toucha le parquet de l'autre et la porta à ses lèvres ; le prince Dmitry Chouïsky se prosterna une fois, touchant le sol de son front dégarni ; le prince Ivan Chouïsky, ne cessant de sangloter, se prosterna trois fois. Les trois Chouïsky reçurent la permission de baiser la main du roi et en firent usage.

À son tour, le chancelier prit la parole :

— Sire, ce que nos rois vos prédécesseurs ne pouvaient même espérer, ce que nos vaillants capitaines n'osaient conseiller, ce que nos sages sénateurs ne pensaient pas voir de leur vivant, cela, l'audace de Votre Majesté et le courage de Sa Grâce le seigneur hetman l'ont accompli par le bras des Polonais.

Le prince Vladislav assista en fils soumis à ces fêtes et ne rappela à personne que, sans l'ambition de son père, il aurait déjà été couronné tsar de Russie.

À Rome, la victoire polonaise fut l'occasion de grandes célébrations. Le 7 août 1611, le pape Paul V donna une indulgence plénière à quiconque viendrait prier au Campidoglio, dans l'église de saint Stanislas, patron de la Pologne. Le soir il y eut illumination et feu d'artifices : on vit apparaître au ciel, au-dessus du Palatin, une aigle monocéphale blanche qui symbolisait la Pologne et une aigle bicéphale noire qui symbolisait la Russie. L'aigle blanche souffla un feu rouge contre l'aigle noire, laquelle craqua par le milieu et, sous les applaudissements de la foule romaine, explosa en un million d'étincelles qui se reflétèrent un instant dans le Tibre avant de s'y abîmer.

La Russie n'existait plus.

LIVRE VI

LE RENOUVEAU

1

Nijny-Novgorod, 1611.

Le boucher Kozma Zakharitch Minine, surnommé Bras-sec parce que son bras droit ne se pliait plus à la suite d'une blessure reçue dans sa jeunesse, grimpa sur le poêle où il avait accoutumé de coucher, même quand il ne faisait pas très froid. La veilleuse invisible mettait des reflets rouges sur les sapines du plafond au-dessus de sa tête : il s'y serait cogné s'il s'était mis sur son séant sans prendre garde.

Minine soupira profondément.

— Une vision ! bougonna-t-il. (Depuis la mort de sa femme, il avait pris l'habitude de parler tout seul.) Et puis quoi encore ! Un parchemin tombé du ciel ! D'abord il n'y a pas dans toute la ville de Nijny un seul Grigory qui ne soit pas pécheur. Qu'est-ce que les gens vont inventer, je vous demande ! Et toute la Russie qui se met à jeûner et à prier au lieu de se nourrir comme il faut, se secouer un bon coup et repartir du bon pied ! Serions-nous tous devenus des fols en Christ, par hasard ? Ah ! Seigneur Dieu, pardonne-nous, à nous autres Russes, abrutis que nous sommes. Nous ne savons rien de rien, nous ne savons même pas ce que nous voulons. Lapounov était un vrai homme : nous le mettons à mort. Le patriarche était un saint : nous le livrons aux étrangers. Quand cesserons-nous de nous faire du mal à nous-mêmes ? Voilà que les Polonais sont à Moscou et que les Suédois en profitent pour nous prendre Novgorod le Grand, notre plus vieille ville. À quoi sommes-nous bons ? Ce n'est pas en nous payant de visions que nous allons libérer notre mère la sainte Russie. Au moins ici, à Nijny, nous conservons un peu notre bon sens. Ailleurs, le lundi, le mardi et le mercredi, ils ne mangent ni ne boivent rien ; le jeudi et le vendredi, ils font maigre. Autant crever tout de suite.

Et le boucher continua de vitupérer les visions qui abondaient en Russie à cette époque : maltraitée par tous, elle se tournait vers les profondeurs de son âme ancestrale et cherchait à y déchiffrer son destin.

On racontait en particulier qu'un rouleau de papier était tombé du ciel. Chacun en connaissait le contenu encore que personne ne l'eût vu. Le texte racontait la vision d'un certain Grigory, de Nijny-Novgorod. En pleine nuit, son isba avait été plongée dans un nuage de lumière au milieu duquel lui étaient apparus deux anges. Le premier s'était assis à son côté, l'autre demeurait debout à ses pieds. « Que restes-tu là assis à ne rien lui dire ? » demanda le second. Et le premier : « Si toute la terre russe se repent et qu'elle jeûne trois jours et trois nuits, pas seulement les vieux et les jeunes mais aussi les enfants, alors la Russie sera purifiée. — Si la Russie est purifiée, repartit l'autre, comment obtiendra-t-elle un tsar ? — Qu'une nouvelle église dédiée à la Trinité-sur-la-Douve soit érigée et un parchemin déposé sur l'autel, et sur ce parchemin apparaîtra le nom du tsar. » L'ange debout demanda : « Seigneur, et si les Russes ne se repentent pas, que leur arrivera-t-il ? » L'ange assis soupira et répondit : « S'ils ne se repentent pas ni ne jeûnent, ils périront tous et la Russie avec eux. » Sur quoi, l'isba de Grigory avait de nouveau sombré dans la nuit.

D'innombrables copies avaient été faites du rouleau de papier dont personne ne possédait pourtant l'original, et toutes, miraculeusement, concordaient. Dans les villes, les villages, les hameaux, les braves gens se rassemblaient autour des prêtres :

— Nous jeûnerons, nous ferons jeûner nos enfants, pourvu que la prédiction se réalise, que nous soyons purifiés et que nous ayons un tsar.

Seule Nijny-Novgorod, mentionnée dans la prophétie, avait résisté à cette contagion de l'expiation, peut-être parce qu'on n'y avait pas trouvé un seul Grigory qui avouât avoir eu cette vision.

Bras-sec n'était pas étranger à ce refus. Nul plus que lui n'était respecté à Nijny, ville marchande où se rassemblaient, pour la foire, non seulement des Russes de toutes les Russies, mais des Allemands, des Persans, des Italiens, des Turcs, des Arabes, des Anglais et quelques Chinois. Sa piété comme son bon sens en imposaient. Ce boucher, cet ancien soldat était rentré au foyer avec un respect scrupuleux de la vie, et non pas seulement de la vie humaine — il avait pourtant dû en expédier, des Tartares et des Polonais ! — mais de la vie tout court. Lui, dont le métier était d'abattre des bœufs, des porcs et des moutons, il n'écrasait pas une araignée, ne souffletait pas une mouche. Et, chaque fois qu'il menait un animal à l'abattoir, il lui embrassait le col, lui caressait l'échine et lui parlait avec douceur :

— Pardonne-moi, Bœuf, lui disait-il, ou Mouton, ou Cochon selon le cas, tu vas périr sous mon merlin, mais ne va pas croire que j'aie quelque colère contre toi. Tu es, comme moi, une créature du Seigneur Dieu, et c'est lui qui a voulu que tu serves à la nourriture des hommes. Je veillerai que tu ne souffres point, ou le moins possible. Ne sois pas surpris du coup qui va te frapper : nous le recevons tous un jour ou l'autre, et nous ne souhaitons qu'une chose : que notre mort profite à la sainte mère Russie. Toi, nous mangerons ta chair ; la mienne, qui sait, nourrira peut-être les corbeaux qui croassent sur notre pays ou les vers qui y grouillent, il n'importe pas : nous sommes partis, toi et moi, pour le même voyage. Je me nourrirai de toi, mais, pour peu que tu aies grossi près d'un cimetière et que tu aies mangé de l'herbe, tu t'es nourri de mon arrière-grand-père. Bœuf (ou Mouton, ou Cochon), tu es une bête et je suis un homme, et Dieu nous aime, toi et moi, parce que nous sommes Russes. Pardonne-moi le coup que je vais te porter.

Les autres bouchers en auraient ri, peut-être, sauf

que Minine tranchait et débitait à ravir, achetait et vendait au juste prix, passait pour le plus intègre et le plus compétent des marchands de Nijny. L'odeur fade, écœurante, dans laquelle il vivait et qui imprégnait ses vêtements, ne lui pesait pas ; c'était une âme simple et rigide, encore que rusée, et qui n'aspirait qu'à une seule chose : accepter jusqu'au bout le destin que le Seigneur Dieu lui avait attribué.

*

À force de gronder contre les visions du peuple russe, Bras-sec s'endormit en ronflant puissamment par les naseaux, sûr d'avoir toujours fait de son mieux pour accomplir la volonté de Dieu, compte tenu de la pauvre nature humaine.

En rêve, il vit un pré verdoyant, et un homme en soutane blanche comme neige, la tête barbue et rayonnante, qui s'avançait vers lui, traversant le pré en diagonale, effleurant à peine du pied les trèfles et les avoines.

— Kozma, lui dit-il, mais sans ouvrir les lèvres, comme s'il avait à sa disposition un autre moyen de se faire entendre, Kozma, ce n'est pas Bras-sec qu'il faudrait te nommer, mais Foi-sèche : rappelle-toi le figuier, Kozma.

— Qu'ai-je donc à me reprocher ? répliqua Kozma.

— Tu as à te reprocher de n'avoir rien à te reprocher, répondit le visiteur.

— Qui es-tu ? demanda Kozma.

— Je suis le hiéromoine Serguéï.

Alors Bras-sec comprit que le halo qui entourait la tête du vieillard était un nimbe.

— Notre saint père Serguéï, dis-moi ce que je dois faire.

— D'abord cesser de honnir ceux qui obéissent à la vision de Grigory.

— Mais il n'y a pas à Nijny de Grigory qui ait eu une vision, objecta timidement Bras-sec.

Saint Serguéï lui posa la main sur l'épaule.

— Tu es Grigory, et tu as une vision en ce moment,

car Grigory signifie le Veilleur et, depuis que tu es né, tu veilles. Or, tu n'es pas seulement le Veilleur : tu dois être aussi le Réveilleur. À toi de réveiller ceux qui dorment.

— Je ne suis qu'un simple boucher. Comment m'y prendrai-je pour réveiller toute la Russie ?

— Demain un signe te sera donné par un jeune garçon monté sur un cheval d'icône, un cheval d'or avec une crinière d'argent, dit saint Serguéï.

Et il disparut.

Bras-sec s'éveilla, descendit péniblement de son poêle et se mit en prière.

2

S'étant débarrassé de Prokop Lapounov, Zaroutsky, au lieu d'assiéger la capitale, ne songeait guère qu'à partager le reste de la Russie entre ses cosaques. Quand cela l'arrangeait, il agissait au nom du « seul tsar légitime, Ivan Dmitritch », le fils de Marina qui n'était pas encore sorti de ses langes ; quand cela ne l'arrangeait pas, en son nom propre. Le brigand né qu'il était se révélait à tout bout de champ : quand il prit le couvent Dévitchy, il massacra la garnison et viola les moniales, parmi lesquelles l'infortunée Ksénia, fille de Boris Godounov, qui avait déjà appartenu comme prise de guerre au premier faux Dmitry. Moqués, spoliés, knoutés, les partisans de Lapounov perdaient courage : beaucoup abandonnaient Moscou à son sort et rentraient chez eux.

Sandro n'avait plus de chez lui : son père lui avait interdit de retourner dans la capitale assiégée, et il s'en louait, supportant mal de le voir humilié.

« Où irai-je ? se demanda-t-il. J'irai à la Trinité-saint-Serguéï. C'est là que se trouve l'âme de la Russie. On m'y indiquera ma voie. »

Sa vieille inquiétude lui revint :

« Peut-être devrai-je faire comme mon père et prononcer mes vœux ? J'espère que non, mais je ferai ce qu'on me dira. »

Quand, du haut de son cheval, il aperçut les bulbes d'or, les tours casquées et les remparts crénelés au milieu desquels il avait appris à se battre sous les ordres de son père, ses yeux se mouillèrent. Deux années s'étaient écoulées depuis lors, et la Russie, qu'il avait crue sauvée, quand Sapéga avait levé le siège de la Trinité, était à l'agonie...

— En avant, Soumassachol. Ici, nous trouverons la vérité.

Lorsque le cavalier pénétra dans l'enceinte du monastère, un spectacle atroce s'offrit à ses yeux et il eut honte de s'être attendri sur lui-même.

L'archimandrite Dionissy, succédant à Iossif, avait décidé de mettre le monastère au service des populations martyrisées. Les moines nourrissaient, vêtaient, soignaient. Des milliers de malheureux se pressaient entre les églises de la Trinité, du Saint-Esprit et de la Dormition ; à celui-ci manquait le nez, à celui-là les oreilles. Des prêtres circulaient entre les groupes déguenillés, écoutant la grande lamentation qui montait d'eux vers le ciel tourmenté d'octobre : ce n'étaient que récits de tortures, de viols, de bras et de jambes tranchés, d'êtres humains rôtis sur la braise. Un martèlement provenait du cimetière : les moines piochaient et pelletaient pour enterrer ceux qui mouraient en arrivant. C'était pis que pendant le siège.

Au premier moine qu'il rencontra Sandro demanda à se confesser à l'archimandrite. L'autre lui rit au nez :

— Au père Dionissy, mon jeunot ? Tu n'as pas eu le temps de pécher assez pour déranger l'archimandrite. Le plus apprenti des moinillons, tu ne mérites pas davantage.

— Une absolution en vaut une autre, reconnut Sandro, mais, cette fois-ci, il en va de toute ma vie à venir, et, plus je suis jeune, plus j'ai besoin de l'expérience d'un vieux.

Le moine le dévisagea et le crut.

— Va l'attendre dans sa cellule : c'est la porte basse que tu vois d'ici.

Sandro pénétra dans une petite entrée obscure sentant la cire et l'encens.

Dionissy arriva vers le soir. C'était un squelette à peine enrobé de peau, mais sur lequel flottait un sourire affable. Jour et nuit, il soignait les blessés de ses mains et ne connaissait d'autre repos que les offices journaliers pendant lesquels, pour ne pas tomber, il se raccrochait à la prière, au chant, au sacrement. Chancelant de fatigue, il bénit Sandro.

— Entre.

La cellule de l'archimandrite était semblable à celles des autres moines : un banc pour dormir, un escabeau pour s'asseoir, une table pour écrire, des icônes pour prier. Il y avait en outre des livres sur des rayons et un coffre fermé par une grosse clef.

— Que veux-tu de moi ?

— La voie à suivre, répondit Sandro.

Il ajouta, en détournant la tête :

— Et même si tu me dis que je dois devenir moine...

Le visage émacié de Dionissy s'adoucit :

— Ne prends pas cet air-là pour me parler du plus bel état du monde. Mais, s'il ne te plaît pas, qui t'y force ?

— Ne devons-nous pas tout quitter pour servir Dieu ? Or, déjà, j'ai tant perdu. C'est peut-être l'occasion.

— C'est soi-même qu'il faut quitter pour servir Dieu. Toi, je vois bien que tu as encore le désir de monter des chevaux, de sabrer des ennemis, et peut-être de te marier. Rien de cela n'est interdit. Tout cela peut être fait à la gloire de Dieu.

Un rayonnement différent de celui de Guermoguène émanait de Dionissy : Guermoguène avait eu à se combattre pour devenir un saint ; Dionissy l'était naturellement.

— N'oublie pas que Notre Seigneur Jésus-Christ a dit : « Ce n'est pas le sacrifice que je veux, c'est la miséricorde. » Et tu sacrifierais ta vigueur à l'ascèse, alors que tu peux en faire profiter la patrie ?

— Dieu n'est-il pas plus grand que la patrie ?

s'obstina Sandro, qui voulait être sûr de ne pas se tromper de chemin.

— Dieu peut attendre. La patrie, pas toujours.

— Je ne comprends pas ce qu'est la patrie s'il n'y a plus de tsar.

— La patrie ? Ce sont les prochains. Servir ses prochains, c'est servir Dieu.

— N'a-t-il pas dit qu'il fallait quitter sa mère pour le suivre, lui et personne d'autre ?

— Il a dit cela à douze Juifs sur des centaines de milliers. Il ne faut pas ambitionner de changer de croix. Celle que Dieu t'a assignée est la meilleure pour toi. Tu es né soldat : ne cherche pas d'autre salut.

Dionissy alla à la petite fenêtre qui donnait sur la cour où grouillaient les martyrs de la Russie :

— Regarde. Crois-tu que Dieu n'ait besoin que de moines ?

Il resta là un long moment, en contemplation. Sans doute priait-il devant ce spectacle comme devant une icône de la Souffrance Humaine. Soudain il se retourna. Son visage s'était illuminé :

— Je ne savais pas comment envoyer notre lettre à Nijny. Ce sera par toi. Tu as une face de messager.

Il alla au coffre, tourna la grosse clef ouvragée, prit un rouleau scellé.

— Voici. Tu es celui qui porteras le message de la Trinité-saint-Serguéï au peuple de Nijny-Novgorod. La Trinité, c'est la Russie éternelle ; Nijny, c'est le lieu choisi par Dieu pour qu'elle y ressuscite. Pourquoi Nijny ? Je ne sais pas, mais la terre russe tout entière le pressent. Peut-être parce que *nijny* veut dire « le plus bas » et que le salut ne peut venir que de ce qui est le plus humble et le plus caché. Nijny ne doit pas ignorer plus longtemps qu'il sera le Nazareth de la Russie. Et seule la Trinité peut le lui apprendre.

Sandro prit le rouleau lié d'un ruban rouge. Des larmes de gratitude coulaient sur ses joues :

— Père, tu ne savais pas que le patriarche m'a employé comme messager et tu me confies ce qu'aujourd'hui il y a de plus précieux en Russie ! J'exécuterai fidèlement cette mission, je te le jure sur le salut de mon âme. Mais ne crains-tu pas qu'il m'arrive rien de mal en route et donc à cette lettre ? Le pays est infesté de brigands...

L'archimandrite lui posa les mains sur les épaules et le regarda dans les yeux de ses yeux où ardait un feu surnaturel :

— Il ne peut rien t'arriver de mal, parce que tu portes la Russie. Pouvait-il arriver quelque mal à l'archange Gabriel ? Je t'attendais, je t'ai reconnu : tu es celui qui passera comme un fantôme entre les rangs des mauvais. Pendant quelques jours, l'éternité de la Russie reposera sur toi. Pendant quelque temps, tu seras la Russie, comme d'autres l'ont été avant toi. Ensuite, tu t'effaceras devant un plus grand.

Il aspira de l'air et, doucement, le souffla au visage de Sandro :

— Reçois l'esprit de la Russie.

3

Le lendemain qui était un lundi, confessé et communié, Sandro partit pour Nijny-Novgorod.

À la Trinité-saint-Serguéï, on appliquait la consigne de jeûne donnée par la vision de Grigory, et, le premier jour, Sandro ne mangea ni ne but rien. Il trouva cela facile et lorsque, le soir, il se coucha par terre pour dormir, il se sentit apparenté aux étoiles qui pointillaient le ciel.

Le deuxième jour fut plus difficile. Il était dur surtout de faire boire Soumassachol s'ébrouant voluptueusement dans les ruisseaux encore liquides et de ne pas boire soi-même. Mais la pensée de tant d'autres hommes et femmes qui ne mangeaient ni ne buvaient diluait l'effort, et les prières que récitait Sandro l'empêchaient de trop songer à la vacuité de son estomac.

Le troisième jour, il lui sembla que se nourrir était inutile, qu'il pourrait vivre toute la vie sans rien absorber, encore que sa gorge fût sèche et que l'intérieur de sa bouche se parcheminât. Il chevauchait, presque gai, chantant d'une voix un peu rauque le martial cantique : *Seigneur, sauve ton peuple et bénis ton héritage. Donne au tsar la victoire contre les barbares et protège la cité par ta croix.*

Le quatrième jour, il s'était si bien habitué à la faim qu'il fut tenté de continuer à ne rien manger, mais ce n'était pas là la consigne rédemptrice : il fallait faire maigre, pour soutenir ses forces si peu que ce fût. Le jeudi et le vendredi, Sandro ne mangea donc que du pain trempé dans de l'huile de tournesol et du brouet qu'il faisait cuire sur un feu de bois. Le samedi, en revanche, il chassa et abattit un gros lièvre qui lui dura jusqu'au dimanche soir. Et tout le temps, qu'il jeûnât ou qu'il mangeât, Sandro ne cessait de prier, comme toute la Russie le faisait en ces jours-là, retenant son souffle et se remettant tout entière à la miséricorde du Christ.

Parvenu à Nijny, Sandro s'arrêta devant la tour qui donnait accès au Kremlin ; elle ressemblait à un visage humain : cela l'amusa. Le portail béait, bouche au-dessus de laquelle une niche suggérait un nez aplati ; plus haut deux fenêtres figuraient les yeux surmontés d'arcs en guise de sourcils ; au-dessus, les créneaux et les mâchicoulis formaient une frange surmontée d'un toit en écailles ressemblant à un chapeau pointu couronné par un gland : la girouette aux armes de la ville.

Sandro entra.

La première neige venait de tomber et de fondre, et les citadins qui vaquaient à leurs affaires avec leurs bottes de feutre pataugeaient dans cette gadoue. Sandro remarqua qu'ils étaient ventripotents et rougeauds, alors que, partout ailleurs, renchérissant sur la ruine par le jeûne, la Russie qu'il avait traversée était efflanquée, exsangue. Peu de temps plus tôt, la différence l'eût choqué, mais il avait déjà perdu le tic de juger : de l'archimandrite Dionissy il avait appris ceci, qu'on ne choisit pas son Nazareth.

Sandro ne savait à qui s'adresser. Un homme d'âge

mûr, trapu, à la barbe grisonnante, vêtu d'une bonne pelisse de velours grenat doublée de loutre, une lourde chaîne d'argent au cou, le bras droit pendant étrangement, s'était arrêté au milieu de la rue et le regardait, détaillant la robe de sa monture, comme s'il avait vu un prodige. Ce fut l'homme qui parla le premier :

— Qui es-tu, bartchouk ? D'où viens-tu ? Qui t'envoie ?

Sandro fut surpris de cette véhémence.

— Mon nom est Sandro Psar. Je suis envoyé au peuple de Nijny-Novgorod par l'archimandrite Dionissy de la Trinité-saint-Serguéï. Qui es-tu toi-même, homme de bien ?

L'homme se découvrit, se signa d'un geste maladroit de son bras paralysé et murmura :

— Seigneur mon Dieu, fais-moi miséricorde, incroyant que je suis.

À Sandro :

— On m'appelle Kozma Zakharitch Minine, on me surnomme Bras-sec, et, comme échevin de Nijny, je suis à ton service. Tu logeras chez moi et dès demain la lettre de la Trinité sera lue au peuple, en l'église du Sauveur.

— Kozma Zakharitch, on dirait que tu m'attendais.

— Oui, je t'attendais. Saint Serguéï m'avait prévenu que tu viendrais sur un cheval doré à la crinière blanche.

Le lendemain, dès l'aube, la grosse cloche du Sauveur se mit à sonner, et les braves gens accoururent. Sachant qu'on n'était pas dimanche, les uns se réjouissaient :

— Sûrement les Polonais ont été battus par des légions d'anges et nous allons rendre grâces au Seigneur Dieu.

D'autres secouaient la tête lamentablement :

— L'Antéchrist est apparu à Moscou et il a commandé d'exterminer les chrétiens.

L'église était bondée, le parvis grouillait de monde.

La sainte liturgie fut célébrée, après quoi le doyen de l'église s'adressa aux fidèles :

— Chrétiens orthodoxes ! Messieurs mes frères ! Malheur à nous ! Les jours de notre destruction sont arrivés. Périt notre État russe, périt notre foi ! Les hommes de Pologne et de Lithuanie, en leur conseil impie, ont résolu de ruiner l'État russe et de remplacer la véritable foi du Christ par l'envoûtante hérésie latine. Qui n'en pleurera, qui n'en versera des torrents de larmes ? Pour nous punir de nos péchés, le Seigneur a permis que nos ennemis s'élevassent. Que pouvons-nous faire ? Ne devons-nous pas nous unir et faire front pour la pure et immaculée foi du Christ, pour la sainte cathédrale de la Dormition, pour les reliques guérisseuses des thaumaturges de Moscou ?

Sur quoi, il déroula le parchemin apporté par Sandro et, d'une voix tonnante, comme s'il chantait l'Évangile, il se mit à lire le long message de la Trinité, dont quelques phrases surtout ébranlèrent le peuple :

Vous voyez par vous-mêmes la proche destruction de tous les orthodoxes. Il est ruiné, l'État de Russie, partout où les Polonais triomphent... Combien sont morts de male mort, ont souffert sans merci, ont été traînés en captivité ? On n'a pas eu pitié des vieillards, on n'a pas fait grâce aux nourrissons tétant sans méchanceté... N'avons-nous pas tous bu au calice du courroux de Dieu ?... Songez à notre ruine manifeste et ayez-en miséricorde, de crainte que ne vous atteigne la même male mort. Pour l'amour de Dieu, mettez-y vos efforts, de manière que le peuple tout entier supplie les hommes de service, que tous soient unis, et que, de leur propre personne et sans tarder, ils se hâtent de se réunir à Moscou avec les boyards et les voïvodes et la multitude... Si même il y a entre vous quelques déplaisirs, pour l'amour de Dieu remettez-les à plus tard afin qu'avec vous nous consacrions nos exploits et nos labeurs au salut de la vraie foi.

Bras-sec sortit de l'église et s'adressa à la foule qui pleurait sur le parvis :

— Chrétiens orthodoxes ! Si nous voulons secourir Moscou, n'épargnons pas nos vies. Pas nos vies seulement : n'épargnons pas non plus nos maisons, mettons en gages nos femmes et nos enfants, et supplions un chef de se mettre à notre tête pour la défense de notre foi ! C'est une grande entreprise que nous accomplirons là, si Dieu nous vient en aide. Et que de louanges nous recevrons de tout le pays quand il verra qu'une si grande entreprise est partie d'une si petite ville ! Je sais que, si nous nous y hasardons, bien des villes se joindront à nous et nous en finirons avec l'étranger.

Il étala par terre sa pelisse de velours doublée de loutre. Il enleva sa chaîne d'argent et l'y jeta. Les autres échevins passèrent leurs chaînes par-dessus leurs têtes et les jetèrent aussi. Les femmes ôtaient leurs bagues, leurs colliers, leurs bracelets et les précipitaient dans le tas. Les hommes fouillaient dans leurs escarcelles et lançaient des poignées de pièces de cuivre et d'argent sans les compter. Bientôt la pelisse de Minine fut pleine, et deux bourgeois ôtèrent les leurs. Les pièces sonnaient, les bijoux tintaient, les fourrures précieuses s'affaissaient avec un bruit mat. Sans avoir jeûné, Nijny-Novgorod trouvait sa manière de s'associer au Grand Carême de la Russie. Il ne restait à Sandro que quelques kopeks en poche ; il vint les déposer sans honte sur un tas où scintillaient les diamants et verdoyaient les chrysoprases :

« Dieu pourvoira à nous nourrir, Soumassachol et moi. »

4

Dieu y pourvut.

Le conseil de Nijny-Novgorod résolut de demander au prince Pojarsky de prendre la tête du mouvement.

Le prince se remettait de ses blessures à quelque cent vingt verstes de la ville. Qui, mieux que l'envoyé de la Trinité-saint-Serguéï, pouvait lui porter le message de Nijny-Novgorod ?

Pojarsky reçut Sandro debout. Il aimait à dire que la position assise n'était pas digne d'un gentilhomme : debout, ou alors couché.

— Que me veulent les mercantis de Nijny ?

Sandro s'inclina :

— Les mercantis de Nijny vendent leurs biens pour acheter des sabres et des lances, et ils t'envoient cette lettre, seigneur.

— J'aurais donc eu raison de croire au miracle ? fit sèchement Pojarsky en décachetant le pli.

Le prince Pojarsky, lointain cousin d'Ivan le Terrible, avait une réputation de soldat sans peur et sans reproche. À vingt-quatre ans, il avait reçu le titre honorifique de panetier de Boris Godounov ; à vingt-huit, celui de maître d'hôtel du faux Dmitry, qu'il avait servi sans éprouver de scrupules : un tsar sacré par le patriarche, reconnu par le peuple et par les boyards, était assez légitime pour lui. Dans le même esprit, il avait servi le tsar Vassily, s'illustrant contre divers rebelles, puis contre le Filou de Touchino. Lapounov avait essayé de l'attirer dans sa conspiration contre Vassily : comme Skopine, il avait rejeté ses offres. Zaraïsk, dont il était gouverneur voulait se rendre au Filou ; il résista ; on voulut le tuer ; il s'enferma dans la citadelle. Le prêtre le bénit, lui et sa poignée de fidèles : « Mourez pour la vérité ! » Mais il ne mourut pas : faisant valoir qu'il détenait les biens les plus précieux de ses ennemis, il leur imposa un compromis : chacun prêterait serment à quiconque Moscou reconnaîtrait pour tsar. C'était, une fois de plus, assez de légitimité pour un homme au cœur simple comme Pojarsky. Sur quoi, il fut l'un des premiers devant Moscou avec Lapounov, pénétra dans la forteresse, utilisa avec astuce son artillerie, et eût peut-être emporté le Kremlin si les Polonais n'avaient pas incendié la ville. Alors, transpercé de coups, Pojarsky s'effondra en criant :

— Mieux vaudrait mourir que voir ce que je vois !

Mais il avait guéri et maintenant il achevait sa convalescence, n'attendant qu'une occasion pour reprendre le combat.

Sandro l'observait pendant qu'il lisait la lettre des bourgeois de Nijny-Novgorod. Pojarsky n'avait pas l'aisance de Skopine. Il ne flottait pas autour de lui cette grâce presque angélique qui faisait qu'on voyait immédiatement Skopine ceint du diadème. En revanche une impression de sécurité se dégageait de ce chef de guerre qui n'avait encore entrepris que des opérations modestes mais, à son échelon, les avait toutes réussies. Grand, robuste, la barbe courte et bouclée, l'œil attentif, il inspira à Sandro un grand désir de le servir ou du moins de servir sous lui. C'est que Sandro avait mûri : l'adoration qu'il avait ressentie pour Skopine ne lui suffisait plus, il voulait jauger et agir en conséquence.

Pojarsky fronçait le sourcil et se détournait vers la fenêtre, pour mieux y voir à moins que ce ne fût pour cacher son émotion.

— Tu peux dire à ceux qui t'ont envoyé que je suis prêt à tout endurer jusqu'à la mort pour notre foi. À une condition. Je veux bien conduire des hommes au combat, mais des hommes armés, vêtus, nourris, et payés. Pas une meute de volontaires déguenillés qui se feront tuer pour rien à moins qu'ils ne se débandent à la première escarmouche. Or si, comme soldat, je ne suis pas mauvais, comme intendant, je ne vaux rien. Que les gens de Novgorod choisissent un bon intendant pour travailler avec moi à cette grande affaire et que celui-là s'occupe des finances auxquelles je ne comprends mie. D'ailleurs, tiens, il y a chez vous à Nijny un homme d'expérience, pas un joyeux drille, mais qui ferait merveille : il a un bras paralysé. Comment s'appelle-t-il donc ?

— Voïvode, répondit Sandro, je porterai ta réponse à Kozma Zakharitch Minine dit Bras-sec et au peuple de Nijny. Après quoi, je compte bien combattre sous tes ordres.

— T'es-tu déjà battu, blanc-bec ?

— À la Trinité et à Klouchino.

— Tu sais donc ce que c'est que de gagner et de perdre. C'est bien. Pour commencer, tu seras dizenier. Qui est ton père ?

— Aleksandro Psar.

— Bon sang ne peut mentir : tu seras centenier bientôt.

*

Par les présentes, nous soussignés reconnaissons que nous n'obéirons plus qu'à Kozma Zakharitch Minine dit Bras-sec et à ceux qu'il aura nommés pour estimer nos biens dont nous tous soussignés, sans passe-droits ni exceptions, prêtres et monastères compris, nous lui remettrons un cinquième au moins ou davantage et si nous ne le faisons pas qu'on nous prenne nos biens par force et si nous n'avons pas de biens qu'on nous asservisse à ceux qui en ont. Quant aux charges judiciaires, aux impôts sur les cabarets, aux taxes sur les ventes et aux locations de jachères, qu'ils servent à payer les soldats qui s'emploieront à libérer l'État russe...

Minine n'accepta pas le poste d'intendant tant qu'on ne lui eut pas remis ce document, signé des paraphes ou des croix de tous les habitants de Nijny sans exception. Le premier jour de la collecte, une femme illettrée lui apporta dix mille roubles :

— Je suis veuve et mon seigneur m'a laissée sans enfant. J'avais douze mille roubles : j'en garde deux, si tu le permets.

5

Le moine Barsanuphe ne doutait pas de vivre ses derniers jours.

Tout ce qui comptait pour lui s'était défait. Il était

né sous le tsar Ivan et avait vu mourir le dernier tsar Rurikide. Puis il n'avait servi que de faux tsars, Boris, Vassily, et en avait détrôné un, Dmitry. Maintenant la Russie était morte : les Polonais et les Lithuaniens la déglutissaient morceau par morceau. Moscou, sa ville, avait brûlé. Lui, Aleksandro, vivait parmi des étrangers et des traîtres et passait aux yeux du peuple pour le plus traître de tous. Si encore sa trahison servait à quelque chose ! Mais il n'avait pas réussi à sauver Lapounov, il ne pouvait même plus rencontrer le patriarche emprisonné.

— Mon Dieu, priait-il, envoie-moi une dernière justification.

*

Sapéga n'avait ravitaillé les assiégés du Kremlin qu'une seule fois : après quoi le condottiere n'avait rien trouvé de mieux à faire que de mourir sottement de maladie. Ni le roi Sigismond ni le prince Vladislav ne se montraient : on eût pu croire qu'ils avaient oublié l'existence de la garnison de Moscou. Le hetman Khodkévitch arriva à la tête de renforts moins nombreux qu'on ne l'espérait et sans apporter la solde. Le mécontentement régnait parmi les chevaliers mercenaires qui soutenaient un siège depuis un an et ne recevaient aucune rétribution. Khodkévitch et Gonsevski s'entendirent pour laisser partir ceux qui le souhaitaient : ils iraient eux-mêmes réclamer leur dû au roi. Comme arrhes, ils emportaient la couronne de Boris Godounov, celle du premier faux Dmitry, sa selle de hussard semée de pierres précieuses et son sceptre en corne de rhinocéros, mais cela ne leur suffisait pas et ils grondaient :

— Oui, bien sûr, on pourrait faire main basse sur les rogatons, sauf que chez nous on ne les revendra qu'à vil prix, puisque ce sont des rogatons schismatiques.

Les reliques de saints étaient le trésor le plus précieux de la sainte Russie. Au Kremlin, les châsses d'or qui les contenaient tapissaient les murs d'une salle voûtée, longue de cinq sajènes. Gonsevski consulta Psar. Il fallait tout faire pour que ces gages terrestres du Royaume de la Chair impérissable ne quittassent pas la Russie qui en avait la garde.

— Non, mon bon Aleksandr, répondit-il en affectant le cynisme : ce serait une erreur de faire main basse sur ces reliques. L'usage russe, vois-tu, est de les exposer au peuple pendant le sacre des tsars, et nous autres Moskals, nous sommes si ignorants que nous pensons que Boris, le faux Dmitry et Vassily ont mal réussi parce que l'usage n'a pas été respecté. (Et, avec un léger coup de coude dans les côtes :) Tu ne voudrais pas qu'il arrivât la même chose à Vladislav, le jour où il viendra se faire couronner chez nous ? Vladislav ou... un autre ? Tu me comprends.

Gonsevski n'avait jamais entendu parler d'un pareil usage, mais, depuis que l'assassinat de Lapounov avait réussi, il avait en son conseiller une confiance absolue : les chevaliers qui rentraient au pays durent se contenter de trésors profanes.

Les chevaux piaffaient, les bottes crissaient, les éperons sonnaient, les Polonais plaisantaient : ils allaient revoir la patrie, s'expliquer avec le roi, revenir bientôt. Ils avaient emprunté les montures de leurs camarades, ils leur laissaient en dépôt biens meubles et valetaille. Une neige guillerette saupoudrait les plumages. Les trompettes sonnaient. On rendait les honneurs à Khodkévitch. Aleksandro songeait :

— La duplicité que le patriarche exigeait de moi aura donc servi à protéger les morts sinon les vivants. Lesquels sont les plus importants ? Qui sait ? Les morts peut-être, parce qu'ils sont éternels.

*

En février 1612, un messager apporta à Moscou une nouvelle qui consterna les boyards ralliés à Vladislav : Nijny-Novgorod s'était armée et appelait le peuple à se soulever contre l'envahisseur !

Mstislavsky n'y comprenait rien, comme d'habitude. Saltykov et Andronov s'inquiétèrent. Gonsevski fit appeler Psar avec lequel il buvait de plus en plus fréquemment :

— Que dois-je faire, Aleksandro, ami de mon cœur ? Que me conseilleras-tu, mon compain, toi qui connais tes compatriotes ?

Aleksandro réfléchit : quel était le tort le plus grave qu'il pût causer aux Polonais ?

— Tant que nous n'avons pas de tsar, il n'y a qu'un seul personnage auquel nous autres Moskals obéirons sans hésiter.

— Le patriarche ?

— Qui d'autre ?

— Allons voir le patriarche.

Ils le trouvèrent dans sa cellule du monastère Tchoudov. Il y avait là, dans un angle, une icône du Sauveur et, dans l'angle opposé, un cercueil que Guermoguène y avait fait apporter et dans lequel il dormait. Pas un meuble, pas un livre. Pour le moment, le cercueil était refermé et le vieillard, ridé, plissé, tacheté, la barbe naguère noire maintenant blanchie par touffes entières, ce qui lui donnait un étrange aspect pie, était assis sur le couvercle, les yeux douloureusement ouverts sur la détresse et la cruauté des hommes.

Les deux visiteurs le regardèrent en silence. Il ne fit pas mine de les reconnaître ni même de s'aviser qu'ils étaient là. Ses lèvres remuaient. Enfin Gonsevski parla :

— Écoute, pope. Tu imagines qu'un homme comme moi ne s'est pas dérangé pour te voir réciter tes patenôtres. La situation est simple. Les habitants de Nijny-Novgorod se sont soulevés contre leur tsar légitime, à qui vous aviez tous prêté serment : Vladislav. Tu dois les ramener à la raison, sinon ils seront exterminés par la valeureuse armée polonaise. Je vais te faire apporter encre et papier, puisque je vois que ton obstination nous a forcés à t'en priver, et tu ordonneras à ces rebelles de déposer les armes.

Pendant un temps, Guermoguène ne répondit pas. Il avait perdu l'habitude de parler. Et puis, ouvrant ses yeux encore plus grands sur le vide, il ouvrit aussi la bouche, et des sons rauques, d'une étonnante fermeté, sortirent de ses lèvres qui tremblaient d'émotion contre ses gencives édentées :

— Que la grâce de Dieu et la bénédiction de Notre Humilité soient avec ceux de Nijny. Quant aux traîtres, que le courroux de Dieu se déverse sur eux et qu'ils soient maudits de Notre Humilité dans ce siècle et dans l'autre.

Aleksandro frémit, bien qu'il sût que cette malédiction ne pouvait s'adresser à lui. Gonsevski fit un effort sur lui-même pour ne pas frapper le vieillard. Il grinça des dents :

— Je doute que la malédiction d'un schismatique ait grand effet sur la volonté de Dieu. Quant à moi, je ne crains rien : je sers mon souverain, le roi Sigismond. Toi, à partir de maintenant tu ne mangeras ni ne boiras jusqu'à ce que tu aies écrit la lettre.

Alors le patriarche tourna enfin les yeux vers lui et poussa un ricanement de vieillard qui le secoua tout entier comme une toux provenant du ventre :

— Toute la Russie jeûne, dit-il. Notre Humilité peut bien jeûner aussi.

Gonsevski marcha vers la porte.

— Laisse-moi un instant avec lui, fit Psar. Je tenterai encore une fois de le persuader.

La porte claqua. Psar s'agenouilla devant Guermoguène :

— Bénis-moi, monseigneur.

— Au Nom de la très sainte Trinité.

Les doigts décharnés dessinèrent en l'air le signe de la croix.

— Monseigneur, dit Aleksandro, je t'ai sacrifié. Ton martyre portera malheur aux Polonais et donnera courage aux Russes. Ai-je eu tort ?

— Tu me devines toujours, fit le patriarche. Mais toi, comment accomplis-tu la mission surhumaine que je t'ai imposée ? Reste-t-il encore en toi une miette de la sérénité que tu dois avoir connue quand tu as déposé le vieil homme ?

Psar secoua la tête.

— Je crains bien d'être redevenu le même.

— T'aurais-je imposé une obédience trop lourde ? Serais-tu retombé dans tes manquements passés ?

— Non, monseigneur, et mes lèvres n'ont plus touché aucune chair. Mais mon cœur est lourd et je n'ai plus d'espoir.

Longuement Guermoguène parut mâcher le vide, comme font les vieillards. Il dit enfin :

— C'est le signe que tu es proche du calvaire et donc de la Résurrection. Pour ta foi, tu as donné plus que la vie. Donner sa vie, pour un homme comme toi, eût été trop facile. Tu t'es effacé jusqu'au bout dans le Seigneur. Aie confiance. Tu souffriras encore, mais la délivrance est proche.

Saisissant le moment prophétique, Psar demanda :

— Très saint père, qu'adviendra-t-il de mon fils ?

Pour quelques instants, le patriarche accepta de fermer ses yeux de veilleur perpétuel. Il regardait au fond de lui-même. Soudain, des larmes de reconnaissance coulèrent de ses yeux :

— Ton fils — que les bénédictions de la Sainte Trinité soient sur lui ! — servira le Grand Tsar Blanc.

6

La générosité des habitants de Nijny ne se démentait pas, et Pojarsky préparait sans hâte son armée dont Minine gérait soigneusement les finances. Cette fois-ci, ce ne serait plus sur un coup de tête que la Russie tenterait de libérer Moscou : elle aurait empilé toutes les chances de vaincre de son côté. Pojarsky tenait à disposer d'une troupe nombreuse, solide, bien encadrée, pour ne dépendre à aucun moment des éléments cosaques, capables de changer de côté à chaque instant :

— Lapounov était un gaillard, mais je ne suis pas envieux de son sort. Je ne me mettrai en campagne que lorsque je serai prêt.

Zaroutsky et Troubetskoï avaient été mis au courant du soulèvement de Nijny. Ils envoyèrent une proposition d'alliance ; ils avaient réfléchi, ils regrettaient leurs erreurs, ils juraient sur la croix l'unité des orthodoxes : « Approchez de Moscou sans rien craindre. » Pojarsky sourit dans sa barbe bouclée et fit répondre : « Nous ne craignons rien ; nous marchons sur Moscou pour vous porter secours. »

Cependant il continuait à exercer ses troupes et à emmagasiner du fourrage, bien que tout son entourage s'impatientât. Sandro se rongeait les poings :

— Que fait-il, notre voïvode ? Il n'a pourtant pas l'air d'un lanternier !

Non, Pojarsky ne lanternait pas, et lorsqu'enfin il se mit en campagne ce fut de manière à tromper tout le monde. Il aurait dû profiter des chemins de neige de l'hiver ou attendre les chemins de terre du printemps : il choisit d'affronter la débâcle et la boue ; il aurait dû marcher est-sud-est, sur Vladimir et Moscou : il longea la Volga vers le nord-est, avec, pour objectif, Kostroma. Sandro, dont il avait fait son estafette favorite, osa lui demander :

— Pourquoi Kostroma ?

Pojarsky sourit :

— Regarde la carte, blanc-bec, si tu sais en lire une.

Il la lui montra :

— J'ai besoin d'assurer mes arrières. Mes arrières, c'est la Volga, et la clef de la Volga, c'est Kostroma. Si je fonce droit sur Moscou, je risque d'être débordé sur mon flanc droit. N'oublie pas que ce coquin de Lissowski n'a pas fini de sévir dans cette région : je ne veux pas l'avoir dans mon dos. Si je tiens Kostroma, je suis déjà plus à l'aise.

— Mais après Kostroma, nous irons délivrer Moscou, voïvode ?

Pojarsky se renfrogna :

— Qui en sait trop vieillit vite.

*

Le soleil de mars brillait sur la Volga dont les glaces s'entrechoquaient. Les premières herbes trouaient les croûtes de neige poreuse. Les chevaux marchaient joyeusement en secouant leurs crinières. Bientôt ce serait Pâques. La Russie renaîtrait. Les pluies qui neigeaient et les neiges qui pleuvaient mouillaient les tentes mais n'altéraient pas les cœurs. Les jours allongeaient. Les perce-neige poignaient. De chaque bosquet sortait à pied ou à cheval un volontaire de plus. On pressentait la Russie au bout de l'exploit printanier.

Pojarsky avançait sans hâte, pas à pas, consolidant ses acquis, distribuant ses forces, les reprenant en main, tenant chaque petite victoire pour un exercice et n'omettant point d'en tirer les leçons. Il y avait du pédagogue et même du pédant dans Pojarsky, et c'était ainsi, de coup de main en embuscade, d'escarmouche en échauffourée qu'il formait peu à peu des officiers dont il attendait beaucoup.

Les villages de la Volga, mère des fleuves russes, mère de la Russie elle-même, se ralliaient avec bonheur à ce voïvode qui libérait le territoire sans spolier la population. Ses camps étaient bien tracés, ses hommes bien policés, quiconque se tenait mal le soir était pendu le matin.

Sandro, du haut de Soumassachol qu'il avait eu le temps, à Nijny, de bouchonner journellement, de panser tendrement, de nourrir de foin et d'avoine, d'alimenter d'herbes médicamenteuses et de remettre en état après ses longues fatigues, voyait les paysans et les paysannes apporter à Pojarsky le pain et le sel rituels. Le voïvode, chaque fois, rompait le pain, en trempait une croûte dans le sel, la mâchait, l'avalait, sachant que des liens mystiques se liaient de cette manière entre la cause qu'il représentait et le peuple qui l'accueillait. Le clergé élevait au ciel ses actions de grâces, et l'armée tout entière, rangée dans les plaines et sur les collines, reprenait d'une voix unique et formidable le cantique que, peu de temps auparavant, Sandro chantait dans le jeûne et la solitude :

— *Seigneur, sauve ton peuple et bénis ton héritage. Donne au tsar la victoire contre les barbares et protège la cité par ta croix.*

Ainsi, de jour en jour, approchait-on de Kostroma, et Sandro s'émouvait de revoir bientôt sa patrie.

— Oui, tu la reverras, lui dit Pojarsky, et plus tôt que tu ne penses. Car, si tu en as le cœur, tu vas nous y précéder, t'informer sur ce qu'on y pense de nous autres, et m'en rendre compte.

7

Les glaces avaient fondu et Sandro trouva un batelier qui accepta de lui faire traverser les flots encore boueux de la Volga ; le batelier lui garderait aussi Soumassachol jusqu'à son retour. On aborda à une dizaine de verstes de Kostroma, et Sandro s'engagea à pied dans une forêt de sapins et de bouleaux où il avait souvent chassé.

Marchant d'un bon pas, respirant ces odeurs sauvages qu'il reconnaissait, il s'efforçait de ne pas songer à Psarskoïé, à sa mère, à son grand-père, à Khichtch et au traître Mirone Kouzmitch... qui ne savaient pas qu'il approchait et qu'il n'était plus un enfant.

Tantôt il fixait sa pensée sur son ami Michka et les espérances qu'il nourrissait à son sujet ; tantôt, en vrai fils de son père, il ourdissait les stratagèmes les plus élaborés pour se renseigner sur la garnison de Kostroma, ses effectifs, ses sentiments et sur l'état d'esprit de la population ; mais, la plupart du temps, repris par le charme de la forêt printanière, il se remémorait les jeux à la fois sacrés et interdits auxquels il avait joué avec ses amis d'enfance : si chrétien que fût Sandro, le fonds païen n'avait pas désarmé en lui et, Dieu lui pardonne, il ne discernait rien d'inconciliable entre le fourmillement des esprits dans la nature et la bénédiction suprême de l'Esprit Saint « qui est partout et qui remplit tout ».

Les funérailles de Kostroma lui revinrent en mémoire. C'était un rite qu'on célébrait en juin, en cachette du prêtre. Quelquefois on brûlait une poupée de lin sur un bûcher, plus souvent on couchait une jeune fille sur une planche et on la faisait glisser dans l'eau, comme pour la noyer. On commémorait ainsi l'histoire de la belle Kostroma, sœur jumelle de Koupalo et fille de Simargl, la déesse de la nuit. Les jumeaux avaient été élevés séparément et, ne se connaissant pas, s'étaient aimés chastement. Mais un jour, au cours de la fête du solstice, comme les garçons devaient enlever aux filles leurs couronnes de fleurs, le vent avait arraché celle de Kostroma et Koupalo l'avait ramassée. Ensuite, ils avaient appris l'horrible vérité et s'étaient noyés de honte et de désespoir. L'infortunée Kostroma était alors devenue une naïade nommée Mafka. Mafka ressemble à un diminutif de Maria et Koupalo est un surnom du saint Ivan que l'on fête au solstice d'été. Or quiconque, pendant cette nuit-là se munit d'une herbe nommée Ivan-et-Maria, est assuré de trouver un trésor...

Rêvant ainsi, Sandro contourna la ville, afin de mieux cacher d'où il venait. Il descendit jusqu'au bord de la Kostroma et s'assit pour se reposer un instant sous un bouleau dont les bourgeons vert cru étaient sur le point d'exploser. Que d'oiseaux gazouillaient dans les branches, se querellant joyeusement et voletant de perchoir en perchoir avec de brusques froufroutements ! Qu'il était bon de penser que toute cette terre féconde de Russie serait bientôt libre de l'emprise étrangère et rassemblée autour du Grand Tsar Blanc, tsar des oiseaux et des bouleaux autant que des chrétiens ! Droit devant Sandro, s'étendait le majestueux confluent de la Kostroma et de la Volga, image d'un mariage cosmique où les deux fleuves se mêlaient indissolublement. En face, dans le soleil printanier, luisaient les bulbes d'or de saint Ipaty. Au-delà, le lointain était bleu comme l'avenir.

Dans la tacheture de lumière — jeunes feuilles, jeunes ombres frêles filtrant le soleil —, quelque chose bougea, et Sandro vit une jeune fille descendre de la ville Kostroma vers la rivière Kostroma, portant un long joug incurvé sur les épaules, avec, aux deux bouts du joug, deux seaux de bois suspendus.

Sandro n'avait jamais pensé aux femmes. Les premières montées de l'instinct, il les avait repoussées au fond de lui-même, fort de sa pureté naturelle et des interdits de l'Église. Et voilà que cette vision imprévue le plongeait dans un ravissement auquel il ne trouvait rien de répréhensible. Qu'elle était belle, cette fille élancée en sarafan rouge, sa natte blonde dépassant du fichu bleu et battant l'incurvé des reins ! Comme elle marchait fièrement entre les deux seaux qui se balançaient au rythme de son allure avec de légers tintements de bois quand ils heurtaient un tronc d'arbre ! Elle s'arrêta au bord du fleuve et y plongea un seau, puis l'autre, après les avoir décrochés du joug. Tous ses gestes étaient nobles et beaux. Caché dans le feuillage naissant, Sandro l'épiait avec une passion qu'il ne se connaissait pas : ce n'était qu'à l'affût, observant un élan ou un sanglier qui approchait innocemment, qu'il avait éprouvé de pareils battements de cœur entre ses côtes, un ralentissement semblable de son souffle.

La fille raccrocha les seaux au joug, fléchit les jambes pour le poser sur ses épaules, se redressa, soulevant les seaux de terre, et fit un pas en avant. Sous le faix, elle ne marchait pas comme les vieilles qui se plient en deux si bien que les seaux ballottent devant leurs genoux ; au contraire, elle se raidissait, la tête rejetée en arrière et la poitrine pointée en avant, la cambrure marquée, les seaux heurtant à peine ses hanches généreuses et lui renvoyant au visage deux demi-lunes de soleil.

— Porte-toi bien, belle jeune fille, dit Sandro en sortant du bois.

Elle pivota vers lui, dans un mouvement qui balança les seaux, si bien que quelques gouttes tombèrent au sol. Sandro, bien découplé, le bonnet à la main, ses cheveux châtains tourmentés par le vent autour de son visage rond barré par le buisson des sourcils et ombré d'un duvet juvénile, s'avançait vers elle. Elle l'apostropha :

— D'où viens-tu, toi qui sors de nulle part ?

Il découvrit aussitôt qu'il ne pourrait jamais mentir à cette jeune fille-là. Tous ses stratagèmes disparurent comme de la fumée.

— De chez le prince Pojarsky.

— Et ne sais-tu pas que Kostroma en tient pour Vladislav ? Prends plutôt la fuite, avant que je ne t'aie dénoncé !

Il répliqua avec hardiesse.

— Ne me dis pas qu'une belle Russe comme toi fait sa prière pour les Polonais.

Elle cracha par terre.

— Pas moi : je hais les Polonais et toute leur engeance. Mais notre voïvode est bien décidé à nous défendre contre vous autres.

Elle reposa les seaux, marquant qu'elle ne tenait pas la conversation pour terminée et s'essuya le front du revers de la main, peut-être pour se donner une contenance.

— Comment t'appelle-t-on ? demanda Sandro.

— Appelle-moi Mafka.

Dans ce prénom auquel il venait de songer en marchant, il vit un signe. Il n'avait pas parlé à dix femmes dans sa vie, mais répliqua sans hésiter :

— Encore heureux que mon nom à moi soit Sandro et non pas Koupalo.

Ce qu'il entendait par là, elle le comprit aussitôt : son visage ovale, à la bouche en forme de cerise, s'irrigua de sang ; elle rougit jusqu'à la racine des cheveux, jusqu'à l'échancrure du corsage, mais elle ne baissa pas ses yeux, qui eux aussi étaient bleus comme l'avenir. Elle continua à considérer sans gêne ce jeune seigneur à la poitrine large, au visage déjà sculpté par l'épreuve et le danger, à la pose naturelle et virile, la main droite à la ceinture — nul doute qu'il n'eût un kandjar caché dans ses vêtements.

— Et que veux-tu dire par là, Sandro ?

— Que je suis heureux de n'être point ton frère.

— Ne suis-je pas digne d'être ta sœur, vagabond ?

— Parole d'honneur, tu ne l'es que trop, mais ce n'est point comme sœur que tu me plais, répliqua-t-il en la regardant en face, dans l'espoir qu'elle rougirait de nouveau sous son regard, ce qu'elle fit aussitôt, si bien que les larmes lui vinrent aux yeux de voir que cet inconnu faisait d'elle ce qu'il voulait.

Elle se força à rire.

— Voyez-moi ce garnement ! Si on lui pressait le nez, il en sortirait du lait, et il courtise les belles ! Quel âge as-tu, enfançon ?

— Je vais sur mes dix-sept ans.

— Et moi j'en ai déjà seize. Tu vois bien que je suis trop vieille pour toi.

Il lui prit le joug des mains sans lui en demander la permission.

— Peut-être que je préfère les vieilles. Comment se nomme ton père ?

— Pourquoi me demandes-tu cela ?

— Pour lui envoyer la marieuse.

— Tu vas vite en besogne ! Qui te dit que j'en voudrai, moi, de ta marieuse ? Mon père n'est pas n'importe qui : il s'appelle Goury Aleksandrytch, de la famille des Chestov. Il a perdu un bras et une jambe au service du tsar Ivan et il est pauvre, mais de bonne naissance.

— Je connais les Chestov. La mère de mon ami Michka est Chestov. Mon père à moi est Aleksandro Ivanytch Psar et nous avions le village de Psarskoïé tant que les Polonais ne nous l'avaient pas pris. Mais nous allons le leur reprendre et alors les têtes rouleront. À propos, que dit-on de Michka Romanov ? Est-il toujours au monastère de saint Ipaty ?

— Je ne le crois pas. Lissowski écume de nouveau le pays, et la mère et le fils se cachent dans la campagne.

Pour une raison qui, sur le moment, lui échappa, Sandro ne fut pas mécontent de cette réponse. Il se chargea du joug, et tous deux remontèrent la pente.

— Alors tu dis que Kostroma est pour la Pologne ?

— Nenni. Elle a prêté serment à Vladislav, mais elle penche pour vous autres. C'est seulement notre voïvode qui s'obstine.

— En ce cas, Mafotchka, dit Sandro, frappé d'une inspiration, nous allons remédier à la situation.

Une idée venait de germer dans cet esprit de dix-sept ans. Aujourd'hui, Sandro avait l'occasion de conquérir tout seul la clef de la Volga et de l'offrir à Pojarsky sur un plateau d'argent. Après cela, Mafka refuserait-elle la marieuse? Il arpentait gaillardement le sol, satisfait de sentir sur sa nuque le poids des seaux de Mafka. Il lui prit la main, et elle, songeuse, la laissa prendre. Elle marchait maintenant les yeux baissés comme une captive, mordillant une feuille à peine déroulée, acide et douce à la fois, qu'elle avait arrachée à un bouleau. Ils atteignirent les premières isbas. Mafka s'arrêta devant l'une d'elles, plus haute et plus belle que les autres, avec des fenêtres aux pourtours sculptés de deux motifs symboliques: le soleil et le champ labouré.

— C'est ici, dit-elle à regret.

Il déposa les seaux.

— Où trouverai-je le plus de monde?

— Sur la montée du Lait, comme d'habitude.

— Eh bien, adieu, Mafka. Quand nous aurons pris Moscou, je viendrai voir Goury Alexandrytch.

Elle se jeta dans ses bras et l'embrassa fermement sur la bouche, en pleine rue, devant les passants. Sandro sut qu'elle lui serait fidèle toute sa vie.

*

Sandro s'éloigna d'un pas martial et découvrit que, pour la première fois, il avait peur. Peur de mourir parce qu'il voulait vivre de cette nouvelle vie, complètement différente de la précédente, qui venait de commencer pour lui. S'il était pris par le voïvode de Kostroma, les supplices l'attendaient, mais, pour le moment, il ne craignait pas la douleur: il ne craignait que la privation de cette nouvelle vie dans laquelle il y aurait Mafka.

Sur une large avenue bordée de boutiques qui descendait vers la Volga et qui s'appelait la montée du Lait, parce que c'était là que les laitiers apportaient leurs produits, il croisa un homme qui roulait un tonneau devant lui : à l'arrivée, ce serait du beurre.

— Arrête.

L'homme s'arrêta.

— Redresse ton tonneau.

Ils le redressèrent ensemble. Sandro grimpa dessus, au risque de le défoncer. L'homme ne protesta pas : il y avait ce jour-là un étrange pouvoir en Sandro. Venait-il du souffle de Dionissy ou du baiser de Mafka ?

— Bonnes gens, écoutez, commença hardiment le jeune garçon, qui n'avait jamais parlé à une foule.

La puissance qui émanait de lui força dix passants à s'arrêter. Quarante les rejoignirent en quelques instants. Sandro parla sans savoir ce qu'il allait dire. Tous ses stratagèmes lui étaient sortis de la tête. Il parla comme le coq chante.

— Écoutez, chrétiens orthodoxes, ce que saint Serguéï lui-même m'envoie vous dire, par le truchement de l'archimandrite Dionissy : *Aucune ville russe ne peut vivre seule. Elles ont une sœur aînée qui est Moscou, et, si la sœur aînée périt, les cadettes périront.*

« Avons-nous oublié qu'à Moscou se trouve l'icône de la Mère de Dieu, peinte par saint Luc lui-même et qui nous protège depuis tantôt mille ans ? Vous ne l'avez peut-être pas vue, vous autres, mais moi je l'ai vue en sa cathédrale de la Dormition, et je peux vous dire qu'encore un peu et des larmes vont rouler de ses doux yeux.

« Avons-nous oublié qu'à Moscou se trouvent les reliques de nos saints thaumaturges, les princes et les pasteurs et les fols en Christ ? Il y a là assez de chair transfigurée pour guérir la terre russe de tous ses maux, pour peu que nous le voulions. Allons-nous livrer ces trésors à qui ne parle pas notre langue, à qui ne croit pas comme nous croyons ?

« Ne suivrons-nous pas plutôt le prince Pojarsky et le boucher Minine dit Bras-sec et tous les braves gens qui se sont levés après eux pour aller libérer Moscou ?

« Si nous y laissons les os, quelle importance ? Nos

os ne sont pas à nous, mais à la sainte Russie. Et si nous arrosons les champs de notre sang, quelle importance ? Notre sang n'est pas à nous, mais à la sainte Russie.

« J'en vois parmi vous qui sont jeunes et vigoureux comme moi. Toi, par exemple, le grand roux, ne viendras-tu pas avec nous pour sauver nos frères que les étrangers massacrent et nos sœurs qu'ils déshonorent ? J'en vois d'autres qui ont l'escarcelle pleine. Toi, là-bas, la petite bedaine, ne puiseras-tu pas dans tes coffres et vous dans vos besaces pour que ceux qui se battront à votre place aient du cœur au ventre ?...

Sandro se laissait porter par son inspiration et il constatait qu'on l'écoutait favorablement. Un vieillard cependant l'interrompit :

— Tout cela est bel et bon, mon gars, mais nous avons baisé la croix pour Vladislav.

— C'est vrai, reconnut Sandro, mais Vladislav n'est pas venu : ce n'est donc pas nous, c'est Vladislav lui-même qui a rompu notre serment. Il nous a livrés à notre ennemi de toujours : son père, le roi Sigismond. J'étais le messager du saint patriarche Guermoguène et il m'a dit que nous étions déliés de notre serment à Vladislav, que c'était comme s'il n'y en avait jamais eu.

Le nom du patriarche frappa l'auditoire. On hochait la tête :

— Si le patriarche l'a dit...

— Donc, conclut Sandro, frappons un bon coup pour la terre russe. Et vous, mères, femmes, sœurs et filles, ne retenez pas vos hommes. Sachez que, s'ils meurent, ils iront droit au ciel, quels que soient leurs péchés : ce n'est point là un avantage à négliger.

— Alors, que devons-nous faire ? demanda impatiemment un forgeron couvert de suie.

— Le prince Pojarsky et le boucher au bras sec sont aux portes de Kostroma. Envoyez-leur vos échevins pour leur dire que Kostroma ne vaut pas moins que les autres villes, que vous vous ralliez à saint Serguéï, que nous allons avoir le bonheur de peiner ensemble pour la sainte Russie.

La foule hésitait encore quand des gens d'armes du voïvode arrivèrent pour disperser l'attroupement : c'était une erreur. Les braves gens perçurent aussitôt où était la légitimité et manquèrent écraser les gens d'armes sous le nombre : se prenant les jambes dans leurs hallebardes, ils s'enfuirent, poursuivis par une avalanche de cailloux. Dès lors, impossible de reculer. Les échevins de Kostroma montèrent sur leurs haquenées et se rendirent auprès de Minine et Pojarsky :

— Prince, prends nos vies ; Bras-sec, prends nos ressources. Pour la Russie : tout.

Le voïvode de Kostroma tenta une défense impossible et se rendit. Au crépuscule, Pojarsky et Minine entrèrent dans la ville où les cloches des églises sonnaient à toute volée, non plus le tocsin, cette fois-ci, mais leurs plus joyeux carillons.

— Sandro, dit Pojarsky, nous te devons d'avoir pris Kostroma sans coup férir. Je te nomme centenier.

— Prince, donne-moi tout de suite mes cent hommes.

Le voïvode rit dans sa barbe bouclée :

— Tu es bien pressé ! Que veux-tu donc faire ?

— Pousser une pointe jusqu'à Psarskoïé.

Michka n'était pas là pour l'interdire. Sandro partit la nuit même, sans revoir Mafka.

8

C'était le printemps, les étoiles fleurissaient au ciel, Sandro avait dix-sept ans, il commandait cent hommes, il était amoureux, il portait la Russie en lui. Dans quelques heures, il allait revoir sa mère, son grand-père, la terre de son enfance, dans quelques heures il allait braver la mort et ensuite rendre une justice efficace et prompte. Ce n'était pas qu'il donnât tort à Michka : l'autre fois, il serait allé se venger en son nom propre ; aujourd'hui, il serait le bras armé de la Russie.

Il ne s'était posé aucune question avant de prendre le commandement de ces hommes qu'il ne connaissait pas ; il ne s'était pas demandé s'il y en avait de plus expérimentés, de plus savants ou de plus braves que lui ; il se savait compétent pour monter le coup de main qu'il avait en tête et il commandait au nom de Pojarsky : cela suffisait.

Il arrêta sa troupe en pleine nuit, en pleine forêt, dans un vallon traversé par un ruisseau comme la nuit était traversée par la voie lactée : il semblait se refléter en elle comme elle se reflétait en lui.

— Les dizeniers, à moi.

Lorsqu'ils furent réunis, Sandro choisit un quadragénaire à la barbe hirsute et au regard intelligent :

— Comment te nommes-tu ?

— Makar.

— Makar, tu commanderas en mon absence. Je te laisse la troupe, sauf une escouade que je prends avec moi.

Il choisit un jeune dizenier maigre, nerveux, musculeux, les yeux noirs et méchants, la peau rongée par la petite vérole :

— Comment t'appelle-t-on ?

— Ossip.

— Va chercher tes hommes : vous m'accompagnerez.

Il revint à Makar.

— Vous attendrez l'aube ici. Fais reposer les hommes. Dispose des sentinelles sur les crêtes : deux sur celle-ci, deux sur celle-là. Quand on commencera à y voir clair, tu feras monter ton monde jusqu'à la crête de droite. La forêt se termine là. Devant vous s'étendra une vallée, dans laquelle il y aura un village dominé par une grande maison. Vous vous cacherez à quelques sajènes de l'orée et vous attendrez que le soleil se lève en face de vous. À l'instant précis où tu le verras apparaître derrière la colline en face de toi, tu lanceras tes hommes au galop. Qu'ils attaquent la maison par tous les côtés.

— Où seras-tu, bartchouk ?

— Avec l'aide de Dieu, je vous ouvrirai le portail.

Ossip revenait avec ses hommes :

— Suivez-moi.

Ils escaladèrent la pente et, d'en haut, Sandro vit se dérouler un paysage laiteux qu'il connaissait par cœur. Cette masse sur sa gauche, voguant comme un navire dans le clair de lune, c'était la maison de son enfance ; ce moutonnement en contrebas, c'était le village de Psarskoïé ; cette lame dans la nuit, c'était l'étang où les brochets étaient si nombreux et si voraces : le petit Sandro les appâtait avec des bouts de viande faisandée, comme son grand-père le lui avait appris. Sur tout cela, qui semblait suspendu dans l'univers, planait un silence étrange : pas un aboi, pas un chant de coq. Au bout d'un long temps, une chouette ulula et ce fut un soulagement.

On attacha les chevaux aux arbres, on leur mit des couvertures sur la tête pour étouffer leurs hennissements, on descendit à pas de loup vers le village. La maison, Sandro se força à la contourner : avant de s'y attaquer, il lui fallait du renseignement et il irait le chercher là où, pour s'en procurer, il n'aurait aucun scrupule à employer la force.

La maison de Mirone Kouzmitch était une grosse isba, sise à l'écart du village. Sandro et ses hommes y parvinrent, sans qu'un chien eût aboyé.

— Attendez-moi.

La main sur le kandjar à poignée d'ivoire, Sandro gravit les trois marches de bois qui formaient le perron. Il connaissait la disposition des lieux à l'intérieur et poussa la porte, qui céda. Il entra dans l'obscurité du sas précédant la grande salle. Il laissa ses yeux s'accoutumer au noir et puis poussa la seconde porte qui gémit lamentablement. Il attendit quelques instants, le kandjar tiré. Mais le bruit n'avait alerté personne. Il se résolut à entrer. Des odeurs aigres et fortes de sueur et de kvas l'entouraient. Pas un ronflement, pas un souffle, pas de veilleuse allumée dans le coin face à la porte. Inexplicable. Il semblait impossible de parler dans ce silence magique. Sandro s'y contraignit. D'une voix enrouée :

— Mirone Kouzmitch !

Pas de réponse. La façon dont les sons avaient retenti donnait l'impression qu'il n'y avait personne de vivant dans cette salle où Kouzmitch couchait pourtant avec sa femme, sa mère, ses deux fils et leurs femmes, ses deux filles et leurs maris, sans compter des petits-enfants en nombre indéterminé.

Sandro s'accroupit devant le poêle. Au fond, quelques charbons luisaient comme des yeux de loup. Il souffla sur eux et le rougeoiement devint plus intense. Sandro trouva une lamelle de bois et la pressa contre les charbons. Lorsqu'elle se fut allumée, il se redressa et la tint au niveau de sa tête. Les bancs sur lesquels d'habitude dormait la famille de Kouzmitch n'avaient pas été couverts pour la nuit ; les coffres placés le long des murs béaient, vides ; sur les étagères, manquaient pots et cruches, et, du coin d'honneur, l'icône avait été décrochée.

— Il n'y a personne ?

Non, il n'y avait personne, crut Sandro. Et puis, comme il pénétrait plus avant dans la pièce, une voix grinça derrière lui, comme un essieu non graissé :

— D'où viens-tu, toi ? Qui es-tu, toi ?

Il pivota, l'arme d'une main, l'éclisse enflammée de l'autre.

Une petite vieille sortit de derrière le poêle, édentée, échevelée, dépoitraillée, les seins pendants, tremblante de la tête aux pieds. Il la reconnut : la mère de Mirone Kouzmitch. D'ordinaire on n'aime point trop voir la mère quand on est sur le point d'exécuter le fils, mais, à cette heure, Sandro ne s'en souciait guère.

— Où sont-ils tous ? Qu'est-il arrivé ?

— Partis avec les Polonais...

— Les Polonais sont partis ?

— Il n'a pas voulu m'emmener. Je suis trop vieille. Je ne lui sers plus à rien. Moi, sa mère !

Elle pleurnichait.

— Partis ? Pourquoi ? Quand ?

Sandro sanglotait presque.

— Hier soir. On a dit que Pojarsky et son compagnon au bras sec étaient à Kostroma. Alors ils ont eu peur, les Polonais. Ils ont décampé. Et Mirone a emmené la famille. Sauf moi, sa mère : je suis trop vieille, il paraît. Je n'ai qu'à crever.

— Plus de Polonais au village ?

— Tous partis.

Déçu jusqu'aux entrailles, Sandro se précipita dehors. Il courut à la grande maison. Les vantaux du portail pendaient sur leurs gonds de cuir. Il entra dans la cour. Des lumières flageolantes palpitèrent aux fenêtres. Quelqu'un se pencha sur la galerie :

— Qui est là ? La Pologne ?

— Non, c'est moi : Sandro Psar.

— Le bartchouk est arrivé ! Le bartchouk est là !

Des torches crépitèrent. Des serfs sortaient de tous les recoins. Et, chose incroyable, les chiens du logis se taisaient toujours. La cour intérieure, baignée de lune, piquetée d'étoiles, zébrée de torches, émergeait de plus en plus de la nuit et Sandro distingua sur le sol de vastes taches et des monticules étranges. Six monticules. Il se pencha. Les six molosses qui, quatre ans plus tôt, avaient léché son visage ensanglanté par le fouet de Khichtch, gisaient là, la tête fracassée, la cervelle répandue sur le sol.

— Que s'est-il passé ?

Des hommes et des femmes baisaient Sandro à l'épaule, s'agenouillaient devant lui, sanglotaient. Un vieux raconta :

— Avant de partir, le seigneur Khichtch a dit : « Je vais encore me payer une pinte de bon sang sur le compte de ces chiens de Moskals. Ces chiens de Moskals ! » a-t-il fait en riant. Il s'est assis sur la galerie, il a fait charger six pistolets et ouvrir le chenil. Il a tué les chiens de ton grand-père un à un. Il riait et il se tapait les cuisses. Il était content parce qu'il n'a fait recharger qu'un pistolet...

Sandro l'interrompit :

— Où est ma mère ?

Elle descendait l'escalier, encore plus émaciée que jadis et vêtue de noir.

La mère violée et le fils frustré de sa vengeance se tinrent face à face au milieu des six bêtes assassinées.

Lui se prosterna devant elle. Parce qu'elle était sa mère et qu'elle avait tant souffert dans son honneur, il se sentait coupable devant elle.

Et elle, à son tour, se prosterna devant lui. Parce qu'il était le futur chef de famille et qu'elle s'était laissé déshonorer, elle se sentait coupable devant lui.

Ils savaient qu'en réalité ils n'étaient coupables ni l'un ni l'autre, mais aussi que les coupables ne sont pas seuls à perdre l'honneur. À cette femme, à cette mère, il était arrivé cette chose dont elle n'était nullement responsable et qu'elle ne pourrait jamais expier. Irréprochable, elle avait partagé la couche d'un étranger ! Quel droit avait-elle encore d'être une mère ? Or, ce qui était arrivé à la mère était arrivé au fils. La mère et le fils le savaient. Et leurs serfs qui les entouraient le savaient aussi.

Un instant plus tôt, Sandro tremblait encore de rage désappointée, mais il savait maintenant que sa détresse — n'avoir pas trouvé Khichtch au gîte, ni Mirone, n'avoir pas tué quand tout son corps exigeait la tuerie — n'était rien auprès du désespoir de cette femme humiliée.

Lentement, ils se relevèrent : lui, d'un grand mouvement souple ; elle, avec des cassures, comme une vieille.

Et puis ils hésitèrent.

Et puis il s'avança vers elle, se demandant si elle le laisserait la toucher et ne sachant pas s'il le souhaitait ou le redoutait davantage. Non que la compassion et la vénération ne bouillonnassent en lui, mais il y avait aussi du dégoût. Il avait toujours cru qu'elle mourrait de l'affront qui lui était fait, et voilà qu'elle montrait qu'on ne meurt pas d'un affront. Si vraie que fût la leçon, il n'aimait pas que ce fût sa mère qui la lui donnât.

Ils finirent par s'effondrer l'un contre l'autre, deux arbres foudroyés dont les branches s'emmêlent. Mais ce furent moins leurs corps qui se touchèrent que leurs âmes. Elle lui dit seulement :

— Tu es vivant, Sandro Aleksandrytch.

Lui s'abstint de répondre « Toi aussi ». Il la pressa seulement contre lui.

— Ton père ? demanda-t-elle.

Et lui, sans aucun détail :

— Mon père a revêtu le Grand Schème.

Elle chancela, mais il crut, dans la lumière tremblotante des torches, qu'elle souriait :

— Alors, je suis libre de prendre le voile aussi.

À cet instant, une figure basse et massive se profila à l'entrée du chenil. On aurait dit un septième molosse, le plus grand, qui s'avançait dans la pénombre en vacillant légèrement, noir et zébré par les lueurs des flambeaux. Sandro courut à lui et s'inclina, la main touchant le sol :

— Grand-père !

Le vieil homme écrasa son petit-fils contre une poitrine d'où montait une odeur canine :

— Mes fils ?

Sandro baissa la tête. Pouvait-il répondre « Ils passent tous les deux pour des traîtres » ? Il dit simplement :

— Mon père et mon oncle espèrent se battre bientôt pour la terre russe.

Le vieux Psar ne s'y trompa pas. Les cadavres de ses chiens bien-aimés signifiaient pour son âme fruste la fin d'une certaine Russie dont il avait, de sa main, modifié l'histoire. Un voile tomba sur ses yeux noirs.

— Quand saurai-je ? murmura-t-il.

Sandro n'osa pas lui demander ce que signifiait cette question. Il sentait trop qu'un mystère abominable était enraciné dans le passé de son grand-père. Il se tourna vers les braves gens qui, montant du village, envahissaient la cour et se massaient autour de lui. Il commanda :

— Racontez !

On lui raconta la misère de l'occupation, longuement, les hommes ponctuant leur récit de jurements terribles, les femmes ululant de désespoir, tandis que les premières laitances de l'aube coulaient à l'horizon.

Le village avait été pillé de fond en comble. Pas une jeune femme qui n'eût été violée — combien de petits Polonais se mêleraient aux Russes de la génération à venir ? Pas un homme qui n'eût été, un jour ou l'autre, fouetté ou torturé. Certains montraient leurs cicatrices, d'autres leurs plaies encore mal refermées. Et personne ne croyait au départ définitif des Polonais :

— Tu devrais te sauver, bartchouk : ils reviendront et ils te pendront toi-même. Si ce n'est Khichtch, ce sera Lissowski.

Sandro sourit.

— Non, dit-il, je ne le crois pas. Venez avec moi.

Ils sortirent tous de la cour, éclopés et haillonneux. Même la mère de Sandro, qui n'osait plus se montrer au peuple, les suivit, et le vieux Psar qui ne quittait plus son chenil : personne ne résista au pouvoir qui émanait du jeune seigneur. Ils se tinrent devant la vieille maison, regardant la crête boisée, attendant sans savoir ce qu'ils attendaient.

Soudain, à l'instant même où les premiers rayons du soleil les frappaient dans le dos, ils virent les arbres là-haut s'écarter pour vomir une cohorte de cavaliers qui dégringolèrent la pente avec des cris terribles, en brandissant lances et mousquets, tandis que leurs sabres encore au fourreau battaient les flancs de leurs chevaux lancés au triple galop.

Sandro se tourna vers ses gens :

— L'armée de Minine et Pojarsky est derrière ceux-là. Pensez-vous encore que Khichtch ou Lissowski reviennent me pendre ? Je vous en donne ma parole : les étrangers ont fini de pendre en Russie.

9

Le petit Ivan avait un an et demi. Il se traînait par terre et suçait la tête de ses soldats de bois, qui en restaient gluants de salive, comme après le passage d'un escargot. Marina n'était pas une mère tendre : les cris et la saleté du petit enfant l'irritaient ; une femme cosaque allaitait « le tsar », et c'était Danoucha qui le lavait, l'habillait, le couchait, le levait, le caressait mélancoliquement. Marina ne voyait guère en lui qu'un gage de sa propre légitimité et un moyen d'action sur Zaroutsky.

L'ataman herculéen avec lequel elle partageait son lit la maintenait dans un état d'hébétude qui lui plaisait et lui répugnait à la fois. La fureur de ses étreintes la laissait prostrée jusqu'au moment où il venait la reprendre. À la différence de Bogdanka le Filou, il se moquait bien, lui, qu'elle fût comtesse et tsarine et sacrée ; il ne cherchait ni à l'humilier ni à la salir, pas plus qu'à se grandir de l'avoir à sa merci. Quand il était en rut, il ne voyait en elle que la femelle, et, aux rares moments où il ne l'était pas, il lui semblait que, par elle, par son fils, il asseyait mieux son pouvoir sur la Russie : voilà leurs relations. En effet, Zaroutsky nourrissait des ambitions immenses, encore qu'imprécises. Il ne souhaitait pas être tsar lui-même, sauf si ce poste lui permettrait de devenir un plus grand pilleur qu'il ne l'était. Il y avait en lui de l'Attila et du Gengis Khan : il allait aussi loin que possible et toujours dans la même direction.

— Pojarsky ne répond plus à mes lettres, dit-il à Marina en rentrant à Kolomna, où elle occupait le palais du gouverneur et où il la retrouvait plusieurs fois par semaine.

Il avait de l'estime pour l'érudition de Marina, lui qui ne savait pas lire, et il la consultait sur les problèmes qui lui paraissaient trop compliqués à résoudre.

— Pojarsky ne répond plus à mes lettres, répéta-t-il, en repoussant de la botte gauche le derrière du jeune valet qui s'arc-boutait pour lui ôter la droite. Je lui ai pourtant fait écrire de se dépêcher : des renforts polonais approchent sous le commandement de Khodkévitch. C'est vrai. Mais surtout, si Pojarsky arrive maintenant, nous serons à forces à peu près égales. Tandis que, s'il continue à rassembler la plus grande armée jamais vue, toi et moi, nous sommes flambés.

Marina se dégrafait. Tels étaient les ordres de l'ataman. Dès qu'il rentrait, elle devait se mettre en chemise, pour ne pas le faire attendre au cas où il aurait envie d'elle. Elle s'y soumettait, elle, la glorieuse, par crainte d'être battue, et trouvait dans cette crainte une sombre jouissance. Les cimes l'avaient beaucoup fascinée ; maintenant, c'étaient les abîmes aussi.

— Ce Pojarsky est futé, reprit Zaroutsky en allongeant la botte droite. Il ne fait rien comme tout le monde. Il ne commande même pas en son propre nom. À toutes les villes à qui il réclame de l'argent il demande aussi de lui envoyer des délégués. Résultat : il commande au nom de toute la terre. Cela ne s'est jamais vu. Et ce Bras-sec lui gère ses finances comme un négociant, pas comme un soldat. Pojarsky prend son temps, il ne quitte pas une région sans en avoir chassé les Polonais et détruit les brigands jusqu'au dernier. Il n'y a guère que Lissowski qu'il n'ait pas exterminé. Celui-là est un malin qui ne se laissera pas prendre. Mais tous les autres, au faîte d'un tremble et pas de discussion !

— Qu'as-tu à craindre de lui ? N'êtes-vous pas alliés contre le roi Sigismond ?

— Nous avons tout à craindre de lui, et toi, Marinka, plus que quiconque, dit Zaroutsky en montrant la porte au jeune valet avec son pouce. Si Minine et Pojarsky rassemblent la Russie, ils prendront Moscou et tailleront des croupières à ton roi, sans avoir besoin de nous autres cosaques. Les cosaques, pour eux, ne sont que des brigands, et moi un chef de brigands, et toi la ribaude d'un chef de brigands, et ton fils, le bâtard d'un filou. Minine est boucher et négociant; Pojarsky, prince et soldat: c'est toute la Russie, ça, tu comprends, d'autant plus qu'ils ont aussi avec eux une bande de popes. Mes cosaques et moi, face à la Russie, nous ne pesons pas plus que cette plume sur ma manche.

Il la souffla et elle s'envola.

Marina avait ôté sa robe, ses chaussures, ses bas. Elle était belle dans sa chemise de soie, brodée d'agréments d'or aux poignets et au cou. Elle se sentait impudique dans son costume et en éprouvait du plaisir. Elle alla, d'une démarche déhanchée, s'asseoir sur la large cuisse du cosaque. Zaroutsky la flatta distraitement tout en poursuivant sa méditation désabusée:

— Il me semble déjà que j'entends Minine et Pojarsky approcher. Ils approchent lentement, mais ces pas que j'entends, Marinka, c'est la Russie en marche. Et quand la Russie se met en marche, c'est pour de bon. Tu te rappelles le dit d'Ilia de Mourom? Il était né paralysé, il l'est resté trente-trois ans, mais quand il s'est levé et s'est mis à sabrer les Tartares, «il ouvrait une rue d'un coup d'estoc, une avenue d'un coup de taille».

Marina déposa un baiser sur la cicatrice qui sillonnait le crâne rasé.

— Mon beau cosaque ignorant! Mon conquérant candide! On t'a dit qu'il y avait une Russie et tu y as cru. Mais il n'y a pas de Russie, il n'y a que des Russes. Ôte le tsar et le tissu se défait comme une cotte tricotée. Ce n'est pas la Russie qui marche, mon beau bêta, c'est un boucher et un troupier: depuis quand crains-tu les bouchers et les troupiers?

Zaroutsky pétrissait puissamment la chair de Marina, mais il pensait à autre chose.

— Tu as tort. Il y a une Russie. Nous autres cosaques le savons puisque nous l'avons quittée. Il y a une Russie et celle que j'entends marcher vient à notre rencontre... comment te dire... c'est effrayant... du fond des temps futurs.

Marina rit avec indulgence.

— Tu parles ainsi parce que tu ne connais pas l'histoire. Il y a peu de vraies nations dans le monde. Athènes peut-être en fut une, et Rome ; et la France en est une, et l'Espagne, et l'Angleterre en qui l'Irlande et l'Écosse finiront par se fondre. Pour les autres… À vrai dire, je doute même que la Pologne soit une nation. Quant aux Daces et aux Scythes et aux Sarmates et à je ne sais qui encore qui faisait peur aux Romains ? Ce n'étaient que des figures de peuples dans la brume. Ils n'avaient pas de destin.

— Les cosaques n'ont pas de destin, cela est vrai. Mais la Russie en a un et nous l'avons refusé : nous aimions trop la liberté.

Marina entrecoupait son cours d'histoire de petits sons plaintifs.

— Écoute : j'ai lu la chronique de Nestor. Il y a eu une Russie de Rurik à Novgorod, et une autre de Vladimir à Kiev, et une autre d'Alexandre Nevsky à Souzdal, et une autre d'Ivan le Terrible à Moscou. Ce n'était pas la même.

— C'était la même.

— Admettons. Alors qui empêche qu'il y ait une Russie de Marina et d'Ivan à Kolomna, où nous sommes ?

Les deux mains de Marina enserraient la nuque d'Ivan Zaroutsky et la griffaient, mais savait-on à quel Ivan elle pensait ?

— Qui l'empêche, je te le demande ? Ce n'est tout de même pas un boucher de Nijny-Novgorod. C'est donc un prince qui est un bon voïvode et que tu n'es pas sûr de vaincre en bataille rangée ? Mais il y a d'autres moyens de se débarrasser d'un voïvode gêneur. Pojarsky recrute. Pourquoi ne recruterait-il pas quelques hommes à toi ? Ensuite, les procédés ne manquent pas. Il y a le poison, le poignard, la chute de cheval ; il y a, de nuit, l'oreiller sur la face…

Le visage de Marina était convulsé, décoloré, avec des yeux dilatés, et une bouche, si petite d'ordinaire, qui, elle aussi, s'était élargie et brillait de toutes ses dents humides. Soudain Zaroutsky se mit à rire grassement :

— Je ne sais pas ce qui te met dans cet état, Marinka : si ce sont les gros doigts du cosaque ou l'idée de faire passer le goût du pain à un grand seigneur moskal. Mais tu as raison. Nous n'avons ni toi ni moi aucun intérêt que Pojarsky vive un mois de plus.

10

Stanislav Stadnitski eut du mal à trouver le destinataire du message que lui avait confié le roi Sigismond. Mission dangereuse et même inconfortable, ce qui était pis pour un homme aussi attaché à ses aises que Stadnitski ; mais il n'avait pas si bien réussi la précédente — rallier Rojinski — qu'il pût se permettre de refuser la seconde. Le destinataire du message se cachait dans les bois d'où il ne sortait que pour attaquer un village, un domaine, une église, un train d'approvisionnement. Les Russes ignoraient ses retraites et les Polonais installés dans la région se faisaient rares.

Cependant, à force d'interroger les audacieux ou les obstinés, Stadnitski, qui voyageait avec une escorte armée, réussit à se faire interpeller par des sentinelles avancées au détour d'un chemin sinuant en pleine forêt.

Lissowski, à cette époque, ne ressemblait plus au sbire frileux et cauteleux qu'il était trois ans plus tôt. Avec son bonnet de zibeline, son cimeterre clouté de pierreries, l'immense pelisse brodée d'or dont il emmitouflait sa petite taille, il tranchait franchement du satrape. Il offrit à boire à Stadnitski dans un calice constellé de rubis et, lorsque l'envoyé du roi eut un recul devant ce sacrilège, il lui dit en ricanant :

— Buvez, buvez. Si le calice est schismatique, le vin est excellent.

Stanislav Stadnitski n'était pas homme à se laisser impressionner. Il commanda à son domestique d'apporter un nécessaire de voyage d'où il tira un verre en cristal de Bohême gravé à ses armes.

— « Schisme », illustrissime seigneur, veut dire « scission, dissidence » : c'est une maladie contagieuse par laquelle je ne veux pas courir le risque de me laisser contaminer.

— Que voulez-vous dire ? fit Lissowski, la moustache hérissée.

Engoncé dans ses fourrures, partagé entre l'angoisse et la morgue, il avait plus que jamais l'air d'un blaireau.

Stadnitski passa sa langue sur ses lèvres.

— Je ne viens pas de faire trois mille verstes pour le seul plaisir de votre compagnie, seigneur Lissowski. J'ai pour vous un message du roi.

— De quoi s'agit-il ?

— Au point où nous en sommes, cela peut attendre que vous m'ayez offert à souper.

Toujours cette langue gourmande sur ces lèvres poupines. Lissowski comprit que Stadnitski n'avait d'autre raison de le faire attendre que de l'inquiéter davantage. Il se résigna à commander que l'on servît, le plus vite possible.

Après le repas, lorsque se furent éclipsés les valets, les deux Polonais s'installèrent devant le poêle avec un flacon de vin de Chypre entre eux et, tandis que Lissowski tordait impatiemment les poils rêches qui sourdaient de sa lèvre supérieure, Stadnitski caressa sa joue glabre du bout des doigts.

— En un mot comme en cent, dit-il après avoir suffisamment joui de l'anxiété de Lissowski, le roi est fort mécontent de vous. Vous aviez deux missions : la première, que vous partagiez avec d'autres, consistait à faire le plus de mal possible à la Russie par le dedans ; la seconde, parfaitement secrète, était d'écraser un limaçon qui risque de se mettre en travers des projets du roi. Il est arrivé aux oreilles de Sa Majesté que le limaçon est encore vivant. Qu'avez-vous à me dire à ce sujet ?

Lissowski se tassa dans son fauteuil, puis il en bondit comme un animal hors d'un piège et zozota davantage qu'à l'ordinaire :

— Voilà près de trois ans que ze le poursuis nuit et zour. Tantôt, quand les événements m'oblizent à m'éloigner, il se réfuzie dans un monastère où il se cache parmi les moines ; tantôt, quand z'ai rassemblé assez d'hommes pour m'emparer de lui, il me file entre les doigts et disparaît parmi ses paysans qui le protèzent. Ze vous zure que ce n'est pas faute d'avoir chauffé des orteils et écorché des dos que ze n'ai pas réussi à mettre la main sur celui qui fait l'obzet de votre zuste vindicte.

— Pour les dos et les orteils, je vous fais confiance, répondit Stadnitski avec condescendance, mais l'échec est patent, et, depuis que j'ai eu le loisir d'admirer votre art de vivre, je pense que vous avez peut-être consacré davantage d'efforts à votre enrichissement personnel qu'à l'exécution des ordres du roi.

« Or, la situation a changé. Naguère, Sa Majesté s'intéressait à la Russie comme à ses autres voisins. Maintenant que Moscou est aux mains de l'armée polonaise et que le tsar de Russie a été déposé par ses propres sujets, il y a des chances pour que la Russie et la Pologne forment bientôt un seul État sous le sceptre d'un seul souverain. Ne pensez-vous pas, seigneur Lissowski, que votre mission secrète en devient d'autant plus cruciale ?

Stadnitski trempa les lèvres dans son vin de Chypre.

Lissowski avait en effet été négligent. Un jeune garçon à faire disparaître l'avait beaucoup moins intéressé que des trésors à acquérir. Il se leva pour répondre, verre en main :

— Je bois à la santé du roi-tsar-grand-duc de la Pologne-Russie-Lithuanie. Je mettrai tout en œuvre pour son avènement : dès demain je m'emploierai farouchement à ma mission.

— Farouchement me parait une excellente idée, dit Stadnitski. Cela me dispense de vous communiquer la dernière partie de mon message.

— En quoi consiste-t-elle ?

— Oh ! Elle n'a pas beaucoup d'intérêt. Sa Majesté

souhaitait simplement que vous sussiez à quels désagréments vous vous exposeriez en n'cxécutant pas immédiatement ses volontés. Mais votre enthousiasme me montre qu'il est inutile de vous donner ces précisions peu ragoûtantes, et (il bâilla) je vous demande la permission d'aller me coucher.

11

La grande armée de Pojarsky entra dans Iaroslavl et s'y arrêta pour un temps, malgré les appels de plus en plus pressants qu'envoyait, de la Trinité-saint-Serguéï, l'archimandrite Dionissy. Pojarsky priait dans l'église de saint Ilia, préparait ses hommes et ses équipages, veillait à la discipline avec l'aide d'un métropolite auquel il avait confié les pouvoirs juridiques, et attendait argent et renforts de tous côtés.

Chacun voulait le voir, et il se laissait approcher aisément, sans prendre de précautions. En revanche, Sandro s'estimait responsable de la sécurité du voïvode : était-ce parce qu'il était le fils de son père ou parce qu'il avait vu Skopine empoisonné sous ses yeux ? En tout cas, il suivait le prince comme son ombre.

Un jour, Pojarsky sortit de son isba et se rendit sur la grande esplanade qui dominait la Volga.

— Je vais trier les canons, dit-il à Sandro. Voir ceux que je laisse ici, et ceux que je prendrai avec moi. Je veux des essieux et des roues solides, des âmes non faussées, des lumières sans fissures. Je ne pressens point en toi un grand artilleur, mais, si tu le veux, tu peux examiner cela avec moi et apprendre au moins quelque chose.

Les canonniers entourèrent le prince, chacun lui montrant sa bombarde ou sa couleuvrine. Beaucoup éprouvaient de l'affection pour leurs pièces, en tapotaient les culasses comme des croupes de cheval et s'inquiétaient à l'idée de les quitter. Ils appelaient l'une Agraféna, l'autre Matrona, une troisième Vorace, une quatrième Châtie-bien. Pojarsky les écoutait, leur demandait rituellement si la soupe était bonne, questionnait certains sur leur famille, d'autres sur leur dernière campagne. « Sincère, pensait Sandro avec admiration, mais avisé aussi. Voilà un chef qui veut être sûr de tous ses hommes, un par un. »

À peine avait-il pensé cela, qu'un cosaque empoigne le bras de Pojarsky et l'écarte de sa poitrine. Au même instant, un autre se jette sur lui avec un couteau. D'un coup de poing à l'épaule, Sandro fait dévier la lame qui s'enfonce dans la cuisse du premier cosaque. Il roule au sol. Pojarsky, le croyant blessé par accident, se penche sur lui pour le secourir.

— Arrière, prince, crie Sandro en le repoussant du bras gauche et en dégainant du droit. On veut te tuer.

Les canonniers se saisirent de l'homme au couteau et du blessé. On eut tôt fait d'apprendre d'eux qu'ils avaient été stipendiés par Zaroutsky. Pojarsky s'éloigna, sans un mot pour Sandro.

*

Peu de jours après fut annoncé le départ pour Ouglitch, l'étape suivante, et l'armée se rangea en bon ordre sur la rive droite de la Volga.

Pojarsky passa l'inspection de ses cavaliers, fantassins, artilleurs, du train des équipages auquel il attachait une grande importance. Lorsqu'au bout de la journée, il se fut assuré que pas un amorçoir ne refuserait le service, pas une sous-ventrière ne céderait, pas une corde d'arc ne se détendrait, il appela Sandro.

— Je ne t'ai pas encore récompensé pour m'avoir sauvé la vie.

Sandro n'attendait pas de récompense, mais que ce grand homme, auquel il commençait à s'attacher, ne l'eût pas remercié l'attristait.

— J'ai fait mon devoir, répondit-il.

Pojarsky le guignait d'un œil taquin.

— Je crois avoir trouvé une récompense à ta mesure. Prends ta centurie et ouvre-nous la route : pour ce premier jour, tu seras mon avant-garde.

Sandro ne rêvait même pas d'un pareil bonheur! La pensée de Mafka lui traversa le cœur : comme elle serait fière de lui si elle savait!

— À tes ordres, voïvode.

Il fit signe à ses hommes et partit au galop vers la droite.

— Reviens, nigaud, reviens! lui cria Pojarsky.

Sandro fit demi-tour.

— Où vas-tu, niquedouille?

— Je vais à Ouglitch, voïvode, répliqua le chef de l'avant-garde, quelque peu dépité. Ne nous as-tu pas annoncé que nous allions investir Ouglitch?

Pojarsky riait.

— T'imagines-tu qu'un voïvode dise toujours la vérité?

Il se tourna vers le gros des troupes et, laissant rouler sa voix si bien qu'on l'entendit à cent sajènes à la ronde :

— Mes enfants! La Volga est ralliée. Nos arrières sont assurés. Plus de détours! Nous allons tout droit libérer notre mère, Moscou la sainte aux Têtes d'Or. En avant et mémoire éternelle à ceux d'entre nous qui donneront leur vie pour leurs frères!

Une clameur monta des rangs, se prolongea, se répéta, se répercuta, se réverbéra, s'éleva au ciel, s'étala sur la Volga, sembla emplir la Russie entière, jusqu'au dernier village, jusqu'au dernier hameau, jusqu'à la dernière isba-sentinelle face au grand Nord ou à la Tartarie ou à la Crimée :

— Hourra!

Sandro piqua des deux dans le couchant.

12

L'armée ne parcourut que deux lieues ce soir-là, et, lorsque le camp fut dressé, Pojarsky dit à Bras-sec :

— Kozma Zakharitch, je te confie notre armée, que tu m'as forgée et que je t'ai trempée. Conduis-la par petites journées jusqu'à Rostov que tu occuperas, dont tu recueilleras les dons — je te connais ! —, et que tu te garderas de dépasser. Surtout n'écoute pas les conseils de ceux qui voudraient te faire aller au but plus vite. Le temps travaille pour la Russie.

— Tu nous quittes, prince Dmitry Mikhaïlytch ? s'étonna Bras-sec. Aurions-nous rien fait qui t'ait déplu ?

— Non, Kouzma Zakharitch, répondit le voïvode — et c'était beau de voir ces deux hommes, si différents d'origine et de vocation, se traiter avec un respect égal. Rien ne peut me déplaire qui serve la Russie. Mais, selon l'usage, je dois aller à Souzdal, sur le tombeau de mes ancêtres, pour les prier de protéger du haut du ciel notre entreprise. La Russie attendra quelques jours de plus, cela n'est pas grave : le grave, ce serait de tenter de fonder l'avenir sur autre chose que sur le passé.

*

Pojarsky s'attachait de plus en plus à Sandro et il voulut l'associer à cette expédition pieuse comme il l'avait associé à la visite des canons. Ils firent deux cents verstes à cheval et, arrivés à Souzdal, se rendirent au monastère du Sauveur.

Ils descendirent quelques marches, pénétrèrent dans un caveau. Des flambeaux avaient été allumés qui faisaient courir des éclaboussures de lumière sur les voûtes de brique et les sarcophages de pierre où on lisait des noms laborieusement gravés en slavon : les prénoms Dmitry et Mikhaïl y alternaient, le fils prenant le prénom du grand-père, dans un tressage des générations presque ininterrompu.

Pojarsky se découvrit. Sandro en fit autant derrière lui, tâchant de se confondre avec les ombres centenaires. Il s'émouvait de penser que les reins d'où était sorti son maître se décomposaient là, dans ces cercueils.

Dmitry Mikhaïlytch Pojarsky se rattachait au tronc des Rurikides à travers Dmitry Ioannytch, l'arrière-

arrière-grand-père d'Ivan le Terrible. Au-delà, ses ancêtres étaient les mêmes que ceux du tsar, et, bien que leurs cercueils ne fussent pas présents, il lui semblait que, d'une certaine manière mystérieuse, ses aïeux s'étaient réunis en esprit pour accueillir leur descendant dans ce sanctuaire de la Famille : Ioann Ioannytch et son père Ioann Kalita et son père Daniil et son père Aleksandr Nevsky et son père Iaroslav et son père Dmitry le Grand Nid et son père Ioury Longbras et son père Vladimir Monomaque et son père Vsévolod et son père Iaroslav le Sage et son père Vladimir le Saint et son père Sviatoslav et son père Igor et leur père à tous Rurik le Dynaste, ils étaient tous là, et c'était devant eux que le prince Pojarsky courbait sa noble tête, revendiquant leur paternité.

En présence de ses pères, il n'oubliait pas ses mères : il avait aimé la sienne et, pensant que ses aïeules avaient eu la même vigilance et la même tendresse, il les invoquait révérencieusement. Issues de la terre russe, aussi maternelle qu'elles, elles lui avaient enfanté des défenseurs après avoir été enfantées par elle. Il y avait là une alchimie mystique à laquelle le voïvode se réjouissait de participer : il savait que, sans ses pères et ses mères, il n'était rien et il venait le leur redire. Il venait puiser auprès d'eux la force historique qui le conduirait jusqu'au bout de la mission pour laquelle il se savait né.

Il s'agenouilla.

— Mon Seigneur Jésus-Christ, dit-il à haute voix, j'ai foi que tu as reçu dans ton sein mon père et ma mère : écoute leur prière, fais que je ne sois pas né pour rien. Fais que je ne démérite pas de ceux de qui je suis sorti et qui ont consacré leur vie à ton service. Fais que, dans mes mains, les armes soient redoutables à l'ennemi et que le peuple m'obéisse jusqu'au jour où il aura trouvé son maître légitime, que je ne suis pas. Fais que je sois digne de ma mission et que je la mène à bien. Fais que ceux qui m'entourent soient dignes des postes que je leur ai assignés et que chacun fasse de son mieux. Fais que nous réussissions à libérer cette Russie qui t'est agréable et à te la restituer. Elle n'a jamais été portée aussi bas : fais que nous l'élevions à des hauteurs qu'elle n'a jamais atteintes. Écoute les saints innombrables que tu as suscités dans notre pays et, au premier chef, saint Serguéï, notre patron à tous, ainsi que mon ancêtre saint Vladimir. Écoute ta Mère très pure qui ne cesse de te prier pour la sainte Russie qu'il t'a plu de façonner de notre terre et en qui tu as insufflé ton Esprit.

De son fourreau de cuir vert, dont l'embouchure, l'embout et les cinq plaques ornementales étaient en or, il tira son sabre.

— Mon Seigneur Dieu, tu as commandé à Pierre de remettre son épée au fourreau, et de ne pas résister au mal, tu as dit que qui tirerait le glaive périrait par le glaive. Ce n'est pas une si mauvaise façon de périr. En une autre occasion, tu as fait acheter des épées par tes apôtres, et tu as dit aussi que tu n'apportais pas la paix mais la guerre. C'est donc qu'il y a des occasions où nous n'avons pas d'autre recours. Bénis ce sabre, mon Seigneur Dieu : je ne le tire pas pour la colère ou pour la vengeance mais pour le salut.

Il baisa pieusement la lame lisse et nette et quelque peu brunie du côté de l'estoc, comme si elle avait été imprégnée de sang ennemi.

Dans l'ombre, derrière lui, Sandro tira son kandjar à poignée d'ivoire et en baisa aussi l'acier affûté.

13

Dans la vaste maison de Kolomna, Sergo et Danoucha partageaient une petite chambre qui jouxtait celle de Marina. Ce soir-là, Sergo s'était couché tôt. Il attendait le retour de Danoucha, qui était allée déshabiller Marina et coucher le petit Ivan, et il méditait sur sa vie.

« Qu'ai-je jamais fait de bien pour le Christ et pour

la Russie? J'étais né pour servir fidèlement un tsar légitime, et je croyais que Boris Godounov l'était, mais il ne l'était pas. Personne ne doute plus qu'il ne soit arrivé au trône en faisant assassiner le tsarévitch Dmitry. Je suis passé au service de ce Dmitry ressuscité, il a été assassiné à son tour, et j'ai appris qu'il n'était pas qui il prétendait être. Avant de mourir, il me donne à sa femme, tsarine sacrée, mais cette tsarine sacrée le trahit en donnant son nom à un autre. Cet autre est tué, la tsarine se livre à un chef de brigands. Y a-t-il eu dans tout cela un moment où j'aurais dû me considérer délié de mon serment? Ah! pauvre de moi! Pourquoi ne suis-je pas né sous Vladimir le Saint ou sous Aleksandr Nevsky, quand tout était clair?»

Danoucha entre en courant.

— Lève-toi, Sergo. Nous partons.

Son visage amaigri porte la marque d'un destin qui ne peut plus être que triste.

Sergo se dresse.

— Que s'est-il passé?

— Zaroutsky vient d'arriver. Il complotait avec les Polonais. Troubetskoï l'a appris, a fait saisir et torturer leurs émissaires. Ils ont tout dit. De l'autre côté, pas d'espoir: Pojarsky approche, il sait que l'ataman a voulu le faire assassiner. Il ne reste que la fuite.

— Où irons-nous?

— Loin. Chez les Tartares. Chez les Turcs. Je ne sais pas.

Sergo s'interroge: une dernière chance lui est-elle offerte? Doit-il déserter, rejoindre Pojarsky et se battre pour la Russie? Ce serait la voie facile et noble et il ne doit plus rien à la femme deux fois infidèle du faux Dmitry. Danoucha se jette dans ses bras:

— Je sais ce que tu penses. Ne m'abandonne pas. Je t'ai tout donné. Je te donnerai plus encore. Je me ferai orthodoxe si tu le veux et nous nous marierons. Ne laisse pas l'ataman m'emmener sans toi je ne sais où. Tu sais bien que je ne peux pas quitter la tsarine ni ce petit enfant que personne n'aime.

Sergo la presse dans ses bras. Il a aimé cette femme,

il l'aimerait toujours si, dans le désespoir de son cœur, il pouvait encore aimer. Il soupire de tout son corps de guerrier qu'il est en train de dérober de mauvais gré à la patrie. Il pense à son frère, qui sert, dit-on, les Polonais, alors que lui, Sergo s'en va avec les brigands.

« Quelle est cette malédiction qui s'est abattue sur nous autres Psar ? Est-ce le crime de notre père que Dieu pourchasse en nous ? Mets un terme, mon Dieu, à ton courroux, et fais que mon neveu du moins ait un destin droit ! »

Danoucha lui tend son sabre qu'il accroche au baudrier. Ses mains tremblent et il n'y réussit pas tout de suite.

LIVRE VII

LE MIRACLE

1

... Et voilà que, enfin, par-delà les décombres de la capitale dont ne restaient que quelques pans de murs ébréchés et noircis par l'incendie, quelques cheminées aux briques branlantes, quelques arbres fruitiers calcinés, apparut le Kremlin, servant de socle aux bulbes multicolores vrillant le ciel d'août dans lequel la forteresse sacrée semblait voguer comme une nef sur la mer bleue.

Sandro se dressa sur ses étriers et Soumassachol, le cheval hiératique, le cheval du destin, baissa les oreilles et gratta le sol du sabot comme s'il saisissait la gravité de l'instant: ne portait-il pas sur son dos l'éclaireur de la Russie nouvelle qui, une main en visière, détaillait la Russie éternelle souillée, blessée, brûlée jusqu'à l'os, dont on panserait bientôt les plaies, et qui renaîtrait pour de longs siècles à venir? Sandro, suivi de ses cent hommes arrivés en vue du Kremlin, n'était que le premier des cent mille jaillis des profondeurs de la terre russe pour balayer l'étranger, pour tarir le malheur, pour remettre le pays sur la voie droite que Dieu avait tracée à son intention de toute éternité. Sandro la sentait derrière lui, cette armée lente et sûre et invincible, et il pleurait de fierté à penser qu'il en était l'extrême pointe.

Du haut de la colline où il se tenait, il découvrait d'abord des prés et des champs, puis les murailles effondrées du quartier de Skorodom, puis celles, écroulées aussi, du quartier de Belgorod, que traversait en biais l'étroite Neglinnaïa, avant de se jeter dans la Moskva. Au-delà de la Moskva, s'étendaient les ruines calcinées du Zamoskvorétchié, où naguère habitaient les streltsi, et où s'étaient maintenant installés les cosaques qui, depuis la fuite de Zaroutsky, obéissaient tous — plus ou moins — au prince Troubetskoï. Seuls Kitaïgorod et le Kremlin, de ce côté-ci de la Moskva, étaient encore tenus par les Polonais. On les en chasserait.

La mission de Sandro consistait à repérer le meilleur endroit pour y établir le camp de Pojarsky. Il jugea que c'était l'ouest de la ville, face aux portes de l'Arbat, qui permettrait de battre le Kremlin au plus près et de tenir le confluent des deux rivières, sans risquer de se mêler aux hordes de Troubetskoï.

Il jeta un dernier regard à ce territoire où il avait toutes les chances de mourir dans les jours qui venaient et il n'eut pas une ombre de pitié pour sa propre vie. Si, une ombre, qui s'appelait Mafka.

— Demi-tour, Soumassachol ! On va rendre compte au prince.

*

L'armée de Pojarsky avait poursuivi sa marche par petites étapes, libérant le territoire et en assurant aussitôt l'administration au nom de l'unité russe. Sentant la victoire prochaine, des mercenaires étrangers avaient proposé leurs services ; Pojarsky avait décliné cette offre inutile : « *La Pologne-Lithuanie ne fut forte en Russie qu'aussi longtemps que la Russie était divisée ; maintenant que les filous ont cessé de filouter, nous luttons tous ensemble, d'un seul cœur : nos revenus nous permettent de payer les soldats ; quant aux boyards et aux gentilshommes, ils se battent pour la foi et la patrie sans requérir de solde.* »

Sans hâte, Pojarsky atteignit la Trinité-saint-Sergueï. L'armée se rangea au pied des remparts. Les cloches sonnèrent. Les moines apportèrent, en procession, l'illustre icône de la Trinité, représentée sous la forme des trois anges de Mambré, et aussi les icônes des thaumaturges Sergueï et Nikone. Parmi les chants et les nuages d'encens, l'archimandrite Dionissy sanctifia l'eau, et, pendant des heures, une branche mouillée à la main, il chemina entre les rangs des soldats agenouillés qu'il aspergeait d'eau bénite, de façon que chacun d'entre eux en reçût une goutte sur la tête avant le dernier effort, le dernier danger auxquels ils s'étaient voués.

Le 20 août 1612, l'armée de Minine et Pojarsky, suivant l'itinéraire recommandé par Sandro Psar, vint prendre ses positions aux abords de la capitale et commença aussitôt à se retrancher, pour ne pas être prise à revers par les renforts polonais qu'on attendait de jour en jour. Il y avait une nouvelle dont on ne savait si elle était bonne ou mauvaise : Gonsevski avait transmis ses pouvoirs au voïvode Strouss, nouvellement arrivé et avait pris le large avec ses proches. Troubetskoï accourut :

— Prince, nous luttons pour la même cause : il sied que nous partagions les mêmes campements.

Pojarsky secoua sa tête bouclée :

— Prince, il ne sied pas que nous mélangions tes pillards et mes chrétiens.

Troubetskoï s'éloigna, vexé, et les Polonais, qui commençaient à avoir faim, virent, du haut de leur citadelle, les Russes former un vaste croissant à l'ouest et au nord de Moscou, face au croissant que formaient les cosaques à l'est et au sud. On aurait dit des ciseaux en train de se refermer. Mais il y avait toujours un espoir : que le hetman Khodkévitch arrivât avec des renforts et du ravitaillement. Et, en effet, il apparut le lendemain même de l'arrivée de Pojarsky.

Khodkévitch arrivait par la rive sud de la Moskva, qu'il devait traverser pour atteindre les assiégés. C'était donc à Troubetskoï de lui barrer la route, puisqu'ils se trouvaient du même côté du fleuve, mais les cosaques ne semblaient pas pressés de se battre et Troubetskoï demanda du soutien à Pojarsky.

— Laisse-moi y aller, prince ! supplia Sandro.

Pojarsky envoya la centurie de Sandro et trois autres, qui traversèrent la Moskva du nord au sud, en amont. Lorsqu'ils arrivèrent en vue de l'ennemi,

Khodkévitch, enfonçant un coin entre Troubetskoï et Pojarsky, avait déjà amorcé la traversée du sud au nord : sa cavalerie et son infanterie étaient engagées sur un pont de barges, et de longues lignes de charrettes chargées du ravitaillement tant espéré par les assiégés attendaient leur tour. On entendait claquer des détonations et de petits nuages de fumée flottaient dans l'air matinal.

Sandro regardait les Polonais, qu'il allait, dans quelques instants, sabrer sauvagement, et il ne ressentait aucune compassion : que n'étaient-ils restés chez eux, s'ils ne voulaient pas mourir ? La Russie avait tant souffert sous eux qu'on devait détruire ces hommes comme on arrache du chiendent. Il n'y a pas d'autre moyen contre le mal que sa destruction.

Le hetman Khodkévitch avait prévu d'être attaqué par tous les cosaques de Troubetskoï qui se trouvaient dans le Zamoskvoretchié et son arrière-garde était suffisamment solide pour leur faire face. Or, Sandro, qui avait pris le galop à la tête de ses hommes, vit les casques des Polonais, leurs lances, leurs moustaches, les fourches de leurs mousquets se rapprocher de plus en plus vite, sans que les cosaques se joignissent aux Russes. Au contraire, ils restaient, les poings aux hanches, sur le seuil de leurs tentes à ricaner aux dépens des attaquants :

— Hé, vous autres ! Les nantis de Iaroslavl ! Arrangez-vous comme vous pourrez avec le hetman.

Il n'y eut que quatre capitaines cosaques pour courir prêter mainforte aux Russes avec leurs compagnies, contre les ordres reçus :

— N'as-tu pas honte, prince ? criaient-ils à Troubetskoï. Ne vois-tu pas que toutes vos discordes tuent l'État ?

Et ils sautaient à cheval, étriers longs, et pointaient leurs piques sur l'ennemi.

Le feu roulant des Polonais obligea Russes et cosaques à refluer. Sandro vit des camarades voler à terre, la face fracassée par la mitraille, des chevaux se cabrer et retomber sur leurs cavaliers, leur écrasant la cage thoracique. Lui-même passa sans une égratignure au travers des balles sur son cheval invulnérable, et, la rage au cœur, reflua avec les autres. En bas, s'engageant sur le pont de barges, les lourdes charrettes pleines de blé, de poisson séché, de viande salée, de bières et de vins, se reflétaient dans les eaux claires de la Moskva, tandis que retentissaient les claquements de fouet et les grincements d'essieu.

Sur la rive nord, l'avant-garde de Khodkévitch avait commencé par bousculer les Russes en s'ouvrant un chemin vers le Kremlin. Sandro eut peur : la victoire pouvait-elle encore se dérober ? Mais voilà que l'avant-garde polonaise se heurtait à un barrage. Les tireurs d'élite de Pojarsky, embusqués derrière les pans de murs écroulés, abattaient un à un fantassins et cavaliers, plus vite qu'ils ne traversaient le pont de barges. Les assiégés firent une sortie pour opérer la jonction avec Khodkévitch. Sortie repoussée. Ce fut au tour du hetman de reculer, abandonnant, à peine établie, sa tête de pont. Chacun revint sur ses positions.

Le lendemain, 23 août, pas de combat. Sandro s'était enfermé avec sa centurie et les cosaques qui l'avaient rejoint dans un fortin situé près de l'église orthodoxe de Saint-Clément-Pape-de-Rome. Les Russes fortifiaient leurs positions, les Polonais du Kremlin et de Kitaïgorod se rongeaient les poings en lorgnant leur ravitaillement qui n'arrivait pas, le hetman regroupait ses forces ; il avait changé de plan : il renforcerait sa position dans le Zamoskvorétchié avant de forcer le passage de la Moskva.

À l'aube du 24, l'offensive reprit. Khodkévitch devait d'abord s'emparer du fortin qui gênait sa progression ; il fit mettre pied à terre à ses hommes qui s'avancèrent dans les décombres en tiraillant. Les balles ricochaient dans les meurtrières, des flèches bien ajustées venaient frapper les défenseurs en plein front. Un bataillon prêt pour l'assaut apparut, brandissant des échelles. Sandro vit les Polonais sauter par-dessus le mur. Il en tua un d'un coup de sabre en plein ventre. D'autres le jetèrent à terre à son tour et lui passèrent dessus, le croyant mort. Écrasés par le nombre, Russes et cosaques fuyaient, profitant d'une poterne située sur l'arrière du fort. Sandro se releva et eut le temps de sauter sur Soumassachol. Il sortit le dernier, poursuivi par une grêle de balles et de flèches dont aucune ne le toucha. Les siens s'étaient repliés à une centaine de sajènes de là. Le découragement s'emparait de tous parce que tous avaient cru à une victoire facile. Certains grondaient déjà :

— C'est la faute de Pojarsky. Pourquoi attendre Khodkévitch ? Il aurait pu prendre le Kremlin d'assaut il y a un mois.

— Écoutez-moi, dit Sandro, le sang coulant d'une arcade sourcilière ouverte d'un coup de botte et maculée de boue.

Ils l'écoutèrent.

— Il y a un mois, notre armée était dix fois moins nombreuse et moins bien aguerrie. Aurions-nous pris le Kremlin ? Pas sûr. L'aurions-nous gardé, quand Khodkévitch serait arrivé ? Encore moins sûr. Une seule chose est sûre, c'est qu'il faut reprendre le fort de saint Clément, sinon les assiégés seront ravitaillés. Mais nous sommes trop peu. Attendez-moi ici.

Il galopa jusqu'au campement cosaque le plus rapproché. Les hommes de Troubetskoï s'étaient retranchés solidement : ils étaient prêts à se défendre si on les attaquait, mais ne voyaient pas de raison d'attaquer eux-mêmes : qu'auraient-ils pris à Khodkévitch qui ne transportait ni or ni fourrures, rien que du ravitaillement dont les cosaques ne manquaient pas ?

Sandro enleva Soumassachol par-dessus la palissade et se trouva en plein camp. Autour de lui, les cosaques barbus, assis à terre, certains torse nu, pour bien se convaincre que cette bataille ne les concernait pas, buvaient du vin et jouaient aux cartes. Ils se jetèrent sur leurs armes, renversant les bouteilles et les jeux : qui était cet intrus ? L'intrus, maîtrisant son cheval qui ondulait sous lui, leva la main :

— Frères cosaques ! N'êtes-vous pas orthodoxes ? Ne portez-vous pas une croix au cou ? Est-il séant de boire et de jouer quand nos frères se battent pour notre foi ? Ne savez-vous pas que la Russie est notre mère à tous, à vous comme à nous ? Allez-vous la laisser violer-égorger par des hérétiques ? Ne vénérez-vous pas notre père saint Serguéï ? Ne savez-vous pas qu'il ne permettra pas que la Russie périsse ? Avez-vous la conscience si tranquille que vous ne craigniez point le jour du Jugement ? Ne pensez-vous pas qu'il serait bon pour vos âmes de frapper un ou deux grands coups pour la patrie ? Priez saint Serguéï, mes amis : il vous fera voir la vérité du Seigneur et amollira vos cœurs endurcis contre vos frères. Invoquez-le avec moi : ce sera notre cri de guerre. Saint Serguéï ! Saint Serguéï !

Sandro devait encore porter l'esprit de la Russie en lui, car les guerriers aux crânes rasés, aux trognes rubicondes, aux torses couturés de cicatrices, baissèrent la tête devant cet enfant sanglant, comme si un ange leur était apparu. Ils poussaient des grognements, de honte ils n'osaient s'entre-regarder. Soudain des cris montèrent de la foule :

— Saint Serguéï !

— Nous voulons souffrir pour la foi !

— Nous voulons mourir pour la Russie !

— Saint Serguéï ! Saint Serguéï !

D'une voix qui ne muait plus, Sandro rugit dans le tumulte, dégainant son sabre et faisant cabrer Soumassachol :

— Saint Serguéï ! Aux armes, mes frères ! Aux armes !

Une demi-heure plus tard, frères russes et cosaques avaient repris le fort de saint Clément.

*

De loin, Minine et Pojarsky observaient la bataille.

Bras-sec s'était battu dans sa jeunesse et son sang, déjà rassis, se mit à bouillir en lui :

— Prince, donne-moi des hommes. Je veux y aller.

Pojarsky jugea la situation :

— Prends, puisque tu le veux.

Bras-sec prit trois cents gentilshommes, traversa le

fleuve, et attaqua Khodkévitch de plein front avec une telle furie qu'il culbuta sa cavalerie, laquelle culbuta son infanterie, laquelle découvrit son train des équipages. Sandro, ses Russes et ses cosaques sortirent du fort et se lancèrent à la poursuite de l'ennemi.

Le hetman rassembla les hommes qui lui restaient et battit en retraite. Il n'était pas en état de contre-attaquer.

Dès qu'il eut pris du champ, il envoya deux messagers.

Le premier expliquerait à Strouss, le nouveau voïvode polonais de Moscou, que lui, Khodkévitch, était contraint de se retirer pour aller chercher d'autres renforts. L'autre portait au roi une lettre amère : *Je n'ai rien pu faire d'autre que de laisser la garnison à son sort, et tout cela par la faute des lenteurs de Votre Majesté.*

Massés aux créneaux du Kremlin, les assiégés, déjà amaigris, avaient vu les poursuivants s'emparer des quatre cents charrettes qui les eussent sauvés. Maintenant ils voyaient la cavalerie de Khodkévitch s'éloigner à travers les décombres du Zamoskvoretchié, prendre la direction du sud-est et disparaître à l'horizon. Oubliés par leur roi, abandonnés par Jolkewski puis par Gonsevski et à présent par Khodkévitch, ils commençaient à avoir faim dans cette terre d'exil. Bientôt ils auraient froid : septembre arrivait, le fond de l'air fraîchissait, le ciel se plombait, les hirondelles entamaient leurs conciliabules, on prévoyait l'instant prochain où la Russie deviendrait aussi vaste que son hiver.

Les armées russe et cosaque fondues ensemble par leur victoire commune vinrent prendre de nouvelles positions en bas des remparts. Désormais Kitaïgorod et le Kremlin étaient verrouillés.

2

Aleksandro attendait la fin avec sérénité.

Depuis que le patriarche Guermoguène était mort de faim dans sa prison, plus rien ne rattachait Aleksandro à la vie. Sa mission même, il ne voyait plus comment la remplir après le départ de son « compain » Gonsevski. Bien que, serviteur des Polonais, il fût l'un des Russes privilégiés, la disette générale l'atteignait : il n'y avait plus de légumes ni de farine ; les assiégés mangeaient les chevaux, les chiens, les chats, les rats, les chauves-souris, et lui, Aleksandro, s'interdisait la viande. Il mâcha sa ceinture et, tronçon à tronçon, l'empeigne de ses bottes, se demandant si, par là, il ne transgressait pas ses vœux.

Au début, il avait espéré l'assaut des Russes et craint le retour de Khodkévitch. Mais Khodkévitch ne revenait pas et Pojarsky, tenant la victoire à portée de la main, se refusait à faire tuer ses hommes pour rien. Il s'était contenté de faire des travaux de circonvallation et d'élever des tours de bois sur lesquelles il avait hissé son artillerie. De là, il canonnait les tours, se gardant d'envoyer un seul boulet qui pût endommager une église. C'était un homme à prendre son temps.

Aleksandro hantait les services religieux et méditait sur le sort de la Russie. Quelquefois, l'espoir lui revenait de la servir encore sur le terrain, mais il ne s'encourageait pas dans cette voie. Il avait sauvé les reliques, il était moine, sa vie terrestre était terminée. Une autre Russie, pensait-il, naîtrait du temps mauvais qui approchait de son terme. Il appartenait, lui, au temps mauvais et il ne fallait pas qu'un trop grand nombre de ses contemporains vinssent assombrir la Russie printanière qui allait naître. Moïse ne devait pas entrer dans la Terre Promise.

Le 15 septembre, Pojarsky envoya une lettre aux

colonels et aux capitaines, sans daigner s'adresser au nouveau voïvode Strouss :

Nous savons que, assiégés dans le Kremlin, vous souffrez d'une famine infinie et d'une grande misère et que vous attendez votre destruction de jour en jour parce que Andronov et les autres traîtres, craignant pour leur vie, vous conjurent de tenir. Vous ne devriez pas mettre vos âmes en péril dans cette félonie ni souffrir un tel besoin et une telle famine par leur faute. Envoyez-nous des messagers sans tarder; vous sauvegarderez vos têtes, je vous en donne mon âme en gage et, par mes supplications, je l'obtiendrai de mes hommes d'armes. Ceux qui parmi vous souhaiteront retourner dans leur pays, nous les laisserons aller sans anicroche, et ceux qui voudront servir la Russie, nous les rétribuerons selon leur rang, et si quiconque de vos hommes n'a point de monture ni, par famine, la force de marcher, nous enverrons des charrettes à leur rencontre.

Aleksandro lut la lettre, qui avait été distribuée en de nombreux exemplaires, et ses yeux se mouillèrent à l'idée de ce prince russe que servait son fils et qui parlait en maître et, déjà, en vainqueur généreux. Peut-être les souffrances que la Russie aveugle endurait depuis trente ans n'auraient-elles pas été stériles, peut-être une nouvelle pureté, une nouvelle grandeur allait-elle émerger de cette épreuve comme d'un baptême de sang.

Les officiers polonais, serrant leur ceinture d'un cran de plus et se passant un peu de vin sur le visage pour paraître alertes, répliquèrent aux Russes avec hauteur :

Ce n'est pas chose nouvelle que vous mentiez dans vos écrits ; vous n'avez point de honte dans les yeux ; nous connaissons par cœur votre bravoure et votre vaillance ! Le peuple russe est le plus lâche du monde : pour le courage, il est semblable aux ânes ou aux marmottes, lesquelles n'ont d'autre moyen de se défendre que de se cacher. Attendant l'heureuse arrivée de notre roi, nous ne mourrons pas de faim, mais vivrons pour couronner Vladislav, avec les loyaux sujets russes qui seront restés fidèles à leur serment. Ne nous écrivez plus vos sornettes moscovites : vous n'obtiendrez rien de nous par vos mensonges. Nous ne vous interdisons pas nos remparts : prenez-les, si vous en avez l'usage.

Pojarsky reçut la réponse et sourit à Sandro :

— Les Polonais oublient que j'ai recruté le voïvode Temps.

Troubetskoï n'était pas aussi placide. Ses cosaques s'impatientaient. Leur enthousiasme était retombé, ils exigeaient d'être payés.

— Qu'à cela ne tienne ! dit l'archimandrite Dionissy, toujours aussi affable. La Trinité-saint-Serguéï fera ce qu'elle pourra pour qu'ils continuent à servir la cause.

La Trinité avait été ruinée d'abord par le siège, ensuite par l'avarice du tsar Vassily, enfin par la générosité de ses moines, et il n'y avait plus d'argent dans les caves du monastère. Dionissy envoya donc en gage des chasubles brodées d'or, surbrodées de perles, ne demandant qu'un privilège : celui de les racheter quand le monastère aurait retrouvé quelques moyens. Lorsqu'on ouvrit les coffres qui venaient d'arriver et qu'on déplia ces trésors qui n'appartenaient qu'à Dieu et à saint Serguéï, les cosaques pleurèrent et renvoyèrent les ornements :

— Nous ferons tout ce que désire la Trinité-saint-Serguéï. Toutes les traverses, toutes les malheures, nous les endurerons et ne rentrerons pas dans nos villages sans avoir pris le Kremlin.

Pour apaiser l'impatience de ses hommes, Troubetskoï fit creuser une mine vers Kitaïgorod. Les Polonais s'en aperçurent et l'inondèrent. Mais rien ne pouvait plus les sauver. Le 22 octobre, Troubetskoï donna l'assaut à Kitaïgorod et l'emporta. Les Polonais se retirèrent dans le Kremlin, les cosaques entrèrent dans Kitaïgorod, qu'ils trouvèrent en ruines. Ce furent surtout les églises détruites, brûlées, profanées, qui déchaînèrent leur colère. L'icône triomphante de Notre-Dame de Kazan fut apportée sur place et les Russes promirent d'élever à cet endroit une église pour commémorer la libération de Kitaïgorod *.

L'anneau se resserrait de plus en plus autour du Kremlin. Les premières neiges commençaient à tomber.

Strouss tint conseil. Effrayante, cette assemblée de squelettes moustachus, cliquetant autour de lui. Des semaines de disette avaient rendu quelque bon sens aux Polonais : ils penchaient pour la reddition. Mais leurs partisans russes, aussi affamés, craignaient, s'ils se rendaient, une mort plus atroce que la faim.

— Je t'en conjure, voïvode, ne nous rendons pas, suppliait Andronov. Le hetman Khodkévitch va revenir avec des renforts et nous délivrer, ou peut-être le hetman Jolkewski, ou peut-être notre tsar Vladislav va-t-il paraître d'un jour à l'autre, comme un soleil ? Nous vous avons servis fidèlement : ne nous livrez pas à Pojarsky et à ses bourreaux.

Strouss, qui mourait de faim comme les autres, le regarda avec mépris :

— Cesse de vagir. Prends exemple sur Psar qui est dans le même cas que toi et ne pipe mot.

En effet, Aleksandro demeurait silencieux : il sentait son Grand Schème invisible se refermer sur lui.

Ce jour-là, une décision fut prise : expulser les bouches inutiles.

— On verra comment nos femmes et nos enfants seront traités, dit ingénument l'énorme Mstislavsky. Et on en tirera des conclusions.

Sa peau d'éléphant se plissait autour de lui, vidée de sa graisse, et, si peu intelligent qu'il fût, il savait qu'il ne pouvait pas plus enrayer la prise du Kremlin qu'il ne pouvait entraver l'arrivée du solstice d'hiver.

Le lendemain matin, la porte Nikolsky fut ouverte, et une procession zigzagua sur l'immense place

* Elle fut détruite sous le régime communiste et a été reconstruite après 1991.

Rouge qui, pour l'heure, était blanche de neige : des femmes efflanquées, couvertes de diamants et d'émeraudes, des enfants émaciés, portant trois pelisses de zibeline l'une sur l'autre, marchaient en butant à chaque pas. Le ciel les couvrait de cristaux blancs comme dans l'espoir de les faire passer inaperçus.

Une protestation douloureuse monta des rangs cosaques : ces femmes et ces enfants étaient aux boyards qui avaient servi les Polonais. Que cette engeance de traîtres ne fût pas massacrée, c'était déjà incompréhensible, mais qu'elle s'en allât en emportant ses biens... Pojarsky se porta en avant, et Sandro vit les boyarinas et les bartchouks hâter grotesquement le pas pour disparaître derrière le rideau des troupes russes, tandis que les cosaques de Troubetskoï hurlaient et sifflaient et sautaient en l'air en agitant leurs armes.

Le soir, Strouss tint un nouveau conseil.

— Les Russes n'ont en rien lésé ni vos femmes ni vos enfants, dit-il aux boyards. Priez Dieu pour qu'ils ne vous en fassent pas davantage. Quant à nous, nous ne pouvons pas vous nourrir et nous défendre. Lorsque vous serez sortis, nous aviserons.

Les boyards se lamentaient, Andronov se frappait la tête contre les murs, Mstislavsky répétait d'un air obtus « Je comprends, je comprends » alors qu'il ne comprenait rien, Psar se taisait. À force de ne pas manger, ses muscles avaient fondu et son corps jadis si puissant ressemblait à une feuille de papier froissé.

Dans la soirée, des messages furent échangés d'un camp à l'autre. Connaissant la cruauté des cosaques, les boyards voulaient se rendre au seul Pojarsky, un confrère, un égal ; Troubetskoï exigeait sa part de prisonniers et promettait qu'il ne laisserait personne leur faire aucun mal... Mais pourrait-il tenir parole ? Ainsi, toute la nuit, on marchanda des vies. Sandro parlait à ses hommes, les engageant à la clémence, parce qu'il pensait que la clémence sied au vainqueur et aussi parce qu'il craignait pour son père.

Aleksandro passa la nuit en prières :

— Seigneur mon Dieu, fais que la race dont je suis

ne se perde pas inutilement. Mon père a les mains couvertes d'un sang sacré. Mon frère et moi avons servi des faux tsars. Redresse, mon Dieu, la voie de ma maison.

L'aube ne poignait pas encore qu'il s'habilla. Mais il ne mit pas ses vêtements ordinaires.

Pour la première fois il endossa la soutanelle noire et sur la soutanelle noire la soutane noire et sur sa tête la coule noire avec son voile noir marqué d'une lance et d'une éponge brodées ainsi que de cinq croix, une sur le front, une entre les épaules, une dans le dos, et les deux dernières sur les ailes du voile. Puis, le baisant pieusement, il revêtit l'*analabos* de cuir noir brodé de rouge, qui rappelle la mort, et ceignit la ceinture de cuir noir, qui figure la chasteté : ceux-là, il s'était interdit de les manger. Par-dessus, il mit la cape noire qu'il fixa sous son menton. Il se présenterait devant son Dieu aujourd'hui, c'était sûr, et il voulait que ce fût sous le Grand Schème auquel il avait enfin droit.

Le 24 octobre, les Polonais ouvrirent les portes dites de la Trinité, toujours elle.

Mstislavsky soupira de tout son vaste corps pour se donner du courage. Il regarda, massés devant la tour, les autres boyards et scribes et gentilshommes et valets et simples Moscovites, qui, avec lui, s'étaient trompés de parti ; il regarda la haute porte au-dessus de laquelle une horloge marquait huit heures vingt-sept et sous laquelle ils devraient passer avant de s'engager sur le pont enjambant la Neglinnaïa. Il aurait bien aimé qu'un autre passât devant lui, mais il se respectait et savait que son rang avait ses obligations. Il fit un signe de croix et marcha, ne sachant si c'était vers la vie ou une mort horrible.

Les autres suivirent.

Sous la voûte ombreuse, on se sentait encore presque en sécurité, mais voici déjà que la profondeur de la tour était franchie. Il fallait maintenant s'avancer sur le pont. Des deux côtés, on était protégé par d'épais piliers formant six arcades et supportant une passerelle supérieure, de sorte que l'on n'y était pas encore tout à fait à découvert, bien qu'on pût déjà apercevoir entre les piliers des moutonnements de casques et des éclats de cuirasses. Mstislavsky posa le pied sur le pont.

Une rumeur monta de l'armée. Impossible de distinguer si c'était une rumeur de colère, de curiosité, ou peut-être même de compassion. La Neglinnaïa roulait sous le pont les premiers glaçons de l'automne et les entrechoquait comme des billes au creux d'une main.

Mstislavsky, d'un pas ferme et lourd, franchit le pont et atteignit la barbacane appelée Koutafia. Ici, on bénéficiait de nouveau d'une protection car les murs étaient épais et pleins. Mais il n'était plus temps de s'arrêter. Les remparts derrière lesquels le boyard se cachait depuis deux ans étaient maintenant derrière lui.

Il sortit de la Koutafia et s'engagea dans l'espace nu qui la séparait des ruines de Belgorod, au pied desquelles s'alignaient les troupes de Pojarsky. À droite, à quelque cent sajènes, des cosaques hurlaient des injures et des menaces obscènes, agitant leurs piques et leurs carquois.

Mstislavsky fit effort sur lui-même et marcha à découvert sous la coupole d'un ciel uniformément gris. Il s'était confessé et avait communié le matin même. À tout prendre, il ne risquait rien de vraiment grave.

Un regard en arrière : les autres suivaient toujours.

*

Sandro, juché sur Soumassachol, se tordait le cou pour essayer d'apercevoir son père.

Mais il ne le vit pas.

Ce fut d'abord Mstislavsky, corpulent et majestueux, qui foula le tapis que la neige formait pour ses bottes fourrées, puis Saltykov, puis d'autres boyards, puis le traître Andronov, dont on connaissait les atrocités, puis des personnages de moindre rang. Déjà Pojarsky faisait avancer son cheval à la rencontre de ces hommes qui ne savaient pas s'ils seraient accueillis comme des captifs libérés ou des ennemis à abattre. La queue du cortège émergeait de la Koutafia et Aleksandro Psar n'était toujours pas là.

Pojarsky n'avait pas oublié que la Russie avait, de bonne foi, prêté serment à Vladislav et il ne visait que la réconciliation. Les partisans de Vassily, du premier faux Dmitry, du Filou de Touchino et de Vladislav devaient s'unir pour fonder la Russie de l'avenir. Pojarsky descendit de cheval et accueillit le plus noble des vaincus et ceux qui l'accompagnaient avec courtoisie. Bras-sec l'imita, sous les feulements des cosaques qui tournaient alentour, mais n'osaient se frotter à l'armée. La centurie de Sandro enveloppa les nouveaux venus et les accompagna jusqu'au camp des Russes.

Ce fut alors seulement qu'un vieux moine, revêtu du Grand Schème, parut dans l'embrasure du portail. Affaibli, décharné, marchant d'un pas laborieux, il s'appuyait sur un bâton et, entre les ailes noires du voile, son visage blême était tourné vers le ciel. En se retournant une dernière fois, Sandro l'aperçut, mais comment reconnaître l'homme à la poitrine en futaille dans cet ascète moribond ? Sandro rejoignit ses hommes.

Aleksandro cependant marchait toujours, s'étonnant que ses jambes le portassent. Il était passé sous la tour de la Trinité, il avait traversé le pont sur la Neglinnaïa, il s'engagea sous la Koutafia, il reparut dans l'embrasure du portail. La bise soufflait, écartant sa cape. Les broderies rouges de l'*analabos* apparurent sur sa poitrine noire : les croix, la tête de mort et le séraphin ressemblaient à une cible.

— Un pope parmi les traîtres ! cria un cosaque. À cent sajènes, je te le cloue du premier coup entre les deux yeux.

Les uns parièrent que oui, les autres que non.

Le cosaque s'avançait.

Il s'arrêta, il écarta les jambes, il posa la flèche sur la corde, il actionna le biceps et le triceps, il banda son arc fait de bon if de Russie.

— Eh ! le pope ! cria-t-il en ricanant. Regarde-moi. Vous allez le voir galoper et je le clouerai tout de même.

Aleksandro le regarda et, comme pour lui faciliter la tâche, continua à marcher vers lui. Il marchait sans toucher la neige, comme s'il volait.

La corde en boyau de chat chanta longuement. La flèche empennée siffla en l'air. Au dernier moment Aleksandro leva la main pour se signer. Il n'en eut pas le temps. Il bascula en arrière, les bras en croix.

— Je peux en faire autant ! glapissaient les autres cosaques.

Une volée de flèches s'abattait sur le cadavre noir dans la neige.

3

Le 25 octobre 1612, au petit matin, les cinq portes du Kremlin s'ouvrirent simultanément.

Il sembla qu'elles s'ouvraient d'elles-mêmes, comme s'ouvrent des mollusques, comme tombent les étoiles du ciel. La volonté humaine n'y était pour rien : c'était le destin de la Russie que toutes les portes du Kremlin béassent à cet instant. La porte du Secret et la porte Borovitsky dominant toutes les deux la Moskva, la porte de la Trinité avec sa Koutafia, la porte Nikolsky et celle du Sauveur, qui donnaient sur la place Rouge, s'épanouirent en même temps face aux quatre points cardinaux, mettant fin à toute résistance, à tout orgueil, reconnaissant une défaite absolue.

Et cependant, Pojarsky, n'étant jamais pressé, n'entra pas immédiatement dans la citadelle, ni Troubetskoï, qui comprenait aussi la signification mystique de cette journée. Les deux armées se rassemblèrent sur la place Rouge, autour du Lieu-Haut, sur lequel montèrent les archimandrites, les archiprêtres, les diacres en ornements sacerdotaux, ayant à leur tête Dionissy lui-même, dont l'œuvre avait enfin fructifié. Sandro, portant le deuil de son père dont on avait retrouvé le cadavre, vit passer tout près de lui le saint archimandrite qui lui avait insufflé la Russie et dont le visage n'était plus de ce monde ; toujours aussi décharné, il rappelait ceux d'Élie et Moïse au mont Thabor. Leurs regards se croisèrent, et Dionissy sourit d'un air malin au jeune messager :

« Bien joué, semblait-il lui dire. Et maintenant de plus grands que toi prendront ta place. »

De la porte du Sauveur sortirent alors, en vacillant de faiblesse, les prêtres qui, favorables à Vladislav, étaient restés enfermés dans le Kremlin jusqu'au dernier moment. Maintenant eux aussi se ralliaient à la Russie unanime. Ils apportaient, environné d'encens et de draps brodés, le plus grand trésor de la Russie : la Vierge de Vladimir.

Les deux clergés, le vainqueur et le vaincu, se mêlèrent. De loin, Sandro vit les chasubles et les mitres ne plus former qu'un seul groupe à la gloire de Dieu. Les actions de grâce montèrent vers le ciel gris que transperça en retour un rayon de soleil.

À pas lents, le cortège sacré se dirigea vers la tour du Sauveur. Minine, Pojarsky et Troubetskoï suivaient, et les deux armées s'ébranlèrent à leur tour. Tous ces hommes avaient voué leur vie au salut de Moscou et voici qu'ils arrivaient au terme de leur croisade, chantant une fois de plus :

— *Seigneur, sauve ton peuple et bénis ton héritage. Donne au tsar la victoire contre les barbares et protège la cité par ta croix.*

La tour du Sauveur, la plus haute du Kremlin, tout en colonnettes, clochetons, merlons à queue d'aronde, perçait le ciel de son toit pentu couronné par l'aigle bicéphale. Au-dessus du portail qui perçait la tour de part en part, une icône peinte à fresque représentait le Sauveur : de la main gauche il tenait l'Évangile ouvert au verset *Le Seigneur dit aux juifs qui l'abordaient : Je suis la Porte* ; à ses côtés, se tenaient agenouillés saint Serguéï et saint Varlaam ; au-dessus, flottaient deux anges, dont l'un tenait la croix, l'autre la lance et l'éponge. En passant sous la voûte obscure, chacun se découvrait, et ce n'était pas seulement devant le Sauveur : la porte elle-même était sacrée ; toutes les processions religieuses, tous les cortèges tsariens, tous les départs pour la guerre, tous les triomphes, toutes les funérailles qui commençaient ou s'achevaient dans le Kremlin étaient toujours passés par là et avaient tiré de ce passage une signification d'éternité.

Le bonnet à la main, Soumassachol entre les jambes, Sandro s'engagea sous la porte à la suite de son maître Pojarsky. La voûte peinte de motifs floraux, bleu pâle, vieux rouge, vert tendre sur un fond paille, résonnait du gai clapotis des sabots des chevaux sur les pavés. Au bout du tunnel, le jour. Voilà, c'était la lumière, la victoire, l'achèvement : on entrait dans la cité sainte.

Dès qu'on y eut débouché, Sandro fut plongé dans une horreur qu'il n'imaginait pas. Le verrouillage de Pojarsky et l'obstination des Polonais avaient fait leur œuvre. Des corps à peine vivants rampaient et se tordaient le long des murs comme des larves, faisant entendre des gémissements mêlés d'imprécations. Les nourrir serait inutile : ils mourraient dans l'heure.

Sandro allait voir pire.

Ayant longé le monastère Tchoudov où était mort de faim son maître, le patriarche Guermoguène, il arriva sur la place où se dressaient la tour d'Ivan le Grand et son clocher. Or, une odeur flottait là, à la fois sirupeuse et fétide, que Sandro n'avait jamais flairée. Au pied de la tour, des marmites cuisaient, fumantes, sur des feux de bois. À la suite de Pojarsky, il s'en approcha, et lorsqu'il vit les cuisses et les bras qui y bouillaient, il se détourna pour, du haut de Soumassachol, vomir avec des sanglots et des soubresauts. On avait dit que Moscou manquait de viande : ce n'était pas vrai.

Pojarsky, lui, ravala ses vomissements et se signa :

— Dieu garde nos prisonniers, quand nos hommes verront cela !

On contourna la tour d'Ivan le Grand et la place

des cathédrales se répartit devant les yeux de Sandro. Il la connaissait, et pourtant il crut la voir pour la première fois, comme si ce n'était plus la même, mais celle qui tiendrait sa place dans la Jérusalem céleste et qui était déjà, pour cela, descendue du ciel.

À sa gauche flamboyait Saint-Michel-Archange, tout de brique rouge et de pilastres blancs, hautain et martial sous sa couronne de cinq coupoles, une dorée et quatre d'acier, luisantes comme des heaumes. Plus loin, blanchissait l'Annonciation avec ses neuf petits bulbes guillerets qui, même silencieux, semblaient tintinnabuler la bonne nouvelle et sur lesquels un coup de vent avait déposé une mince couche de neige qui leur donnait l'air encore plus pimpant. Au milieu, le palais à Facettes rayonnait d'une blancheur aveuglante, et, sur la droite, s'élevait l'austère et radieuse Dormition, gage du salut des hommes, point d'aboutissement des forces cosmiques régnant sur la Russie. À sa vue, les fantassins tombèrent à genoux, les cavaliers sautèrent de cheval et se prosternèrent.

Les cloches se mirent en branle. La Dormition d'abord, et puis l'Archange, et puis l'Annonciation, et la Naissance-de-la-Vierge, et la Naissance-du-Christ et la Déposition-de-la-Sainte-Robe et enfin Ivan-le-Grand lui-même et son beffroi, avec vingt-quatre sonneurs suspendus aux vingt et une cloches de l'édifice, dont la plus lourde, la plus vénérée et la plus bruyante se nommait Résurrection.

Après la liturgie, les troupes encerclèrent les prisonniers polonais, qui attendaient, hâves et désarmés, moustaches furibondes et yeux brûlants. Ceux qui se rendirent à Pojarsky furent traités comme des prisonniers de guerre ; ceux dont s'emparèrent les cosaques de Troubetskoï regrettèrent le jour lointain où ils avaient franchi la frontière pour venir guerroyer les Russes.

4

Le roi Sigismond et son jeune fils Vladislav étaient sur le point de sortir à cheval de leur forteresse, nouvellement acquise, de Smolensk, lorsque les chaînes de la herse qui venait d'être relevée se rompirent et l'énorme machine de fer forgé s'abattit avec un long chuintement, sans quitter les rainures où elle était engagée, mais avec une telle force qu'elle brisa le pavé et que les éclats de pierre et de rouille volèrent de tout côté. À une seconde près, elle tuait le roi ; à deux secondes, son fils. Tout en essuyant la poussière qui avait couvert son visage, l'adolescent de dix-sept ans demanda à son père :

— Sire, ne croyez-vous pas que ce soit là un mauvais présage ?

Sigismond III tordit sa petite barbiche triste et ne répondit pas. Il avait le cœur lourd, ce jour-là. À vrai dire, il avait le cœur lourd depuis longtemps.

Au début, l'ambition qu'il avait d'être souverain de la Russie, comme il l'était déjà de Pologne et de Lithuanie, l'avait flatté infiniment. Les tentacules qu'il avait successivement allongés en direction de Moscou — les Mnichek père et fille, deux faux Dmitry, Sapéga, Rojinski, Jolkewski, Lissowski, Khodkévitch, Gonsevski, Strouss, la candidature de son propre fils — lui avaient mis l'eau à la bouche. Puis — il ne savait à quel instant — son courage avait commencé à se dérober. Pour une entreprise aussi gigantesque, l'estomac lui manquait. Et voici que, malgré l'avis de Jolkewski et de Khodkévitch qui lui recommandaient d'agir avec célérité, il se découvrait temporisant et tergiversant, il s'inquiétait de l'opinion de ses nobles, de la menace turque, de la pauvreté des effectifs réunis, de la popularité de son propre fils. Oui, il désirait violemment ceindre la Tiare de Monomaque (et Vladislav en hériterait après lui), mais au fond de l'âme une voix lui disait qu'il ne la ceindrait jamais, quels que fussent les efforts qu'il déploierait, que c'était à la fois interdit et impossible, que cela n'entrait point dans le plan de Dieu.

Cette herse qui avait failli l'écraser lui donnait à penser. C'était, peut-être, un avertissement du ciel. Mais quelle en était la signification ? Était-ce que lui, Sigismond, agissait mal en trompant les Russes ? Devait-il annoncer ouvertement qu'il ambitionnait le trône pour lui-même ? Ou le céder à son fils sans ambages ? Avait-il tort de vouloir régner sur un peuple schismatique ? Sigismond ne doutait pas que chaque nation eût son orbite ou sa trajectoire. Violait-il l'histoire ou la géographie en cherchant à modifier le cours du destin polonais ?...

D'un autre côté, l'accident pouvait n'être que le fruit du hasard : l'usure des chaînes aurait précipité la herse dans le vide sans qu'il y eût là une intention divine. Après tout ni Sigismond ni Vladislav n'avaient été blessés. Si c'était un présage, il était plutôt bon. On répara les chaînes, on remonta la herse, et le cortège royal put enfin sortir de Smolensk.

Mais il n'alla pas loin.

La population se révélait partout hostile, aucune ville ne se rendait au roi, les nouvelles de la garnison laissée à Moscou étaient de plus en plus mauvaises, les premiers frimas rendaient l'air frisquet et craquant, un prisonnier déclara sous la torture :

— La Russie est riche en hommes et en pain. Nous avons tous prêté serment de ne pas prendre le prince Vladislav comme tsar et de mourir pour la foi orthodoxe.

À considérer l'homme de qui les bourreaux chauffaient les pieds, Sigismond se tordit une fois de plus la barbiche et ses yeux de teckel devinrent encore plus tristes. Vladislav l'observait. Il avait compris que son père ne l'emmenait en Russie que pour l'exhiber aux Moscovites et que, au dernier moment, il se substituerait à lui. Lui n'avait pas voix au chapitre et il ne fut pas surpris lorsque le roi soupira profondément :

— Nous n'avons déjà que trop perdu de soldats et

d'argent dans cette affaire. Que ces mécréants se fassent damner sans nous, peu me chaut! Le tout est de nous tirer de ce mauvais pas avant l'hiver.

Sigismond cédait à regret à une volonté plus puissante que la sienne. Malgré ses jambes courtaudes, il marcha à grands pas vers la sortie du cachot. Vladislav le rattrapa.

C'était un prince intelligent et mélancolique.

— Sire, puis-je poser une question à Votre Majesté?

Le roi s'arrêta:

— Pose.

— Vous renoncez à cette heure au dessein que vous aviez formé d'unir nos trois pays sous une seule couronne, n'est-il pas vrai?

Il semblait à Sigismond qu'une renonciation qu'il n'avait pas exprimée n'était pas définitive, que tant qu'il ne s'était pas ouvertement incliné devant le destin qui interdisait aux Vasa le trône de la Russie, il pouvait encore revenir sur sa décision. Comment abroger en une seconde un dessein qui l'occupait depuis dix ans?

Il répondit pompeusement:

— Je laisse ce projet en suspens.

— Dans ce cas, Sire...

Vladislav bégayait de timidité:

— Vous m'aviez donné à comprendre que vous aviez commandé... Il y a, au fond de la Russie, un seigneur un peu plus jeune que moi... Vous souhaitiez qu'il ne pût prétendre... Vous aviez ordonné à Lissowski...

— C'est vrai, dit Sigismond. J'avais ordonné qu'il fût mis à mort et j'ai récemment confirmé cet ordre.

— Eh bien, ne voudriez-vous pas, Sire, revenir sur votre décision? À quoi servirait la mort d'un enfant qui ne nous a causé aucun tort et qui n'est plus votre... — je voulais dire mon — rival?

Sigismond réfléchit:

— Oui, on pourrait envoyer quelqu'un sur les traces de Stadnitski. Mais savoir s'il arriverait à retrouver Lissowski... Tous ces frais... Et puis on ne sait jamais: le vent de l'Histoire change quelquefois de direction. D'ailleurs il ne faut point donner de contrordre sans une bonne raison : en l'occurrence, prince Vladislav, je n'en vois pas.

5

— Voïvode, dit Sandro en entrant chez le prince Pojarsky, un messager arrive de Volokolamsk à bride abattue. Il a crevé son cheval et lui-même n'est pas encore en état de se présenter devant toi, mais, avant de tomber évanoui, il m'a donné son message. Un miracle est arrivé : le roi Sigismond et son fils ont fait demi-tour avec leur armée ; ils sont repartis pour la Pologne.

Pojarsky alla rendre grâces devant les icônes. Il revint :

— Nous ne sommes encore qu'à mi-miracle. En Russie, tout est possible avec l'aide de Dieu, mais tout aussi peut arriver par l'entremise du diable. Pour l'instant, le peuple est uni : qui sait combien de temps il le restera ? Le Seigneur m'a donné une œuvre à faire : elle ne sera pas terminée tant que le Grand Tsar Blanc ne sera pas sur son trône. Mais il ne faut pas, cette fois-ci, que ce soit le tsar des boyards, ou celui des Polonais : il faut que ce soit le tsar du peuple russe, choisi non par les hommes mais par Dieu lui-même. Avec son aide, nous y veillerons, Bras-sec et moi. Le tout est de croire au miracle entier.

Fidèle à sa méthode, Pojarsky avait envoyé demander à toutes les villes de dépêcher à Moscou des délégués pour décider qui serait tsar. Une toile d'araignée épistolaire s'était tendue au début de l'hiver sur l'immense terre russe, et les délégués arrivèrent à cheval, en traîneau ou à pied, en sabots d'écorce et en bottes de feutre dans la neige.

Il en vint de partout, des nobles et des vilains, des prêtres et des marchands, des cosaques et des soldats, mandatés par leurs villes et leurs villages.

Sandro se réjouissait de voir ces gros et ces maigrichons, ces hommes d'armes et ces artisans, ces velus et ces imberbes, ces richards et ces gueux, ces clercs et ces laïcs, ces livides et ces rubiconds, ces lettrés et ces illettrés converger sur la ville sainte comme l'eau des collines converge dans le val. Ils ne venaient pas en nombre fixe, un pour mille ou un pour dix mille : ils venaient à deux ou à trois pour figurer leur paroisse ou leur bourgade, qu'elles fussent grandes ou petites, et l'on considérait que, pour le temps des États, cette bourgade ou cette paroisse n'aurait pas d'autre volonté que la leur, puisque leurs concitoyens leur avaient fait confiance. Leur mission serait terminée dès que le tsar aurait été désigné et ils s'en retourneraient chez eux, ni plus pauvres ni plus riches, n'ayant eu d'autre rôle que de faire entendre la voix unique et innombrable de la Russie.

Sandro songeait à solliciter une permission pour aller demander Mafka en mariage, mais de vieux paysans de Psarskoïé arrivèrent à Moscou. Ils ouvrirent de grands yeux devant les églises et les palais de la capitale. À Sandro ils dirent :

— Chez nous, à Psarskoïé, la paroisse s'est réunie et on a longtemps débattu pour savoir qui nous représenterait. Certains ne voulaient pas de toi à cause de ton jeune âge, mais nous leur avons démontré que tu étais le plus savant. Tu parleras pour nous autres.

Sandro resta à Moscou. D'une certaine manière, il n'en était pas mécontent. Il sentait que la Russie n'était pas véritablement redevenue elle-même tant que le trône vaquait : il ne pourrait se marier pour de vrai que lorsque tout serait rentré dans l'ordre sacré.

Pour commencer, les Russes s'imposèrent un jeûne de trois jours. Ni hommes, ni femmes, ni enfants ne mangeaient rien et ne bougeaient des églises où ils demandaient à Dieu d'éclairer ceux qui allaient prendre la décision la plus grave de l'histoire russe. Dionissy et ses prêtres officiaient, les lèvres desséchées de soif, le corps défaillant de faim. Il fallait que chacun se commît non seulement par l'intelligence, mais par la chair, le seul vrai gage.

Les débats commencèrent.

On se réunissait par petits groupes, on recevait des délégations complémentaires. Pour le moment on ne citait encore aucun nom, mais une évidence s'imposait : la Russie vomirait tout candidat étranger comme elle avait vomi trois faux tsars ; elle ne voulait ni Vladislav, ni le fils du roi de Suède, ni le petit Ivan fils de Marina.

Puis, de bouche à oreille, on commença à échanger des suggestions. Pourquoi ne pas rendre la couronne à Vassily Chouïsky, l'aîné des Rurikides, à supposer que ses vœux ne fussent pas valides ? Pourquoi ne pas élire le noble Golitsyne, ami du métropolite Filarète, et lui aussi prisonnier des Polonais ? Ou Mstislavsky, doyen de la Douma ? Ou le brave Pojarsky lui-même ?...

Sandro participait à ces échanges de vue et, pour sa part, il n'eût rien souhaité de mieux que de voir son voïvode devenir tsar, mais, à chaque nom prononcé, il entendait que ce n'était pas le bon, qu'il était impossible d'infléchir le destin de cette manière, qu'un autre avait été nommé tsar de toute éternité : il suffisait de le trouver, et ce ne serait pas dans les branches cadettes des Rurikides, éparpillées et déshabituées du pouvoir suprême.

Décembre 1612 et janvier et les premières semaines de février 1613 s'écoulèrent ainsi, dans un mûrissement concerté qui conduisait à éliminer un à un tous ceux dont les noms étaient cités, non qu'on eût rien à leur reprocher, mais parce que le nom ne sonnait pas juste, n'éveillait pas d'harmoniques : le peuple sentait qu'il reconnaîtrait le vrai nom à son heure, à l'unanimité.

Sandro constatait que celui de son ami d'enfance était prononcé de plus en plus souvent et ne rencontrait aucune opposition. Étrange de penser que celui avec lequel, à six ans, il avait pêché des têtards dans la mare de Psarskoïé, celui-là serait peut-être oint du chrême sacré et porterait la Tiare de Monomaque. À cette idée, Sandro se sentait le souffle comprimé et cherchait à se rappeler s'il avait jamais manqué de respect à son futur souverain. Quand il retrouvait dans sa mémoire telle bourrade ou telle taquinerie, il en était honteux et néanmoins un peu amusé.

Le Grand Carême approchait ; la Russie sentit qu'elle ne devait pas s'engager dans cette période sacrée sans être redevenue pleinement elle-même. Ni l'épreuve du carême ni la joie de Pâques ne seraient complètes si le pays ne mettait pas fin une fois pour toutes aux temps maudits qu'il venait de vivre.

Le Dimanche de l'Orthodoxie, celui où les chrétiens fêtent leur victoire sur les iconoclastes, tombait le 21 février, et ce jour parut convenable pour que se prît la grande résolution des Russes.

Après la liturgie, d'innombrables rivulets de peuple, sortant des cathédrales du Kremlin et des églises qu'on avait déjà reconstruites dans les quartiers de Skorodom, Tsargorod, Belgorod et Kitaïgorod, se gonflèrent en rivières et en fleuves et se déversèrent à gros bouillons dans la place Rouge. Sandro, accompagnant le prince Pojarsky, vint se placer au pied du Lieu-Haut dont plusieurs hauts personnages gravirent les gradins. Ils s'apprêtaient à prononcer des discours. Mais le peuple ne les laissa pas parler.

L'instant de la délivrance était venu. Une seule parole naquit de cette Russie parvenue à terme :

— Mikhaïl Féodorytch ! Mikhaïl Féodorytch pour tsar !

Mikhaïl Féodorytch, presque un enfant, mais aussi le fils du vénéré métropolite Filarète, le petit-neveu de la bien-aimée tsarine Anastasia... Mikhaïl Féodorytch Romanov : nom indéniable, comme si on l'avait lu du fin fond de l'avenir.

Toute la place Rouge, toute la ville sainte, toute la Russie n'avait ce jour-là qu'une seule voix, inlassable et impérieuse, pour réclamer un tsar et ce tsar-ci et nul autre au ciel gris et rond qui s'appesantissait sur le Kremlin. Oui, c'était au ciel seul que parlait ce peuple : à cet instant, il ne reconnaissait aucune autre autorité, aucune autre instance. L'armée, les boyards, l'Église elle-même n'étaient, pour peu de temps, que des parts de cet ensemble, que des organes de ce corps qui n'avait plus qu'une volonté. La Russie s'était transformée en une gigantesque boussole désignant irréfutablement Mikhaïl Féodorytch Romanov.

— Le voilà, le vrai miracle, murmura Pojarsky. Loué soit Dieu !

Et c'était admirable, en effet, qu'un peuple tout entier, émergeant de calamités indicibles, s'accordât sans une hésitation, sans une contestation, sans une rancœur, sur l'identité de son maître et du représentant de Dieu sur la terre russe.

— Mikhaïl ! Mikhaïl pour tsar ! rugissaient les cosaques tondus du Champ Sauvage, secouant leurs armes et oubliant leurs discordes avec les Russes des villes et des labours.

— Mikhaïl ! piaillaient les vieilles livides, enrouées, secouant les poings, et les jeunes rougeaudes, sautillant sur place pour voir le Lieu-Haut.

— Mikhaïl Romanov ! grondaient les diacres, couvrant le vacarme de leurs voix de basse.

— Que Mikhaïl Féodorytch soit tsar de toutes les Russies ! jacassaient les scribes de leurs voix aigres.

— Mi-kha-ïl ! criaient tous les Russes.

Ils le criaient depuis si longtemps ! Il leur semblait que c'était depuis les quinze années écoulées après la mort du dernier tsar légitime, Féodor Ivanytch ; peut-être même depuis la mort du dernier tsar efficace, Ivan le Terrible.

L'archimandrite Dionissy qui se tenait au sommet du Lieu-Haut leva les bras pour demander le silence et le silence se fit aussitôt, religieux et presque menaçant, au milieu duquel retentit un dernier pépiement d'enfant :

— Michka pour tsar !

Puis, rien que des froissements d'ailes dans le ciel : les corbeaux qui avaient fui, effrayés par tout ce bruit, revenaient se percher sur les créneaux, les croix et les haubans.

— Qu'il en soit ainsi par la décision de Dieu tout-puissant ! prononça l'archimandrite de la Trinité-saint-Serguéï.

Ce fut comme si saint Serguéï lui-même avait parlé.

Les sanglots de bonheur retentirent de tout côté. On se signait, on pleurait, on s'embrassait à gros baisers mouillés. Des femmes se suspendaient au cou de maris qui les battaient exagérément et ces maris leur pardonnaient leurs propres torts. Des ennemis jurés se frappaient dans les mains, se secouaient par les épaules et décidaient de conclure affaire ensemble. Des offenseurs faisaient amende honorable. Des voleurs rendaient des bijoux. Des créanciers remettaient leurs dettes à leurs débiteurs. Des débiteurs impénitents payaient spontanément ce qu'ils devaient. Des parents inexorables pardonnaient à leur fille qui avait fauté. Des séducteurs se résignaient au mariage. Des avares faisaient des cadeaux. Des pauvres oubliaient leurs rancunes. Des fils prodigues demandaient et obtenaient miséricorde. Des moines intransigeants confessaient publiquement leurs abominations secrètes. Dieu avait enfin eu pitié de la Russie.

6

Mikhaïl Féodorytch n'était pas de maison souveraine; la myrrhe ne s'était pas mêlée au sang qu'il avait reçu de ses ancêtres. Il n'avait pas plus de raison de régner que n'en avait eu David, fils de Jessé. Sauf la volonté de Dieu. Mais, depuis plusieurs années, il sentait cette volonté fermenter en lui comme un vin, lever en lui comme une pâte. Qu'il fût amené à passer sa vie caché, tantôt avec sa mère, tantôt séparé d'elle, ne nuisait pas à cet appel, au contraire: il n'en était pas distrait par les plaisirs de la vie et il l'écoutait avec toute la vigilance de l'humilité. Dissimulé entre deux bottes de paille ou dans un cellier, il tendait l'oreille pour entendre approcher ses meurtriers et il percevait autre chose: la supplication de tout un peuple qui prétendait être sauvé par lui, non qu'il fût le plus fort ou le plus brave ou le plus rusé, mais pour cette raison mystérieuse qu'il était lui. Des souvenirs lui revenaient de ses conversations avec son ami Sandro : « C'est vrai, pensait-il, que je suis comme le roi au jeu des échecs : je ne suis rien et pourtant rien n'a de sens sans moi. Pourquoi en est-il ainsi ? Parce qu'il en est ainsi, il n'y a pas d'autre raison. »

Il n'était pas le seul à sentir cette singularité s'affirmer en lui. Les paysans le cachaient au péril de leur vie et ce n'était pas par simple fidélité à la famille des Romanov : ils devinaient qu'un dépôt sans pareil leur avait été confié par la Russie, que s'ils manquaient à le garder la Russie entière s'effondrerait. Lui-même acceptait qu'ils courussent des dangers pour lui, sentant que sa vie ne lui appartenait pas, qu'elle était comme une liqueur dont il n'était que le vase et qui, coûte que coûte, ne devait pas être répandue. Qu'il eût préféré se battre plutôt que se cacher était sans importance : la vie des autres lui appartenait mais pas la sienne, qui devait être préservée à tout prix.

Les nouvelles qui lui étaient parvenues dans ses cachettes avaient à la fois fortifié son désir d'obéir, quel que fût le dessein de Dieu sur lui, et renforcé son angoisse de n'y pas réussir ou d'en être indigne. Naturellement doux et grave, il passait le plus clair de son temps à prier pour son pays, comme sa vie cachée lui en donnait le loisir. La nouvelle du siège de Moscou s'était répandue par toute la Russie, puis on avait appris que la capitale était prise et que Pojarsky réunissait les États Généraux pour redonner un tsar à la terre. Mais on savait aussi que des bandes diverses continuaient leurs brigandages et Mikhaïl ne sortait toujours pas de ses retraites. Il demeurait confondu avec l'immense terre russe, comme un petit animal dans sa tanière, comme un insecte attendant au fond de son trou la décision du peuple et de Dieu : s'il n'était pas appelé à régner, il retournerait au monastère de saint Ipaty et s'y ferait moine.

*

Un courant d'air froid réveilla Mikhaïl et, aussitôt après, un chuchotement :

— Il faut te sauver, boyard. Lissowski est ici. À Domnino.

Mikhaïl se dressa sur son séant. Il n'était pas boyard, mais c'était le titre que lui donnaient les paysans, en souvenir de son grand-père.

— Lissowski, Pétrouchka ?

— Oui, boyard. Celui qui te cherche depuis trois ans. J'ai passé la nuit à veiller dehors, et je ne les ai pas entendus arriver, misérable que je suis. Maintenant nous sommes encerclés. J'ai vu leurs armes briller. Ils vont attaquer. Pardonne-moi, boyard, et sauve-toi. Ne crains rien : nous sommes tes gens, nous nous ferons tous tuer plutôt que de te livrer.

Mikhaïl se rhabillait. Il portait des vêtements de paysan, mais n'avait pas pris l'habitude de marcher avec des sabots et conservait ses bottes de cuir rouge. Il les enfila en hâte, avec l'aide de Pétrouchka, dont les yeux brillaient dans la pénombre : un adolescent à peine plus âgé que lui. Dehors un cri nasal retentit et d'autres répondirent : l'ennemi fondait sur Domnino, si paisible quelques instants plus tôt. Une détonation claqua, des poules affolées caquetèrent, une vache mugit lugubrement. Aucun chien n'aboya parce que les Polonais avaient pris l'habitude de tuer les chiens pour pouvoir attaquer par surprise. Mikhaïl se glissa dehors.

C'était mars et la neige commençait à fondre par endroits. Mikhaïl pataugea dans la boue glacée, longeant les isbas, cherchant à comprendre d'où venait l'assaut. Dans la pénombre, des figures s'agitaient. Il vit passer des cavaliers sur leurs chevaux ronds comme des nuages. Des hommes fuyaient. Mikhaïl se rappela qu'il y avait en contrebas du village une viette qui serpentait dans la broussaille. Il y courut, ne cessant de répéter en lui-même :

— Seigneur, fais miséricorde !

Il ne ressentait pas de frayeur, mais une intense curiosité : « La volonté de Dieu est-elle que je meure ou que je survive ? Et quel effet cela fait-il de mourir ? » En même temps, il était pris de pitié pour tous ces hommes et toutes ses femmes qui allaient souffrir pour lui. Il pleurait, mais cela lui obscurcissait la vue, alors il cessa de pleurer.

Il trouva la viette qui dégringolait la pente et s'y engagea, glissant, tombant sur les mains, sur le derrière, se trempant, se souillant, se relevant, tombant encore. Le village avait été attaqué par le haut. Y avait-il une embuscade en bas ? Peut-être sur le grand chemin, pas sur le sentier invisible. Mikhaïl se faufilait entre les buissons. Derrière lui retentissaient les commandements, les insultes, les ululements des femmes. Un coup de pistolet.

Mikhaïl se trouva au fond de la vallée. Il remonta l'autre versant, et, prudemment, émergea de la broussaille. S'il y avait une embuscade, il l'avait contournée. De l'autre côté de la vallée, Domnino était pelotonné à mi-pente, et déjà des flammes s'échappaient des toits de deux isbas. Lissowski avait sûrement rassemblé la population au milieu du village, et ses hommes avaient commencé leurs interrogatoires expéditifs.

Mikhaïl devait maintenant avancer en terrain découvert. Il espéra que les dernières ombres de la nuit le protégeraient. Il escalada la colline et, parvenu au sommet, se demanda où il irait maintenant. Il y avait Anférovo, il y avait Priskokovo, où il s'était déjà réfugié ; ces villages appartenaient à sa famille, il y connaissait des cachettes, sa mère se trouvait dans l'un d'entre eux et ils n'étaient qu'à deux ou trois heures de marche. Autant d'avantages, mais aussi autant de risques. D'autre part, il y avait Psarskoïé, dont il connaissait le chemin et les propriétaires et qui se trouvait deux fois plus loin... L'image de son ami Sandro se présenta à son esprit. Il se rappela la soirée au cœur de la forêt, devant le feu de bois : Sandro avait tué un marcassin qui sentait bon la viande un peu brûlée ; son père avait raconté l'histoire des derniers règnes et expliqué pourquoi la vie de Mikhaïl était en danger ; le grand-père, qui semblait à moitié homme et à moitié chien, avait cité le testament d'Ivan le Terrible en faveur des Romanov comme s'il l'avait lu... Sandro ne serait pas là, mais son grand-père peut-être. Mikhaïl se repéra d'après le soleil qui se levait, fit le signe de la croix et prit la direction de Psarskoïé.

7

Le vieux Psar ne connaissait pas son âge. S'il était, comme le pensaient ses fils, le contemporain du tsar Ivan, il avait maintenant quatre-vingt-trois ans et cela en faisait plus de vingt qu'il avait de bonnes raisons de se croire damné.

C'était un homme du tsar. Il était né valet de chiens et avait servi son souverain dans cette qualité jusqu'à l'âge de trente ans à peu près. Puis, il était devenu son homme de main favori, avait épousé une princesse, fait fortune, appris à lire... Une fois le tsar Ivan mort, il s'était donné à Boris Godounov, et Boris Godounov lui avait confié la plus atroce des missions : assassiner l'enfant Dmitry, fils du tsar. L'homme du tsar y avait perdu son âme.

Une ombre d'espoir lui restait. Dans le chenil où il vivait — il laissait à son fils Aleksandro la grande maison dont il ne voulait pas plus que Judas n'avait voulu de ses trente deniers — il allumait tous les soirs des lamelles de bois résineux et lisait un gros livre qui racontait la vie des saints. Syllabe à syllabe, il déchiffrait de préférence celles de l'apôtre Paul, de sainte Marie l'Égyptienne, de l'empereur Constantin, du grand-prince Vladimir égal-aux-apôtres, du tsar David, l'ancêtre du Christ, et y puisait non pas du réconfort mais du moins un doute nourrissant : la damnation — il imaginait l'enfer plein de chevalets et de poêles à frire et de cuves d'huile bouillante — lui paraissait un peu moins certaine.

Marie l'Égyptienne avait vécu dans la débauche, Constantin dans la cruauté, David avait sacrifié à la luxure son plus fidèle général, Paul avait persécuté les chrétiens et fait lapider saint Étienne le premier martyr, Vladimir avait eu mille femmes, toléré des sacrifices humains, fait mettre à mort son propre frère. Et pourtant, loin d'être damnés, c'étaient des saints ! On pouvait les prier ! Ils avaient l'oreille de Notre Seigneur ! D'accord, ils avaient compensé, et largement : quarante-sept ans d'ascèse contre dix-sept de débauche pour sainte Marie, le christianisme devenu religion impériale grâce à saint Constantin, les païens évangélisés par saint Paul martyr, la Russie orthodoxe fondée par saint Vladimir, et Jésus-Christ lui-même naissant du sang de David ! Le vieux Psar secouait la tête : le Seigneur Dieu ne lui avait pas donné ce genre d'occasion, et il emporterait son crime dans la tombe. Il lui était même interdit de s'en confesser. « Quand tu iras te confesser, tu ne diras jamais, à aucun pope, même sur ton lit de mort, ce que tu auras fait, sinon que tu as été au service du tsar, qui est un service quelquefois sanglant », lui avait dit Boris. Alors, depuis la mort de sa femme, Psar avait renoncé à communier, à fréquenter l'Église, il vivait avec ses chiens, il devenait chien.

Son petit-fils avait été sa dernière joie : il lui avait appris tout ce qui compte, la relation avec les bêtes amies de l'homme, les odeurs saisonnières du vent, de la terre et de l'eau, il l'avait placé au mitan du monde comme l'homme doit être, mais son petit-fils était parti et les Polonais étaient venus, qui ne l'avaient pas empêché de vivre à sa guise, mais avaient fini par lui tuer ses chiens, et il ne restait plus au vieux Psar qu'à crever lui-même. Le passage de son petit-fils, le départ de sa belle-fille pour le couvent ne l'avaient pas beaucoup frappé : en l'absence de maîtres, les domestiques étaient tous allés vivre dans leurs familles, au village : tant mieux ! Le vieux Psar n'avait besoin de rien ni de personne. Il se demandait seulement quel jour les diables viendraient le prendre. Quelquefois il se posait une question plus grave : valait-il mieux mourir comme meurt un chien, c'est-à-dire sans une chance d'au-delà, ou aller en enfer comme un chrétien ?

Il n'y avait plus personne dans la maison. Les volets battaient, la rampe de l'escalier extérieur s'était tordue, des brins d'herbe crevaient les croûtes de neige qui se boursouflaient sur les marches, personne ne réparait rien, ne prenait soin de rien.

C'était le printemps. Psar prit son gros livre et sortit du chenil et de la cour. D'un revers de main, il balaya la neige amassée sur un banc adossé au mur, à côté du portail. Il se sentait toujours mieux dehors que dedans, et aujourd'hui, en outre, il y avait du soleil, un soleil éblouissant et éclaboussant qui semblait poser une main douce sur le front et l'épaule du vieillard.

Il s'assit, il ouvrit le livre.

L'index pointé, décomptant lettre après lettre, il reprit la vie de saint Vladimir, son favori. Le vieil homme sentait qu'il avait fait bon servir ce tsar-là, comme païen d'abord, comme chrétien ensuite. Il en arrivait au passage où Vladimir convoque des représentants de toutes les religions du monde pour choisir la sienne, quand une ombre tomba sur le livre.

Honteux de n'avoir ni entendu ni flairé son visiteur, tant il était absorbé, Psar leva les yeux et reconnut celui qui se tenait devant lui.

C'est peu dire qu'il le reconnut. Il sut non seulement comment il s'appelait et que c'était l'ami de son petit-fils, mais il sut aussi — alors qu'il ignorait tout des délibérations qui venaient d'avoir lieu à Moscou —, il sut dans ses os, dans son foie, dans son cœur et dans ce qui lui restait d'âme, que cet adolescent placé à contre-jour et de qui semblait émaner une mandorle de lumière était le Grand Tsar Blanc.

Il roula aux pieds de l'adolescent lumineux, les genoux, les paumes, le front dans la neige. Et aussitôt Mikhaïl se pencha pour le relever, si bien qu'ils formèrent ensemble un groupe qui parut soudé ensemble, comme un de ces idéogrammes avec lesquels Dieu écrit l'histoire du monde. Un message indicible passa entre le vieillard et le jouvenceau. Ils savaient l'un et l'autre que Mikhaïl était venu demander à Psar sa vie, et que *sa* vie, c'était à la fois la vie de Psar qui devait périr et la vie de Mikhaïl qui devait fleurir. Ils n'en avaient pour ainsi dire qu'une pour deux.

— Grand-père, Lissowski me cherche.

— Souverain, il ne te trouvera pas.

Ils rentrèrent dans la cour et, de là, dans le chenil où régnait encore l'odeur puissante des molosses. Dans la chambrette où logeait Psar, il y avait une niche pour les chiens malades.

— Ôte tes bottes rouges et donne-les-moi. Glisse-toi dans la niche et écarte la paille. Tu trouveras une ouverture dans le mur de brique. Il y a là une cachette. Elle communique avec le dehors. Tiens : prends ce broc d'eau et ce morceau de pain. Ne bouge point jusqu'à demain matin. Puis sors bravement.

Il y avait longtemps que Psar n'avait prononcé autant de phrases l'une après l'autre. Il en éprouva du vertige.

À quatre pattes, Mikhaïl entra dans la niche et, de là, dans la cachette, où il put se redresser :

— Je vais prier pour toi, grand-père. Tout le temps, je vais prier pour toi.

Psar ôta les chaussons de feutre qui lui servaient de souliers. Il enfila les bottes princières. Comme elles lui faisaient mal, il les fendit avec son couteau. Dans la cour, il effaça les traces de Mikhaïl. Puis, marchant aussi vite que son âge le lui permettait, il se dirigea vers les grands bois qui s'étendaient en contrebas du domaine.

8

L'interrogatoire fut mené sur l'aire à battre de Domnino par trois hommes : Lissowski, petit, chafouin, perdu dans sa pelisse brodée d'or ; Khichtch, pyramidal avec ses hanches immenses, sa lourde cuirasse, son menton triple et son front minime ; Mirone Kouzmitch, le visage tiré sous sa coque de cheveux clairs, se sachant perdu si jamais il tombait aux mains des Russes. La laideur de ces trois hommes était comme le gage de leur mauvaiseté.

— Répondez, chiens que vous êtes! criait Lissowski. Où est Michka Romanov?

— Répondez, où je vous arrache la peau! flûtait Khichtch de sa voix de fausset qui produisait un effet encore plus effrayant.

Mirone ne disait rien. De ses petits yeux bilieux il détaillait les villageois qu'on avait rassemblés, grelottants de froid et de peur, au pied de la grange, hommes, femmes, enfants mélangés.

— Nous ne savons pas de qui vous parlez, répondit un vieux.

— Domnino appartient aux Romanov, dit Mirone Kouzmitch. Comment ignorerait-il qui ils sont?

Du haut de son cheval, Khichtch cingla le patriarche avec la mèche de son fouet: une diagonale de sang zébra le visage de la tempe au menton.

— Alors? reprit Lissowski. Puisque vous êtes les serfs des Romanov, vous devez savoir où ils sont. Parle, toi, le zeune, ou ze te fais empaler sur ce pieu là-bas.

Un jeune homme à la barbe blonde répondit:

— Nous appartenons à Féodor Nikititch, celui que le tsar Boris a fait tonsurer et qui est maintenant le métropolite Filarète. Nous croyons qu'il est prisonnier chez vous autres, en Pologne.

— Je ne te parle pas du pope mais de son fils. Nous savons qu'il se cache dans le pays.

— Nous savons qu'il se cache à Domnino, ajouta Khichtch. C'est ceux d'Anférovo qui vous ont dénoncés. Parlez, si vous ne voulez pas que toutes vos isbas flambent comme ces deux-là.

En effet, deux isbas, à qui les Polonais avaient mis le feu par joyeuseté, crépitaient et fumaient avant de s'embraser.

— Corrizez-moi un peu ces croquants, rien que pour leur montrer ce que nous savons faire, commanda Lissowski.

Les coups de trique plurent. Les paysans se massaient pour se protéger les uns les autres, cachant les femmes et les enfants au milieu du groupe.

— Attendez, attendez, dit un vieux. Je vais tout vous dire. Celui dont vous parlez, c'est peut-être Mikhaïl Féodorytch ?

— Oui, c'est Michka, fils de Féodor.

— Un beau garçon ?

— Nous ne l'avons jamais vu.

— Comme qui dirait seize ans ou à peu près ?

— C'est bien lui.

— Eh bien, il est venu ici la semaine dernière et il a passé la nuit chez Alpatytch.

— Où est Alpatytch ?

— Alpatytch est à Kostroma.

Mirone intervint :

— Ce vieux moujik se moque de vous, messeigneurs : Alpatytch est mort l'an passé.

On assomma le vieillard, mais cela ne fit pas avancer l'interrogatoire.

— On les pend un à un : l'un d'eux parlera peut-être, dit Lissowski.

— Surtout si on commence par les enfants, suggéra Khichtch.

— Nous sommes tous prêts à mourir pour nos maîtres, cria le blond.

— Voulez-vous me faire confiance, messeigneurs ? dit Mirone en lissant sa barbe, dont pas un poil ne dépassait.

— Oui, vieux coquin, pour la coquinerie nous te ferons confiance, ricana Lissowski.

— Voyez-vous cette belle fille en fichu jaune et noir bien propre, qui se cache derrière cette vieille femme ? Que deux hommes l'amènent ici.

Des hommes se saisirent de la fille et la traînèrent devant les chefs. Mirone s'était avancé. Du bout de son bâton, il écartait les paysans qui en cachaient d'autres. Il finit par trouver celui qu'il cherchait.

— Qu'on prenne celui-ci, fit-il.

C'était le jeune Pétrouchka. On l'amena lui aussi sur l'aire à battre. Pétrouchka tremblait de la tête aux pieds, de fureur plutôt que de crainte, tandis que la jeune fille, frappée de stupeur, n'était maintenue debout quc par les brigands qui la serraient de près.

— C'est bien toi, Nastia, la fille du marguillier? demanda Mirone.

Elle avait laissé rouler sa tête sur sa poitrine.

— Eh bien oui, c'est moi.

— Ton père et ta mère sont ici ?

— Oui.

— Et celui-là, c'est Pétrouchka, le fils du forgeron ?

Elle regarda Pétrouchka avec désespoir.

— C'est peut-être bien lui.

— Tu n'en es pas sûre ? Ton père ne lui a pas donné sa parole ? Vous n'allez pas vous marier la semaine de saint Thomas, la deuxième après Pâques ?

Elle avait déjà compris ce qui allait se passer et, faisant doucement baller sa tête, elle répondit :

— Non. Nous n'allons pas nous marier.

— Si, dit Pétrouchka. Quoi qu'il arrive, avec l'aide de Dieu, nous nous marierons.

Mirone se tourna maintenant vers les Polonais.

Il en choisit un, haut comme un élan, large comme un taureau, roux comme un sanglier, et qui, on le savait, ne croyait ni au bon Dieu ni au Jugement dernier :

— Écoute, Krasko, si tu es un vrai homme, c'est le moment de le prouver. Tu vas prendre Nastia devant nous tous, devant son fiancé, devant son père et sa mère.

Et comme Krasko paraissait médusé :

— Donne ta hallebarde à tenir à quelqu'un et dépêche-toi.

— Je ne dirai rien quand même, fit Nastia.

Le roux dénouait ses aiguillettes. Pétrouchka parvint à articuler :

— Mikhaïl Féodorytch a passé la nuit chez nous. C'est moi qui vous ai vus approcher et qui l'ai prévenu. Il s'est sauvé à l'aube.

— Où ?

— Je ne sais pas.

— Il doit y avoir des traces dans la neige, dit Mirone.

— Tout le monde autour du villaze, commanda Lissowski. À chercher des traces. Sauf vous autres, à garder les Moskals.

— Bon, eh bien moi alors? fit le roux. Je besogne ou je ne besogne pas?

— Fais vite, lui dit Khichtch.

Alors on vit tous les Russes se détourner vers le mur et se cacher le visage avec les mains. Seul Pétrouchka se rua en avant. Un Polonais l'étendit raide d'un coup de masse à la nuque.

9

Quand il revint de la forêt, Psar aperçut un groupe d'hommes armés autour de la maison: plusieurs cavaliers, une cinquantaine de fantassins, troupe de mauvaise mine, les moustaches dressées, les armes brandies. Les Polonais, pourchassés par Pojarsky, ne se présentaient plus par régiments entiers, comme naguère: ce n'étaient plus que bandes faméliques qui avaient dissimulé leurs trésors mais n'avaient même pas assez de chevaux.

Les yeux de Psar étaient perçants malgré son âge et il reconnut Mirone, l'ancien intendant; Khichtch, qui avait tyrannisé le village pendant un an; et un troisième qui ressemblait à un blaireau et en qui il devina le redoutable Lissowski, dont il avait entendu parler.

Quand il fut à portée de voix, Lissowski cria:

— Plus vite!

— Hé! mon petit père, je fais comme je peux: j'aurai bientôt cent ans, répondit Psar sans se hâter.

La troupe voyait monter vers elle un vieil homme rabougri, les jambes écartées, les cheveux et la barbe ne formant qu'un seul buisson hirsute sous le bonnet. Dans le port de tête, dans la démarche, il tenait du chien, et les bottes de feutre qu'il s'était remises aux pieds accentuaient la ressemblance en lui donnant l'air d'une bête touffue et bourrue.

— Je le reconnais, dit Khichtch. C'était le gardien du chenil.

— Avant toi, noble seigneur, dit Mirone, c'était le propriétaire du domaine.

— Eh bien, je lui apprendrai qui est le propriétaire maintenant. Approche, vautre ! fit Khichtch de sa voix ténue d'oiseau.

Psar s'arrêta.

— Où est Michka Romanov ? demanda Lissowski. Parle !

— Seigneur, dit Khichtch, vous lui faites trop d'honneur en lui ordonnant de parler. Commandez-lui plutôt d'aboyer.

Il rit.

D'un coup de fouet, un des Polonais enveloppa le vieillard.

— Névéja Ivanytch, dit Mirone d'un ton patelin, ne nous cache rien de ce que nous savons que tu sais. Mikhaïl Féodorytch est un ami de notre ci-devant jeune maître. On pouvait s'attendre qu'il vînt se cacher chez nous. De Domnino jusqu'ici, nous avons relevé les traces de ses bottes. Il n'y a que les seigneurs qui portent des bottes dans ce pays-ci. Ces traces nous ont conduites jusqu'ici. Où est Mikhaïl Féodorytch ?

Mirone Kouzmitch parlait d'une voix doucereuse, presque déférente. Seul le rappel du surnom Névéja, que Psar avait porté dans sa jeunesse et qui signifie malotru, était menaçant.

Psar se frottait les côtes. Il paraissait réfléchir.

— Ne sonze même pas à cacher Michka ou ze te fais écorcher vif, dit Lissowski.

Psar ricana. Une grande joie l'habitait.

— Cacher ? dit-il. Même si je voulais…

Il désigna les traces, clairement dessinées dans la neige, encore qu'elles fussent par endroits rendues invisibles par l'herbe et dans les flaques.

Krasko sauta à terre, s'agenouilla, détailla les traces :

— Ce sont bien les mêmes, fit-il en se relevant. Des semelles de cuir avec de petits fers d'argent par-derrière et par-devant.

— Dieu soit loué et vive le tsar Sizismond ! s'écria Lissowski. Cette fois-ci nous le tenons.

— Quand est-il passé par ici ? demanda Khichtch.

— Cela fera bien deux heures, répondit Psar sans se faire prier.

— À cheval, nous le rattraperons vite, dit Lissowski.

— Nous risquons de nous perdre dans la forêt, objecta Khichtch. J'ai tenté d'y chasser : ce n'est qu'un ravin à se casser les jambes, qu'un fourré à y laisser la peau.

— Mirone Kouzmitch connaît le pays, répliqua Psar.

— Tu nous guideras, Mirone, fit Lissowski.

— Je ne peux pas vous guider, messeigneurs. Je me perdrais avant vous. Je connais tout aux champs et aux gens, rien aux forêts. Celle-ci, je n'y ai pas seulement mis le pied une fois dans ma vie. Elle est pleine de loups-garous et de babas-yagas, c'est tout ce que je sais.

— T'imazines-tu que nous allons renoncer à la quête sous prétexte que tu es un couard ? cria Lissowski. Tu nous guideras et, si tu t'égares...

— Nous te ferons manger par les loups-garous, plaisanta Khichtch.

— Vous avez pour vous servir un bien meilleur guide que moi, répliqua Mirone. Le vieux Psar passe ses journées et ses nuits dans ces bois : il les connaît mieux que ne les connaissent les chevreuils, les ours et les panthères qui l'habitent ; il y chasse, il y couche, il y tend des pièges, il y disparaît pendant des semaines : cet homme n'est pas un homme, c'est une bête sauvage.

Lissowski se tourna vers Psar.

— Tu sais pister alors ?

Mirone se mit à rire :

— À la vue, au nez, à l'ouïe. Il vaut une meute à lui tout seul.

— Nous guideras-tu, Névéja, puisque tel est ton nom ? demanda Khichtch.

Psar se gratta la tête à deux mains. Des relents canins montèrent de ses aisselles et Lissowski se boucha le nez.

— À vous regarder comme vous êtes, il me semble que je n'ai point le choix.

Toute la bande rit avec une cruelle jubilation.

— Prends garde surtout que le zibier ne t'échappe, ajouta Lissowski.

Psar cracha par terre.

— Qu'il m'échappe quelque chose à moi, dans cette forêt ? Il n'y a pas un brin de mousse que je n'y connaisse.

Il tourna les talons et s'éloigna en redescendant la pente.

— Eh bien, où vas-tu ? le rappela Lissowski.

Il répondit sans se retourner :

— Chercher Michka.

Quel renouveau de souplesse et de vigueur dans les jarrets du vieillard ! Il y avait longtemps que ses rotules n'avaient si bien tourné, que ses cuisses n'avaient si bien pompé le terrain. Il respirait largement, à pleines bronches, l'air ravigotant qui pour lui, embaumait toutes les odeurs de la forêt : neiges, eaux stagnantes, pourritures, humus, bourgeonnements, sèves, résines, champignons, fumées, troches. Il franchit joyeusement, d'un bond, le ruisseau gelé qui séparait le pré du bois et s'enfonça sous la futaie. Les cavaliers le suivaient et la piétaille suivait les cavaliers, traçant un sillon de bruit — piétinements, branches cassées, paquets de neige chutant au sol, jurons — dans le silence vertigineux des bois.

Plusieurs fois, Psar s'arrêta, semblant avoir perdu la trace des bottes du fuyard, mais il les retrouvait toujours, dans un sentier ou dans une clairière. Derrière lui, Lissowski s'impatientait sur son cheval :

— Quel temps nous perdons à pister ainsi ! Ne sais-tu pas où il peut être allé ?

— Je le sais maintenant, répondit Psar, depuis qu'il a pris à droite au gros sapin derrière nous. Il doit se cacher près des marais, dans la cabane que nous avons construite ensemble pour chasser le canard. Voulez-vous que nous y allions tout droit ? Je connais un raccourci qu'il ne connaît point.

Lissowski et Khichtch se consultèrent du regard.

— Prenez garde, messeigneurs, dit Mirone, que ce vieux chien ne vous égare exprès dans la forêt. Les marais sont pleins d'esprits des eaux qui auraient tôt fait de vous y noyer.

— C'est comme ces seigneurs voudront, répliqua Psar, mais j'ai plus de quatre-vingts ans et je n'ai encore jamais vu personne se noyer dans de la glace.

Quelle gaîté en lui ! Quelle légèreté d'enfant ! Il avait même retrouvé sa langue.

— Les esprits des eaux, ce sont encore des contes de Moskals, fit Khichtch.

Il rit de sa voix de fausset.

Lissowski regarda le ciel : le soleil avait dépassé le zénith, il valait mieux en finir avant la nuit :

— Il ne nous égarera pas. Il sait ce qui l'attendrait.

Déjà Psar était reparti, contournant les arbres, escaladant les buttes, se coulant dans les vallons, ne cherchant plus de traces, se retournant à peine de temps à autre pour voir s'il était suivi.

La forêt devenait de plus en plus touffue, et respirait mystérieusement. De temps en temps un frisson la parcourait toute : c'était un coup de vent qui agitait les branches et faisait bruire les quelques feuilles sèches qui y restaient attachées depuis l'automne. Les Polonais sentaient le poids de l'immense forêt russe leur peser sur le cœur ; même quand ils trébuchaient sur une souche, ils ne juraient plus : seules leurs armes tintaient parfois.

Psar, lui, foulait avec certitude le sol de son royaume. La neige qui commençait à fondre ne cachait pas une seule racine, une seule fondrière qu'il ne se rappelât. Il reconnaissait les nids dans les enfourchures des arbres, les tanières au pied des troncs, il sentait le chevreuil avant que le chevreuil ne le sentît et attendait la galopade qu'il serait seul à entendre, comme aussi personne d'autre que lui n'entendait les crissements haletants des écureuils ni les daguets frottant contre l'écorce un front qui commençait à les démanger. Ses yeux devinaient plus qu'ils ne voyaient la queue de putois qui disparaissait dans un fourré ou l'aile de chat-huant soudain réveillé qui fendait l'air entre deux branches enneigées.

Et, tout en marchant à pas précipités, en se faufilant, ployé en deux, sous un arbre renversé, en repoussant des bras les tiges épineuses des ronciers, en s'arrêtant quelquefois pour repérer, telle était la force de l'habitude, les traces d'un lièvre ou les laissées fumantes d'un sanglier, Psar, dans sa tête qui n'était pas habituée à réfléchir mais à saisir la réalité toute crue, se disait qu'il était en train de rendre à la Russie ce qu'il lui avait pris vingt et un ans plus tôt : un tsarévitch appelé à devenir le Grand Tsar Blanc de la Russie. De toutes les Russies : celle des églises, des villes et des monastères, celle des forêts, des neiges et des moissons, celle des cèpes et des myrtilles, celle des bons chiens parmi lesquels Psar avait passé sa vie, celle des chevaux que montent les hommes du tsar, et des vaches qui donnent leur lait, et des bœufs qui donnent leur viande, et celle de tous les gibiers, cerfs, daims, outardes, bécasses, coqs de bruyère, et celle de tous les fauves, lynx, loups, panthères, et celle des brochets, carassins, esturgeons, anguilles, et même celle des crapauds et des serpents. Toutes ces Russies ne pouvaient vivre que dans l'amour partagé du Grand Tsar Blanc, et c'était lui, Névéja Psar, qui allait le lui rendre. Il marchait de plus en plus vite : même les cavaliers, devant faire plus de détours que lui, avaient peine à le suivre.

— Sommes-nous bientôt arrivés ? cria Lissowski de sa voix qui offensa le silence des bois.

— Encore un peu de temps, répondit Psar impatiemment.

Des souvenirs affreux lui remontaient en mémoire. Un enfant, le dernier en qui coulât le sang des Rurikides de la branche aînée, un sang vicié d'ailleurs, car l'enfant était sanguinaire et pervers. Pas de visage. Un menton relevé, un cou blanc sur lequel brillait une chaîne d'or aux gros maillons. Et puis, une entaille mince, presque imperceptible, d'une oreille à l'autre, oui, d'une oreille à l'autre l'entaille, et la cataracte de sang jaillissant de la blessure aux lèvres qui s'écartaient soudain et formaient un gouffre.

Le sentier descendait une pente douce. Les arbres se clairsemaient. Ils étaient différents ici, tordus, penchés, rongés d'humidité. Au bord d'une vaste étendue de neige, la dominant à peine, se devinait une cabane de roseaux. Psar s'arrêta à l'orée du bois et, du bras, la désigna :

— Il est dedans.

Lissowski sourit.

— Allons, vous autres, allez me chercher ce drôle, que je voie une fois de quoi ça a l'air, un Grand Tsar Blanc de Moskals.

Les Polonais se précipitèrent. En un instant la cabane fut encerclée. L'un d'eux se rua dedans. Il ressortit.

— Personne !

Lissowski descendit de cheval, suivi par Khichtch et Mirone. La cabane était bien construite, avec des roseaux et de l'argile et un toit de chaume. Lissowski s'y glissa à quatre pattes. Il y avait un lit de feuilles sèches, mais rien n'indiquait que quiconque eût séjourné là depuis peu de temps. Lissowski ressortit, le sourcil froncé.

— Eh bien ?

Psar ne paraissait pas troublé.

— Il est plus malin que je ne pensais. Il a dû se cacher plus loin, dans l'abri où nous passons la nuit avant de chasser l'ours.

— Nous avons pris un raccourci, dit Khichtch. Peut-être n'est-il pas encore arrivé ?

Psar renifla :

— Il avait deux heures d'avance.

Khichtch regarda Mirone :

— Qu'en penses-tu, toi ?

— Je pense, dit Mirone, que vous n'avez plus

besoin de moi ici et que je ferais aussi bien de rentrer, si je retrouve mon chemin.

— N'y songe même pas, dit Lissowski.

— J'irais chercher des renforts.

— Nous n'avons pas besoin de renforts contre un enfant.

Lissowski se tourna vers Psar.

— Tu ne plaisantes pas au moins ?

— Je ne suis pas un bouffon pour plaisanter.

— Et tu es sûr qu'il sera dans l'autre abri ?

— Il n'y a pas d'autre endroit.

— Y serons-nous avant la nuit ?

— Nous y serons au crépuscule.

— Messeigneurs, dit Mirone, vous devriez revenir demain. La nuit, Dieu sait ce qui se passe dans ce lieu.

— Le diable doit le savoir mieux encore, fit Khichtch en gloussant de sa voix de tête.

— Ah ! non, dit Lissowski, il y a trois ans que le roi m'a donné cette mission. Je ne vais pas manquer l'occasion de lui rendre service. Nous pourrons toujours passer la nuit sur place, une fois l'affaire faite. Mais écoute-moi bien, toi, Névéja. Si nous ne trouvons pas Michka Romanov là où tu dis, je t'écorcherai vif de mes mains. Et moi non plus, je ne suis pas un bouffon pour plaisanter.

Psar, sans répondre, s'engagea sous la ramure. Une brise tiède soufflait. Et, là-bas, dans les profondeurs du marais, il ferait moins froid encore, parce que les branches pourrissant au fond de l'eau dégageaient à la longue de la chaleur. Les Polonais suivaient, tout allait bien.

Psar n'avait jamais bien su prier. Il lui semblait pourtant que le moment était venu. Il essaya de se rappeler les mots slavons des prières les plus usuelles, mais ils lui revenaient difficilement. Il chercha les personnages auxquels il fallait s'adresser : il y avait le Père, et le Fils, et l'Esprit, et la Mère de Dieu, mais Psar ne savait pas quelles étaient leurs fonctions respectives. Il aurait bien prié son saint patron s'il en avait eu un, mais il ne savait pas de quel nom il avait été baptisé : Névéja n'est pas un nom de saint. Eh bien, tant pis : quoiqu'il ne pût prier avec des mots, il se sentait mieux dans son âme qu'il ne s'y était jamais senti. Il pensa qu'il serait dommage de mourir sans s'être accordé le bonheur d'un dernier bain.

C'était son seul luxe, et il s'y livrait le plus souvent possible, jetant des baquets d'eau sur les cailloux incandescents, se fouettant avec des branches de diverses espèces selon les occasions, se roulant nu dans la neige et retournant aussitôt se brûler à la vapeur qui lui faisait délicieusement mal sous les ongles. Aucun de ces bains n'avait réussi à lui faire perdre l'odeur de chien qui se dégageait de sa peau épaisse et jaunâtre, mais, tout de même, il trouvait en eux, outre la volupté, une sorte de sanctification, et il aurait aimé que son corps pourrît propre et non pas souillé de terre, de suintements et de transpirations. N'importe : les corbeaux et les fourmis auraient bientôt fait de fourbir ses os, qui s'enfonceraient peu à peu dans la terre russe, au cœur de cette forêt qu'il avait tant aimée.

Les arbres semblaient s'allonger sur le sol, les brises exhalaient la nuit, des ombres conspiraient dans les sous-bois.

— On approche ? demandait Lissowski.

— C'est bientôt ? interrogeait Khichtch.

Et Mirone jetait des regards apeurés vers les taillis qui noircissaient à vue d'œil.

Psar continuait d'avancer sans répondre, mais il ralentissait le pas, soit que l'âge reprît le dessus, soit qu'il ne fût pas pressé d'arriver. À un endroit :

— Attention, dit-il. Passez bien les uns derrière les autres. La glace est encore solide, mais on ne sait jamais.

Et il chemina de repère en repère, de branche rompue en souche moussue, obliquant tantôt à droite tantôt à gauche entre les touffes de roseaux pris dans la glace. Les chevaux s'ébrouaient, mécontents de l'odeur d'eau qui leur emplissait les naseaux. Les hommes regardaient où ils posaient les pieds. Çà et là, on voyait une flaque d'eau miroiter à la surface d'une glace opaque enrobant une touffe d'herbe ou une branche tombée. Le soir descendait. Bientôt on n'y verrait plus grand-chose. Lissowski arrêta son cheval :

— Écoute, Névéja, nous n'irons pas plus loin si tu ne nous dis pas dans combien de temps nous arriverons.

— Combien de temps, combien de temps, bougonna Psar sans s'arrêter, sans se retourner. Je n'ai pas de montre allemande comme vous autres pour vous dire combien de temps. Nous n'y sommes pas encore, mais nous avons dépassé les trois quarts du chemin.

Lissowski ne pouvait se résigner à lâcher sa proie. « Oui, en ce moment je ne suis pas à mon aise et mes hommes s'angoissent et mon cheval bronche, mais, quand le roi me donnera quelque beau domaine près de Cracovie, ne serai-je pas bien content de n'avoir pas reculé aujourd'hui ? »

Soudain, un grand froid s'abattit sur la forêt et l'on vit entre les arbres, au ras de l'horizon, flamboyer les lueurs du couchant qui s'éteignirent presque aussitôt. L'obscurité ne tomba pas pour autant, car la lune s'était levée et répandait sur les bois une lumière cuivrée et doucement triomphale.

La troupe avait débouché dans une large clairière au milieu de laquelle elle formait un long serpentin.

Psar s'arrêta et se retourna, son visage buissonneux inondé de lune.

— Voilà.

Lissowski s'approcha, bousculant Psar avec le poitrail de son cheval.

— Comment voilà ?

— Nous sommes arrivés.

— Arrivés où ? Il n'y a pas d'abri.

— D'abri, il n'y en a jamais eu. On n'a pas besoin d'abri pour chasser l'ours. On dort dans la neige.

Psar riait ouvertement. Il avait berné le diable.

— Alors où sommes-nous ? flûta Khichtch en s'avançant, son fouet levé.

Son cheval glissa sur le côté. La glace craqua. La masse du cheval et du cavalier pyramidal s'abattit dans l'eau. Les gouttelettes jaillirent comme des étincelles. Le cheval, cambrant puissamment l'encolure et la croupe, surnagea. Un instant on vit Khichtch reparaître, sa cuirasse luisant dans la lune. Un cri et il s'abîma. Des lézardes noires coururent à la surface de la glace couverte de neige. Le cheval de Khichtch essayait désespérément de reprendre pied, mais il ne retrouvait plus de sol ferme, et, plus il s'agitait, plus la glace amincie par le printemps s'effritait autour de lui.

— Vieillard, où nous as-tu amenés ? cria Lissowski.

— Où vous allez mourir, répondit Psar.

Le dizenier placé en serre-file a compris ce qui se passe. Il fait pivoter sa monture. L'antérieur gauche glisse, se rétablit. Le cheval se cabre. Le dizenier vide les étriers et crève la glace avec son dos. Le cheval s'enfuit. Il n'a pas fait trois bonds qu'il écrase la glace à son tour.

Lissowski tira son sabre et frappa Psar. Au dernier mouvement, il biaisa le coup : s'il tuait le guide, où irait-il ? Il se contenta de lui briser la clavicule. Il arracha la lame de la blessure et la leva à nouveau :

— Où aller maintenant ? Réponds où je te...

Dans la lune, Psar lui souriait :

— Tu ne peux rien me faire.

De tout côté, la glace craquait sous des corps : les Polonais tombaient dans l'eau glacée et s'y noyaient. Plusieurs se jetèrent sur Psar. Certains, s'étant à peine écartés sur le côté, glissèrent à leur tour. De nouveau, Lissowski sabra Psar à l'épaule, lui en arrachant la moitié.

— Sauve-nous ! Ramène-nous ! criait-il d'une voix étranglée.

Un Polonais, se glissant le long du cheval de Lissowski, frappa Psar avec son poignard, et Psar sentit la lame s'enfoncer dans son ventre. Il tomba à genoux. L'homme le frappa du pied au visage.

— Où ? Où ? criait-il.

Il y avait bien, au milieu du marais, une mince langue de terre, ferme encore que vaseuse et glissante, celle qu'on avait suivie pour arriver, mais, maintenant qu'on s'était jeté de côté et d'autre, comment la retrouver sous la lune, dans la neige malaxée par les sabots des chevaux, éclaboussée par l'eau, miroitante d'éclats de glace ? Et même si on y parvenait, comment ne pas se perdre plus loin ? Le marécage s'étendait sur des dizaines de verstes.

Plusieurs hommes avaient atteint Psar et, stupidement, le bourrelaient avec leurs dagues, le hachaient avec leurs sabres tandis que Lissowski, espérant toujours trouver un chemin pour s'échapper, criait « Arrêtez, fils de chienne ! » Personne ne l'écoutait. Psar était tombé sur le dos et ne sentait plus les lames qui lui fouillaient les entrailles. Il regardait, droit au-dessus de lui, le ciel pur de la Russie.

Voyant qu'il n'était plus obéi, Lissowski tourna bride. Il vit, dans la clarté de la lune, les ombres des derniers de ses hommes courir de côté et d'autre sur la glace et puis s'effondrer et s'engloutir. La langue de terre était barrée par le cheval de Mirone qui était tombé sur son cavalier, l'écrasant sous son poids et se brisant la colonne vertébrale. Lissowski mit pied à terre. Il tremblait de tout son corps. Il se força à ne pas bouger pendant un long moment, pour reprendre son calme. Puis il grimpa par-dessus le corps du cheval qui était encore parcouru de frissons et s'engagea sur la bande de terre émergée. Maintenant, que les chevaux et les hommes ne tourbillonnaient plus tout autour, on la distinguait assez clairement. Pas à pas, fouillant les eaux avec son sabre, ne mettant un pied devant l'autre que lorsqu'il était sûr du sol, Lissowski avança. Deux fois, il dut revenir en arrière, car il s'était trompé de chemin et était entouré d'eau. Enfin la pointe de son sabre rencontra de la résistance de tous les côtés, ses semelles ne glissèrent plus sur la glace et la glaise. Il s'arrêta pour respirer et s'essuyer le front. Il crut voir des ombres bouger autour de lui, mais, comme un nuage venait de cacher la lune, il ne sut pas ce que c'était. Il courut à un sapin et, malgré ses membres flageolants, réussit, en écorchant ses mains qui se couvraient de résine, à hisser son petit corps dans le branchage. Il attendit, le souffle court.

Le tohu-bohu des chutes et des cris s'était apaisé. On n'entendait plus que les chevaux et quelques hommes sachant nager qui pataugeaient encore dans le noir.

Le nuage passa, et la lune apparut de nouveau.

Une trentaine de loups étaient assis autour du sapin, leurs museaux dressés, leurs yeux luisant comme des lucioles jaunes, leurs narines moites s'enflant et se dégonflant tour à tour, leurs langues pendant entre leurs crocs.

Ils ne bougeaient pas. Ils avaient le temps.

*

Au milieu du marécage, Psar était étendu, les bras en croix, perdant par toutes ses blessures son sang qui se mélangeait aux eaux printanières, Psar cloué à la Russie, Psar heureux. Au dernier moment, il retrouva une de ces prières qu'il avait oubliées, et ses lèvres, sur lesquelles le sang se caillait, murmurèrent :

— *Seigneur, fais miséricorde.*

10

Le 14 mars 1613, après la liturgie, comme tous les clochers de Kostroma carillonnaient, un cortège portant des icônes et des bannières déployées quitta la ville en direction du monastère de saint Ipaty, où, après la disparition de la bande de Lissowski, les Romanov étaient revenus s'installer. Le clergé, les voïvodes, la noblesse, les marchands, le peuple, hommes et femmes, tous les habitants s'étaient rangés derrière la délégation venue de Moscou, et Mafka, mêlée à un groupe de jeunes filles, se tordait le cou pour apercevoir Sandro Psar, qui, en kaftan bleu brodé, caracolait derrière l'archevêque, au milieu des boyards, des princes, des panetiers, des estafiers, des scribes, des capitaines de streltsi et des atamans de cosaques qui, arrivant de la capitale et porteurs de la volonté des États Généraux, figuraient à juste titre le peuple russe unanime.

La moniale Marfa et son fils Mikhaïl attendaient la délégation devant le portail. Ils baisèrent les icônes et rentrèrent dans le monastère où un service fut célébré dans l'église de la Trinité. Après quoi, l'archevêque annonça solennellement à Mikhaïl qu'il avait été choisi pour régner sur la Russie. Sandro retint son souffle.

Ce fut la mère qui répondit. Son visage austère, raviné par les larmes, ne souriait pas.

— Est-ce bien le moment, demanda-t-elle, de proposer à un adolescent sans expérience un État ruiné par la sauvagerie des Polonais et des Lithuaniens et par l'inconstance des Russes, qui ont trahi et assassiné le tsar Féodor, fils de Boris, trahi et assassiné le premier faux tsar Dmitry, trahi et livré le tsar Vassily, servi et assassiné le second faux Dmitry, accepté et renié le prince Vladislav ?

Sa voix s'enflait sous les voûtes peintes à fresque :

— Le trésor des tsars a été pillé, les biens domaniaux ont été distribués à quiconque en voulait. Avec quoi le tsar paiera-t-il ses serviteurs ? Quels seront ses revenus ? Comment défendra-t-il la Russie contre ses ennemis ?

Et elle acheva :

— Vous voulez que mon fils règne, mais comment puis-je lui donner ma bénédiction, alors que son père, le métropolite Filarète, est prisonnier de Sigismond et à sa merci ? Si le roi apprend qu'à la demande du peuple russe Mikhaïl est devenu tsar, qui l'empêchera d'en tirer vengeance ?

Mikhaïl lui-même, figé dans sa robe hiératique et roide, ne bougeait pas plus que s'il avait été une statue d'ivoire vêtue de brocart. Aucune émotion ne passait sur son visage et, ne pouvant contredire sa mère, il gardait la bouche close et les yeux baissés.

Le métropolite répliqua que le peuple russe avait été divisé pendant de longues années mais qu'il n'avait plus maintenant qu'une volonté : voir Mikhaïl régner. Quant à Filarète, des mesures avaient été prises pour sa protection : on l'échangerait contre une multitude de prisonniers polonais.

La moniale ne parut pas convaincue et se retira avec son fils.

L'assistance se dispersa. Chacun faisait ses pronostics. Comment refuser un tel honneur ? Comment accepter un tel fardeau ? Mikhaïl n'était-il pas en âge de prendre ses décisions lui-même ? Pourrait-il régner sans la bénédiction maternelle ? Au demeurant, n'était-il pas d'usage de refuser d'abord le trône pour le mieux accepter ensuite ? L'archevêque et les Moscovites reviendraient-ils à la charge demain ? Que leur serait-il répondu ?

Sandro quitta l'église en hâte et se lança à la recherche de Mafka. Elle l'attendait au bord de la Kostroma.

Il s'inclina cérémonieusement devant elle et elle devant lui, puis elle le prit par le bras et l'entraîna le long du fleuve.

— Eh bien, lui dit-elle, mon clair faucon a donc volé jusqu'à Moscou ?

— Et il est revenu voir sa colombe aimée, répondit Sandro en la pressant contre lui.

Elle marchait, la tête abandonnée sur son épaule.

— As-tu tué beaucoup de Polonais ?

— Quelques-uns.

— Et tu enverras bientôt la marieuse ?

— Dès que tu me le permettras.

— Aussitôt que nous aurons un tsar.

— Pourquoi un tsar d'abord ?

— Il faut que tout soit rentré dans l'ordre avant de recommencer le monde.

— Alors Mikhaïl doit accepter le plus vite possible ?

Il la caressait et elle ne se dérobait pas. Elle se considérait déjà comme sa femme.

— Oui, dit-elle, le plus tôt possible.

— Eh bien, je vais aller le chercher et nous le persuaderons.

Il la laissa sous un saule dont elle arrachait un à un

les bourgeons pour les mordiller avant de les jeter dans les remous de la Kostroma à ses pieds. Il courut jusqu'au monastère et se présenta chez les Romanov. Marfa était en prière et Mikhaïl faisait les cent pas sur la galerie qui longeait la maison par derrière et communiquait avec le chemin de ronde. En apercevant Sandro il se jeta dans ses bras.

— Je suis heureux de te voir en bonne santé, Mikhaïl Féodorytch, lui dit respectueusement Sandro.

— Je ne le suis que grâce à ton grand-père qui a donné sa vie pour moi.

— Que le Royaume des cieux soit à lui ! Un vieil homme du tsar comme lui ne pouvait avoir de plus belle mort.

Ils demeurèrent silencieux le temps de dire une prière. Où était-il maintenant, le vieux génie des marais et des bois, des bêtes et des poissons ? Où était-il, celui sur qui pesait on ne savait quelle malédiction ? Ils prièrent tous les deux pour qu'il fût dans le sein du Christ.

Sandro avait maintenant perdu son grand-père et son père. Hormis son oncle, il se trouvait en première ligne. Il pria aussi pour avoir bientôt des fils afin que les rangs des Psar fussent comblés.

— Viens avec moi, Mikhaïl Féodorytch. Je veux te présenter ma promise. Il faut que tu acceptes bientôt de régner sur nous, parce qu'elle refuse de m'épouser avant cela.

Mikhaïl suivit Sandro jusqu'au fleuve et ils trouvèrent Mafka en train de se tresser une couronne de perce-neige. Elle s'inclina devant Mikhaïl, la main droite touchant le sol :

— Porte-toi bien, souverain.

Il s'inclina aussi, avec bonne grâce.

— N'es-tu pas de la famille des Chestov ? Il me semble t'avoir vue avec ma mère. Et ton père n'a-t-il pas perdu une jambe au service du tsar ?

— Une jambe et un bras, souverain.

Elle le regardait, attendrie de son attention.

— Voilà la fille, dit Sandro, qui ne veut pas que je lui envoie de marieuse avant que tu ne sois tsar.

Mikhaïl souriait rarement, mais soudain une lueur espiègle pétilla dans son œil :

— Alors je vois bien qu'il faut que je me dépêche.

Mafka poussa un cri de joie :

— Tu acceptes donc ?

— Je ne peux rien imposer à ma mère ; je ne peux rien refuser non plus à notre mère à tous, la Russie. Puisque telle est la volonté de Dieu...

Les trois jeunes gens marchèrent dans l'herbe fraîche, le long de la Kostroma qui les reflétait ondulant dans l'eau : Mikhaïl tout or et argent, Sandro bleu, et Mafka avec son beau sarafan rouge.

*

Le soir, Mikhaïl retrouva sa mère. À la lueur des veilleuses, les icônes brasillaient autour d'eux, sous les voûtes basses de la maison où Mikhaïl avait grandi. L'icône de la Tendresse dominait toutes les autres.

— Je ne te laisserai pas partir, disait Marfa avec obstination. Les Russes ont perdu l'esprit. Ils mettent à mort les souverains qu'ils se donnent. Quelquefois, je pense que notre pays ne plaît pas au Seigneur Dieu, qu'il est fait pour être gouverné par des étrangers : Vikings, Tartares, Polonais...

— Non, mère, répondit fermement Mikhaïl, tu n'as pas le droit de parler ainsi. Le pays qui a enfanté saint Serguéï et tant d'autres saints ne peut pas disparaître de la face de la terre. Dieu a formé des projets pour ce pays et ces projets passent par notre famille. Je ne souhaitais pas la vanité de régner, mais j'en accepte le service. Oui, si je refusais maintenant, peut-être que les Suédois, qui nous ont déjà pris Novgorod, et les Polonais et nos autres voisins parviendraient à nous détruire. Et alors les reliques de nos saints seraient dispersées et nos icônes profanées et c'en serait fait de nous et de l'orthodoxie, et, ô ma mère, ce serait notre faute. Mais toi, qui m'as appris à parler notre langue et à prier notre Dieu, tu ne peux point désirer cela. J'ai vu des choses dans mes rêves, et je sais que je suis né pour le bien de notre pays. D'autres naîtront de moi, qui, pendant des siècles, poursuivront mon œuvre, et la Russie deviendra un grand pays, prospère et puissant, au service de Notre Seigneur Jésus-Christ.

— Ta décision est donc prise, mon fils ? demanda Marfa, la gorge serrée.

— Suppose que mon père soit ici, parmi nous, comme il le sera un jour. Quel ordre crois-tu qu'il me donnerait ?

Marfa ravala ses larmes. Elle se leva et en même temps son fils s'agenouilla. Entre les icônes, ils ressemblaient eux-mêmes à des icônes. Elle fit le signe de la croix sur son front :

— Je te bénis, dit-elle. Je te bénis pour être tsar.

11

Le train du tsar traversa difficilement la Russie. Le trésor était vide, les carrosses et les chevaux manquaient, les brigands continuaient de piller les paysans.

Mikhaïl n'était pas encore arrivé à Moscou qu'il envoyait déjà un appel à la paix civile, et il fut mystérieusement obéi. Les atamans jurèrent qu'il y en aurait toujours deux à vérifier les campements d'un troisième pour empêcher l'accumulation du butin, on envoya des détachements de streltsi dans les campagnes, on poursuivit les bandits avec énergie.

Le 2 mai, deuxième dimanche après Pâques et jour des Myrrhophores, le tsar aperçut enfin sa capitale ruinée, incendiée, détruite, mais qui renaissait à la vie. Un office fut célébré dans la cathédrale de l'Annonciation, la plus gaie des trois cathédrales du Kremlin. Après quoi des hommes de tous ordres vinrent baiser la main du tsar en lui disant :

— Dieu te donne d'être heureux pendant des années sans fin. Nous te jurons sur la croix de te servir fidèlement jusqu'au dernier jour de notre vie.

Le 11 juillet, dix-septième anniversaire du Monarque, eut lieu son couronnement en la cathédrale de l'Assomption.

Il sortit de son palais dont le toit fuyait. On avait eu peine à y trouver des logements acceptables pour sa mère et pour lui.

Il était précédé par les insignes royaux, le Globe surmonté de la Croix, le Sceptre d'or, le Scabellon et le Plat d'or portés par les plus grands dignitaires de ses États. Derrière lui marchaient les boyards de la Douma, les scribes, les estafiers, les gentilshommes, les écuyers, et des hommes de tout rang, vêtus de leurs plus beaux habits.

Dans la cathédrale, les boyards et les autres dignitaires se tinrent à la droite de l'estrade, les moines représentant les divers monastères se tinrent à gauche. Un métropolite, quatre archevêques, deux évêques et cinq archimandrites officièrent. Le jeune souverain s'adressa, non pas au métropolite comme on s'y attendait, mais à l'assistance tout entière. Il rappela que, depuis Rurik le Grand jusqu'à son lointain descendant Féodor, la même famille avait régné pendant sept siècles sur la Russie, « sans oscillations ni secousses », et que, depuis la mort de Féodor, la légitimité avait disparu au profit de divers félons et filous.

— Maintenant, conclut-il, en vertu de notre parenté avec notre oncle le tsar Féodor Ivanytch, conformément aux insondables desseins de Dieu, vous, la terre russe unanime, vous nous avez choisi pour que nous montions sur le trône immémorial de l'État russe. À vous, prieurs de Dieu, de nous couronner selon le rite et l'héritage tsariens d'antan.

L'archevêque prit alors entre ses mains la Tiare de Monomaque et la déposa sur la tête du Grand Tsar Blanc qui allait régner sur les Grands-Russiens, les Petits-Russiens, les Biélorussiens, les Lapons, les Tartars, les Vikings, les Tcherkesses, les Mongols, les Khazars, les Turkmènes, les Kalmouks, les Samoyèdes, les chrétiens, les musulmans et les juifs de son empire :

— Reçois donc sur ton front le diadème immémorial de la souveraineté, car tu es le sarment clair et sublime du cep antique et glorieux de nos tsars.

Ainsi Mikhaïl Féodorytch fut-il couronné autocrate de toutes les Russies, Vladimir, Moscou et Novgorod, tsar de Kazan, tsar d'Astrakhan, tsar de Sibérie, seigneur de Pskov, grand-duc de Smolensk, d'Ibérie, de l'Ougra, de Perm, de Viatka, de Bulgarie, seigneur et grand-duc de Nijny-Novgorod, Tchernigov, Riazan, Polotsk, Rostov, Iaroslav, Belozersk, Obdorsk, Kondinsk, souverain du pays septentrional, seigneur des terres de Kartalie, césar de Géorgie, prince des terres de Kabarda, de Circassie et d'Igor, potentat et modérateur d'autres nations.

Le tsar nomma le prince Pojarsky boyard, anoblit Kozma Minine dit Bras-sec et commanda que les prisonniers polonais fussent dorénavant bien traités.

Les fêtes durèrent trois jours, pendant lesquels il fut interdit d'observer les préséances.

ÉPILOGUE

1

Sandro s'apprêtait à repartir pour Kostroma afin d'épouser Mafka, mais il n'obtint pas de congé. L'ataman Zaroutsky avait gagné le pays d'Astrakhan pour y lever l'étendard de la révolte et il mettait tout le pays à feu et à sang, sous prétexte de porter sur le trône le seul héritier légitime, Ivan Dmitritch, âgé de quatre ans, le fils de Marina et du Filou de Touchino. Ce n'était pas le moment de quitter le service.

Le tsar Mikhaïl écrivit à Zaroutsky :

Songeant à Dieu et à ton âme et à toute notre foi chrétienne orthodoxe, et voyant la grâce de Dieu sur nous, grand souverain que nous sommes, et sur tout notre grand État ainsi que nos victoires et nos succès contre nos ennemis, quitte tes actions indécentes et ne renouvelle pas l'effusion du sang en nos États, perdant par là ton âme et ton corps, mais soumets-toi entièrement au grand souverain et apporte-lui ta faute. De notre côté, nous, grand souverain, notre caractère tsarien étant plein de miséricorde, nous te traiterons bien, nous remettrons tes fautes et nous les rectifierons par notre miséricorde tsarienne et à l'avenir tes fautes ne seront point rappelées.

Le clergé adressa aussi une lettre au rebelle, énumérant ses errements, le menaçant du Jugement dernier et garantissant la promesse du souverain : *Crois à la lettre du tsar, qui ne manquera pas à sa parole.*

Zaroutsky ne voulut rien entendre.

De vastes desseins l'agitaient. Il ne lui suffisait plus de soulever les cosaques et les Tartares, exploitant leurs divisions, prenant leurs fils en otages, massacrant ceux de leurs chefs qui ne cédaient pas à ses flatteries : il se laissait bercer par les rêves exotiques de Marina. Haïssant, et pour cause, les Russes, elle lui suggérait de dresser contre eux le chah de Perse et le Grand Turc :

— Avec de tels appuis, lui sifflait-elle dans l'oreille, tu soulèveras Iourta, les Nogaïs, les bandes nomades de Tcherkasses et de brigands, tu remonteras avec eux la Volga jusqu'à Moscou aux Têtes d'Or. Alors, quand nous aurons triomphé, tu seras, comme Alexandre, le maître de l'Asie et de l'Europe, et les fleuves, les rivières et les rus de ce pays ne charrieront plus de l'eau mais le sang des Moskals.

Le sang obsédait Marina : maintenant, quand Zaroutsky la prenait dans ses bras entre deux coups de main sur les villes avoisinantes ou entre deux séances de torture pour faire parler des prisonniers, elle le flairait, cherchant l'odeur du sang sur lui, et cela l'excitait.

Ils vivaient à la tartare, sous des yourtes de peaux de tigres et sur des tapis de Perse, buvant et mangeant dans de la vaisselle en or martelé ou en émail cloisonné, se grisant de la fumée des narguilés, faisant régner la terreur autour d'eux et y trouvant une dernière volupté. Zaroutsky obligeait les notables d'Astrakhan à lui signer des dons au bas de documents dont il leur cachait le haut, Marina interdisait aux églises de carillonner tôt le matin. Ils avaient l'illusion de régner.

Dès que les habitants d'Astrakhan apprirent l'approche de l'armée du tsar, ils se soulevèrent contre leurs tyrans.

*

Fidèle à son tempérament, Sandro était à la tête du premier détachement qui se jeta dans Astrakhan. Des cadavres traînaient dans les rues, des chevaux sans cavaliers trottaient de côté et d'autre, des détonations claquaient, hommes et femmes se précipitaient pour accueillir l'armée du tsar, et déjà l'on entendait les cloches des églises sonner la libération.

— Zaroutsky ? Où est-il ? demanda Sandro à un vieil édenté.

— Il embarque.

— En avant, Soumassachol !

La centurie de Sandro partit au galop.

Sur le port, les derniers partisans de Zaroutsky — quelques centaines — se partageaient les bateaux amarrés le long des quais de la Volga. Certains avaient déjà hissé les voiles carrées, d'autres ramaient de toutes leurs forces, d'autres se préparaient encore à embarquer. Un gaillard à la tête rasée, une touffe de cheveux sur le sommet du crâne, les bras striés de bracelets d'or, commandait la manœuvre : Zaroutsky !

— Sabre au clair !

On chargea. Des cosaques embarqués ripostaient avec leurs mousquets et Sandro vit deux des siens mordre la poussière. Mais sa cavalerie, lancée à toute allure, dispersa et sabra les cosaques qui restaient à terre. Au dernier moment, l'ataman sauta dans une barcasse.

Deux femmes restaient sur le quai de bois, l'une tenait un petit enfant dans ses bras.

— Lance ! cria Zaroutsky.

Elle le lança et il le déposa au fond.

— À toi maintenant.

L'une des femmes retroussa ses jupes et sauta dans la barque, déjà écartée du quai. L'autre, celle qui avait tenu l'enfant, hésita un instant ; un des cavaliers de Sandro la saisit aux cheveux et la hissa sur l'encolure de son cheval. Il se retourna, hilare :

— Regarde, centenier ! Je ne suis pas sans butin.

— Relâche-la, ordonna Sandro. Tu sers le tsar.

Repoussée d'un coup de gaffe, la barcasse s'éloignait dans le courant.

*

Perdu au cœur de l'immense delta de la Volga, dans l'île dite de l'Ours, environné d'un nuage de moustiques vrombissants, gros comme des hannetons, Sergo était couché entre les roseaux, la pointe de son kandjar contre la paume. S'il n'avait pas été chrétien, il se le serait plongé deux doigts sous le téton gauche.

Car Sergo n'avait plus rien maintenant : ni tsar, ni famille, ni même Danoucha, tombée aux mains des soldats russes et à qui il ne pouvait arriver que malheur.

Pendant plusieurs jours, la bande de Zaroutsky avait erré dans le delta, se transportant d'île en île, chassant ici, pêchant là, échangeant des regards de plus en plus méfiants, de plus en plus hargneux. Un espoir : la région était mal connue des Russes, et, si l'on arrivait à gagner la Caspienne, on pourrait se réfugier en Perse, mais comment y serait-on reçu ? Les cosaques préféraient rejoindre la terre ferme, y voler des chevaux, rentrer chez eux. Et c'était maintenant le cosaque Moustache qui commandait : personne n'obéissait plus à Zaroutsky ni à Marina. Même le petit Ivan était au pouvoir de Moustache.

Au loin, sur l'eau plate et miroitante, jaunâtre et bleue, entre les roseaux gris, l'œil exercé de Sergo distingua un mouvement. Qu'était-ce ? Il plissa les paupières. Des bateaux avançaient en ligne, sans même raser la rive pour se cacher. Bientôt on put voir qu'ils avaient hissé sur leurs mâts le drapeau jaune frappé de l'aigle bicéphale noire de la Russie. Toute une flottille approchait ainsi.

Par une meurtrière du fortin de rondins que les cosaques avaient construit, Marina regardait aussi les bateaux russes :

— Nous nous défendrons. Nous sommes nombreux, nous sommes armés. Nous avons le tsar Ivan Dmitritch avec nous.

Y croyait-elle encore ?

Elle connaissait l'histoire et ses renversements, ses batailles perdues et ses guerres gagnées. Pourquoi aurait-elle douté de son rêve impérial ? Ici, à la frontière de l'Occident et de l'Orient, n'était-elle pas sur les lieux mêmes de sa future capitale ? Car elle entendait bien que son empire s'étendît de la Pologne à la Sibérie. N'était-elle pas une tsarine couronnée? N'avait-elle pas donné le jour à un fils qui serait un jour le maître du monde? Les moustiques qui vrombissaient autour d'elle, piquant ses joues, son cou, ses mains, les couvrant de rougeurs, la tourmentant de démangeaisons, n'étaient-ils pas semblables aux ennemis qui pouvaient la déranger, non la détruire? Il suffit de vouloir assez fort et tout est possible, pensait l'arienne. Le monde n'est qu'un conflit de volontés. Il n'y a pas de destin, il n'y a pas de plan de Dieu, il n'y a que ce qui est et qu'on peut changer. Elle ferma les yeux. La vision des bateaux et des aigles n'allait-elle pas s'évanouir?

Au bout d'un moment, Marina regarda de nouveau. Les bateaux et les aigles s'étaient rapprochés.

Zaroutsky vint à son tour regarder par la meurtrière. Il vit des couleuvrines apparaître à la proue des bateaux et sut que la fin ne tarderait pas.

Toutefois, là d'où elle vint, il ne l'attendait pas. Le cosaque Moustache se dressa derrière lui, accompagné des siens, qui apportaient des cordes. Zaroutsky avait laissé son sabre dans l'abri où il couchait. Il comprit qu'il allait être livré. Il se laissa lier les poignets.

— Marinka, dit-il, j'aurais préféré mourir en me battant, mais Dieu ne l'a pas voulu. Nous aurons passé de bonnes heures ensemble. Maintenant, adieu.

Marina se débattait: elle était la tsarine, on n'avait pas le droit!...

On conduisit les prisonniers sur la plage. On leur adjoignit le petit Ivan qui pleurnichait et essuyait du dos de la main son nez morveux. Moustache fit des signaux pour indiquer que la garnison se rendrait sans combattre. Une barque se détacha de la flottille et quelques hommes sautèrent dans l'eau peu profonde, tenant leurs pistolets prêts, en cas de piège. Le premier à atteindre la berge fut Sandro.

Il fit d'abord embarquer les prisonniers qu'on lui livrait, puis commença à garrotter les cosaques qui se présentaient sans armes, espérant la vie sauve en échange de leur trahison. Moustache fut le premier à se laisser attacher les mains.

— Je vois, seigneur, dit-il, que tu es un homme prévoyant, qui croit en son étoile. Tu as apporté beaucoup de bonne corde.

— Prie Dieu pour qu'elle ne serve qu'à vous ligoter, répondit froidement Sandro, qui savait à quels bandits il avait à faire.

L'un des premiers à se présenter pour qu'on l'arrêtât fut Sergo : il tendit ses poignets avec indifférence, mais Sandro le reconnut aussitôt.

— Oncle Sergo, que fais-tu ici ?

— Je me rends au tsar, puisqu'on me dit que nous en avons un maintenant.

— Nous en avons un, grâce à Dieu, et le meilleur de tous. As-tu servi contre lui ?

Sergo secoua la tête.

— Je n'ai jamais servi que contre les ennemis de la Russie et contre l'usurpateur Boris. Quoi qu'en pense mon frère.

— Ton frère est mort, dit Sandro sans ménagements, et ton père aussi.

Sergo fit le signe de la croix.

— Je voudrais les retrouver le plus tôt possible.

— Avec tout le respect, mon oncle, tu blasphèmes. Tu sais bien que notre vie ne nous appartient pas, mais au Seigneur Dieu.

Sergo sourit faiblement :

— Il n'y a donc pas le moindre espoir pour que tu me fasses pendre, beau neveu ?

— Non, puisque tu n'as rien à te reprocher. Je vais te transporter sur la terre ferme, et tu seras libre d'aller aux quatre vents... à moins que tu ne veuilles servir le Grand Tsar Blanc ?

Sergo hésita. Les événements l'avaient délié du service qu'il devait à Marina. Il n'avait pas quarante ans et son expérience militaire pouvait être utile à la Russie qui n'en avait pas fini de se défendre contre ses voisins. Mais quelque chose s'était rompu en lui. Sans jamais avoir trahi pour de vrai, il avait trop vécu avec des traîtres. Il lui manquait une pureté, une foi… Il tira de ses vêtements le kandjar à poignée d'argent que son frère lui avait donné dans des circonstances qu'il n'oublierait jamais :

— Non, Sandro. Je suis d'un autre temps, celui de la malheure : pour servir le Grand Tsar Blanc, il faut des cœurs neufs. Prends mon kandjar : je n'aurai plus besoin d'armes à partir d'aujourd'hui. Si quelqu'un veut ma vie, qu'il la prenne, et moi je ne désire celle de personne. Nous n'avons que trop versé le sang pendant ces années, et je me doute bien qu'il faudra encore en verser quelques gouttes pour donner le coup de grâce au passé, mais ce ne sera pas de mon fait. Tiens, prends.

En parlant, il regardait les prisonniers s'éloigner dans leur barcasse, environnés d'un buisson de lances et de fusils. Marina, Zaroutsky, le petit Ivan, ils sortaient de l'Histoire, à tout jamais.

Sandro passa à sa ceinture le second kandjar.

2

Sergo quitta la ville d'Astrakhan au lever du soleil et se dirigea vers le nord.

Il n'était plus vêtu comme un soldat mais comme un pèlerin, avec un bonnet en peau de lapin, une longue casaque serrée à la taille par un bout de corde, une culotte de serge, des chiffons enroulés autour des mollets et des bottes de feutre. Il portait un bâton pour s'aider à marcher et une besace pour y mettre le pain qu'il mendierait auprès des braves gens. Sandro lui avait donné des nouvelles de Danoucha : elle serait bien traitée, conformément aux ordres du tsar, et renvoyée en Pologne avec d'autres prisonniers de sa nation. Il ne la reverrait jamais, mais cela ne valait-il pas mieux ainsi ? Peut-être aimerait-elle quelque chevalier catholique romain qu'elle pourrait épouser et qui lui donnerait des enfants. Pour la première fois depuis bien longtemps, Sergo se sentait libre et serein.

À partir d'aujourd'hui, il serait l'un de ces pèlerins innombrables qui sillonnent la terre russe, allant de lieu saint en lieu saint, semblables les uns aux autres, indifférents aux intempéries, plongés dans un pèlerinage intérieur qui fait pendant à celui qu'accomplissent leurs pieds poussiéreux.

Pour commencer, il traverserait la Russie du sud au nord, et il gagnerait le lac Blanc. Là, à quelques verstes l'un de l'autre, se dressent deux monastères, l'un pour les femmes, l'autre pour les hommes. On raconte que les cloches du couvent de femmes sont argentines et légères et qu'elles chantent perpétuellement

Venez vite ! Venez vite !

tandis que les bourdons du moustier des hommes répondent gravement

Nous venons ! Nous venons !

et les prières des moines et des moniales se mêlent pour monter au ciel ensemble.

Dans le monastère des femmes s'était enfermée Avdotia, que Sergo avait aimée jadis : il lui serait doux de penser qu'elle n'était qu'à peu de verstes de lui. En sa qualité de pèlerin, il pourrait peut-être même l'apercevoir, mais il n'en ressentait pas le besoin. Son âme aspirait à un monde où il pourrait aimer Avdotia, Danoucha, son frère, ses amis et ses ennemis d'un même amour sans exclusives ni conflits.

Après le lac Blanc, il visiterait un à un les monastères russes et un jour il atteindrait la Laure souterraine de Kiev, le plus ancien, le plus sacré d'entre eux. De là — qui sait ? — peut-être se dirigerait-il vers les autres sanctuaires de l'orthodoxie, le mont Athos d'abord et enfin, si Dieu lui prêtait vie, la Terre Sainte…

Pour le moment, il marchait d'un pas allègre, en respirant largement l'air de la Russie enfin redevenue elle-même et il murmurait inlassablement la prière du cœur : *Seigneur Jésus-Christ, Fils de Dieu, fais miséricorde à moi pécheur.*

3

La marieuse entra dans le vestibule qui sentait le bois propre et frappa doucement à la porte.

— Entre, et que Dieu te bénisse, répondit une voix de commandement.

Elle entra dans l'isba et se tourna aussitôt vers l'angle placé à sa droite, qui était plein d'icônes, devant lesquelles elle s'inclina plusieurs fois en se signant dévotement et en murmurant :

— Mes reins ! Aïe, mes reins ! Vieillesse n'est pas liesse !

À sa gauche se dressait le poêle, et, soutenue par des piliers, une étagère placée à hauteur d'homme traversait la pièce : des cruches, des pots, des brocs s'y alignaient. Il n'était pas poli de passer sous l'étagère pour entrer plus avant à moins d'y être invité, et la marieuse ne se fit pas faute d'attendre le signal.

Le bonhomme Chestov, à qui manquaient un bras et une jambe, était assis sur un banc à droite, dans la partie de l'isba où se tenaient d'ordinaire les hommes, et sa femme s'affairait à gauche près du four, dans la partie habitée surtout par les femmes et séparée de la première par une autre étagère sur laquelle étaient rangés en bataille marmites, faitouts et chaudrons.

— Comment vas-tu, Mitrofanovna ? demanda Chestov, montrant par là qu'il se doutait bien que c'était lui que la vieille venait voir.

— Comment je suis ? Blanche comme la suie, répondit Mitrofanovna, qui avait toujours le mot pour rire. Mais à vous dire le vrai, Goury Aleksandrytch, je ne suis pas la dernière, grâce à vos prières.

— Eh bien, grâces soient rendues à Dieu, fit la femme de Chestov sans sortir la tête de son four, qu'elle recommençait à nettoyer pour se donner une contenance.

— Goury Aleksandrytch, je ne suis pas fière, je

viens vous voir pour affaires, reprit Mitrofanovna sur un ton chantant.

— Les affaires, dit Chestov, il y en a de bonnes et il y en a de mauvaises. C'est à voir.

— La sagesse de Salomon habite dans ta tête, mais nous aussi nous ne sommes pas des bêtes. Si vous avez de la marchandise à vendre, nous avons un acheteur pour la prendre. Et si nous trouvons belle votre pouliche, je peux vous assurer que nous ne serons point chiches. D'ailleurs nous ne sommes pas des brutes : une affaire, ça se discute. Et si vous n'êtes pas contents de nous, nous allons plier ailleurs nos genoux. En attendant, on peut s'asseoir en rangs d'oignons, ça fait déjà une réunion. Qu'en penses-tu, Goury Aleksandrytch ?

— Tu parles beaucoup, dit le vieux soldat estropié, mais de quoi parles-tu au juste ?

— En affaires, on ne doit pas être prompt : malheur à qui aborde un sujet de front. Il faut pourtant que tu saches que je ne joue point à cache-cache. Un taureau veut une génisse et une oie veut un jars : il est bon qu'on en finisse avant qu'il ne soit trop tard.

— Je connais tes rimes, dit Chestov, et je veux bien m'en amuser de temps en temps. Tu devrais tout de même parler plus clairement.

— Plus clairement, mon pigeon ? Comment donc, mon pigeon ! Vous avez engendré-allaité, toi et ta femme, la plus belle fiancée de Kostroma. C'est, comme qui dirait, une cygne blanche, une colombe dodue. Nous, de notre côté, nous connaissons un faucon d'azur, un aigle incomparable. Il a le sourcil noir et le teint de lait, le cheveu châtain et de barbe point. Mais elle lui viendra, car les voïvodes l'aiment et le tsar lui veut du bien.

— Eh bien, dans ce cas, dit Chestov, viens nous en parler de plus près.

Mitrofanovna plongea aussitôt sous l'étagère protocolaire. Mafka, couchée dans le grenier, vit, entre deux lattes du plancher, la marieuse franchir la ligne fatidique, se releva, courut à la lucarne et agita son foulard. Elle ne chercha même pas à voir son amoureux : elle savait qu'il serait bien embusqué. Elle descendit par le petit escalier, prit un joug et deux seaux, et sortit, sachant que ses parents et la marieuse en seraient déjà à traire le samovar et à faire tremper dans leurs tasses de thé bouillant des confitures de groseille, de mûre et de framboise.

Le joug ballant sur les épaules, la démarche déhanchée, déjà insolente, de celles qui ont trouvé chaussure à leur pied, la belle Mafka descendit, malgré l'heure tardive, vers la Kostroma. Sandro eut tôt fait de la rejoindre. Au début, ils ne se dirent pas un mot, et marchèrent silencieux dans le clair de lune, tant ils éprouvaient de plénitude à se trouver ensemble. Enfin, Sandro demanda :

— Comment cela se passe-t-il ?

— Au mieux. En sortant, j'ai tendu l'oreille et je les ai entendus parler à voix basse de ma dot et de tes cadeaux.

Sandro s'arrêta dans le chemin et tourna Mafka vers lui :

— Mafka, je ne suis qu'un homme du tsar avec un petit domaine ruiné, tu n'es pas bien riche non plus. Quoi qu'ils décident, eux, là-bas, ne nous y trompons pas : tu es ta dot et je suis mon cadeau.

— Je n'en veux pas d'autre, dit Mafka.

Elle se jeta dans ses bras avec tant d'impétuosité que son joug tomba à terre et que les seaux de bois, roulant à grand bruit, dégringolèrent la pente jusqu'à la Kostroma.

L'un d'eux s'arrêta sur le bord, mais l'autre tomba à l'eau avec un plouf que les amants n'entendirent pas. Oscillant légèrement comme s'il se prenait pour un grand bateau, il descendit sans hâte la Kostroma qui le conduisit jusqu'à la Volga, mère de tous les fleuves russes. Peut-être vogua-t-il jusqu'à Nijny-Novgorod, peut-être voyagea-t-il jusqu'à Kazan. Peut-être, gonflé et moussu, alla-t-il se perdre tout là-bas, à l'autre bout de l'Empire du Grand Tsar Blanc, dans les flots sablonneux de la mer Caspienne.

NOTE DE L'AUTEUR

Le Grand Tsar Blanc est le troisième et dernier volume d'une trilogie dont le premier s'appelle *Les Hommes du Tsar* et le deuxième *Les Faux Tsars*. L'ensemble, sur lequel j'ai commencé à travailler en 1987, est achevé aujourd'hui, en 1995. Il raconte, sous forme romancée, l'histoire russe de 1580 à 1613 et constitue, du moins pour son auteur, une réflexion, qui n'est peut-être pas tout à fait hors de saison, sur la légitimité du pouvoir.

Premier tome : fin de la dynastie sept fois séculaire des Rurikides. Deuxième tome : désordres liés à l'illégitimité des usurpateurs et des imposteurs qui se succèdent sur le trône. Troisième tome : avènement presque miraculeux des Romanov qui assureront à la Russie trois cents ans de paix civile et décupleront son territoire.

Pourquoi telle structure politique est-elle ressentie par la presque unanimité du peuple comme légitime et même comme sacrée, alors que telles autres sont vomies à plus ou moins brève échéance ? Cette question devrait un jour faire l'objet d'une étude historique, sociologique et peut-être métaphysique. Pour ma part j'ai préféré l'aborder sous l'angle d'une « modélisation poétique », espérant que les images m'apporteraient une réponse que les abstractions ne m'auraient sûrement pas donnée.

C'est dans cette perspective que j'ai traité la vérité historique, la simplifiant souvent, prêtant à des héros fictifs les actes de personnages réels dont j'ai diminué le nombre, resserrant de temps à autre la chronologie, mais ne modifiant aucune ligne de force de l'Histoire.

Le déroulement de l'action est donc conforme à ce que nous savons de cette période difficile d'accès pour laquelle N.I. Kostomarov a été mon guide, avec son irremplaçable *Temps des Troubles de l'État de Moscou au début du XVIIe siècle.* Parmi les personnages principaux, seuls les Psar sont imaginaires. Les portraits des personnages réels sont, au physique et au moral, conformes à ce que j'ai pu découvrir d'eux. Les documents présentés en italique sont originaux ou très proches de l'original. Les détails sont aussi authentiques que possible : par exemple Mstislavsky a réellement offert des cerises et des pastèques à Jolkewski et le sabre de Pojarsky est tel que je le décris. Les descriptions des intérieurs du Térem doivent être partiellement anachroniques car je n'ai pu travailler que sur celui des Romanov, mais l'horloge de la porte du Sauveur, elle, était déjà en place en 1612.

On me reprochera, je le prévois, la peinture que je fais des envahisseurs polono-lithuaniens et de leurs atrocités. On est plus habitué en Occident à voir dépeindre les cruautés russes, à l'époque des partages de la Pologne, deux siècles plus tard. Mais le lecteur doit savoir que, loin de forcer la touche, je me suis appliqué au contraire à composer de l'occupation polonaise une image nuancée, montrant plusieurs Polonais sympathiques, héroïques, tolérants, attribuant une part des exactions aux pillards cosaques ou à la racaille russe, et passant sous silence les horreurs les plus choquantes. Il n'en demeure pas moins que la Pologne ne s'est pas montrée à cette époque sous son jour le plus séduisant — le prétexte religieux de la conquête ne faisant qu'ajouter l'hypocrisie des politiques à la sauvagerie des mercenaires.

Un aspect de l'histoire de Russie fait chanter mon imagination : c'est le rôle qu'y jouent les petits garçons russes, auxquels Dostoïevski a consacré de si belles pages dans *Les Frères Karamazov*. Tout commence au Xe siècle avec un bâtard de quatorze ans, le futur saint Vladimir, placé sur le trône de Novgorod. Cela se poursuit avec Ivan le Terrible qui, devenu tsar à trois ans, défie l'assemblée des boyards et prend le pouvoir effectif à treize, avec son fils Dmitry égorgé à sept, et avec Mikhaïl Féodorytch Romanov, pressenti comme tsar depuis le berceau et choisi pour régner à seize. Cela paraissait se terminer avec Alexis, fils de Nicolas II, le tsarévitch hémophile assassiné à quatorze ans en 1918, mais il ne faut pas oublier que le grand-duc Georges, héritier légitime de la dynastie des Romanov, n'est aussi, à l'heure où j'écris, qu'un adolescent.

Le vieux Psar est l'axe de la trilogie. J'ai senti que cet assassin du dernier des Rurikides (les historiens ne savent pas qui a tenu le couteau) devait être aussi le sauveur du premier des Romanov. Je n'ai rien voulu enlever par là à Ivan Soussanine, le héros de *La Vie pour le tsar* de Glinka, qui, dans des circonstances semblables, donna sa vie pour Mikhaïl Féodorytch (sans doute ne fut-il pas le seul). Psar demeure, pour moi, le symbole de la survie de la Russie cosmique à travers les soubresauts et les convulsions qui marquent son histoire et qui s'y compensent.

*

Toutes sortes de problèmes se posent à qui veut transcrire en français des noms russes : j'ai essayé de le faire de la manière la plus phonétique possible, tout en respectant, à la fin des noms de famille, les *-sky* russes et les *-ski* polonais. J'ai tenté de simplifier les appellations, mais je n'ai pu renoncer à un diminutif de temps en temps : Marina-Marinouchetchka. Le vocabulaire russe et polonais a été réduit au minimum. On imagine que les mots suivants seront mieux compris s'ils sont pourvus d'une définition.

Ataman : général de cosaques.
Baba-yaga : sorcière.
Bartchouk : jeune seigneur.
Bigos : choucroute polonaise.

Boyard : fonction de conseiller du tsar.
Boyarina : femme du boyard.
Cosaque : littéralement, homme libre — cavalier du Sud de la Russie se considérant comme indépendant de toute souveraineté.
Domovoï : esprit de la maison.
Douga : élément de harnais en forme d'arc outre-passé placé au-dessus de l'encolure du cheval.
Douma : conseil, en particulier conseil des boyards.
Egri bikaver : sang de taureau, vin hongrois.
Hetman : général élu chez les cosaques ou les Lithuaniens.
Iconostase : cloison constituée d'icônes séparant le chœur de la nef dans une église orthodoxe.
Kaftan : veste.
Kandjar : poignard caucasien.
Knout : fouet.
Kremlin : citadelle.
Kvas : boisson faite avec du pain fermenté.
Léchy : esprit des forêts.
Moskal : terme péjoratif polonais pour désigner les Russes.
Pertsovka : vodka au poivre.
Pirog : pâté en croûte.
Popadia : femme de prêtre orthodoxe.
Pope : prêtre orthodoxe avec nuance péjorative.
Roussalka : sirène.
Sajène : environ 2 mètres.
Sarafan : robe sans manches portée par-dessus une blouse.
Strelets, streltsi : tirailleur.
Tatouch : papa en polonais.
Télègue : charrette.
Térem : étage supérieur de la maison ; avec une majuscule : palais du tsar.
Tsarik : petit tsar (par dérision).
Vchistkié diabli : tous les diables, juron polonais.
Verste : environ 1 kilomètre.
Voïvode : général.
Zaporogues : cosaques du Dniepr.
Zoubrovka : vodka à l'herbe de bison.

LES LIEUX DE L'ACTION

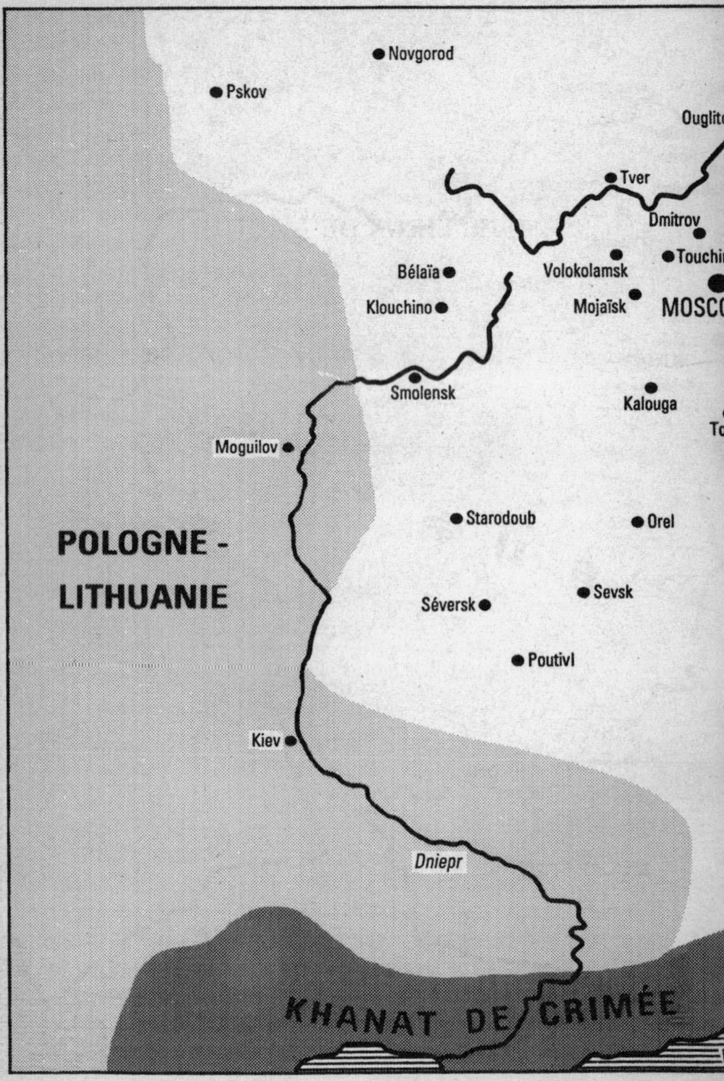
Novgorod
Pskov
Tver
Dmitrov
Volokolamsk
Bélaïa
Klouchino
Mojaïsk
Smolensk
Kalouga
Moguilov
Starodoub
Orel
POLOGNE - LITHUANIE
Sevsk
Séversk
Poutivl
Kiev
Dniepr
KHANAT DE CRIMÉE

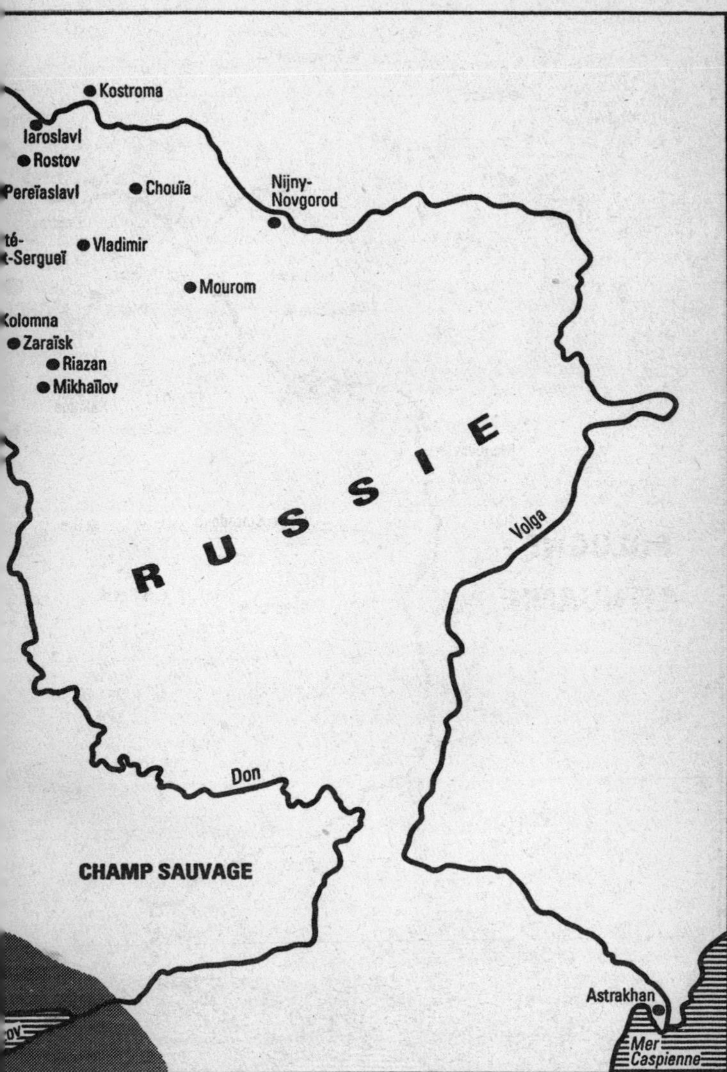

Kostroma
Iaroslavl
Rostov
Pereïaslavl
Chouïa
Nijny-Novgorod
té-
-Sergueï
Vladimir
Mourom
Kolomna
Zaraïsk
Riazan
Mikhaïlov
RUSSIE
Volga
Don
CHAMP SAUVAGE
Astrakhan
Mer Caspienne

Table

DU MÊME AUTEUR

L'AGENT TRIPLE, *roman* (Julliard).
LES MOUSQUETAIRES DE LA RÉPUBLIQUE, *roman* (La Table Ronde).
VERS UNE MÉTRIQUE FRANÇAISE (French Literature Publication Company).
LE RETOURNEMENT, *roman* (L'Âge d'Homme).
LES HUMEURS DE LA MER, *roman* (L'Âge d'Homme).
OLDUVAÏ
LA LEÇON D'ANATOMIE
INTERSECTION
LES MAÎTRES DU TEMPS.
LE COMPLEXE DE PROCUSTE (L'Âge d'Homme).
UNE HISTOIRE SURANNÉE QUELQUE PEU, *récit* (L'Âge d'Homme).
VLADIMIR, LE SOLEIL ROUGE (L'Âge d'Homme).
LE MONTAGE, *roman* (L'Âge d'Homme), Grand Prix du Roman de l'Académie française 1982.
LE TRÊTRE, *roman* (L'Âge d'Homme).
L'AMOUR TUE, *comédie* (L'Âge d'Homme).
YALTA, *tragédie* (L'Âge d'Homme).
TCHAÏKOVSKY, *biographie* (L'Âge d'Homme).
LAWRENCE LE MAGNIFIQUE, *essai sur Lawrence Durrell et le roman relativiste* (L'Âge d'Homme).
LECTURE DE L'ÉVANGILE SELON SAINT MATTHIEU (L'Âge d'Homme).
LE PROFESSEUR D'HISTOIRE, *roman* (L'Âge d'Homme).
LA DÉSINFORMATION, ARME DE GUERRE, *textes de base présentés par Vladimir Volkoff* (L'Âge d'Homme).
NOUVELLES AMÉRICAINES (L'Âge d'Homme).
DU ROI (L'Âge d'Homme).
L'INTERROGATOIRE, *roman* (Éditions de Fallois/L'Âge d'Homme).
LES HOMMES DU TSAR, *roman* (Éditions de Fallois/ L'Âge d'Homme).
LES FAUX TSARS, *roman* (Éditions de Fallois/L'Âge d'Homme).
LE MISTÈRE DE SAINT VLADIMIR, *théâtre* (L'Âge d'Homme), Prix Alfred de Vigny 1988.

VLADIMIRIANA, *recueil d'articles* (L'Âge d'Homme).
L'ENFANT POSTHUME, *roman* (L'Âge d'Homme).
LE BOUCLAGE, *roman* (Éditions de Fallois/L'Âge d'Homme).
LA TRINITÉ DU MAL ou Réquisitoire pour servir au procès posthume de Lénine, Trotsky, Staline (Éditions de Fallois/L'Âge d'Homme).
LA CHAMBRE MEUBLÉE, *roman* (L'Âge d'Homme).
LA BÊTE ET LE VENIN ou la fin du communisme (Éditions de Fallois/L'Âge d'Homme).
LE BERKELEY À CINQ HEURES, *roman* (Éditions de Fallois/L'Âge d'Homme), Prix de la Ville d'Asnières 1994.
PEAU-DE-BIQUE, *récit* (Hachette).

SCIENCE-FICTION :

MÉTRO POUR L'ENFER, *roman, Prix Jules Verne 1963* (Presses Pocket).
LE TIRE-BOUCHON DU BON DIEU, *roman* (Presses Pocket).
LA GUERRE DES PIEUVRES, *roman* (Presses Pocket).

AVEC JACQUELINE BRULLER :

L'EXIL EST MA PATRIE, *entretiens* (Le Centurion).
ALEXANDRA, *roman* (Albin Michel).

BANDES DESSINÉES :

VLADIMIR LE SOLEIL RADIEUX (Lombard).
ALEXANDRE NEVSKY (Lombard).

Composition réalisée par INTERLIGNE

IMPRIMÉ EN FRANCE PAR BRODARD ET TAUPIN
Usine de La Flèche (Sarthe).
LIBRAIRIE GÉNÉRALE FRANÇAISE - 43, quai de Grenelle - 75015 Paris.

ISBN : 2-253-14169-0 31/4169/4